黄龙宗简史

The Brief History of Huanglong Zong

戴逢红 编著

江西人民出版社
Jiangxi People's Publishing House
全国百佳出版社

图书在版编目（CIP）数据

黄龙宗简史/戴逢红编著.—南昌：江西人民出版社，2016.7
ISBN 978-7-210-08588-1

Ⅰ.①黄… Ⅱ.①戴… Ⅲ.①黄龙宗—佛教史—研究 Ⅳ.①B946.5

中国版本图书馆CIP数据核字（2016）第153453号

黄龙宗简史

戴逢红　编著

选题策划：朱法元　张德意
责任编辑：吴艺文
封面设计：同异文化传媒
出　　版：江西人民出版社
发　　行：各地新华书店
地　　址：江西省南昌市三经路47号附1号（邮编：330006）
编辑部电话：0791—86898470
发行部电话：0791—86898893
网　　址：www.jxpph.com
2016年11月第1版　2016年11月第1次印刷
开　　本：880毫米×1230毫米　1/32
印　　张：13.25
字　　数：288千
ISBN 978-7-210-08588-1
赣版权登字—01—2016—627
版权所有　侵权必究
定　　价：70.00元
承 印 厂：长沙超峰印刷有限公司
赣人版图书凡属印刷、装订错误，请随时向承印厂调换

序

一

习近平总书记提出:"佛教产生于古代印度,但传入中国后,经过长期演化,佛教同中国儒家文化和道家文化融合发展,最终形成了具有中国特色的佛教文化,给中国人的宗教信仰、哲学观念、文学艺术、礼仪习俗等留下了深刻影响。"[1]佛教历史悠久、文化灿烂、影响深远,是中华优秀文化不可分割的重要组成部分。在当代文化建设中,佛教更应该勇于担当,努力传承,担负起弘扬中华优秀传统文化的神圣使命,为社会主义文化大发展大繁荣,为增强我国文化软实力贡献力量。

佛教黄龙宗祖庭黄龙寺,位于江西修水,系千年古刹,创于唐,因山名。始建者诲机超慧,青原系高僧,传其降伏吕洞宾,收为侍客童子,由是声名鹊起,于唐末宋初被朝廷三次旌表,故有"三敕崇恩禅院"之称。惜乎五代期间,大寺毁于战火,至治平三年,临济名僧慧南入住,才得以重建,复见巍峨。慧南祖师一身参云门、法眼、曹洞、临济四宗,其在黄龙寺"传石霜之印,行临济之令",设"黄龙三关"而名动天下,声振丛林,终成黄龙一宗。黄龙宗以其博大精深、机警风趣广为信众接纳,深受僧俗喜爱,后传至日本、高丽,在佛教发展史上具有深远

---

[1] 选自2014年8月26日习近平主席在巴黎联合国教科文组织总部的演讲词。

的影响。同时，黄龙宗对中国的思想、文化、艺术也有极为深远的影响，黄龙派高僧、居士中产生了诸多在禅宗史乃至中国文化史上具有重要影响的人物。

今有学人戴逢红，博采古籍、通阅典藏、详究灯谱、钩沉禅林，发旷古之愿心、费非凡之精力、创恢宏之巨构，旁搜远绍，谨严考证，著"黄龙禅宗三书"，对于深入开展佛教文化研究、推动佛教文化交流，绵延中华文明、根植和谐基因、优化价值体系，弘扬宗教优良传统，促进社会和谐发展，都是积极的、健康的、有益的探索。

黄龙宗有言："登山须到顶，入海须到底。登山不到顶，不知宇宙之宽广；入海不到底，不知沧溟之浅深。"佛教文化的生命力在于传承与发扬。我们在佛教文化建设方面应把握这个中心，在传播佛教传统文化精髓的同时更好地服务于当代社会，通过推动契理契机的人间佛教思想的弘扬和开展佛教与社会主义社会相适应的运动，佛教文化会日益凸显其纽带作用，即成为联系社会各界共同为改革开放、社会安定、民族振兴、经济繁荣而做贡献的积极因素。

作为修水人，我乐为之序

张 勇

二〇一六年三月一日

（作者系江西省委统战部副部长、省民族宗教事务局局长）

序二

自世尊拈花，迦叶微笑，阐无三之教，开不二之门，接物利生，悲济无量，声教所被，微尘刹海，至双林入灭，独嘱于饮光，薪火相传，衍西天四七；迨达摩西来，少室面壁，直指人心，见性成佛，屈眴次递，成东土二三。洎曹溪法源，派分两脉，马驹蹴踏、石头路滑，德山棒险、临济喝威，花开而五叶、五家又七宗，纲宗建立，派别衍生，灯灯相续益繁，钵钵相承鼎盛。

黄龙之宗，衍自临济，源出分宁（今修水）。祖庭黄龙禅院，青原超慧所创，寺凡三迁，始于双峰、次于小庄，曰永安、曰于玕。唐宋两朝，尊宠极隆，三承敕封，尊号崇恩。

祖师慧南，童稚弃家，未冠足戒，依智銮、参澄諟、历怀澄、嗣慈明，遍访高僧大德；充首座、掌书记、任住持、接方丈，尽驻名刹古寺。师于黄龙"传石霜之印，行临济之命"，击将颓之法鼓，整已堕之玄纲，创"三关"之旨，奠"话禅"之基，名动天下，声振丛林，法席广大，直追马祖百丈；宗风远播，遍及大江南北，蔚然而成黄龙一宗。

祖师座下，高僧辈出，龙象横陈，神僧名释灵轨芳踪横被天下，微言道韵高论良谟盈于简牍，由是三关之法流布万里，提唱之机风流千年。甫延脉至南宋，无示传坦然，宗风劲吹朝、韩；

及开席于天童，怀敞授荣西，精兰遍立东瀛。

元明以降，密宗独宠，诸佛尽斫，禅宗凭丛林制佑，虽蹇而未绝缕。黄龙一脉，亦元气大伤，庙堂颓废，人才凋敝，经籍零落，史实无着。博大精深之名徒留，光辉灿烂之誉虚存，缁素之徒难释其义理，饱参之士不解其智慧。

法鼓无音，钟磬不响，明珠蒙尘，大法湮灭，其缘由甚众、根本非一，然典藏充栋，秘籍汗牛，篇幅浩繁，文字泛滥，乃其病之一。开派千年，法嗣愈万，巍峨文化，零落于方志宗谱语录；三关智慧，散布在灯录诗偈公案；高深学问，闪烁在禅师之擎拳举指、竖拂拈槌、打鼓吹毛、答问吁笑中；传世名篇，淹埋于民间传唱、僧墓石塔、残碑断碣、书札信函里。而从未有条陈宗派、缕析世系、阐述机锋、标榜智慧之文牍面世，以利传唱，方便参学。无怪乎千圣消音、万佛默然也！扪心自问或静而思之，能不怅惘、惭愧抑或汗颜乎？

反观日本，自荣西得法，归国教化，苦修谨行，为众钦仰，感动朝野，被封为僧正、尊为禅祖，以至黄龙于东瀛花繁叶茂，声誉鹊起，寺庙林立，学人如云，且近千年间，学术探讨不断，宗门弘道不辍，黄龙学术因之光大发扬；尤喜近年以来，寺院不昧师承，僧尼谨记祖庭，五次三番，归宗认祖，礼寺拜佛，拳拳之心可圈可点，殷殷之意可赞可叹。

荷如来家业，振禅教雄风，光大教义，弘扬宗经，展千年文化之魅力，耀不朽智慧之光辉，于吾辈而言，委实责无旁贷、确乃义不容辞。故尔后学虽才无一斗、学无半车，且性识愚鲁、资质粗笨、惭于学养、愧于文力，又涉猎不广、搜罗不周、资料不全、浸淫不深，然不揣浅薄于前、无谓贻笑于后，访残简、寻断碣、问耄耋、阅典籍、览方志、究灯谱，博采群籍，广集古今，穷廿年之辑录，历六载之爬梳，吮宗门精髓，吸僧侣智慧，次序其源流，错纵其词句，旁搜远绍，谨严考证，化繁为简，剔芜存精，荟萃成编，积聚成"黄龙禅宗三书":《黄龙宗简史》《黄龙宗公案》《黄龙宗禅诗》。

拙作独阐黄龙、不述他门，乃开单宗编撰之先河;立体构建、分类谋篇，实为禅教成书之首创。然浅见暗识之文，虽锓梓亦难风行，幸吾志在了千年黄龙无专著之遗憾、补禅门独宗无史籍之空白，且集诸师精华于一书，可广其传学、利其流布，兼防岁久湮佚也;另意为抛砖引玉、栽桐招凤，翼博达贤俊、饱学鸿儒、佛门志士、后世学人，操董狐直笔，倾陆海才情，写黄龙史记，著佛国离骚;倘若能于是时，取而补苴罅漏，引之印虚证实，则阿弥陀佛，吾愿得偿矣！

戴逢红

乙未年壬午月于全丰正元亨居

序三

戴逢红君编著完《黄龙宗简史》一书，诚挚地要我为之作序。我是又感激又惶恐：感激的是戴君对我如此青睐有加，惶恐的是我还没有为人作"序"的资格。众所周知，凡为人作"序"者，或大家，或名士，或官长，我则三者皆不是。加上我与戴君年龄相若，自然更无作"序"资格了。然盛情难却，再三推辞，未免有骄矜之态，那就以宗教文化研究同好的身份，说几点感想吧，不算"序"。

与戴君相识，纯属偶然。戴君于2015年3月间，完成了黄龙宗简史、禅诗、公案、故事四本著作，经修水县政协组织初审后，为慎重起见，提出再找专家复审，几经周折找到了我，并于6月间在瑶湖校区一谈相契。当时他们出于礼貌，仅提出审查《黄龙宗简史》一书的要求，但我考虑同一主题内容的书，如能一起审查，更有利于思路的理解和风格的把握，而且其时我正在著述《江西禅宗史》，也正需要了解黄龙宗，于是我主动提出四书一起审。当然我的审查从专业学术角度出发，戴君著作则从宗教文化方向着力，两者的思维分歧毋庸说是比较大的，因此所提意见不但多且较尖锐，以致审查报告寄出之后，还略有忐忑不安，特地打了两次电话予以说明。不想戴君竟欣然接纳并忠诚致谢，且按建议全面予以修改，两个月后又来找我再审，且出于学术的需要，剔除了《黄龙宗故事》一书，由之前的四书变成了如今的三书。在感其心诚的同时，惊讶其修改速度之快，似乎有些不可思议，而当了解到他每日工作十多个小时，中午只是"两个馒头一壶茶"以节省时间时，心头涌现的就不仅仅是感动：这才是真正的学术精神啊！

修水是江西最大的县，其历史文化极其丰富，儒、释、道三教竞相闪耀，禅宗"五家七宗"之一的黄龙宗更是享誉四海，由于沟通青原和南岳两系、融合儒和佛两教方面的突出贡献，使黄龙宗在我国历史上占有重要的地位，其学术思想更是对我国的文化、哲学产生了重大的影响，在"横被天下"的同时，漂洋过海盛行于域外，成为世界禅宗的主流。生于斯长于斯的戴君，深知黄龙宗的博大精深与厚重底蕴，更忧于"巍峨文化，零落于方志宗谱语录；三关智慧，散布在灯录诗偈公案"，因而发宏愿"访残简、寻断碣、问耄耋、阅典籍、览方志、究灯谱，旁搜远绍，谨严考证，化繁为简，剔芜存精"，汇粹成书，延绵其嗣。

《黄龙宗简史》立足于历史文献的搜检、归集与整理，作者从浩如云烟的历史典籍中将有关黄龙宗的材料梳理、挑剔出来，并进行戡误、标注、解读和分析，不仅捋顺和明晰了黄龙宗的产生背景、分支渊源、流传状况，抢救发掘了有关黄龙宗的珍贵资料，厘清了黄龙宗的宗嗣源流，而且阐述了"三关"的核心内涵、"话禅"的兴盛原由、于理学心学的贡献、对后世思想的影响和在全球的传播扩张等一系列极具专业和学术价值的工作，在填补禅宗宗史空白的同时，更为黄龙宗的下步研究和海外宗承的接续奠定了基础、指明了方向、创造了可能。其功用之广大，岂可预言哉！

陈金凤
丙申春于南昌瑶湖
（作者系江西师范大学历史研究中心教授、知名禅宗学者）

凡例

1. 本书简要介绍黄龙宗的起源背景、产生渊源、弟子数量、分布状况、海外流传以及对社会宗教文化哲学的作用、影响与贡献；

2. 对书中重要人物、事件、地名以及史籍资料不一的地方进行了注释和说明；

3. 对所收的灯录历史资料进行了标点、断句；

4. 本书使用过的重要参考书目均附在书后，一来表示对原作者的谢意，二来方便读者查找；

5. 本书收录了《黄龙崇恩禅寺传灯宗谱》中的宗谱吊图，从一世至七十世共832名弟子，其余如序言、塔记、名目等一概未录；其中名字黑体加粗倾斜的，为担任过祖庭住持者；本书虽主述黄龙宗，但《宗谱》中第一至第四世为创寺祖师超慧及其徒、孙，本应附后，为保持《宗谱》的完整、简洁，维持原样不变；

6. 选择《嘉泰普灯录》的说明：一是鉴于其在五灯中成书时间最晚，于五灯而言对黄龙宗反映最全；二是本书仅收《普灯》中黄龙世系共308名弟子的师传、行状、机要，没有黄龙宗弟子的卷录，以及拾遗、拈古、杂著等一概弃录；

7. 选择《续景德传灯录》的说明：一是此书收录黄龙宗禅师数量最多、达664名；二是没有黄龙宗弟子的卷录全部弃录；

三是同时有黄龙宗与其他宗派弟子的卷录，亦仅收黄龙宗弟子行状、语录、师承法嗣等；

8. 附录《景德传灯录》的说明：《景德》内容终于五代，其时尚未有黄龙宗，完全可以不收列，但一是书中有黄龙寺创寺祖师诲机禅师[1]及其弟子资料；其二学术界黄龙宗有超慧与慧南两祖之说，且各自有理、未有定论；其三《黄龙崇恩禅寺传灯宗谱》中将诲机超慧禅师之师怀州玄泉彦禅师列为汾阳善昭之嗣，据《祖堂集》《五灯会元》《水月斋指月录》等典籍，应为《黄龙崇恩禅寺传灯宗谱》之谬[2]。故此将《景德传灯录》中关于诲机禅师及其弟子的内容附录于后，以供读者参考；

9. 选择《指月录》的说明：《指月录》仅录至大鉴下十六世，对黄龙宗史没多大裨益，为与《续指月录》接续方便，故将书中黄龙宗禅师的内容收录；

10. 选择《续指月录》的原由：一是《续指月录》所收内容自六祖下十七世起、至三十五世为止，收录黄龙宗世系最全；二是《续指月录》卷二中，与《续景德传灯录》对比增加了黄龙七世2名禅师的机语资料。故将《续指月录》中明确为黄龙宗的禅师资料收录于后，其余暂无法厘清宗派的十九世至三十五世共十七世弟子，全部弃录。

---

[1]《五灯全书》与《黄龙崇恩禅寺传灯宗谱》中将黄龙诲机禅师列为南岳系，其师承为大鉴慧能—南岳怀让—马祖道一—天王道悟—龙潭崇信—德山宣鉴—岩头全奯—玄泉山彦—诲机超慧；而在青原系中，石头希迁下则有一个天皇道悟。

[2]《祖堂集》等典籍中诲机超慧祖师师承为青原系：大鉴慧能—青原行思—石头希迁—天皇道悟—龙潭崇信—德山宣鉴—岩头全奯—玄泉山彦—诲机超慧。

CONTENTS

Chapter I
The General History of Huanglong Zong

1. The Background of Huanglong Zong ······································ 1

2. The Patriarch Huinan and the Emergence of Huanglong Zong ············ 4

3. The Tenets and Characteristics of Huanglong Zong ······················ 8

4. The Status and Achievements of Huanglong Zong ······················· 22

5. The Smriti of Huanglong Zong ·· 29

6. The Ancestral Monastery—Huanglong Temple ····························· 43

Chapter II
Genealogy in *Transmission of the Lamp of Huanglong Chong'en Temple*

Genealogy in *Transmission of the Lamp of Huanglong Chong'en Temple* ······ 52

Chapter III
Figures of Huanglong Lineage in *Jiatai Records of the Lamp*

Volume 3 Nanyue XI (Linji VII, Huanglong I) ································ 80

Volume 4 Nanyue XII (Linji VIII, Huanglong II) ······························ 83

Volume 6 Nanyue XIII (Linji IX, Huanglong III) ·············· 95

Volume 7 Nanyue XIII (Linji IX, Huanglong III) ·············· 110

Volume 10 Nanyue XIV (Linji X, Huanglong IV) ············· 130

Volume 13 Nanyue XV (Linji XI, Huanglong V) ·············· 159

Volume 17 Nanyue XVI (Linji XII, Huanglong VI) ············ 170

Volume 21 Nanyue XVII (Linji XIII, Huanglong VII) ·········· 174

Chapter IV
Figures of Huanglong Lineage in *Continuation of the Jingde Transmission of the Lamp*

Volume 7 Dajian Heirs XII (Huanglong I) ················ 176

Volume 15 Dajian Heirs XIII (Huanglong II) ··············· 179

Volume 16 Dajian Heirs XIII (Huanglong II) ··············· 195

Volume 18 Dajian Heirs XIV (Huanglong III) ·············· 211

Volume 20 Dajian Heirs XIV (Huanglong III) ·············· 218

Volume 21 Dajian Heirs XIV (Huanglong III) ·············· 229

Volume 22 Dajian Heirs XIV (Huanglong III) ·············· 246

Volume 23 Dajian Heirs XV (Huanglong IV) ··············· 269

Volume 26 Dajian Heirs XV (Huanglong IV) ··············· 287

Volume 30 Dajian Heirs XVI (Huanglong V) ··············· 304

Volume 33 Dajian Heirs XVII (Huanglong VI) ·············· 317

Volume 34 Dajian Heirs XVIII (Huanglong VII) ············· 322

Appendix: Figures of Huanglong Lineage in *Jingde Records of the Transmission of the Lamp* ··· 324

Volume 23 ·· 325

Volume 24 ·· 326

Volume 26 ·· 328

Chapter V
Figures of Huanglong Lineage in *Pointing at the Moon*

Volume 25 Liuzu Heirs XII (Huanglong I) ·································· 330

Volume 26 Liuzu Heirs XIII (Huanglong II) ································ 336

Volume 27 Liuzu Heirs XIII (Huanglong II) ································ 353

Volume 28 Liuzu Heirs XIV (Huanglong III) ······························· 358

Volume 29 Liuzu Heirs XV (Huanglong IV) ································ 376

Volume 30 Liuzu Heirs XVI (Huanglong V) ································ 385

Chapter VI
Figures of Huanglong Lineage in *Continuation of Pointing at the Moon*

Prologue Liuzu Heirs XVI (Huanglong V) ··································· 388

Volume 1 Liuzu Heirs XVII (Huanglong VI) ································ 395

Volume 2 Liuzu Heirs XVIII (Huanglong VII) ····························· 397

Bibliographies ··· **399**

Postscript ··· **403**

目 录

第一章
黄龙宗历史概述

第一节　黄龙宗产生的时代背景 …………………………………… 1
第二节　祖师慧南与黄龙宗的产生 ………………………………… 4
第三节　黄龙宗宗旨及特征 ………………………………………… 8
第四节　黄龙宗的地位与功绩 ……………………………………… 22
第五节　黄龙宗的传承 ……………………………………………… 29
第六节　祖庭黄龙寺 ………………………………………………… 43

第二章
《黄龙崇恩禅寺传灯宗谱》之宗谱吊图

黄龙崇恩禅寺传灯宗谱吊图 ………………………………………… 52

第三章
《嘉泰普灯录》之黄龙世系

卷第三　南岳第十一世（临济七世、黄龙一世）………………… 80
卷第四　南岳第十二世（临济八世、黄龙二世）………………… 83

卷第六	南岳第十三世（临济九世、黄龙三世）	95
卷第七	南岳第十三世（临济九世、黄龙三世）	110
卷第十	南岳第十四世（临济十世、黄龙四世）	130
卷第十三	南岳第十五世（临济十一世、黄龙五世）	159
卷第十七	南岳第十六世（临济十二世、黄龙六世）	170
卷第二十一	南岳第十七世（临济十三世、黄龙七世）	174

第四章
《续景德传灯录》之黄龙世系

卷第七	大鉴下第十二世（黄龙一世）	176
卷第十五	大鉴下第十三世（黄龙二世）	179
卷第十六	大鉴下第十三世（黄龙二世）	195
卷第十八	大鉴下第十四世（黄龙三世）	211
卷第二十	大鉴下第十四世（黄龙三世）	218
卷第二十一	大鉴下第十四世（黄龙三世）	229
卷第二十二	大鉴下第十四世（黄龙三世）	246
卷第二十三	大鉴下第十五世（黄龙四世）	269
卷第二十六	大鉴下第十五世（黄龙四世）	287
卷第三十	大鉴下第十六世（黄龙五世）	304
卷第三十三	大鉴下第十七世（黄龙六世）	317
卷第三十四	大鉴下第十八世（黄龙七世）	322

附：《景德传灯录》之黄龙世系 ··· 324
　　卷第二十三 ··· 325
　　卷第二十四 ··· 326
　　卷第二十六 ··· 328

第五章
《指月录》之黄龙世系

　　卷之二十五　六祖下第十二世（黄龙一世） ························· 330
　　卷之二十六　六祖下第十三世（黄龙二世） ························· 336
　　卷之二十七　六祖下第十三世（黄龙二世） ························· 353
　　卷之二十八　六祖下第十四世（黄龙三世） ························· 358
　　卷之二十九　六祖下第十五世（黄龙四世） ························· 376
　　卷之三十　　六祖下第十六世（黄龙五世） ························· 385

第六章
《续指月录》之黄龙世系

　　卷首　六祖下十六世（黄龙五世） ································· 388
　　卷一　六祖下十七世（黄龙六世） ································· 395
　　卷二　六祖下十八世（黄龙七世） ································· 397

参考书目 ··· **399**
后　记 ··· **403**

第一章　黄龙宗历史概述

黄龙宗是我国禅宗七宗之一，也是七宗的最后一宗，产生在北宋中期，由临济八世宗师普觉慧南禅师在今江西省修水县黄龙寺开创，故名黄龙宗。黄龙宗是禅宗的收山宗派，其后一直没有出现新的宗派，因为这个缘故，黄龙宗已然成为禅宗划时代的里程碑。虽然千百年来，其巨大的成就、功绩一直被误读、掩盖以至忽略，但其开创"话头禅"、完成禅宗"儒学化"、催生宋明"理学"、开拓海外道场、奠定禅宗发展方向的历史事实与贡献，对我国文化、思想、哲学、艺术等全面而持久的影响与作用，以及沟通南岳青原两系、融洽儒道佛三教、统摄先朝五宗的鲜明特征，已足以确立其在我国文化宗教历史上的崇高地位。

第一节　黄龙宗产生的时代背景

禅宗从南北朝时传到中国，经近五百年的传承发展，到唐末五代时已有了相当的规模，进入了非常兴旺的时期，相继产生了沩仰、临济、曹洞、云门、法眼五家宗派，众家学术竞相妍放，各领风骚、各呈异彩。北宋结束五代十国的分裂混乱局面之后，实行中央集权的君主专制制度，国家利益、君主权威至高无上、压倒一切，为了维护和捍卫这一制度，在维持儒家正统思想的同时，佛、道二教被视为"有裨政治"而得到保护，与儒家思想共存。特别是宋太祖，他鉴于周世宗限佛所带来的负面影响，为了安定民心，稳定局势，赢取奉佛诸国的拥戴，同时作为对外联系的手段，不仅下令停止毁佛，宽泛宗教政策，而且封敕高僧、度化僧尼，使寺院经济蒸蒸日上，僧尼人数日益增加，禅宗进入相对平稳的发展时期，特别是太祖、太宗、真宗三位皇帝的连续接力推动，不仅奠定了终宋一朝"控而不限"的基本宗教政策，而且开启了北宋初期禅宗欣欣向荣的大好局面。

宋代宽松的宗教政策，特别是初期对禅宗的重视，如宋太宗太平兴国元年（976）一次度童十七万、宋真宗亲著《崇释论》等一系列积极措施，在促使宋代宗教特别是禅宗蓬勃发展的同时，也引领和推动了文人慕禅士族参禅之风，使引儒入佛和融禅入儒的进程加快，由于儒化速度的提高，大量名儒的加入，延续唐末五代的"文字禅"风气加剧，禅宗由"不立文字"向"不离文字"转化。特别以开宝四年（971）太祖敕令开雕印刷《大藏经》为起点，刻经之风席卷全国，开启了全民印经的热潮。以《祖堂集》为开端，《传灯》《续灯》《广灯》《联灯》《普灯》相继问世，各种语录如《临济录》《汾阳录》《黄龙四家语录》，公案如《颂古百则》《碧岩集》《无门关》《从容录》等等更是花繁叶茂、层出不穷。这种灯录、语录、公案大兴，代别、颂古、拈古风行，禅师们评唱公案、参悟话头，着意语言文字的功夫，其直接结果是将"文字禅"推向高潮，以致泛滥成灾，如大慧宗杲认为"专尚语言"是"近年以来，禅道佛法衰弊之甚"

的主因。

　　文字禅之兴，是后世法道衰弊的主要原因之一，导致明清以降，"宗师既无接引后进手眼如唐宋大匠者，参禅之徒，多有老死语下，不落入担板窠臼，即堕在禅定功勋"（《南怀谨选集》第五卷），正是"近世魔外盛行，宗风衰落，盲棒瞎喝，予圣自雄。究其所学，下者目不识丁，高者不过携《指月录》一部而已"（《续指月录》）。对文字的依赖与崇拜，已到了无以复加的地步，一部《五灯会元》，"斗大茅棚，亦皆供奉；腰包纳子，无不肩携"。慧南之时，文字禅虽没有像后世那样风靡成害，但亦已蔚然成风，并呈蓬勃之势，目睹此情，有识之士、饱参之徒无不痛心疾首而又茫然无措，热切期盼大德宗师横空出世，引领大众捍卫祖训，抵制"歪风、邪道"，黄龙禅宗由是应运而生："黄龙出世，时当末运。击将颓之法鼓，整已坠之玄纲"（《黄龙慧南禅师语录》），成为抵制"文字禅"的旗帜，复旨"祖师禅"的英雄！

第二节　祖师慧南与黄龙宗的产生

一、祖师慧南

祖师俗姓章，今江西上饶市玉山县人，生于宋真宗咸平五年（1002），卒于宋神宗熙宁二年（1069）。祖师"童龆深沉，有大人相，不茹荤、不嬉戏"，年十一岁出家，先拜怀玉山定水院智銮和尚为师，十九岁时于定水院受具足戒，正式成为佛门弟子。慧南祖师自小就很有个性，不惧鬼神，《续灯录》载其在定水院："尝随銮出，道上见祠庙，辄杖击火毁之而去。"祖师在定水院共一十二年，至二十三岁时始出游方，他先到庐山归宗寺，参云门派自宝禅师。在这里时间虽短，但"老宿自宝集众坐，而公却倚，宝时时眴之。公自是坐必跏趺、行必直视"。半年后祖师来到栖贤寺参法眼宗的澄諟禅师，"諟莅众进止有律度，公规模之三年"，这是在自宝禅师后，钳制锻炼祖师养成严格、严谨禅风和态度的关键时期，因之才有了"师风度凝远，丛林中有终身未尝见其破颜者"。三年后，"辞，渡淮依三角澄禅师，澄有时名，一见器许之"——二十七岁的祖师就已得到了云门高僧的"器许"，那是极为难得的，绝对称得上是"年少得志"。"及澄移居泐潭，公又与俱，澄使分座接纳矣"，至此祖师不仅得到云门四世宗匠怀澄禅师的器许，而且得以在马祖的道场泐潭宝峰寺"分座讲学"，其声名与成就之巨大，是一般僧人一辈子都以难企及的。

但他最大的成就与彻悟，却要感谢云峰文悦禅师。《嘉泰普灯录》载：

> 云峰悦禅师勉趋石霜。至中道，闻石霜不事事，因寓福严，时贤禅师命典记室。贤归寂，适慈明继席，师出迎之，悚然。及闻其

说法,乃贬剥诸方尽为邪解,皆师历参所契证者。遂幡然曰:"大丈夫心膂之间,岂可自为疑碍?"造室求发药。明揖坐,师固辞哀恳,明曰:"书记参云门禅,必善其旨。如放洞山三顿棒,是合吃,不合吃?"云:"合吃。"曰:"吾始疑不堪汝师,今乃可使拜之。"复曰:"洞山三顿棒即且置,哪里是赵州勘破婆子处?"师拟对,明击其口,师大悟,述偈呈之。留月余辞去,时年三十五。

可以说慧南的彻悟,云峰文悦禅师是有大功劳的,正如圆悟克勤云:

黄龙老南禅师,昔未见石霜,会一肚皮禅,翠岩悯之,劝谒慈明。只穷究玄沙语,灵云未彻处,应时瓦解冰消,遂受印可。三十年只以此印,拈诸方解路瘿病,不假驴驮药紧要处,岂有如许多佛法也!(《指月录》卷二十五)

因此祖师第二年游荆州,与文悦禅师会于金銮,相视一笑谢曰:"我不得友兄及谷泉,安识慈明。"

慧南祖师离开慈明后,先后住持了同安崇胜寺、庐山归宗寺、黄檗积翠寺、黄檗光孝寺等。刚到同安崇胜寺说法没多久,就有传言"石霜一派进入江西也",甚至于其师泐潭怀澄的门徒一大半都投奔到了他的门下。由是慧南道声远播,不久被州府任命为庐山归宗寺的住持。

归宗寺是名寺大刹,慧南早年曾在此参自宝禅师,一向为云门道场,如今却用以弘扬临济宗,其意义自然不同。祖师慧南在归宗不仅法音远播,寺院管理也是井然有序。归宗寺自师住持后,法务日蒸、香火鼎盛,求字求偈、品诗论道的雅士文人络绎不绝,到寺院烧香还愿祈福的信众更是川流不息。但好景不长,皇祐三年(1051)腊月初十夜里,寺里发生火灾,归宗寺几乎全毁,祖师被押进监狱,吏者百端求隙，祖师怡然引咎，不以累人，被关两个月后才获释。

《禅门锻炼说》载：

　　黄龙南住归宗时，一夕火起，大众哗动山谷，而师安坐如平时。僧洪准欲掖之走，师叱之。准曰："和尚纵厌世相，慈明法道何所赖耶？"因整衣起，而火已及榻。坐抵狱，为吏者拷掠百至，师怡然引咎，不以累人，惟不食而已。两月而后得释，须发不剪，皮骨仅存。真点胸迎于中途，见之，不自知泣下，曰："师兄何至是也！"师叱之曰："这俗汉！"真不觉下拜。

出狱后，祖师率众迁至黄檗"结庵于溪上，名曰'积翠'"。祖师在积翠寺两年多，"方是时江湖闽粤之人闻其风，而有在于是者，相与交武竭蹶于道，唯恐其后。虽优游厌饫固以为有余者，至则怃然自失就弟子之列。"

皇祐六年（1054），祖师受洪州太守敦请，到黄檗山报恩光孝寺。祖师在光孝寺，广收门徒、广弘大法，名号如日中天、影响广被四海，直到治平三年（1066）开法黄龙。熙宁二年（1069）三月十六日（一说四月二十三日），趺坐而化，阇维得五色舍利，塔千山之前嶂，号祖师塔，至今犹在。阅世六十八，坐五十夏。大观四年春，谥曰"普觉"。

二、黄龙宗的产生

　　为维护不立文字的禅宗正脉，对抗方兴未艾的文字禅，祖师慧南尚在黄檗时就别出心裁地开创了"话头禅"，以此为标志抵制文字禅，由于三转语的"话头禅"形式新颖、内涵丰富、机锋无限，又直承祖印、直指人心，因而为时所重，远近参学日增。当时名士如程师孟、潘延之、黄庭坚以及众多地方官员如周敦颐、戴道纯等都经常到寺参学,在丛林引起极大轰动,江淮一带的僧众都远来听法。

慧南迁徙黄龙时已是晚年,其道行更臻、学术更纯,尤其是他在黄龙将"话头禅"精炼为代表黄龙学术的"黄龙三关"后,更是声震丛林、为世钦仰。《指月录》记载黄龙三关是:

师室中常问僧曰:"人人尽有生缘,上座生缘在何处?"正当问答交锋,却复伸手曰:"我手何似佛手?"又问诸方参请宗师所得,却复垂脚曰:"我脚何似驴脚?"三十余年,示此三问,学者莫能契旨。天下丛林目为三关。脱有酬者,师无可否,敛目危坐,人莫涯其意。南州潘兴嗣,尝问其故,师曰:"已过关者,掉臂径去,安知有关吏?从关吏问可否,此未透关者也。"

"三关"学说是直接对抗风起云涌的"文字禅"的,其义理主要是教人不要生吞活剥、死于句下,强调触机顿悟、触目而真。"三关"以答问机锋峻烈、发人深省,喻意鲜活生动、变化无穷,吸引天下学人纷至沓来,祖师座下一时才俊云集、高僧辈出,其得法弟子83人,"一个个硬剥剥的"均非等闲之辈;"三关"学术犹如一面旗帜,不仅纛集天下衲子,而且吸引如王安石、周敦颐、潘兴嗣、程师孟、吴恂、王韶、苏轼等一大批名儒大硕,因而有"天下有志学道者皆集南公",黄龙"法席之盛,堪比泐潭马祖、百丈大智"。黄龙寺则被称为"无生狮子之窟,不二旃檀之林"的"法窟"。

据《禅林僧宝传》卷十八载:

时南禅师道价,方增荆湖。衲子奔趋,入江南者,出长沙百里,无托宿所,多为盗劫掠,路因不通。

可见当时黄龙宗风影响之大,黄龙法系经二传三传乃至四传后,"名山大刹多为黄龙道场",嗣法弟子则"横被天下",黄龙一系也顺理成章地被史家名为黄龙宗。

第三节　黄龙宗宗旨及特征

黄龙宗作为七宗之尾，在先有六宗、特别是在同时期杨岐宗开宗的情况下，仍能石破天惊、横空出世、独步天下、领袖群伦，其立宗之旨、宏学之术不仅有非同寻常的独到之处，而且其特征也鲜明突出、迥异诸宗。

一、黄龙宗宗旨

1. 非心非佛的"性空"立宗宗旨。禅宗的第一义就是"无"，无可言说的"无"。（冯友兰：《中国哲学简史》）黄龙宗一以贯之地坚持这种观点和义旨，慧南在开法之初，住持同安的第一次上堂，就亮明了黄龙宗旨：

法筵龙象众，当观第一义。（《黄龙慧南禅师语录》）

师噫云：好个第一义。幸自完全，刚被维那打作两橛，还有人接续得么？遂左右顾视大众，乃云：若接续不得，同安今日，拈头作尾、拈尾作头去也，有问话者，切须着眼。（同上）

这里说的第一义就是不可言说、不可向人道的"空""无"，而且这个"空""无"不是任何"物"，任何的定义都是对它的限制，会落入语言概念的网罗与陷阱。禅的根本问题无法言说、无可言说，唯有靠自己体会、去"悟"，这正是世尊拈花、迦叶微笑的本义，也即禅宗的根本之旨。

祖师无论是参学修禅还是传教弘道，一生都在追求禅学的真谛，参悟万物非有非无的境界，于哲学世界的最顶层，在事物非"有"、非"无"，非"非有"、非"非无"中徜徉、遨游、探索，以维护、阐述、完善禅宗的性空宗旨：

是法非有作思惟之所能解，非神通修证之所能入。不可以有心知，不可以无心得。悟之则顿超三界，迷之则万劫沉沦。(《黄龙慧南禅师语录》)

四象推移，终而复始，二仪交泰九属兹辰。俗谛纷纭，各叙往来之礼、真如境界，且非新旧之殊，何故？岂不见道，一念普观无量劫，无去无来亦无住。既绝去来，有何新旧？既非新旧，又何须拜贺，特地往来。但能一念常寂，自然三际杳忘，何去来之可拘，何新旧之可问？（同上）

再举祖师偈颂两首：

唯有神光知此意，默然三拜不虚传，后代儿孙忘正觉，弃本逐末尚邪言。(《黄龙慧南禅师语录》)

一物不将来，肩头担不起。言下忽知非，心中无限喜。毒恶既忘怀，蛇虎为知己。光阴几百年，清风物未已。（同上）

这些都是慧南坚守禅宗要旨、不忘初心，奉行性空缘起，弘扬直指人心、见性成佛教义的体现。再如：

向淮南两浙庐山南岳，云门临济而求师访道，洞山法眼而参禅，是向外驰求，名为外道；若以毗卢自性为海，般若寂灭智为禅，名为内求。若向外求，则走杀汝；若住于五蕴内求，则缚杀汝，是故禅者非内非外、非有非无、非实非虚。不见道，内见外见俱错、佛道魔道俱恶。瞥然与么去兮，月落西山，更寻声色兮，何处名邈。(《联灯会要》卷二十三)

祖师认为人性本来具足菩提般若之智，自性本来清净，只因为尘所染、偏执妄念，才有世间万种殊异，修行其实很简单，只要凡心不动、一念常寂、息妄灭执，便能于红尘中体悟自性、得见清净、作祖成佛，即人所谓"迷则成凡、悟则成圣"，这实际上就是禅家

一向秉承的"菩提只向心觅,何劳向外求玄"性空修行之道,所以他反复强调:

菩提离言说,从来无得人。须依二空理,当证法王身。且道何名二空理?人空法空、内空外空、凡空圣空、一切法空,二空之理,总为诸人说了也。(《黄龙慧南禅师语录续补》)

古人看此月,今人看此月。如何古人心,难向今人说。古人求道内求心,求得心空道自亲。今人求道外求声,寻声逐色转劳神。劳神复劳神,颠倒何纷纷。(同上)

并积极宣扬和极力推广无心无为、无求无执的禅修理念和世谛旨义:

道不假修,但莫污染;禅不假学,贵在息心。心息,故心心无虑;不修,故步步道场。(《黄龙慧南禅师语录》)

2. 圆融自在的"无碍"修行宗旨。禅宗要求尊重宇宙万物自然本性的自发流露,在"饥则吃饭,困则打眠,寒则向火,热则乘凉"(《密庵语录》)中体会禅道,从"青青翠竹,郁郁黄花"(《祖堂集》卷三)中发现禅意,慧南将这种圆融任用、顺其自然的禅学思想推向极致,强调"高高山上云,自卷自舒、何亲何疏;深深涧底水,遇曲遇直、无彼无此",认为"无碍"不仅是修行方式,更是持久的修行状态,认为最好的修禅就是无所用心、顺其自然:

道无疑滞,法本随缘,事岂强为,盖不尔而尔。在积翠即说积翠庵人,入黄龙便说黄龙长老。争知祖师心印,状似铁牛之机。去即印住,住即印破。只如不去不住,又作么生搭印。良久云:"烟村三月雨,别是一家春。"(《黄龙慧南禅师语录》)

法身无相、应物现形,般若无知,随缘即照。遂竖起拂子云:"拂子竖起。谓之法身,岂不是应物现形;拂子横来,谓之般若,岂不

是随缘即照。"(同上)

上堂云:"大道无中,复谁前后;长空绝迹,何用量之。空既如是,道岂言哉,虽然如是。若是上根之辈,不假言诠;中下之流,又争免得。所以有僧问云门:如何是云门一曲?云门云:腊月二十五。师云:今日正当腊月二十五,汝等诸人,如何委悉?若不委悉,汝等诸人谛听,待黄龙为汝等诸人重唱一遍:云门一曲二十五,不属宫商角徵羽。若人问我曲因由,南山起云北山雨。"(同上)

要求人们秉承修行的圆融境界,在任运自如的境况下彻证佛法、了悟自性:

有利无利,不离行市,镇州萝卜头即且置,庐陵米价作么生?若善其价,可谓终日吃饭,未曾咬破一粒米。苟若不知,他时后日,有人索上座饭钱在,莫言不道。(《黄龙慧南禅师语录续补》)

智海无风,因觉妄以成凡;觉妄元虚,即凡心而见佛。只恁么休去。便道:同安无折合,随汝颠倒所欲,南斗七北斗八。(《联灯会要》卷二十三)

通过自身的体悟,达到凡圣情尽、体露真常、但离妄缘、即如如佛的境地,摒弃入海算沙、空自费力、磨砖作镜、枉用功夫的痴迷与妄念,坚持不修之修,一切顺其自然,复归祖师宏旨:"道流佛法,无用功处。只是平常无事,屙屎送尿,着衣吃饭,困来即卧。愚人笑我,智乃知焉"(《古尊宿语录》),告诫人们不要剜肉作疮、无事生事,因为禅修"拟心即差、动念即乖、不拟不动、土木无殊"(《黄龙慧南禅师语录续补》)。

3. 以心印心的"无字"传法宗旨。上文已讲,不立文字的禅宗,到唐末宋初走上崇尚文字的轨道,"依语生解,落入言诠",其危害诚如慧南徒孙灵源惟清所说:

盖文字之学，不能洞当人之性源，徒为后学障先佛之智眼。病在依他作解，塞自悟门。资口舌则可胜浅闻，廓神机则难极妙证。故于行解，多致参差，而日用见闻，尤增隐昧也。(《永觉和尚呓言》)

禅的根本问题无法言说、无可言说，唯有靠自己体会、去"悟"，凡对第一义即禅的根本作肯定陈述，都是死语唾余，所以祖师在用"三关"启迪学人时："脱有酬者，师无可否，敛目危坐，人莫涯其意。南州潘兴嗣，尝问其故，师曰：'已过关者，掉臂径去，安知有关吏？从关吏问可否，此未透关者也。'"面对愈演愈烈、汹涌澎湃的文字之风，祖师态度鲜明地亮明了其观点：

未登此座，一事也无。才登此座，便有许多问答。敢问大众，只如一问一答，还当宗乘也无？若言当去，一大藏教，岂无问答？为什么道教外别行，传上根辈；若言不当，适来许多问答，图个什么？行脚人当自开眼，勿使后悔。若论此事，非神通修证之能到，非多闻智慧之所谈。三世诸佛，只言自知，一大藏教诠注不及，是故灵山会上，百千万众，独许迦叶亲闻；黄梅七百高僧，衣钵分付行者，岂是汝等贪淫愚执胜负为能。(《黄龙慧南禅师语录》)

并引世尊之言、孔圣之行，证见无字之妙：

故我佛如来云：夫说法者，无说无示；甚听法者，无闻无得。又闻，仲尼与温伯雪，久欲相见。一日税驾相逢于途路间，彼此无言，各自回去。洎后门人问曰："夫子久欲见温伯雪，及乎相见，不交一谈，此乃何意？"仲尼曰："君子相见，目击道存。"且道古人相见，目击道存；山僧今日鸣鼓升堂，特地切切，一场失利。(《黄龙慧南禅师语录》)

禅宗由"不立文字"向"文字禅"的转变，祖师是既担心又着急的；"今人求道外求声，寻声逐色转劳神""正是随声逐色，咬他言句，上他绻缋"，谆谆教导后学："人人尽握灵蛇之珠，个个自抱荆山之璞。不自回光返照，怀宝迷邦不见道；应耳时若空谷，大小音声无不足；应眼时如千日，万像不能逃影质。拟议若从声色求，达磨西来也大屈。"且回顾世尊以来不立文字的历史，"诸佛出世，假设言诠；祖师西来，不挂唇吻"，并举孔子"君子相见，目击道存"来诠释语言的累赘与多余。

慧南对北宋以后的禅宗影响是巨大的，在他身体力行和矢志不渝的推广下，一大批有知见的高僧大德也投身到对抗文字禅的行动中来，如其后人祖心、德普、元肃、常总、悟新、惟清、从悦、文准等，必须要说明的是，与黄龙同时代的杨岐弟子大慧宗杲等亦投入到反文字禅的阵中来了，他甚至将其恩师所著《碧岩录》的刻板烧毁，以响应慧南提倡的不立文字的"话头禅"。

历史上，"话头禅"与"文字禅"是以宋代为分水岭的，虽然慧南与方会及其门人的坚持，一时间抵制了文字禅的风气，压制了文字禅的气焰，但随着禅学儒化的深入，文字禅终究成为了宋后禅宗的流派之一，与话头禅一道纠缠绵延至今，是以一代宗师亦有如下之叹："说妙谈玄，乃太平之奸贼。行棒行喝，为乱世之英雄。"(《黄龙慧南禅师语录续补》)

4. 运水搬柴的"日用"悟道宗旨。日用是道是慧南祖师一直坚持的世间法，也是他促成禅修世俗化的重要手段之一，实际上禅宗作为中国哲学的重要组成，其出世与入世是对立统一的，其先天就不离日用："佛法在世间，不离世间觉"(《坛经》)，慧南更是主张：

道远乎哉？触事而真；圣远乎哉？体之即神。(《联灯会要》卷二十三)

众生日用如云水，云水如然人不尔。(《黄龙慧南禅师语录》)

在上堂说法、匡徒授道的过程中，更是不离日用，将禅法生活化、日常化，要求学人在现实世界里，去除分别心，于世界万物的诸相外，得见佛性：

问："如何是佛？"师云："向汝道，汝不信。"僧云："请师指示。"师云："合取狗口。"(《黄龙慧南禅师语录续补》)

上堂，举临济问监院："什么处去来？"院云："州中粜黄米来。"临济以拄杖面前划一划云："还粜得这个么？"院便喝，济便打。典座至，济乃举前话，典座云："院主不会和尚意。"济云："你又作么生？"典座便礼拜，济亦打。师云："喝亦打，礼拜亦打，还有亲疏也无？若无亲疏，临济不可，盲枷瞎棒去也。若是归宗即不然，院主下喝，不可放过；典座礼拜，放过不可。"又云："临济行令，归宗放过。三十年后，有人说破。"击禅床下座。(《黄龙慧南禅师语录》)

僧问："大用现前，请师辨白。"师云："摘却你眉毛，倾出你脑髓，脚跟下道将一句来。"云："镆铘举起，蛟龙失色。"师云："作么生？"僧以手面前一划云："争奈这个何？"师云："三十年后，讨个师僧也难得。"僧便喝，师云："好一喝，未有主在。"僧作礼，师云："当断不断，反招其乱。"(《联灯会要》卷二十三)

上堂云："日从东边出，月向西边没。一出一没，从古至今，汝等诸人，尽知尽见。毗卢遮那，无边无际，日用千差，随缘自在，汝等诸人，为甚不见。盖为情存数量，见在果因，未能逾越圣情，超诸影迹。若明一念缘起无生，等日月之照临，同乾坤而覆载；若也不见，牢度大神恶发，把你脑一击粉碎。"下座。(《黄龙慧南禅师语录》)

狗口、黄米、眉毛、脑髓、脚跟、日月……目之所及、手之所到，诸多司空见惯的生活场景、日常用品，在黄龙来说，都是禅悟之器。祖师认为"佛无净土"，佛的世界就在运水搬柴的现实世界里，就在屙屎吃饭的日常生活中，滚滚红尘、当下眼前无不依附佛性、蕴涵佛理。所以祖师说：

且道何名法王身？四大五蕴、行住坐卧、开单展钵、僧堂佛殿、厨库三门，无不是法王身。若能于此荐得，乾坤大地、日月星辰，穿过你诸人眼睛；四大海水，流入你诸人鼻孔。方知释迦弥勒授记，但是虚名；临济德山棒喝，权为假道。（《黄龙慧南禅师语录续补》）

守株待兔，岂是智人。避色逃声，何名作者。祖不云乎：执之失度，必入邪路。放之自照，体无去住。（同上）

师云："且作么生，道得一句，不孤负先圣、不丧儿孙。若人道得，到处青山，无非道场。若道不得，有寒暑兮促君寿，有鬼神兮嫉君福。"（同上）

其"日用"思想在其门人中亦得到了很好的传承与运用，如宝峰克文作《法界三观六颂》云：事事无碍，如意自在。手把猪头，口诵净戒。趁出淫坊，未还酒债。十字街头，解开布袋。

晦堂开悟山谷居士时：一日侍堂山行次，时岩桂盛放。堂曰："闻木犀花香么？"公曰："闻。"堂曰："吾无隐乎尔。"公释然即拜之曰："和尚得恁么老婆心切。"堂笑曰："只要公到家耳。"育王净昙禅师有"莫来问我禅兼道，我是吃饭屙屎人"，石头怀志庵主则"不脱麻衣拳作枕，几生梦在绿萝庵"等等，都是贯彻黄龙禅日用是道的最好体现与见证。

二、黄龙宗的特征

黄龙宗作为影响和传承千年的宗派，不仅其宗旨独步天下异于他宗，其表现形式也有其鲜明的特征，甚至可以说黄龙宗的一些主要特征与特点，是其他各宗所不具备、所没有的，从其宗风、特征、影响、贡献来看，甚至可以得出黄龙是集诸宗之大成者的结论，其在历史上扮演着宋前宋后纽带的角色，承担着总结历史、开创未来的重任，主要表现：

1. 沟通两系。慧南一身入云门、法眼、曹洞、临济四宗，精通诸宗义理。他先是参云门四世宗匠庐山归宗寺的自宝禅师，半年后到栖贤寺参法眼宗的澄諟禅师，三年后再参云门宗蕲州三角山的怀澄禅师。自宝禅师与怀澄禅师是同门师兄弟，同是云门三世蕲州五祖师戒禅师的弟子（《联灯会要》卷二十七）。而澄諟禅师则是法眼宗三世，文益祖师的徒孙、洪州百丈道常恒禅师的弟子（《天圣广灯录》卷二十七）。慧南祖师跟随怀澄禅师自湖北蕲州移居江西靖安县泐潭寺后，经临济宗匠文悦禅师的劝说，在去造访临济宗楚圆禅师的途中改变主意，前往衡山拜谒福严寺智贤禅师，任寺中书记。而智贤禅师是曹洞宗六世大阳明安警玄禅师的弟子（《续传灯录》卷第六），因此慧南祖师阴差阳错地又成为曹洞宗的门人。这也就是说慧南一身入云门、法眼、曹洞、临济四宗，只差当时已衰微不传了的沩仰宗无由得入，但他对沩仰宗的研究和体悟，也是相当深刻和有见地的。

慧南一身入云门、法眼、临济、曹洞四宗，从其发生过程来说，应该不是刻意为之，但也绝不是无心之果，这从他师祖汾阳善昭的参学历程中就能发见一些端倪。汾阳善昭说过："云门禅我知道，沩仰禅我也知道，法眼禅我也知道，就是没有参过曹洞禅。"而且为了弥补这一遗憾,他派浮山法远、琅邪慧觉等徒弟去参曹洞大阳警玄禅师,因此而成就了临济代曹洞续宗的佳话。

我们说祖师慧南沟通青原、南岳两系,绝不仅指他参过青原、南岳所属四宗这种外在的形式,而主要是鉴于其彻悟两系各宗的内涵与本质、融会各宗的宗旨与思想,并在弘道的生涯里灵活把握、吸收利用、推陈出新、发扬光大。

先看云门怀澄禅师戡问学人的风格:

师勘新到僧。云:"近离什么处?"僧云:"离蕲水。"师云:"可煞泥水。"僧云:"一切寻常。"师云:"恁么则拖泥拽水也?"僧云:"恰是。"(《天圣广灯录》卷二十三)

再看黄龙慧南的戡问风格:

龙问:"甚处来?"师曰:"百丈。"曰:"几时离彼?"师曰:"正月十三。"龙曰:"脚跟好痛与三十棒。"师曰:"非但三十棒。"龙喝曰:"许多时行脚无点气息。"师曰:"百千诸佛亦乃如是。"(《续传灯录》卷十五)

其方式、语气、机锋何其相像乃尔?陡峭峻绝——典型的云门禅风!再看一则,同样先看云门怀澄禅师:

师一日见僧披衲帔,师云:"得怎么好针线?"僧云:"只要牢固。"师云:"打草蛇惊作什么?"僧云:"客来须看。"师云:"只有者个,更别有?"僧云:"云生岭上。"师云:"未在,更道。"僧云:"滴水岩间。"(《天圣广灯录》卷二十三)

再比较慧南的问话:

明日同看僧堂曰:"好僧堂!"师曰:"极好工夫。"曰:"好在甚处?"师曰:"一梁挂一柱。"曰:"此未是好处。"师曰:"和尚又作么生?"龙以手指曰:"这柱得与么圆,那枋得与么匾?"师曰:

"人天大善知识,须是和尚始得。"(《指月录》卷二十六)

可以说这完全就是一个师傅的路子,甚至于一个老师都教不了这么像!

再看法眼宗与黄龙的区别与异同,澄諟禅师的机语是:

问:"鼓声才罢,大众云臻。向上宗乘,乞师垂示。"师云:"你从什么处来?"进云:"上根之者已晓师机,中下之流如何辨白?"

师云:"你且子细。"(《天圣广灯录》卷二十七)

而慧南祖师则是:

提刑入山升座。僧问:"提刑朝盖,远诣法筵。向上宗乘,乞师一诀。"师云:"一字幞头尖檐帽子。"(《慧南禅师语录》)

虽然如是,若是上根之辈,不假言诠;中下之流,又争免得。(同上)

再次我们看慧南对沩仰宗的研修水准:

因读"小释迦"传曰:"韦尚书问仰山寂公,禅师寻常如何接人?"寂曰:"僧来必问:'来为何事?'曰:'来亲近。'又问:'还见老僧否?'曰:'见。'又问:'老僧何似驴?'僧未有酬者。"韦曰:"若言见,争奈驴;若言不见,今礼觐谁。以此故难答。"寂曰:"无人如尚书辨析者耳。"月公称善,师亦以为然。南公独曰:"沩仰宗枝,不到今者,病在此耳。"(《指月录》卷二十七)

一句"沩仰宗枝,不到今者,病在此耳",立显祖师见识之高远,非常人能及,不仅将沩仰宗几代即没的根原和弊端一言道破,而且"黄龙三关"的最后一关"我脚何似驴脚",与仰山慧寂祖师的"老僧何似驴"是多么的相像!

最后再比较一下曹洞宗宗风与黄龙提唱的渊源,大阳明安禅师上堂:

但截断两头，圣凡情尽，体露真常，事理不二，即如如佛。若能如是，法法无依，平等大道，万有不击，随处碌碌地，更有何事。(《联灯会要》卷二十七)

而黄龙慧南则是：

上堂，云："凡圣情尽，体露真常，但离妄缘，即如如佛。虽是古人残羹馊饭，有多少人不能得吃。"(《慧南禅师语录》)

"夫出家者，须禀丈夫决烈之志，截断两头，归家稳坐。然后大开门户，运出自己家财，接待往来，赈济孤露，方有少分报佛深恩。若不然者，无有是处。"以拂子击禅床下座，乃布谢。(《慧南禅师语录》)

由上可以很清晰地看出，五宗的内容与思想、特点和精髓，于慧南而言，就好比自家仓库，但有需要要么直接拿来、直接吸收，要么信手拈来、彼此互用，当然大多数则是融会贯通、人为我用，这种统摄五宗、继往开来的做法与特征将在稍后专门论述，这里仅言祖师在将五宗宗旨、门庭、机锋均了然于心、统揽一体的情况下，随心所欲地纵横捭阖、上天入地，在五宗基础上推陈出新开宗立派的同时，推动了两系间相互沟通和彼此利用。

2. 融合三教。黄龙宗理论中论述的道，即佛性，与老庄之"道可道，非常道"，是十分接近的，两者都认为道虽不可言说，但却可以体究、感知、顿悟。可以说黄龙禅中佛性已融合了道家自然本体、本性的成分。同时，慧南把参禅学道看成一种学问和修养的功夫，这也是对道家为道日损、以至于无为的修养方法的借鉴和吸收。

其次，黄龙佛法是既出世又入世的，祖师慧南有诗"翻思有负公侯命，旦夕彷徨益厚颜"(《黄龙慧南禅师语录》)，又说"黄龙出世，时当末运。击将颓之法鼓，整已坠之玄纲"，字里行间，闪烁着"家、国、天下"的儒家文人情怀,"欲使慧风与尧风并扇,佛日与舜日同明,苟非存意于生灵,何以尽心之如此",这种"两风并扇、两日并明"的理论与认识,已然将佛儒并列,致佛禅儒化以经世致用仅一步之遥了;另外在形式上,《黄龙慧南禅师语录》中载:

师初住同安崇胜禅院。开堂日,宣疏罢,师拈香云:"此一炷香,为今上皇帝圣寿无穷。"

又拈香云:"此为知军郎中文武采僚,资延福寿。次为国界安宁,法轮常转。"

从中我们不难看出,无论慧南是出于诚心,还是为了形式装样子,至北宋中期,禅宗已"彻底结束了沙门与王者抗礼的时代"(杜继文《佛教史》第九章),寺庙僧尼必须绝对服从君主的权威;其次除忠君爱国之外,连地方官僚也在恭祝之列,佛法已如圆悟克勤说的"佛法即是世法,世法即是佛法"(《佛果禅师语录》),用黄龙弟子祖心话说是:"马祖百丈以前无住持事,道人相寻于空闲寂莫之滨而已。其后虽有住持,王臣尊礼为天人师。今则不然,挂名官府如有户籍之民,直遣五伯追之耳,此岂可复为也?"(《续传灯录》卷十五),至此禅宗已俨然就是世俗,最起码在形式上与儒家的礼仪没有了任何分别。

三教融合是儒道佛发展到一定阶段的必然产物,于佛教于禅宗而言,是大势所趋下的无可奈何的选择,但于我国的文化、宗教、哲学来说,却也是一种有益的促进与推动,这既是黄龙宗的贡献,也是黄龙宗的特色之一。总之黄龙宗以其特征来说,是一个"以佛为体、以道为质、以儒为用"(吴立民:《禅宗宗派源流》)的综合体。

3.统摄五宗。慧南禅法对唐末以来五家宗风的融摄现象是相当明显的,前面说过慧南本身就一身入四宗,只差沩仰宗没法参学,

但在日常传道中,慧南是兼收并蓄,各宗各派不分彼此、皆为我所用:

三玄三要,五位君臣,四种藏锋,八方珠玉,三十年前,争头竞买,各逞机锋。而今道泰升平,返朴还淳,人人自有山青水绿,白云深处,三衣并为一衲,万事无思何虑兮。(《黄龙慧南禅师语录》)

文中"三玄三要"是临济宗旨,"五位君臣"是曹洞法要,"四种藏锋"是云门设施,"八方珠玉"是法眼形象,祖师慧南对各家宗法旨要均了然于胸,而且不分彼此、没有偏爱侧重,平等对待各宗各派,集思广益、为我所用。如果说"道泰升平,返朴还淳,人人自有山青水绿"表明他具有关注时代学风的自觉思想,那么"三衣并一衲"则是他自定宗法的基本原则——"并"——兼摄、融通。所谓"东注西流,南唱北和,亘古亘今未有当头道着,不仅是他对前代宗师禅法境界的认识,也是他自己对宗法风格的追求——左右逢源,纵横无碍,融摄诸家,为我所用"(吴立民:《禅宗宗派源流》)。

慧南兼收并蓄、统摄五宗的作风,使黄龙禅宗诸法具备、灵活机巧,不仅有沩仰之默契、曹洞之细密、临济之峻烈,更兼云门之高古、法眼之简明,形成黄龙明快简洁、酣畅淋漓、险峻严绝、纵横捭阖的禅风。

第四节　黄龙宗的地位与功绩

黄龙宗是我国宗教、哲学、文化、思想史上极其重要的一环，甚至是无可替代、无与伦比的一环，尽管在漫长的历史岁月里，黄龙宗的功绩、贡献与地位一直被掩盖、误读甚或忽略，但拂却尘土其思想依仍灿烂、其学术依仍耀目，因为在中国，谁要研究佛教，绝对离不开禅宗；而要研究禅宗，绝对绕不过黄龙。黄龙之后近千年无宗诞，仅其"话头禅"，迄今仍是宗门授受的不二之选；其次，谁要研究中国哲学，绝对离不开理学、心学；而要研究理学、心学，绝对绕不过黄龙。理学鼻祖周敦颐曾说"吾此妙心，实启迪于黄龙"；再次，要研究中国禅宗的世界化，更是绝对离不开、绕不过黄龙，正是黄龙弟子将黄龙学术首传海外，并成为日本禅宗之祖的。

一、"话头禅"影响及今

"话头禅"是黄龙对后世的贡献之一，前面我们说过，黄龙宗产生在文字禅方兴未艾的时期，如慧南的师祖汾阳善昭就是文字禅的推崇者、偏爱者乃至开创者，他开颂古之先河、定颂古之雏型，著述《公案代别百则》《颂古百则》《都颂》《汾阳无德禅师语录》《汾阳善昭禅师语录》《汾阳昭禅师语要》等，对后世产生了巨大的影响，将宋初的文字禅推向了高峰。为对抗风起云涌的文字禅，慧南提出："诸佛出世，假设言诠。祖师西来，不挂唇吻。"主张多行少说："作客不如归家，多虚不如少实。"

为了推广和实现上述主张，慧南不仅提出临济禅复祖的口号，而且身体力行，在黄檗光孝寺时，就开始用三转语喝问接引教化学人，以"活语"对"死句"，教育后学不要死咬文字。晚年至黄龙寺后，更是将三转语精炼为"生缘、佛手、驴脚"——既著名的"黄龙三关",其义理主要是教人不要死于句下,强调触机顿悟。

以黄龙三关为主要标志的话头禅,对后世的影响深远又巨大,慧南之后,仿效或套用三关的人,宋元明清乃至现在皆不绝如缕,慧南传人中,如祖心的"拳头触背"、子琦的"有口道不得"、庆闲的"祖师心印"、从悦的"兜率三问"等等;黄龙宗之外,仿效或套用三关的人也是俯拾皆是,如杨岐大慧宗杲背以"竹篦子触背"设问、天童昙华则以"柱杖是非"启发开悟,还有元初杨岐派高峰原妙也立"三关"弘法,明朝僧恕中无愠亦设"瑞岩三关"接引后学,而且在当时都很有影响。

这些问话的共同特点是,即随手拈来、司空见惯、耳熟能详,又二律背反、进退维谷、是非难辨,"话头禅"摆脱了经典和公案的束缚,以日常生活中司空见惯的事情和现象发问,问话平常又紧扣禅机,表面看答案非此即彼,实则二律背反、进退两难,其本质上和慧南佛手、驴脚之问是一样的。这与一向以来,禅家从经论奥义正面设问——如"如何是祖师西来意""如何是佛""如何是和尚家风?"等有着很大的区别,其随机性、灵活性、趣味性大大增加,而且这些问话又深含禅机,让一般人无法回答。很明显,慧南所创的"黄龙三关"促进了丛林对"活语"的运用,在对抗文字禅的同时,极大地推动了"话头禅"的普及和运用。

话头禅的产生,活语的运用,一扫当时丛林思想僵化、老调重弹的学风,不仅开创了禅宗的鼎盛局面,使禅宗兴盛时间延长了一百多年,其生动活泼、简单明了的启悟方法,则一直传承到今,已然成为各宗各派的共同门庭设施,禅门点化开悟后学的"标准"程序;并且在我们日常工作生活和大中小学的教学方法里,亦有大量启发式的"话头禅"在运用。而江西、湖南等省的寺庙里，则到处张贴或悬挂有"谁在念佛、照顾话头"的牌匾，标志着"话头禅"不仅广泛流传、深入人心，而且已成为禅宗的专业术语和文化符号。

二、"儒学化"功炳千秋

黄龙禅法强调自性自悟，重视亲身体验，反对故弄玄虚、流于口舌，主张广参百家、遍揽俗学、涉猎诸艺，提倡禅学的文人化，祖师自己"虽在僧次，常勤俗学，博通内外典籍"。这种放弃义学，引儒学入佛学，正是黄龙僧人"无学之学"中所作的一项务实的修行工夫，一个划时代的创举。当时也有对此提出非义者，晦堂祖心驳之说：

若不见性，则佛祖密语尽成外书；若见性，则魔说狐禅皆是妙语。

也就是说在贯通俗学、融摄儒道中，佛家只要留下"见性明心"这块最后的领土，便可以在天地万物之间拥有纵横驰骋的广阔原野。这是禅宗变化的关键所在，此门一开，禅家便与俗人打成一片，禅修在完成日常化、生活化的进程后，转而步入了大众化、世俗化的的轨道，出世与入世的界限被彻底摧毁，修禅学道变得简单易行而又充满人生乐趣，由此开创了全民皆禅、禅宗盛行的鼎盛时期。正是这个原因，黄龙僧人的禅法受到文人、士族、庶民等各阶层的共赏，从此宋代的疆域内禅悦之风铺天盖地、禅悦之声此起彼伏、禅悦之势波涛汹涌，并生生不息、绵延至今。

当然这种变化似乎有违佛法教义的"纯洁性"，但是前面已经说过，三教融合是宋朝社会制度下思想发展的潮流，佛家吸收融合儒、道，是唯一可取的生存发展模式，从这一点上说，黄龙僧人可谓识时务者。正是由于黄龙僧人对儒、道思想的融合，为文人士大夫了解掌握佛教，进而参禅学道，打开了一条便捷之路，加上简便的禅修方式和富有神秘色彩的机锋，又给文人士大夫以强烈的吸引。所以，当时著名的硕学大儒如王安石、周敦颐、潘兴嗣、程师孟、吴恂、王韶、苏轼、苏辙、黄庭坚、戴道纯、蔡京、范致虚、吴居厚、彭汝霖、徐府、张商英、胡安国等，都纷纷与黄龙僧人结交，他们"或推举相资，往来寻访，或恭迎宅下，谈玄论道；或寄意林间，诗书相酬"。黄庭坚、戴道纯、张商英等人，甚至累月累年静居寺内，日夕与僧人相随。所以如祖心，本不热衷于结交仕人，但"四十年间，士大夫闻其风而开发者众矣"；灵源虽晦迹，临川太守朱世英特为他造"昭默堂"以度晚年，二人相与论禅；苏东坡、黄庭坚等人与黄龙僧人的交往，在当时都是作为文坛佳话广为流传的。总之，北宋中后期文人士大夫与黄龙僧人交往人数之多、关系之密、相契之深，在禅宗史上是从未有过的，这是黄龙禅宗得以儒化的大好契机，也是黄龙禅宗渗透并影响儒学的黄金时期。

黄龙禅宗在唐末五代禅宗儒化的趋势和基础上，因势利导、把握机遇、掌控关键、一举引儒入禅、融禅入儒，完成了酝酿近两个世纪的儒化思潮，为三教的和平发展奠定了基础，为禅宗的兴盛与延续开创了路径、拓展了空间，在不经意间改变了人们的思想观念，形成了我国追求禅境、禅味的民族品趣，其催生了宋明理学的功绩，则将在下节阐述。

三、启"理学"续古接今

宋代的理学家，接着唐代韩愈、李翱等的启发，经欧阳修等的领导，突然崛起于千年之后，号称直承孔孟心法，在汉唐的儒学以外，别树一帜。不须讳言，那是受到禅宗的影响，并也渗入老庄思想的成分，这才构成一番宋儒的面目。换言之，宋代的佛教，已由佛入儒，因禅宗而产生理学，这是中国文化史上必然的演变，也是佛教文化与中国文化融会的成果。(《南怀谨选集》第五卷《中国佛教发展史略》)

"直承孔孟"的理学是宋代儒学受禅宗影响的结果，这已是共识，但理学主要是受禅宗哪宗影响，主要因哪宗而产生的呢？这在史学上研究的就不是很多，答案也趋于含糊了。历史的真相与事实是：中国理学的产生，其禅学方面的功绩与贡献主要是黄龙宗。

理学的开山鼻祖是周敦颐，关于周敦颐思想之渊源，明代黄绾说："宋儒之学，其入门皆由于禅。濂溪、明道、横渠、象山由于上乘；伊川、晦庵皆由于下乘。"(黄绾：《明道编》卷一)黄百家则更述周敦颐师事鹤林寺僧寿涯及从东林常总禅师习静坐等事(《濂溪学案》下)。

清代学者黄宗羲在他的《宋儒学案》中说道：

孔子而后，汉儒止有传经之学，性道微言之绝久矣。元公(即周敦颐)崛起，二程嗣之……若论阐发心性义理之精微，端数元公之破暗也。

周敦颐自景祐三年(1036)年二十岁承父荫任分宁主薄开始，慕文人参禅之风，经常到寺庙参禅访道。"世传濂溪参禅于黄龙南，问道于晦堂，谒佛印了元于归宗"(《南怀谨选集》第五卷《禅海蠡测》)，实际上这不是世传，而是史实，宋明著作中多有记载，因周敦颐性喜务禅，当时分宁人还笑称他为"周茂叔、穷禅客"。他交往较多的黄龙僧人和居士主要有慧南、祖心、东林常总及潘兴嗣、黄庭坚等，从分宁主簿到其后知南昌、知南康军(治于庐山下星子县)直到终老，一生都与黄龙僧人不离不弃，其理学思想也因之而深受黄龙学术的影响，如他参晦堂祖心，心谕之曰：

孔子谓"朝闻道，夕死可矣。"毕竟以何为道夕死可耶？颜子不改其乐，所乐何事？但于此究竟，久久自然有个契合处。(《居士分灯录》卷下)

之后他授学二程时，亦以此问二程。明道先生尝曰：

昔受学于周茂叔，令寻颜子、仲尼乐处，所乐何事？(《二程遗书》)

又甘节问朱熹：

周子令程子寻颜子所乐何事，而周子、程子终不言，不审先生以为所乐何事？(《周濂溪先生全集》卷九)

黄龙学术在理学中的薪火相传、血脉相承，在上述记载中是跃然纸上、一目了然。

又周敦颐扣东林总禅师，常总曰："吾佛谓实际理地即真实无妄，诚也。'大哉乾元，万物资始'，资此实理；'乾道变化，各正性命'，正此实理。天地圣人之道，至诚而已。必要着一路实地工夫，直至于一日豁然悟入，不可只在言语上会。"又尝与总论性及理法界、事法界，至于理事交彻、泠然独会，遂著《太极图说》：语语出自东林口诀。(《居士分灯录》卷下)

照觉常总门人所著《纪闻》谓："周子与张子得常总'性理论'及'太极、无极'之传于东林寺。"禅僧之说虽不免夸张，有抹煞周敦颐独创之嫌疑，但是周敦颐的《太极图说》显然受了佛理的启发。

清代毛奇龄认为周敦颐的《太极图说》的有些说法是"直用其(宗密)语"(毛奇龄：《太极图说遗议》《西河合集》)，将宗密的《原人论序》与《太极图说》两相对照，何其相似乃尔。至于周子的《通书》四十章，"一'诚'字括尽"(薛文清语《濂溪学案》上)，"句句言天地之道也,却句句指圣人身上家当。"(刘蕺山语《宋元学案》卷十一)其所揭发"诚"与"敬"之为用,实与禅宗佛教诚笃敬信的主旨,语异而实同。(南怀瑾:《宋明理学与禅宗》)

正如周敦颐自己说的:

吾此妙心,实启迪于黄龙,发明于佛印。然易理廓达,自非东林开遮拂拭,无繇表里洞然。(《居士分灯录》卷下)

黄龙学术对周敦颐的影响和熏陶不仅由表及里、深入骨髓,开启了他的理学思想,而且直接催生了北宋理学。

至于邵雍、程颢、程颐、张载及稍后的朱熹、陆象山、吕祖谦等,由于宋代禅宗特盛,大抵于禅道之学都有所参悟,而绝不可能没有丝毫瓜葛,与如日中天的禅宗划清界限、撇清关系,如程颢、程颐就是云门高僧佛印了元的在家弟子,因此南怀瑾在其《禅海蠡测》写道:

陆象山有谓其学无师承,有谓其源出上蔡(谢良佐);后有谓学于僧德光,至若洛(伊川)学后人,多归于佛;程门高弟,如荐山(游酢)等终入于禅;横浦(张九成)实问道于大慧杲禅师,而识旨归,此皆显明可征者,余犹未尽。

当然这些大儒参学的不一定全部是黄龙宗,其中必然也有参杨岐、参曹洞、参云门的等,但却足以说明禅宗对宋明理学的影响与作用。

第五节　黄龙宗的传承

一、宋代的繁盛

宋代是禅宗最为兴盛的时期，这一局面的形成，从某些方面来说，很得力于黄龙宗。宋时禅宗虽有黄龙、杨岐、曹洞、云门等宗，但其学术兴旺、法嗣众多、影响最广的当数黄龙、杨岐，而黄龙、杨岐亦有起伏之异。北宋乃至南宋中期，黄龙宗大德云集、宗师辈出，门下弟子多如过江之鲫，而南宋中后延至元明，由于黄龙宗"隐世逃名"成风，重自悟轻传世，慢慢地杨岐后来居上，后嗣弟子遍布山林、影响日广。

1. 高僧辈出的一代弟子。慧南座下，龙象横陈、高僧如云，灯录有载的大德就达83位之多，修于乾隆二十七年（1762）的《黄龙崇恩禅寺传灯宗谱》载祖师在黄龙寺时"鹿野孤园，众千二百神僧"，故惠洪称"法席之盛，堪比泐潭马祖、百丈大智"（《禅林僧宝传》）。一代弟子中以"黄龙三系"——晦堂祖心、宝峰克文、东林常总影响最大，祖心一系历代繁茂，直至东传高丽、日本，开启海外黄龙支派，本章后面将专门讲及。三系之外，如"英邵武"、"文关西"、义虎德普、云居元祐、百丈元肃、隆庆庆闲、开元子琦……个个都是"精峭纳子"、人人均为"踞地金毛"，尽是"人天大知识"，"一个个硬剥剥地"非等闲之辈。

这些知识渊博、修行精到、见识高远，而且各具特色、声震寰宇、影响一方的大德高僧东奔西走、纵横捭阖，对黄龙学术的推广、黄龙宗派的成立都起到了致关重要的作用。

2. 繁星闪耀的二代弟子。黄龙二代弟子人数众多、成就斐然，以黄龙"三大士"——死心、灵源、湛堂为翘楚，以及清凉慧洪、兜率从悦、宝峰应干、草堂善清、青原惟信禅师等数量达几百人，这我们从晦堂祖心法嗣四十七人、宝峰克文法嗣三十八人、东林常总法嗣六十二人的记载就可想见。

其中死心、灵源均是晦堂祖心的弟子，黄庭坚称他俩为"衲僧之命脉，今江湖淮浙莫居二禅之右者"。死心"迅机逸辩，雷轰电扫，学者莫敢撄其锋"，"脊骨硬如铁，去住自由，今天下道人中，一人而已"；而灵源惟清则被延恩法安誉为"苦海法船"，黄庭坚则赞"其操行智识今江西丛林中未见其匹俦者"（黄庭坚：《惟清道人本》），他极重实践功夫，力主学人要守空知寂，心如死灰，形如槁木。开悟后卿宿衲师友之，屡以名山见邀，坚不许。淮南漕朱公京以舒之太平力请，乃屑就，道俗争迎之，后于黄龙居"昭默堂"十有五年，"颓坐一室，而天下莫屈其高致"，其风度学识真的不亚其师。

湛堂文准乃宝峰克文弟子，琇公称："云居真牧和尚谓人曰：'出关走江淮阅三十年，参一十八人善知识，于中无出佛果、佛眼、死心、灵源、湛堂五大士而已。'诚哉斯言。盖真正宗师考其全才如此之难，若佛果佛眼死心灵源之嗣固已光明于世，独湛堂开法日浅，未有继其高躅者。然览其遗编想其胸次，信余子未易企及也。"觉范则称："准于真净之门，所谓家名辨才气宇逸群者。"其迁化后丞相张无尽制其碑，谏议洪驹父叙语录，名士李商老撰次逸事，同门弟德洪觉范纪师行实，其高道硕德可想见矣。

清凉慧洪亦宝峰克文弟子，又名德洪，字觉范，自号寂音，宋徽宗赐"宝觉圆明"名号，俗姓彭，新昌（今江西省宜丰）人。北宋著名诗画僧、诗评家、诗人、散文家、诗论家、僧史家、佛学家，有"禅门司马"之名；四库馆臣说他"身本缁徒，好为绮语"，被王安石次女讥为"浪子和尚"。其一生坎坷，十四岁成孤儿，出家后因各种原因三次入狱、一次流放、两次被削僧籍。《禅宗宗派源流》这样评价他："在黄龙诸徒中，惠洪是一位最值得重视的人物，他的禅学思想和禅史研究，对后世影响很大"，应该说是很中肯的。他著有《林间录》二卷、《林间后录》一卷、《临济宗旨》一卷、《禅林僧宝传》三十卷《智证传》十卷《高僧传》十二卷《志林》十卷《冷斋夜话》十卷、《石门文字禅》三十卷《天厨禁脔》一卷《语录偈颂》一编、《法华合论》七卷、《愣严尊顶义》十卷、《圆觉皆证义》二卷、《金刚法源论》一卷、《起信论解义》二卷等传于世。

隆兴府兜率从悦禅师，赣城人，族熊氏。儿时多病，父母许为僧即愈，悔而又病。室中设三关语以验学者，其一曰：拨草瞻风，只图见性。即今上人性在甚么处？其二曰：识得自性，方脱生死。眼光落地时作么生脱？其三曰：脱得生死，便知去处。四大分离向甚么处去？

黄龙宗二代弟子可谓是人才济济，其修行学识见解均不落于一代，人数则数倍之，因此他们的成就影响比上一代甚至更大更强。

3. 横被天下的三代弟子。前面刚说黄龙二代弟子人数众多，且修学兼善，此时正是黄龙宗的兴旺发达时期，二代弟子中除极少数个别选择不收徒或收徒极少外，绝大多数二代弟子均收有五至十名弟子，多的则近二十名，如灵源惟清禅师法嗣十八人、死心新禅师法嗣一十六人、兜率从悦禅师法嗣十二人、泐潭应干禅师法嗣一十八人、开先行瑛禅师法嗣一十六人。这就不得了了，庞大基数的几倍乃至十几倍，其规模数量是惊人的，历代的各种灯录实际上也为我们提供了证明，虽然限于篇幅和禅师名气成就，大多数弟子没有收录于史籍，但黄龙三代弟子的数量按代计数总是最多的。成千上万的黄龙弟子，散布于东西、奔走于南北，举国上下到处是黄龙僧人的身影，华夏境内充盈着黄龙学术的法音，因此有"弟子及再传弟子则横被天下"之说，足迹遍及湘、鄂、皖、苏、浙、闽、粤、云、桂、川、豫、冀、津、晋、陕、甘等地，至"名山大寺多为黄龙道场"。

三代弟子中才俊纷呈、硕果累累，高僧大德众多，如：东京天宁长灵守卓禅师、台州万年雪巢法一禅师、江州圆通圆机道旻禅师、绍兴府慈氏瑞仙禅师、嘉兴府华亭性空妙普庵主、空室智通道人（女尼）、潭州上封佛心才禅师等。

4. 势倾东南的南宋宗支。靖康二年（1127）北宋结束于金兵的铁蹄之下，宋朝偏安杭州一隅是为南宋，作为当时禅宗的正统，由于政治、宗教、文化的需要，黄龙宗在继续广被天下的同时，相应地也重点东迁南移。从历史的角度着眼，从第四代弟子开始，黄龙法嗣的分布已由之前的以黄龙寺为圆心波状扩展，渐变为以黄龙寺和杭州双核并重，势力范围慢慢向东南杭州周边倾斜，重点以阿育王山阿育王寺、太白山天童寺、天台山万年寺、庆元府蓬莱寺、嘉兴府报恩寺、绍兴府泰岳寺、江陵报宁寺等。代表禅师：

第四代的庆元府育王无示介谌禅师，时以"谌铁面"称之；嘉兴府报恩法常首座，丞相薛居正之裔；临安府径山涂毒智策禅师、道场慧琳禅师、道场居慧禅师、普贤元素禅师、鼓山僧洵禅师、鼓山祖珍禅师、圆通守慧禅师、黄龙道观禅师等；

第五代的台州万年心闻昙贲禅师、临江军东山吉禅师、临安府灵隐懒庵道枢禅师、天童了朴禅师、西岩宗回禅师、灵隐道枢禅师、光孝悟初首座、四祖宗肇禅师、天宁法清禅师、正法月禅师、能仁琢禅师、鹤林妙禅师、孝感竦禅师等；

第六代的庆元府天童雪庵从瑾禅师、温州龙鸣在庵贤禅师、庆元瑞岩景蒙禅师、大沩鉴禅师、投子淳禅师、雪窦僧彦禅师、太平诏和尚等。

5.兴旺发达的海外法脉。流播海外是黄龙宗的一大贡献与功绩，宋代黄龙海外流传主要有两条途径，现分别阐述如下：

（1）黄龙宗在高丽的传播。黄龙宗传至高丽很有传奇色彩，一是它启悟皈依的偶然性。史书的记载是："因海商方景仁抵四明，录无示语归，师阅之启悟，即弃位圆颅"；二是它遥传衣钵的神奇性。"后复通嗣法，其书略曰：'生死海广劫殚周通，得遇本分宗师。以三要印子验定其法，实谓盲龟值浮木孔耳。'"《续传灯录》卷第三十三全文如下：

高丽国坦然国师。少嗣王位，钦向宗乘，因海商方景仁抵四明，录无示语归，师阅之启悟，即弃位圆颅。作书以语要及四咸仪偈，令景仁呈无示。示答曰："佛祖出兴于世，无一法与人，实使其自信、自悟、自证、自到、具大知见，如所见而说，如所说而行，山河大地草木丛林相与证明其来久矣。后复通嗣法，其书略曰："生死海广劫殚周通，得遇本分宗师。以三要印子验定其法，实谓盲龟值浮木孔耳。"

由于以上因缘，高丽僧坦然从而成为黄龙僧人无示介谌法嗣，并与道膺、戒环等中国禅师有了书信往来，成为道友。坦然大鉴国师是黄龙慧南的第五传，其世系为：黄龙慧南——晦堂祖心——灵源惟清——长灵守卓——无示介谌——坦然大鉴。

坦然一生受到肃宗、睿宗、毅宗三王的礼遇，加有：三重大师、禅师、大禅师、王师、国师。他于毅宗十二年(1158)坐化，时年90岁，有"廓落十方界，同为解脱门，休将生异见，坐在梦中魂"的遗偈传世，谥号"大鉴"。毅宗元年，他进入晋州断俗寺，进行度化，聚集的学徒达数百人。据《断俗寺大鉴国师之碑铭》："其天性好善、诲人不倦，故玄学之徒云臻辐凑，所至不减百人。其升堂入室、传心得髓、为时宗匠者亦多矣。遂以大振宗风、光扬祖道，重兴东国之禅门，师有实力焉，在人口流传四方。"之后，其门徒孝惇、渊湛、怀亮、处端在断俗寺，英甫及其弟子祖鹰等在醴泉龙门寺宏法，更是将黄龙宗风与学说推陈出新、传遍高丽，并延续至今。

（2）黄龙宗在日本的传播。黄龙宗东传日本也是经无示介谌一系，只是时间要比传高丽晚，得法日僧明庵荣西为黄龙九世，其世系为：黄龙慧南——晦堂祖心——灵源惟清——长灵守卓——无示介谌——心闻昙贲——雪庵从瑾——虚庵怀敞——明庵荣西。

日僧明庵荣西，自幼随父学佛。14岁出家，通晓天台和密宗。1168年，来到明州（今宁波），参谒天台、育王、天童等禅宗名刹。1187年，明庵荣西再度入宋，拜天台山万年寺黄龙八世虚庵怀敞为师，不久随师到天童寺，宋孝宗闻之，特赐法号"千光法师"。荣西在天童居住5年，追随虚庵禅师尽心钻研，参究佛法，终于1191年悟入心要，得虚庵怀敞印可，继承黄龙宗的禅法。虚庵怀敞授予菩萨戒及法衣、印书、钵、坐具、宝瓶、柱杖、白拂等法物，以及释迦牟尼佛以下二十八祖图。

荣西归国后即广建庙宇、兴禅布教，他先后建有寿福寺、建仁寺、报恩寺、圣福寺等禅院，著作《兴禅护国论》，把黄龙学说详加介绍，并融汇天台宗、密宗、禅宗于一体，形成了独有的日本禅宗。由于荣西的努力，也由于禅宗适应日本民众的文化心理，切合日本社会的现实需要，尤其其舍身要义吻合武士道精神，因而黄龙宗赢得了日本大众及武士阶层的敬重与欢迎，甚至被称为"武家佛教"，最重要的是荣西还得到了幕府上层如原赖朝等家族的信奉与支持，幕府阶级掌权后，荣西更是被授予僧正之位，因而禅宗在日本产生了极大的反响，得到了前所未有的发展，荣西也因之被尊为日本黄龙宗的创始人、奉为日本禅宗之祖。

日本早在奈良朝时期就已引进了茶叶，但饮茶之风并不盛行，值到荣西禅师自宋朝携回茶种，种植于筑前背振山及博多圣福寺，又赠送高辨三粒种子栽植于母尾，不久分植于宇治，为宇治茶园之始，渐渐地茶叶种植才广布四岛；同时荣西还将宋朝茶道的礼仪，融为修禅的一个重要环节，并在镰仓寿福寺、博多圣福寺、京都建仁寺等寺院中，推广并坚持禅后饮茶，不久这一风气就广被效仿并迅速风靡全国，荣西禅师亦因此被尊为日本的茶祖。

荣西法嗣明全的弟子希玄道元，也就是荣西的徒孙，1223年随同明全入宋求法，参拜天童山、育王山，祭扫了天童寺外西山坡上的祖师虚庵怀敞之墓。两年后，明全病逝于天童山"了然寮"，道元则拜在天童寺方丈长翁如净的座下学法。长翁如净禅师是曹洞宗第十三代祖师，道元见他之后第二年，即被定为嫡子，学习曹洞宗禅法，随侍三年后得蒙印可，并传授秘蕴和衣具顶相。

道元回国后，开创永平寺，其禅林轨制一依天童，以志祖庭，后来成为日本曹洞宗大本山。道元持律谨严，并遵如净之训："不可亲近国王大臣"。当时的执权北条时赖慕其道风，召至镰仓叩示禅法，一时间臣属及庶民争相皈依风从，但他坚持不受其久留镰仓之请，半年后即返回僻静山林永平寺，一心坐禅："不顾万事，纯一辨道。"

从此，黄龙、杨岐（临济）、曹洞三宗作为日本禅宗的三大宗派，一直并行发展。流传到现在，日本三大禅宗共有22个教派，信徒有1100余万人。其中黄龙宗现有妙心寺派、建仁寺派、寿福寺派、南禅寺派等多个教派，共有寺院3400多座，信徒500余万人。办有京都花园大学，设有禅学研究会和禅文化研究所，出版有学术刊物《禅学研究》《禅文化》《禅文化研究纪曳》等。

从20世纪30年代开始，在我国虚云禅师、太虚大师、本焕长老以及以铃木大拙为代表的日本禅师们的努力下，黄龙等禅宗在美欧诸国广泛传播，参禅学法的人日渐增多，习禅中心、禅传道会、禅学研究所、佛教会、禅宗联盟纷纷建立，掀起了一轮又一轮的禅学高潮，使黄龙禅宗和其他宗派一道，成为世界宗教的主流之一。

6. 位高学重的居士群体。黄龙宗除了拥有大量缁门高足、宗门法嗣外，还收有众多法外弟子、在家居士，而且这些得法居士要么位高权重、要么学识渊博，他们在引儒入禅、融禅入儒完成禅宗"儒学化"的同时，黄龙宗也借助他们的权势声誉名满天下，在他们的扶持下风行全国、影响朝野。其居士中有宰相、权臣、名儒如王安石、张商英、吕微仲、徐禧、夏倚公立、意禅上座、彭汝励、王正言、吴中立、韩宗古、张竣、周必大、胡安国、徐俯、韩驹、王韶、李邴、张九成、郭功甫、张镦及三苏父子、黄庭坚、吴恂、范冲、吴居厚、彭汝霖、卢航、陆游、戴道纯、潘延之等。现举几例代表如下：

内翰东坡居士。因宿东林与照觉论无情话有省，黎明献偈曰：溪声便是广长舌，山色岂非清净身。夜来八万四千偈，他日如何举似人；

太史山谷居士。尝谒圆通秀禅师遭呵，乃著《发愿文》，痛戒酒色，但朝粥午饭而已。往依晦堂乞指径捷处，发明心地；

观文王韶居士。乃延晦堂问道，默有所契。因述投机颂曰：昼曾忘食夜忘眠，捧得骊珠欲上天。却向自身都放下，四棱塌地恰团圆。呈堂，堂深肯之。

秘书吴恂居士。居晦堂入室次，堂谓曰："平生学解记忆多闻即不问，尔父母未生已前道将一句来。"公拟议，堂以拂子击之，即领深旨。

参政苏辙居士。元丰三年左迁瑞州摧管之任,因往访洪州上蓝顺禅师,公咨以心法,顺示搐鼻因缘,已而有省;

丞相张商英居士。因按部过分宁,夜乃至兜率,论及宗门事,有疑不解,一夜睡不稳,至五更下床,触翻溺器,乃大彻;

左丞范冲居士。由翰苑守豫章过圆通谒旻禅师有省;

枢密吴居厚居士。拥节归钟陵谒圆通旻禅师问"透关底事"有省;

中丞卢航居士。与圆通拥炉次,通厉声揖曰:"看火。"公急拨衣忽大悟。

二、元明清民国的中兴与没落

1. 祖庭正统的兴旺与延续

元代在蒙族统治下,受喇嘛教威胁排挤,禅宗心灯光焰摇摇欲坠。黄龙宗与其他宗派一样禅者散处四方、晦迹韬光,"入山唯恐不深,逃名若将不及",只是在丛林制度的保护下得以苟延残喘。不过元代统治时间不长,且黄龙地处偏远,祖庭法统得以生生不灭,终元一朝六易住持,代代相承、交结清楚、无有缺失。

明朝放逐密宗后,黄龙宗又开始兴盛,尤其是万历年间盛奄主黄龙后,宗风远振,香火兴旺,门徒众多,盛奄于明万历三十八年(1610)将殿宇寮房田产等分东西两序,两相并举,共振宗风,将黄龙影响推向全国,但此次中兴没能维持多久,由于国力衰弱、民不聊生,加之盛奄之后人才不继、高僧不续,黄龙的兴旺局面不久又衰弱了。

好在没过多久,清代康熙年间,冰鉴禅师入主黄龙,创佛印、教海、南禅三院,开堂说法,至门下受法者"多至五百众",鼎盛一时。

自冰鉴后黄龙寺未出高僧，然在雍正"大弘临济，废除旁门"的护卫下和丛林制度保障下，道统却历历相传，虽衰不绝，至清末已传80余代。

我们说元明清三代黄龙之没落，特别是祖庭的式微变迁，都是相对开宗立派的北宋而言，实际上宋后的黄龙祖庭，虽不及宋时的"百川朝宗"，但也香火光耀、庵院林立。《黄龙崇恩禅院传灯宗谱》载明代黄龙寺下庵院一十二所、清初寺属庵院达一十五所，从上不难看出明清两朝黄龙祖庭虽然少有传世高僧，但其灯烛规模仍是庞大惊人的。

黄龙祖庭真正的没落衰败始自清末，重创于民国，由于连年征战，民不聊生，寺院供给中断，先是僧人他走、还俗致人数减少，附属庵院无人照管、坍塌荒芜，继之是祖庭支撑乏力，衣难蔽体、食难果腹，靠卖田卖地维持生计。民国十七年（1928）大寺又遭逢火灾，损失惨重，至民国十九年（1930）本忠禅师住持时，仅剩田租4担、和尚3人，民国二十八年（1939）侵华日军由白岭桃树港、太清温泉、全丰沙坪、碧环等地往湖北通城，在全丰苦竹岭与川人杨汉域部苦战，日军出动飞机支援，黄龙寺被日军飞机投弹炸中，魏峨的大雄宝殿由是毁于一旦，僚堂、钟鼓、法器、牌匾、经藏、谱志等或毁或盗廓然一空。

2. 传承不息的寰宇宗支

历史认为"横被天下"的黄龙宗自宋末基本上没落消亡、不复存在，实际上这是一种严重的误解与误读，是历史虚无主义作祟的结果，得出这种结果的原因有二：一是南宋末以后，临济禅宗由宋初的一分为二又合二为一，复称临济宗，黄龙、杨岐派弟子混记在一起，时代久远无由分辨；二是从立宗开始，黄龙宗就存有"遁世"

思想,归隐成风,许多黄龙高僧不喜世务,如晦堂祖心、云庵真净、东林常总、云居元祐、灵源惟清、石头怀志等等,均志在山水,以退隐为念,只重自身佛法的修悟,无意宗派法系的传承,"由于韬光晦迹的风气,很多真悟妙解的宗门法器隐于山林小刹,事迹不为人知,这是黄龙派法席自第四传以下即迅速减弱的一个重要原因。以当时黄龙僧人的修行,如果愿意到大都市倡法,追随者必致繁盛,法席何愁不传?"(吴立民:《禅宗宗派源流》)。所以明人净柱在《五灯会元续略》中说:"临济宗自宋季稍盛于江南。阅元明,人宗大匠都有,而韬光敛迹,民莫得传,"与之相反的是同时代的杨岐宗,以圆悟克勤、大慧宗杲、虎丘绍隆、径山师范等为代表的一大批僧人,秉承入世弘法的理念,广授弟子、广结俗缘,由是元明之即,杨岐宗风大炽,天下大众只知有杨岐、不知有黄龙了。

真实的情况是,虽然黄龙宗由于它的归隐、低调作派,相对杨岐而言名头声誉略小,但一个横被天下、广播海外的大宗派,绝不可能一夜之间就此销声匿迹的,只是由于其归隐、逃世的传统,导致它藏山怕不深、埋名怕不彻,因而少为外界知晓罢了,实际上黄龙宗系一直在默默地传承和绵延,分布的地域还不小、拥有的寺院也不少。现试举例说明:

庐山黄龙寺,明代黄龙僧人彻空于万历年间(1573—1620)建造。立寺之初,寺名曰"鹿野禅林",时任江西提学副使王宗沐曾题寺额。其后释彻空因法承临济宗黄龙派,且寺靠黄龙潭建,故改名曰"黄龙寺"。寺成后得慈圣皇太后赐旧刻《大藏经》637函和续刻《大藏经》41函。神宗朱翊钧对黄龙寺也是恩宠有加,亲自诏召彻空入内宫应答,赏赐紫衣袈裟等。万历十四年(1586),神宗下诏颁"护藏敕"和御撰《新刊续入藏经序》赐黄龙寺,以旌表其母功德。在慈圣皇太后和神宗等人对庐山黄龙寺的恩宠下，地方官员也对庐山黄龙寺重视起来，万历四十六年（1618），九江知府捐俸重修黄龙寺，中丞吴用先捐俸铸镀金毗卢佛像等，直至1926年，康有为还为黄龙寺题写了"黄龙寺"寺额和"禅堂"之匾，至今保存完好。

广东丰顺县太平寺，据寺内《四室碑记》云：明朝万历年间郭成松总兵倡修，其从一世起即为临济宗黄龙派住持，迄今二十一世，瓜瓞绵延、宗派不乱。

此外还有云南建水黄龙寺、浙江仙都黄龙寺、陕西户县太平峪东西黄龙寺、天津盘山慧南祖师祠等，特别要说的是在湘鄂赣三省成百上千寺庙中，有不少传承的仍是黄龙法脉，他们虽然默默无闻，但却不改初衷、不移矢志地将黄龙学术代代相承、灯灯相续。至于黄龙法嗣的海外传承兴旺，前节已述，于此就不再赘言。

三、当代的重兴

新中国成立后，祖庭黄龙寺仅存有祖师堂、观音堂、东西方丈等建筑，然而文化大革命期间，将残存的庙宇悉数尽毁，古迹法器烧烬散落一空，至1994年尼仁玉法师住持黄龙寺时，仅存废为牛栏的西方丈。

尼仁玉法师（1936—2001），俗姓戴，修水全丰大湖山人，出家前系修水长途汽车站职工。师1982年出家，初投江西省永修县宁塘寺，皈依在广仁禅师门下；1984至1986年当家住持渣津龙安寨兜率寺；1986年到永修虎山同安寺，由慧参禅师削发剃度。之后历参福建沙县观音堂、陕西乾县吉祥精舍、湖南常宁大庾山至圣寺、山西五台山普化寺等，1990年在福建崇福寺受戒，1994年起住持黄龙寺。师到寺后，在地方党政、各地寺院、居士香主的支持帮助下，募集资金数百万，修建了佛堂、观音堂、祖师堂、观音井、祖师塔、钟楼及进寺道路，重塑了佛堂菩萨、幽冥钟，收集了若干古法器、古牌匾、古对联等文物，为黄龙寺重兴作出了不朽的贡献。法师于 2000 年 9 月徙庐山西林寺宏法，2001 年正月于西林寺坐化，世寿六十五、法腊二十。

仁玉法师之后黄龙寺的住持是尼惟白法师（1962— ）。惟白法师，俗姓余，修水义宁镇人，仁玉法师俗家女儿，出家前亦系修水长途汽车站职工。1983 年初投永修宁塘寺果树法师出家，1984 年至 1991 年到福建南平开平寺、江苏扬州高旻寺、陕西乾县吉祥精舍、湖南常宁大庾山等地参学，其间于 1988 年在广东南华寺受三坛大戒，1989 年在福建崇福寺增戒。师于 1994 年正月到山西五台山文殊院精修，1994 年底随仁玉法师到黄龙寺。1995 年至 2008 年受庐山西林寺住持觉海法师礼聘，当家西林寺达 14 年之久。2001 年仁玉法师灭寂后住持黄龙寺至 2010 年。在住持黄龙寺并当家西林寺的同时，受大众邀请，师于 2007 年开始倡建湖南常宁卫洁林寺，并一直监院至今。师座下法席广大、嗣法弟子（居士）多至过百：有灵愿（悟安）、灵度（悟吉）、灵航（悟定）、灵德（悟法）、慈法、慈常、慈净、慈喜、慈正、慈观等等。

2010 年慧真心廉禅师入住黄龙。黄龙慧忠禅师（1983— ），广西省大化县人，俗姓石。童真入道，十一岁随默修和尚剃度出家，十二岁依止五祖寺见忍大和尚学佛；十四岁住山洞修行，十五岁到各地参学，十六岁于云门佛学院精研三藏十二部，十七岁在真如禅寺一诚座下受三坛大戒。后回五祖寺任大知客，二十岁受广东惠州龙门万寿古寺邀请接任住持。二十七岁（2010）受邀接任黄龙寺住持至今，在接任黄龙禅寺住持以来，坚持以弘法利生为己任，并创建日行一善慈善会、黄龙禅寺都市禅堂等宏扬佛法。

第六节　祖庭黄龙寺

祖庭黄龙寺坐落在江西省修水县黄龙乡的黄龙村，大寺坐西向东，背靠幕阜山脉的主峰黄龙山（寺因山名），面朝"九关十三锁"之黄龙溪，为"五虎出洞"之平阳于玗地。传说系风水祖师司马头陀亲自勘舆，留铃曰：禀三山之秀气，接六八之精华。祖庭黄龙寺不仅是黄龙宗之发源地，也是江西四大名寺之一。

黄龙寺始建于唐昭宗乾宁二年（895），为青原七世超慧禅师首创。超慧诲机禅师，俗姓张，号秉中，字海机，法讳真熹，清河（今河北清河县）人，进士出身，官至凤翔太守，加授福建（谱载荆南）节度使，辞而不受，弃家云游，受法于青原六世玄泉彦禅师。师至黄龙山，引为观止，曰：凝三山之灵秀，蓄九泉之源流，九关十三锁，真佛境也。据乾隆二十七年《黄龙崇恩禅寺传灯宗谱》记载：超慧禅师到黄龙后，先受法于黄龙山双峰庵之玄泉彦禅师，不久继主永安寺。因永安寺在现黄龙寺西北的小庄，山高路陡不利交通，故而禅席不广、道场难振，不得已之下，超慧禅师才在司马头陀立记留铃的平阳于玗地，创建了该寺。开始寺名"黄龙于玗寺"，后梁贞明四年（918）才易名为如今的黄龙寺。

超慧禅师所建黄龙寺仅传三代，在五代十国频繁的战乱中毁坏颓废，虽有修缮，然难复宏制，仅存道场。至宋治平三年（1066），洪州太守程公孟游黄龙寺，捐金置田，重建黄龙，才复见巍峨、恢弘气派；绍圣四年（1097），祖意元肃禅师在宰相张商英的资助下，整肃律例、大兴土木，建佛牙大阁、东西方丈、堂库厨寮、石桥、水亭共二百间，钟、鼓、乐器、圣像、禅床不可枚举；自北宋至南宋，近二百年时间，黄龙寺在僧俗四众的保护、维持、修缮下，历经战乱、自然灾难，庙宇虽旧但大厦独支。明洪武五年(1372)，自如禅师主持重建，殿庑高达九丈五尺，巍峨壮观、气象森严；而好景不长，正统壬戌年（1442），黄龙寺惨遭火灾，荡废悉尽，仅存碑石，在住持无际禅师及居士、大众的努力下，于次年复建一新，殿堂高八丈五尺、佛像钟鼓概如其先；其后于嘉靖元年（1522），黄龙住持弘仁禅师与清隐绍文禅师合力创葺扩建，殿宇高至五丈五尺。清朝亦有多次改建、扩建与新建。

历史上黄龙寺几废几建，规模都比较宏大，"佛牙大阁，东西方丈，钟、鼓、圣像、禅床不可枚举"，"楼塔地阁，空翔地踊，钟鱼之声，闻十余里"。据《黄龙崇恩禅寺传灯世谱》记载和当地人口传，建筑总面积达2万余平方米。

黄龙寺主体建筑由山门、正佛殿、观音殿、毗卢殿、显化祠、天王殿、钟鼓楼、轮华藏和一见堂、桂香堂、正法堂、积翠堂、澄湛堂、玉洁堂、永苏堂、崇灵堂、库司厅、按官厅等组成，此外，山门和正佛殿之间有花园、廊桥、放生池等，正佛殿与方丈室之间则还有东西花园。牌楼式的山门由砖砌成，高三层，翘角飞檐，上层直书"三敕崇恩"，中层横书"黄龙古刹"，均为黄庭坚手迹。下层大门高达三丈有余，门框上木刻对联：

门绕灵源买水[1]通阿耨挞水[2]

---

[1] 买水：汨罗江支流之一，发源于江西修水黄龙乡黄龙寺西侧分水岭，东流至湘赣边界的修水大桥针西尹体村的社下与汨水汇合，南流注入洞庭湖。

[2] 阿耨挞水：相传为阎浮提四大河之发源地。又作阿耨大泉、阿那达池、阿那婆答多池、阿那婆踏池。

岭开净界桓山[1] 接屹塔崛山[2]

牌楼之内，中有堂屋，左右有房四间，为支宾宝僧值班居住之所。由山门行数十步白石面路，即达正佛殿。

宫殿式的正佛殿高九丈五尺，其中置有百节梯供上下殿用。殿宽八丈五尺，长十三丈，四周翘飞檐，走廊宽丈余，大木柱数十根；殿正中，用花岗岩石砌有二米高长方形大石墩三个，上塑燃灯、释迦、弥勒丈余高佛像，颇为壮观。左右两堂侧置神龛，上塑十八罗汉、二十四诸天等四十余尊偶像，其大如人，形象各异。

观音殿为第三重，由正佛殿后直进，上石阶九级，即达此殿走廊，此殿亦属宫殿式，结构与正佛殿基本相同，只是比前殿略矮，殿正中上方用白色花岗岩石砌成两米高正方形大石墩，墩上置木鱼于其上，高一米多泥塑鳌鱼，上立观音大士赤脚金身木雕立像，高一丈六尺，名"丈六金身"，头戴五佛冠，冠上中央又置檀香木刻弥勒小佛象一尊。观音大士身外，用木置大神龛以护其身，神龛红底金花，高达数丈，光彩夺目，前面上方左右有许多穿花和浮雕，玲珑小巧，工艺精细。再上有三块大幅横匾，中央一块为"四海朝参"白底金字大匾，堂柱两边，置有黑底金字木刻对联五副：

第一副：

一粒粟中藏世界

半升铛内煮山川

---

[1] 桓山：即黄龙山，亦名幕阜山，又称辅山、天岳，主峰位于江西省修水县黄龙乡，海拔一千五百一十二米，为湘、鄂、赣三省边界最高峰。

[2] 耆闍崛山：位于中印度摩羯陀国首都王舍城之东北侧，相传为佛陀的说法之地。

第二副：

座上莲花占断西方三月景

瓶中杨柳分来南海一枝春

第三副：

光脚飘南海紫竹林中春不老

化身登彼岸杨柳枝头露常新

第四副：

玉质降皇宫吐水九龙齐沐浴

金月修雪岭衔花百鸟共朝恭

第五副：

好从莲座皈依看净濯清莲那忏忏尘优法界

惟原杨柳遍洒俾群餐甘露悟来活佛在心头

左面侧堂为钟鼓楼，悬架有五金合造千斤大铜钟一座（毁于1958年），早上撞钟，声闻数里，有"黄龙晓钟"之称，钟声嘹亮，惊醒清梦。右面侧堂为藏经之所，兼印刷签章，左边走廊，有古代青石碑数块，刻历代名人手迹，已毁无存。走丈六金身背后出后门，门头上横向书"回头看"三字，此处亦有六尺高"韦陀天尊"菩萨像一座。后面走廊外，有空地约百余平方米，均用花岗岩石铺好，由场地中央和左右走廊分三道上，各有十三级阶梯进入第四重。

毗卢殿为第四重，木柱砖墙结构，较前三殿宽阔而且略矮，前面木制四方小格门窗，三米宽走廊，走廊外沿，数十根大木柱，梁柱上精细雕刻动植人物，形态逼真，栩栩如生。大殿正中砌有四方石墩，面约五平方米宽广，高二米，墩上木制盛开莲花，莲花中心端座大日如来，大日如来释迦牟尼的法身和每瓣莲花上有木雕小菩萨共百个，个个容貌不同、形态各异，极尽雕刻技巧。释迦牟尼法身前面便是经坛，乃禅师讲经之所。经坛下面堂屋置有棕团数百个，为众僧听经之所。左右两侧及后面堂屋，置众僧就寝床铺，名"千僧床"。大匾一块，长丈余，宽约六丈，上书"月色樨香"四个大字，朱底金字，四方浮雕花纹，为金字横匾之冠，乃书法家宋调元题，左右两木柱上挂有黑底金字木联一副：

吕祖参禅到此间始识修行奥妙

黄公访道登斯地方明出世因缘

为大明军师刘伯温题赠。左梁上有清太傅万承凤题"祇树云飞"匾，右梁上有揭奚斯所题"追宗正觉"匾，殿门旁还有三脚两耳大铁制焚炉一座。除上述一进四重正殿之外，还有左右两旁诸建筑物，如东西二方丈、天王殿、轮华藏和一见堂、桂香堂、正法堂、积翠堂、澄湛堂、玉洁堂、永苏堂、崇灵堂、库司厅、按官厅、监斋堂、祖堂、客堂、膳堂等多栋。

正殿东面，上侧为东方丈，上下两重，中用数十根大木柱架设过亭，联通上下成为一大堂屋，左右为住房，为当年超慧祖师和以后禅师理事之所，堂中悬挂匾额数十幅，如"鉴空尘迹""真敏鉴空""箭锋妙法"等，还有一联为：

是谁将眼孔放开看得穿大千世界

到此要脚跟站定方许入不二法门

大门头横书"方丈"二字，为清进士钦点管守府冷春魁题。

由东方丈下石阶十三级便是显化祠，此祠联堂三间，正中神台上塑有"楚庄王"像，柱上有对联一副："任汝丝毫暗中必察，凭吾一点梦里无惊。"左侧神台上塑有"关圣帝君"，前立周仓、关平像，亦书有对联："生蒲州佐豫州坐镇荆州赤手创千秋事业，兄玄德弟翼德不事孟德丹心振万古纲常"，右侧神台上塑有"五显灵官"神像，显化祠左前方为僧侣用膳的监斋堂和库司厅，东西各两间，平房建筑，约 200 多平方。监斋堂与正佛殿之间，有数百平方米空地，名为"东花园"，常年花木盛开，香气四溢。

正殿西面，上侧为西方丈，宫殿式，砖木结构，小于东方丈，乃当年超慧祖师居住之所，前有走廊，下十三级台阶便是祖堂，平房建筑，联堂三间，中堂屋神台上，塑有黄龙祖师和四十八禅师像，超慧祖师居中，洞宾背剑而立于像前，还供有木制祖牌，对联为"觉世衍真传觉先觉觉后觉觉世禅灯绳祖式，空山参妙道空五空空六空空诸释相礼菩萨"，门口悬挂铁制"云板"一面（重百余斤），木架支陈木鱼两条（长二米）。祖堂右侧，建有楼房一栋，连堂三间，雕梁画栋、精致小巧，是为接官厅，为接待各级官员和重要香客之所，前面与大雄宝殿之间亦有数百平方米空地，为"西花园"，与"东花园"相对应，也广植花木，并有石制大缸一只，为当年养金鱼之具。其中原有宝觉祖心禅师隐居的"晦堂"，后为纪念祖心禅师以桂花香开悟山谷居士，还建有桂香堂。

黄龙寺祖庭之外，隶属黄龙之古寺名刹多至不可胜数，所谓"名山大寺，多为黄龙道场"，仅在县境内有记载的寺院就有：宝山寺[1]、兜率寺（院）[2]、云岩寺[3]、兴化寺[4]、云峰寺（院）[5]、玉溪寺、仙风庵、接待寺、湖山寺、大鸣寺等；其中宝山寺在西乡七十三都，始建于唐，原名南峰寺，宋真宗赐名宝山寺，北宋年间由黄龙主僧

---

[1] 宝山寺：有黄庭坚《宝山禅记》存世。
[2] 兜率寺（院）：有曾巩《兜率院记》存世。
[3] 云岩寺：有黄庭坚《分宁云岩禅院记》存世。
[4] 兴化寺：有黄庭坚《兴化禅院记》存世。
[5] 云峰寺（院）：有曾巩《分宁县云峰院记》存世。

洪端昭惠重修并置田产。传说刘娥太后曾于寺披发，尚有皇妃墓至今完好；兜率寺在五十六都龙安峰下，唐咸通年（一说隋开皇年）僧慧月首创，宋天圣间黄龙僧可亲可继重建；云岩寺始建于唐初，后籍没由海机超慧于唐末重建，宋绍圣年间死心悟新住持修复，明洪武六年黄龙僧绍夫自如重建；兴化寺始建于隋，初名灵台院，地处六十一都，庆历间赐名兴化院，绍圣丙子年黄龙僧以弼、明洪武年间黄龙僧正圆、景泰年间黄龙僧弘涧徒祖汶、锐志等多次重建并置产；玉溪寺在六十三都，由宋代临济慧通禅师创建，有黄龙慈古镜等高僧住持，传说八仙之一的曹国舅曾寓于此寺。

明代时寺周边有庵院一十二所：佛印院、清隐院、了宗院、教海院、小乘院、定严院、佛惠院、真龟院、仙梵院、慈观院、塔下院、朝龙院；清初寺周边兴立有庵院一十五所：海阁院、松涛庵、饮泉庵、宝印院、永兴庵、香水庵、天寿庵、翠云庵、南禅院、龙凤庵、海峰庵、宝莲庵、永兴院（庵）、塔坊寺、悟本寺。

另外黄龙祖庭周边还保存有历代僧塔 300 多座，不仅数量在国内寺庙中仅次于少林寺，其规模之宏大、保存之完好也是世所罕见，尤其是其造型、结构的花样更令人眼花缭乱、叹为观止：卵形、圆柱形、方柱形、六边形；单层、双层、三层、五层；有翅的、戴帽的、尖顶帽的、四边帽的、六边帽的；地基有台形的、有阶形的，构建有正方形的、有长方形的、有圆形的；僧塔还分有地宫的、无地宫的，地宫分地下地宫、依山地宫等等。

集天地之灵气、凝山川之精华的古刹黄龙寺左侧为吕洞宾与超慧祖师斗法的落剑之所观音井，是现存的保存完好的唐代古迹之一，也是黄龙寺僧众的饮水之所、生命之源；右为僧众园寂后的升天之所化人坑，是黄龙僧人的归宿之地、生命之终；而黄龙寺正前方则是蜿蜒曲折、声名远播包括"三关桥""法窟亭""灵源桥"在内的"九关十八锁",一路浩浩荡荡,汇修水、聚鄱阳、入长江、奔大海。其左右前后,暗合着生死居悟,构成一方独立幽寂的大众乐土,孕育产生了震古烁今的黄龙学术。

  黄龙寺,永远的慈悲世界,不朽的智慧家园!

附：

临济正宗三敕黄龙始祖超慧
演派堂上历代和尚位（87世）

诲机超慧—公相嗣孟—秉纯宏胜—中敬希爱—
慧南普能—祖心道瑄—惟清了洁—韶阳悟新—
祖意正海—瞿成豫明—可遗因章—慧通智清—
光凌晓高—明觉妙良—显清惠游—慧宗德修—
光湛绍祖—宗澄慈清—复明永佑—锦明庆致—
元尽真钦—宗龙嗣续—翠苏弘文—鉴心希才—
烛朗普光—心空道简—养元了实—澄光悟修—
献玉正涤—元甫缘华—月潭因贤—一菩智美—
汝文晓通—时春妙果—相甫惠赞—子云德汉—
自如绍夫—以智慈慧—元美永华—必能庆良—
本明真文—复中嗣敬—故德宏仁—文兴希旺—
一祥普庆—园明道镜—慧灯了然—盛奄悟胜—
继菴正法—景翠缘吉—朗然因澄—月轩智满—
慈慧晓启—盛吉妙成—永宗惠荣—惟庆德吉—
文理绍虎—隐淮慈惠—惺德永福—参如庆良—
党海真禅—司微嗣禧—微庵宏惠—毓宗希传—
祥明普慧—星亮道晟—松颖了龙—演清悟莲—
界然正潮—密宏缘机—明菊因来—碧空远兴—
觉聪承性—秋声佛谷—辉谷祖耀—融朗印春—
遇宽本启—若能演会—习传续岳—万法心皎—
脱尘宗乘—西岳华封—妙元严遵—自逍方来—
月淮澄波—爽怀净里—醒迷果通

第二章 《黄龙崇恩禅寺传灯宗谱》之宗谱吊图

【概述】《黄龙崇恩禅寺传灯宗谱》,修于乾隆二十七年(1762)。谱分上下两卷,上卷收皇图、目录、重修源流记、开端序、修复记并敕、释祖源流、凡例、各支新序、领谱字号、宗派、衍庆总图、续宗图记等110篇;下卷收吊图、四十八祖雁行、又雁行、西序雁行、东序雁行、清隐宗派、云岩宗派、十会塔记等95篇。

黄龙崇恩禅寺传灯宗谱吊图

第一世

超慧（唐）

第二世

超慧法嗣[1]：**嗣孟**、嗣仲、嗣季、嗣叔、司马、吕岩

第三世

嗣孟法嗣：**弘圣**、弘明

嗣仲法嗣：弘遑

嗣季法嗣：弘珎、弘亮、弘信

嗣叔法嗣：弘玞、弘顼

第四世

弘圣法嗣：**希爱**、希中（超慧法嗣绝）

第五世

普觉（能）慧南（宋）

第六世

普觉法嗣：**道瑄**

---

[1] 黄龙诲机禅师法嗣《五灯全书》载十位：黄龙机禅师法嗣：京洛善沼禅师、黄龙继达禅师、枣树二世和尚、玄都山澄禅师、嘉州黑水和尚、黄龙智颙禅师、昌福达禅师、洞宾吕岩真人、慧山然禅师、双岭悟海禅师；《五灯会元》卷第八载八位：黄龙机禅师法嗣：京洛善沼禅师、黄龙继达禅师、枣树二世和尚、玄都山澄禅师、嘉州黑水和尚、黄龙智颙禅师、昌福达禅师、洞宾吕岩真人。《五灯全书》《五灯会元》中所载洞宾吕岩真人与《黄龙崇恩禅寺传灯宗谱》相同，均将洞宾作为超慧法嗣，这里从《黄龙崇恩禅寺传灯宗谱》不变，特此说明。

第七世

道瑄法嗣：**了洁**[1]

第八世

道瑄法嗣：**悟新**

第九世

正海、正善

第十世

正海法嗣：**缘明**、缘常、缘集

正善法嗣：缘好、缘诡、缘用

十一世

缘明法嗣：因章

缘好法嗣：**因相**

十二世

因章法嗣：智清

因相法嗣：智海、**智恺**、智惟

十三世

智清法嗣：晓高、晓空

智海法嗣：晓湛、晓真

智恺法嗣：**晓安**、晓光

智惟法嗣：晓文、晓性

十四世

晓高法嗣：妙诚、妙道、妙辂

晓湛法嗣：妙通、妙相

---

[1] 了洁：隆兴府黄龙佛寿灵源了洁惟清禅师，与隆兴府黄龙死心悟新禅师系同门师兄弟，均为黄龙祖心道瑄禅师法嗣。

晓安法嗣：**妙良**、妙宗

晓光法嗣：妙德

晓文法嗣：妙乐

晓性法嗣：妙轼、妙轮

十五世

妙诚法嗣：惠源、惠旺

妙道法嗣：惠逊

妙辂法嗣：惠聪、惠璞

妙通法嗣：惠洁、惠玺

妙相法嗣：惠和

妙良法嗣：惠喜、惠珏

妙宗法嗣：惠善

妙德法嗣：惠谦

妙乐法嗣：**惠游**

妙轼法嗣：惠明、惠朴

妙轮法嗣：惠淳

十六世

惠和法嗣：德盛

惠珏法嗣：德彰

惠源法嗣：德琏

惠逊法嗣：德崇

惠聪法嗣：**德修**

惠璞法嗣：德本

惠洁法嗣：德良

惠玺法嗣：德琛

惠喜法嗣：德润

惠朴法嗣：德广

惠善法嗣：德寿

惠谦法嗣：德俊

惠游法嗣：德风

惠明法嗣：德重

惠淳法嗣：德达

十七世

德盛法嗣：绍文

德彰法嗣：绍憬、绍密

德琏法嗣：绍先、绍荣

德崇法嗣：**绍祖**、绍贵

德修法嗣：绍可

德本法嗣：绍诚

德良法嗣：绍悦

德润法嗣：绍圣

德广法嗣：绍乐

德风法嗣：绍荣

德重法嗣：绍诗

德达法嗣：绍明

十八世

绍文法嗣：慈化

绍憬法嗣：慈善

绍密法嗣：慈相

绍先法嗣：慈显

绍荣法嗣：慈忠

绍祖法嗣：慈贤

绍贵法嗣：慈真

绍诚法嗣：慈惠

绍悦法嗣：**慈清**

绍圣法嗣：慈淑

绍乐法嗣：慈照、慈然

绍乐法嗣：慈觉

绍诗法嗣：慈源、慈润

绍明法嗣：慈性

十九世

慈化法嗣：永伟

慈善法嗣：永湛

慈相法嗣：永昊

慈显法嗣：永绵、**永祐**

慈忠法嗣：永纯

慈贤法嗣：永游

慈真法嗣：永澄

慈惠法嗣：永介

慈清法嗣：永福、永碧

慈淑法嗣：永中

慈照法嗣：永洁

慈然法嗣：永景

慈觉法嗣：永邵

慈源法嗣：永吉

慈性法嗣：永远

二十世

永伟法嗣：庆琮

永湛法嗣：庆琅

永绵法嗣：庆怀、**庆致**

永祐法嗣：庆普

永游法嗣：庆理

永澄法嗣：庆颂

永介法嗣：庆明

永福法嗣：庆贤

永中法嗣：庆科

永洁法嗣：庆泰

永景法嗣：庆讷

永邵法嗣：庆默

永吉法嗣：庆珞

永远法嗣：庆亨、庆全

二十一世

庆致法嗣：**真钦**、真乐、真实、真程、真和、真尧、真烛、真传、真佑、真松、真洪、真道、真如、真启、真先、真宝、真材、真让、真祺、真裕、真朴

二十二世

真钦法嗣：嗣昌

真乐法嗣：**嗣续**、嗣隆

真实法嗣：嗣显

真程法嗣：嗣文

真和法嗣：嗣戒

真尧法嗣：嗣教

真烛法嗣：嗣敏

真传法嗣：嗣朗

真祐法嗣：嗣先、嗣祖

真松法嗣：嗣政

真洪法嗣：嗣德

真道法嗣：嗣用

真如法嗣：嗣泷

真启法嗣：嗣宪

真先法嗣：嗣赞

真宝法嗣：嗣通

真让法嗣：嗣衡

真祺法嗣：嗣荣

真裕法嗣：嗣印

真朴法嗣：嗣元

二十三世

嗣续法嗣：**弘文**

嗣隆法嗣：弘道

嗣显法嗣：弘约

嗣文法嗣：弘善

嗣戒法嗣：弘仁

嗣教法嗣：弘仆

嗣敏法嗣：弘泗、弘洙

嗣朗法嗣：弘兰

嗣先法嗣：弘珒

嗣政法嗣：弘深

嗣德法嗣：弘亮

嗣汝法嗣：弘启

嗣赞法嗣：弘安

嗣衡法嗣：弘见

嗣印法嗣：弘洁

二十四世

弘道法嗣：**希才**、希清

弘约法嗣：希元、希贤

弘善法嗣：希张

弘仁法嗣：希文

弘仆法嗣：希范、希圣

弘泗法嗣：希前

弘兰法嗣：希政

弘深法嗣：希善、希良

弘亮法嗣：希俊

弘启法嗣：希常、希信

弘安法嗣：希锦

弘见法嗣：希亮、希洪

弘洁法嗣：希模、希哲

二十五世

希才法嗣：**普光**、普明

希元法嗣：普德、普瑞

希张法嗣：普贤

希文法嗣：普显

希范法嗣：普秀

希前法嗣：普常

希政法嗣：普化

希善法嗣：普达

希俊法嗣：普风

希常法嗣：普感、普盛

希锦法嗣：普安

希亮法嗣：普见

希模法嗣：普泰、普博

希哲法嗣：普传

二十六世

普光法嗣：**道简**、道果、道广、道澄、道献、道猷、道春、道心、道怀、道惟、道汉、道淡

普常法嗣：道洪、道溢、道满

二十七世

道简法嗣：了定、了虚、**了实**

道果法嗣：了善

道广法嗣：了尘

道献法嗣：了机

道猷法嗣：了真、了乘

道春法嗣：了元、了明

道心法嗣：了法

道怀法嗣：了然、了经

道惟法嗣：了汛

道淡法嗣：了忠、了心

道洪法嗣：了明、了宗

道溢法嗣：了馀

道满法嗣：了儒、了寰

二十八世

了定法嗣：悟乐

了善法嗣：悟仙

了凡法嗣：悟显

了尘法嗣：**悟秀**、悟体

了机法嗣：悟良

了真法嗣：悟洁

了乘法嗣：悟相

了元法嗣：悟清

了法法嗣：悟本

了经法嗣：悟乐

了汛法嗣：悟慧、悟理

了敬法嗣：悟宗

了忠法嗣：悟真

了心法嗣：悟湛

了宗法嗣：悟贤

了馀法嗣：悟文

了寰法嗣：悟卓

二十九世

悟乐法嗣：**正涤**（四十八代终于正涤）

悟仙法嗣：正觉

悟显法嗣：正宗、正端

悟秀法嗣：正启

悟体法嗣：正良

悟良法嗣：正淳

悟洁法嗣：正杲

悟相法嗣：正纪

悟清法嗣：正纲

悟本法嗣：正德、正祥、正光

悟乐法嗣：正涤

悟慧法嗣：正圆

悟理法嗣：正经

悟宗法嗣：正心

悟真法嗣：正维

悟湛法嗣：正怀

悟贤法嗣：正明、正绪

悟文法嗣：正是

悟卓法嗣：正旺、正缉

三十世（元）

正涤法嗣：**缘华**

正觉法嗣：缘隆

正宗法嗣：缘贞

正启法嗣：缘会

正良法嗣：缘太

正淳法嗣：缘康

正杲法嗣：缘受

正纪法嗣：缘深

正纲法嗣：缘理

正德法嗣：缘贵

正祥法嗣：缘洪

正涤法嗣：缘善、缘华

正圆法嗣：缘月

正经法嗣：缘信

正心法嗣：缘实

正维法嗣：缘成

正明法嗣：缘济

正是法嗣：缘端

三十一世

缘华法嗣：因德、**因贤**、因明、因识、因敬、因周、因先、因宪、因教、因文、因满、因正、因法、因学、因善、因舜

三十二世

因德法嗣：智通、智汉

因贤法嗣：**智美**、智璇

因明法嗣：智惠

因识法嗣：智源

因敬法嗣：智厚

因周法嗣：智湘、智汶

因先法嗣：智忠

因宪法嗣：智满

因教法嗣：智懋

因文法嗣：智聪、智恭

因满法嗣：智高

因正法嗣：智大

因法法嗣：智亮、智有

因学法嗣：智节

因善法嗣：智广

因舜法嗣：智情

三十三世

智通法嗣：晓安

智美法嗣：**晓通**

智徵法嗣：晓文

智惠法嗣：晓儒

智源法嗣：晓瑞

智厚法嗣：晓善

智湘法嗣：晓全

智忠法嗣：晓星、晓奎

智满法嗣：晓张

智懋法嗣：晓相

智聪法嗣：晓辰

智高法嗣：晓性

智亮法嗣：晓环

智节法嗣：晓月

智广法嗣：晓旭

三十四世

晓安法嗣：妙春

晓通法嗣：**妙果**

晓文法嗣：妙义

晓儒法嗣：妙崇、妙显

晓瑞法嗣：妙觉

晓善法嗣：妙缘

晓全法嗣：妙奥

晓星法嗣：妙英

晓张法嗣：妙清

晓相法嗣：妙光

晓辰法嗣：妙成

晓性法嗣：妙俊

晓环法嗣：妙盛、妙流

晓月法嗣：妙玄、妙圣

晓旭法嗣：妙用、妙林

三十五世

妙春法嗣：惠蝎、惠一

妙果法嗣：**惠赞**

妙义法嗣：惠胜

妙崇法嗣：惠论

妙显法嗣：惠馀

妙觉法嗣：惠参

妙缘法嗣：惠海

妙奥法嗣：惠上

妙英法嗣：惠廉

妙清法嗣：惠化

妙光法嗣：惠悦

妙成法嗣：惠让、惠谦

妙俊法嗣：惠育

妙盛法嗣：惠彻

妙流法嗣：惠敬、惠来

妙玄法嗣：惠恩

妙圣法嗣：惠赐

妙用法嗣：惠施

妙林法嗣：惠逊

三十六世（明）

惠赞法嗣：**德汉**、德充、德厚、德深、德行、德高、德容、德诀、德顺、德直、德信

惠恩法嗣：德贤、德任、德望、德贵、德用、德祥、德进、德道、德流、德友、德考

三十七世

德汉法嗣：**绍夫**、绍瑞、绍奇

德充法嗣：绍祖

德厚法嗣：绍元

德深法嗣：绍敬

德行法嗣：绍振

德高法嗣：绍立

德容法嗣：绍泰

德诀法嗣：绍贤

德顺法嗣：绍杰

德直法嗣：绍悟

德信法嗣：绍瑚

德贤法嗣：绍瑞

德任法嗣：绍正

德望法嗣：绍挺

德贵法嗣：绍誓

德用法嗣：绍安

德道法嗣：绍觉

三十八世

绍夫法嗣：**慈慧**、慈璧、兹清、慈琳

绍瑞法嗣：慈顺

绍祖法嗣：慈胜

绍元法嗣：慈量

绍敬法嗣：慈心

绍振法嗣：慈赋

绍立法嗣：慈爱

绍泰法嗣：慈妙

绍贤法嗣：慈良

绍杰法嗣：慈达

绍悟法嗣：慈要

绍瑚法嗣：慈贡

绍瑞法嗣：慈顺

绍正法嗣：慈祥

绍挺法嗣：兹宝

绍安法嗣：慈逊

绍觉法嗣：慈集、慈惜

三十九世

慈慧法嗣：**永华**、永奎

慈璧法嗣：永护

慈胜法嗣：永寿

慈量法嗣：永诏

慈赋法嗣：永谯

慈爱法嗣：永梧

慈良法嗣：永诰

慈要法嗣：永澄

慈顺法嗣：永碧

慈祥法嗣：永海

慈宝法嗣：永标

慈逊法嗣：永校

慈集法嗣：永钧

慈惜法嗣：永护

四十世

永华法嗣：**庆良**、庆善

永奎法嗣：庆浩、庆满

永护法嗣：庆漳、庆汶

永诏法嗣：庆湝、庆源、庆汛、庆溢

永谯法嗣：庆渊、庆沆、庆溶

永梧法嗣：庆沦、庆浃、庆洽、庆湛

永诰法嗣：庆派、庆滔、庆淳、庆济

永澄法嗣：庆汉、庆游、庆泽、庆江

永碧法嗣：永瀔

永海法嗣：庆澄、庆湖、庆津、庆沂

永标法嗣：庆淮、庆流、庆润、庆海

永校法嗣：庆湘、庆瀛

永钧法嗣：庆涛、庆洙、庆泗、庆涧

永护法嗣：庆漳、庆汶

四十一世

庆良法嗣：**真文**、真及

四十二世

真文法嗣：嗣昱、**嗣敬**

真及法嗣：嗣印

四十三世

嗣昱法嗣：弘一、弘义

嗣敬法嗣：**弘仁**

四十四世

弘仁法嗣：**希旺**、希言、希赐、希达

四十五世

希旺法嗣：**普庆**、普净

希达法嗣：普清、普进

四十六世

普庆法嗣：**道镜**、道铭

普净法嗣：道镐

普清法嗣：道满、道真、道祥

普进法嗣：道真、道善

四十七世

道镜法嗣：悟善、**悟胜**

道铭法嗣：悟经、悟真

道镐法嗣：悟真

道满法嗣：悟祯、悟祥

道真法嗣：悟璇

道善法嗣：悟玑

四十八世

悟喜法嗣：正洪

悟胜法嗣：**正法**、正道

悟真法嗣：正玄

悟祯法嗣：正明

悟祥法嗣：正旺

悟璇法嗣：正净

悟玑法嗣：正鉴

四十九世

正洪法嗣：缘庆、缘瑞

正法法嗣：**缘吉**

正道法嗣：缘福、缘祯

正玄法嗣：缘圣、缘凡

正旺法嗣：缘惠

正鉴法嗣：缘道

五十世

缘庆法嗣：因旭

缘瑞法嗣：因最

缘吉法嗣：**因澄**

缘福法嗣：因启

缘祯法嗣：因敏

缘圣法嗣：因启

缘惠法嗣：因瑄

缘道法嗣：因通

五十一世

因澄法嗣：**智满**

因敏法嗣：智圆

因启法嗣：智祐

因瑄法嗣：智善

五十二世

智满法嗣：**晓启**、晓发、晓昌

智圆法嗣：晓德

智祐法嗣：晓德、晓大、晓明

智善法嗣：晓月

五十三世

晓启法嗣：妙兴、**妙成**、妙善

晓德法嗣：妙道、妙隆

晓德法嗣：妙升、妙云、妙昱

晓大法嗣：妙鼎

晓月法嗣：妙明

五十四世

妙成法嗣：**惠荣**

妙道法嗣：惠显、惠清

妙升法嗣：惠日、惠云

妙昱法嗣：惠转

妙明法嗣：惠显

五十五世

惠荣法嗣：德文、**德吉**、德弘

惠显法嗣：德兴、德清

惠清法嗣：德喜、德旺

惠日法嗣：德遂、德道、德远

惠显法嗣：德悟、德忆

五十六世

德文法嗣：绍龙

德吉法嗣：**绍虎**

德兴法嗣：绍升、绍昱

德清法嗣：绍达、绍进

德喜法嗣：绍昱

德道法嗣：绍兴

德远法嗣：绍耀

德悟法嗣：绍光、绍辉

德　法嗣：绍福、绍禧

德　法嗣：绍禄

五十七世

绍龙法嗣：慈义、慈善

绍虎法嗣：**慈惠**

绍升法嗣：慈华、慈富、慈贵

绍达法嗣：慈荣

绍进法嗣：慈仁、慈本

绍兴法嗣：慈堂、慈荣

绍耀法嗣：慈满

绍光法嗣：慈金

绍辉法嗣：慈玉

绍福法嗣：慈修

绍禧法嗣：慈诚

绍禄法嗣：慈缘

五十八世（清）

慈义法嗣：永远

慈善法嗣：永照、永振

慈惠法嗣：**永福**

慈华法嗣：永光、永洪

慈富法嗣：永荣

慈荣法嗣：永性、永聪

慈仁法嗣：永灯、永照

慈崖法嗣：永谟、永训

慈习法嗣：永兴

慈荣法嗣：永康、永祥

慈满法嗣：永龙

慈金法嗣：永惠、永明

慈玉法嗣：永聪、永庆、永寿

慈修法嗣：永文

慈诚法嗣：永通

慈缘法嗣：永经

五十九世

永远法嗣：庆衍

永照法嗣：庆衡

永振法嗣：庆衢

永福法嗣：**庆良**

永光法嗣：庆洪

永洪法嗣：庆缘

永荣法嗣：庆善

永性法嗣：庆寿

永灯法嗣：庆瑞

永兴法嗣：庆瑚、庆琏

永祥法嗣：庆衍

永龙法嗣：庆寿

永惠法嗣：庆福、庆莲

永聪法嗣：庆宁

永文法嗣：庆松

永通法嗣：庆栢

永经法嗣：庆棋

六十世

庆衍法嗣：真祥

庆衡法嗣：真吉

庆衢法嗣：真祈

庆良法嗣：**真禅**

庆洪法嗣：真兴

庆缘法嗣：真龙

庆善法嗣：真印

庆寿法嗣：真凤

庆瑞法嗣：真性

庆瑚法嗣：真荣

庆琏法嗣：真华

庆衍法嗣：真雨

庆寿法嗣：真习

庆宁法嗣：真元

庆松法嗣：真法

庆柏法嗣：真门

庆棋法嗣：真大

六十一世

真祥法嗣：嗣郁

真吉法嗣：嗣富

真禅法嗣：嗣禧

真龙法嗣：**嗣禧**

真印法嗣：嗣廷

真凤法嗣：嗣毓

真性法嗣：嗣祥

真雨法嗣：嗣远

真习法嗣：嗣云

真元法嗣：嗣光

六十二世

嗣郁法嗣：弘演、弘滔

嗣富法嗣：弘育

嗣禧法嗣：**弘惠**、弘星

嗣禧法嗣：弘荣

嗣毓法嗣：弘圣

嗣祥法嗣：弘福

嗣远法嗣：弘光、弘圣、弘贤

嗣云法嗣：弘汶

嗣光法嗣：弘汉

六十三世

弘演法嗣：希林

弘滔法嗣：希文

弘育法嗣：希茂

弘惠法嗣：**希传**

弘星法嗣：希照、希圣

弘荣法嗣：希瑚

弘圣法嗣：希珊

弘福法嗣：希禅

弘圣法嗣：希祐

弘贤法嗣：希祚

弘汶法嗣：希福

六十四世

希林法嗣：普明

希文法嗣：普辉

希茂法嗣：普照

希传法嗣：普光、**普慧**

希圣法嗣：普耀

希瑚法嗣：普兴

希珊法嗣：普静

希禅法嗣：普松

希祐法嗣：普韬

希祚法嗣：普略

希福法嗣：普照

六十五世

普明法嗣：道星、道宗

普辉法嗣：道禅

普照法嗣：道杲

普慧法嗣：**道晟**

普耀法嗣：道禅、道泰

普松法嗣：道源

普照法嗣：道赞

六十六世

道星法嗣：了玄

道宗法嗣：了峰

道禅法嗣：了然

道杲法嗣：了繁

道泰法嗣：了参

道源法嗣：了凡

道赞法嗣：了琮

六十七世

了玄法嗣：悟兰

了峰法嗣：悟秀

了然法嗣：悟传

了繁法嗣：悟熹

了凡法嗣：悟明

六十八世

悟兰法嗣：正祚

悟传法嗣：正元

悟熹法嗣：正华、正富

悟明法嗣：正干

六十九世

正祚法嗣：缘池

正元法嗣：缘清

正华法嗣：缘启

正富法嗣：缘聪

正干法嗣：缘寿、缘隆

七十世

缘清法嗣：因凤

缘启法嗣：因发

缘聪法嗣：因达

缘寿法嗣：因莲

缘隆法嗣：因兰

第三章 《嘉泰普灯录》之黄龙世系

【概述】《嘉泰普灯录》，三十卷，另有目录三卷，南宋雷庵正受编。禅宗灯录之一，收于《卍续藏》第一三七册、《卍新纂续藏经》第七十九册 No.1559、《禅宗全书》第六册。作者雷庵正受（1146—1208），为平江府报国光孝寺僧，号虚中，属云门宗雪窦下第七世。

《嘉泰普灯录》的作者雷庵正受鉴于以前的灯录偏重于禅门师徒传法的记录，乃着手补充《景德传灯录》《天圣广灯录》及《建中靖国续灯录》等书之不足，由于内容普及王侯、士庶、女流、尼师等圣贤众庶，故名《普灯录》。全书用时十七年，于嘉泰四年（1204）编成。成书后，宁宗敕许入藏。

本书内容，卷一至卷二十一，主要收录六代祖师至南岳以下十七世、青原以下十六世诸师的示众机要。卷二十二以下则广录圣君、贤臣、应化圣贤、拾遗、诸方广语、拈古、颂古、偈赞、杂著等。此外，卷首有弟子黄汝霖所撰写的《雷庵受禅师行业》及《正受上皇帝书》；卷末有嘉泰五年陆游的跋文。又，本书在日本除了宋刊本外，另有五山版等数种版本。

卷第三
南岳第十一世（临济七世、黄龙一世）

南源慈明楚圆禅师法嗣七人　隆兴府黄龙普觉慧南禅师

隆兴府黄龙普觉慧南禅师

信之玉山人，族章氏，童韶深沉。年十一去家，师事定水智銮。尝侍銮行次，见祠庙，辄杖击而往。十九落发受具，远游至庐山，依归宗宝栖贤。諟逾三秋，渡淮谒三角澄，久之，分座。云峰悦禅师勉趋石霜。至中道，闻石霜不事事，因寓福严，时贤禅师命典记室。贤归寂，适慈明继席，师出迎之，悚然。及闻其说法，乃贬剥诸方尽为邪解，皆师历参所契证者。遂幡然曰："大丈夫心膂之间，岂可自为疑碍？"造室求发药。明揖坐，师固辞哀恳，明曰："书记参云门禅，必善其旨。如放洞山三顿棒，是合吃，不合吃？"云："合吃。"曰："吾始疑不堪汝师，今乃可使拜之。"复曰："洞山三顿棒即且置，哪里是赵州勘破婆子处？"师拟对，明击其口，师大悟，述偈呈之。留月余辞去，时年三十五。初住同安，次擢归宗、黄檗、黄龙，得大法者七十有九人，然在积翠庵所接者多。衲子趋风，相与交武，竭蹙于道。初受请日，三角遣僧来审师提唱之语。有曰："智海无性，因觉妄而成凡；觉妄元虚，即凡心而见佛。便尔休去，将谓同安无折合，随汝颠倒所欲，南斗七，北斗八。"僧归，举似澄，澄不怿，俄闻开堂，为慈明嗣。澄誓之，而三角徒侣弃去者过半。上堂，问答罢，乃曰："未登此座，一事全无。才登此座，便有许多问答。敢问大众，只如一问一答，还当宗乘也无？若言当去，一大藏教岂无问答。为甚道教外别传，传上根辈。若言不当，适来许多问答，图个甚么？行脚人当自开眼，勿使后悔。若论此事，非神通修证之能到，非多闻智慧之所谈，三世诸佛只言自知，一大藏教诠注不及，是故灵山百千万众，独许迦叶亲闻；黄梅七百高僧，衣钵分付行者。岂是汝等贪淫愚执胜负为能？夫出家者，须禀丈夫决烈之志，截断两头、归家稳坐，然后大开门户，运出自己家财，接待往来、赈济孤露，方有少分报佛深恩。若不然者，无有是处。”以拂子择禅床一下。遂布谢(云云)。

上堂："说妙谈玄，乃大平之奸贼；行棒行喝，为乱世之英雄。英雄奸贼，棒喝玄妙，皆为剩物，黄檗门下总用不着，且道黄檗门下寻常用个甚么？”喝一喝。上堂："时人住处我不住，时人行处我不行。于此了然明的旨，须会全身入火坑。”以拂子画一画，云："臭烟熢焞，红焰炽然。眼未明者，总在里许。从上古圣，无非入生死坑中，向无明火里提拔有情。汝等诸人且如何入？若人入得，可谓在火不烧、在水不溺；若入不得，非但不能自利，亦乃不能利他。既不能自利利他，圆顶方袍殊无利益。”良久，召大众，众举首，师曰："牛头出，马头回。”上堂，众集，久之，师曰："嘉鱼在深处，幽鸟立多时。”便下座。

上堂："撞钟钟鸣，击鼓鼓响，大众殷勤问讯，同安端然合掌：这个是世法，哪个是佛法？咄！”上堂："有一人朝看华严，暮观般若，昼夜精勤，无有暂暇；有一人不参禅，不论议，拖个破席日里睡。于此二人同到黄龙，一人有为，一人无为，安下哪一个即是？”良久，曰："功德天，黑暗女。有智主人，二俱不受。”上堂："心王不妄动，六国一时通。罢拈三尺剑，休弄一张弓。”击禅床，下座。

上堂："大觉世尊道，我今为汝保任此事，终不虚也，汝等当勤精进，行此三昧。”师曰："精进即不无诸人，作么生是三昧？”

遂曰："迦叶粪埽衣，价直百千万。轮王髻中宝，不直半文钱。"以拂子一击，下座。僧问："一不去，二不住？请师道。"曰："高祖殿前樊哙怒。"云："怎么则今日得遇和尚也？"曰："仰面看天不见天。"问："德山棒，临济喝，直至如今少人拈掇，请师拈掇。"曰："千钧之弩，不为鼷鼠而发机。"云："作家宗师，今朝有在。"师便喝，僧礼拜。师曰："五湖衲子，一锡禅人，未到同安，不妨疑着。" 问："旧岁已去，新岁到来，不涉二途，乞师指示。"曰："东方甲乙木。" 问："如何是黄龙境？"曰："昨日方到此，未曾子细看。"云："如何是境中人？"曰："长者长，短者短。" 师燕坐次，有僧侍立，师顾视久之，曰："百千三昧，无量妙门，作一句说与汝，汝还信否？"云："和尚诚言，安敢不信！"师指其左曰："过这边来。"僧将趋，师喝曰："随声逐色，有甚了期？"出去。一僧闻之，师趋入。师复理前语问之，亦云："安敢不信？"师又指左曰："过这边来。"僧坚立不往。师喝曰："汝来亲近我，反不听我语？出去。" 室中举手问僧："我手何似佛手？"垂足曰："我脚何似驴脚？""人人尽有生缘，上座生缘在何处？"学者莫有契其旨，丛林目之为黄龙三关。脱有酬者，师未尝可否，人莫涯其意。有问其故，师曰："已过关者，掉臂径去，安知有关吏？从吏问可否，此未透关者也。"熙宁二年三月十六日，上堂辞众，说偈（语见《续灯》）。至十七日，饭四祖慧日两专使已，趺坐寝室前，大众环拥，良久而化。七日阇维，得五色设利，塔千山之前嶂。阅世六十八，坐五十夏。大观四年春，谥曰"普觉"。

卷第四
南岳第十二世（临济八世、黄龙二世）

黄龙普觉慧南禅师法嗣二十三人　庐山东林照觉常总禅师（语具《续灯》）　隆兴府黄龙宝觉晦堂祖心禅师　筠州黄檗真觉惟胜禅师　袁州仰山行伟禅师（语具《续灯》）　隆兴府泐潭洪英禅师　湖州报本慧元禅师　潭州大沩怀秀禅师（语具《续灯》）　蕲州开元子琦禅师　潭州云盖守智禅师　隆兴府泐潭真净云庵克文禅师　南康军云居元祐禅师（语具《续灯》）　潭州石霜琳禅师（语具《续灯》）　吉州隆庆庆闲禅师（语具《续灯》）　隆兴府黄龙元肃禅师（语具《续灯》）　衡州华光恭禅师（语具《续灯》）　隆兴府上蓝顺禅师　庐山圆通玑禅师（语具《续灯》）　舒州三祖法宗禅师　南安军雪峰道圆禅师　南岳福严铁面慈感禅师（语具《续灯》）　隆兴府佑圣法寉禅师　南康军清隐潜庵清源禅师　庐山归宗志芝庵主

隆兴府黄龙宝觉祖心禅师

南雄始兴人，族邬氏。为书生有声，年十九目盲，父母祷圆通大士。许出家，即睹物，乃依龙山寺慧全。明年试经，唯师献诗得奏名剃染，继住龙山，以律身不严，几逢横逆，遂入丛林。谒云峰悦禅师，留三年，告悦将去。悦特指见南禅师（时住积翠），往居四年，无所入。一日，倾汤误注手指，豁如梦觉，知有而机不发，南抑之。师复云峰，悦已谢世，就止石霜。因读《传灯》，至"僧问多福：如何是多福一丛竹？曰：一茎两茎斜。云：学人不会。曰：三茎四茎曲。"于是顿证二师垂手处，径回积翠，方展坐具，南曰："子始入吾室矣。"师礼谢。乃谒翠岩真、泐潭月，皆器之，自尔名冠丛林。

南以熙宁二年归寂,郡守及龙图徐公禧挽师嗣居。

上堂曰:"大凡穷生死根源,直须明取自家一片田地,教伊去处分明,然后临机应用,不失其宜。只如锋铓未兆已前,都无是个非个,瞥尔爆动,便有五行金木,相生相克,胡来汉现,四姓杂居,各任方隅,是非锋起,致使玄黄不辨、水乳不分,疾在膏肓,难为救疗。若不当阳晓示,穷子无以知归。欲得大用现前,便可顿忘诸见。诸见既尽,昏雾不生。大智洞然,更非他物。珍重。"

上堂,击禅床曰:"一尘才举,大地全收。诸人耳在一声中,一声遍在诸人耳。若是摩霄俊鹘,便合乘时;止泺困鱼,徒劳激浪。"

上堂:"不与万法为侣,即是无诤三昧。便恁么去,争奈弦急则声促。若能向紫罗帐里撒真珠,未必善因而招恶果。"

上堂:"有句无句,如藤倚树,且任诸人点头,及乎树倒藤枯。上无冲天之计,下无入地之谋,灵利汉这里着得一只眼,便见七纵八横。"举拂子曰:"看,太阳溢目,万里不挂片云。若是覆盆之下,又争怪得老僧。" 上堂:"若也单明自己,不悟目前,此人有眼无足;若悟目前,不明自己,此人有足无眼。据此二人,十二时中常有一物蕴在胸中;物既在胸,不安之相常在目前;既在目前,触途成滞,作么生得平稳去。祖不言乎,执之失度,必入邪路,放之自然,体无去住。" 僧问:"达磨九年面壁,意旨如何?"曰:"身贫无被盖。"云:"莫辜负他先圣也无?"曰:"阇梨见处又作么生?"僧打一圆相,师曰:"燕雀不离窠。"僧礼拜,"师曰:更深犹自可,午后始愁人。" 问:"未登此座时如何?"曰:"一事全无。"云:"登后如何?"曰:"仰面观天不见天。"师住持十有二年,性真率,不乐事务,凡五辞乃退。揭其室曰:晦堂。衲子源源而来,挥之不去,士夫慕风求开发者众,因摭教门祖宗言句及儒道经书作征问辨通。

如《论语》曰：参乎，吾道一以贯之。曾子曰：唯。子出，门人问曰：何谓也。曾子曰：夫子之道，忠恕而已矣。师曰："吾道既一，则可以统贯万差之事。当其一贯，万事之中可容其见。若容其见，则不为一；若不见时，万事显然，一何形状；苟能见达，忠恕之道可得而明。《道德经》出生入死章曰：'生之徒十有三，死之徒十有三，人之生，动之死地，亦十有三。夫何故？以其生生之厚。盖闻善摄生者，陆行不避兕虎，入军不被甲兵，兕无所投其角，虎无所措其爪，兵无所容其刃。夫何故？以其无死地焉。'师曰：十中有三，三者何耶？其三三者，盖取九数以为生，生之摄用也。有何所以不盈十数，若盈十数，形器所拘，则不能明出生入死。既不能明出生入死，宁逃兕虎投角措爪，所以其一不用而用，而能善用；非数而数，而能善数。夫何故？以其无死地也。既知无死，则见无生，无生无死，则可以明出生入死。可谓生而无生，死而无死，非独入军不被甲兵，蹈火履水而无焦溺，亦皆如之。请问，既有其生，不无其死，何由得归无死之地？维摩经曰：'此室常以金色光照，昼夜无异，不以日月所照为明。'师曰：若以金色光照为明，现居之室转流昼夜；若以日月所照为明，现居之室昼夜流转。识是非眼，入是非看。"元符三年十一月十六中夜入灭，命门人黄公庭坚主后事。茶毗日，邻峰为秉炬，火不续。黄顾师之得法上首新禅师曰："此老师有待于吾兄也。"新以丧拒，黄强之。新执炬，召众曰："不是余殃累及我，弥天罪过不容诛。而今两脚捎空去，不作牛兮便作驴。"以火炬打一圆相。曰："只向这里雪屈。"掷炬，应手而爇。寿七十有六，腊五十有五，窆于普觉塔之东。赐号"宝觉"。

筠州黄檗真觉惟胜禅师

梓之中江人，族罗氏。居讲聚时，偶以扇勒窗棂有声，忽忆教中道：十方俱击鼓，十处一时闻。因大悟，白本讲，讲令参问。径往黄檗，值上堂，踞座曰："钟楼上念赞，床脚下种菜。若人道得，分半院与伊。"师出答曰："猛虎当路坐。"檗大悦，徐以法席付之，诸方宗仰（其示众机语见《续灯》）。

隆兴府泐潭洪英禅师

邵武人也，族陈氏。幼颖迈，一目五行；及长，弃儒得度。访道曹山依雅禅师，久之，辞登云居。眷其胜绝，殆终于此山。因阅《华严十明论》，乃证宗要。即诣黄檗，檗与语达旦，曰："荷担大法，尽在尔躬，厚自爱。"所至议论夺席，晚游西山，与胜首座栖双岭。熙宁改元，分座庐山圆通，学者归之。二年冬，开法石门，久之，迁泐潭。

开堂日，问答罢，乃曰："问也无穷，答也无尽。问答去来，于道转远。何故，况为此事，直饶棒头荐得，不是丈夫；喝下承当，未为达士，那堪更向言中取则、句里驰求、语路尖新、机锋捷疾，如斯见解，尽是埋没宗旨、玷污先贤。于吾祖道何曾梦见，只如我佛如来临般涅槃，乃云：'吾有正法眼藏，涅槃妙心，付嘱摩诃大迦叶。'迦叶遂付阿难暨商那和修、鞠多大士，诸祖相继，至于达磨西来，直指人心，见性成佛，不立文字语言。岂不是先圣方便之道，自是当人不信，却自迷头认影，奔逐狂途，致使玲瑯流浪生死。诸禅德，若能一念回光返照到自己脚跟下，褫剥究竟，将来可谓洞门豁开、楼阁重重、十方普现、海会齐影。便乃凡圣贤愚、山河大地，以海印三昧一印印定，更无纤毫透漏。山僧如是举唱，若是众中有本色衲僧闻之，实谓掩耳而归、笑破他口。大众，且道本色衲僧门下一句作么生道？"良久，曰："天际雪埋千尺石，洞门冻折数株松。"

上堂："释迦老子当时一手指天，一手指地，云：'天上天下，唯我独尊。'释迦老子旁若无人,当时若遇个明眼衲僧,直教他上天无路、入地无门。然虽如是,也须是铜钞锣里满盛油始得。"问:"逢场作戏时如何?"曰:"红炉抛出铁乌龟。"云:"当轩布鼓师亲击,百尺竿头事若何?"云:"山僧不作这活计。"三年六月,知事纷争,止之不已。初九日,谓众曰:"领众不肃,正坐无德,吾有愧于黄龙。"令集众,叙行脚始末。复曰:"吾灭后火化,以骨归普同塔,明生死不离清众也。"语终而逝,寿五十有九,夏四十有三。

湖州报本慧元禅师

上堂,僧问:"诸佛所说法,种种皆方便,是否?"曰:"是。"云:"为甚么诸法寂灭相,不可以言宣?"曰:"且莫错会。"僧以坐具一画,师喝曰:"诸法寂灭相,不可以言宣。今之学者,方见道不可以言宣,便拟绝虑忘缘,杜塞视听。如斯见解,未有自在分。诸人要会寂灭相么:出行不见一纤毫,满目白云与青嶂。"

蕲州开元子琦禅师

泉之惠安人,族许氏。九岁依开元智讷,二十二试经剃染具戒,精《楞严》《圆觉》。弃谒翠岩真禅师,问佛法大意,真唾地曰:"这一滴落在甚么处?"师扪膺曰:"学人今日脾疼。"真解颜,辞,参积翠,岁余尽得其道。乘间侍南,商确古今,适大雪,南指曰:"斯可以一致苕帚否?"对曰:"不能。然则天霁日出,云物解驳,岂复有哉。知有底人,于一切言句如破竹,虽百节,当迎刃而解。讵容声于拟议乎?"一日,南遣僧逆问:"老和尚三关语如何?"师厉声曰:"你理会久远时事作么?"南闻,益奇之,于是名著丛席。南殁,四祖演禅师命分座,室中垂语曰:"一人有口道不得,姓字为谁传。"至东林总禅师,总叹曰:"琦首座如铁山万仞,卒难逗他语脉。"未几,以开元为禅林,请师为第一世(机语未见)。

潭州云盖守智禅师

剑之龙津人，族陈氏。幼依剑浦林重院，年二十三得度，进具已。至豫章大宁，时法昌遇禅师韬藏西山，师闻其饱参，即之。遇问曰："汝何所来？"云："大宁。"又问："三门夜来倒，汝知么？"师愕云："不知。"遇曰："吴中石佛大有人不曾得见。"师惘然，即展拜。遇使谒翠岩真禅师，虽久之，无省，且不舍寸阴。及谒黄龙于积翠，始尽所疑。留五年，复谒英邵武于同安。积翠殁，首众于石霜，遂开法道吾，徙云盖。

上堂曰："昨日高山看钓鱼，步行骑马失却驴。有人拾得骆驼去，重赏千金一也无。若向这里荐得不着，还草鞋钱。"

上堂："紧峭履水靴，踏破湖湘月。手把铁蒺藜，打碎龙虎穴。翻身倒上树，始见无生灭。却笑老瞿昙，弹指超弥勒。"

上堂："唯一坚密身，一切尘中现。云盖今日，千山郁茂，鸟兽嘶鸣，百草竞发，万木抽枝，尽是诸佛，个个真如。汝等诸人游山玩水，直须急着眼睛，莫被伊瞒。"

上堂，举——赵州问僧向甚处去？云：摘茶去。州曰：闲——师曰："道着不着，何处摸索。背后龙鳞，面前驴脚。翻身筋斗，孤云野鹤。阿呵呵。"　僧问："鼓声才罢，大众临筵。祖意西来，请师举唱。"曰："雨过路头干。"云："祖意既如是，家风事若何？"曰："脑后合掌。"云："全因今日。"曰："谢汝到来。"　问："有一无弦琴，不是世间木。今朝负上来，请师弹一曲。"师拊膝一下，僧云："金风飒飒和清韵，请师方便再垂音。"曰："陕府出铁牛。"元祐初，退居"西堂"，不出山三十年。政和四年，周公穜守潭，遣长沙令佐以诡计邀至开福，斋罢鸣鼓，问其故，曰："请师住持此院。"遂不得辞，时年九十矣。五年三月七日，升座说偈曰："未出世，口如驴觜。出世后,头似马杓。百年终须自坏,一任天下十度。"归方丈安坐,良久乃化。阇维,得设利五色,经旬,拨灰烬犹得之。坐六十六夏。

隆兴府泐潭真净云庵克文禅师

陕之阌乡人,族郑氏。世多名卿,师生而挺异,读书知要。事后母,失爱。因游方至复之北塔,闻广禅师说法,泣而师之。二十五试所习,得度受具。讲演名著,伊洛义学者宗之。偶游龙门,至殿庑,见入定比丘像,幡然语其侪曰:"我所负者,如吴道子画人物,虽妙尽一时,然终非活者。"于是弃游湘潭,治平二年,坐夏大沩。闻举——僧问云门:佛法如水中月,是否?曰:清波无透路——释然颖悟,径之积翠,翠问:"从甚么处来?"云:"沩山。"曰:"恰值老僧不在。"云:"未审向甚么处去?"曰:"天台普请,南岳游山。"云:"若然者,学人亦得自在去也。"曰:"脚下鞋是何处得来?"云:"庐山七百钱唱得。"曰:"何曾自在来?"师指云:"何曾不自在来?"翠异之,顾其机锋莫触,唯英邵武与之阶。熙宁八年,住筠之圣寿,擢居洞山。后谢事,东游至金陵,王荆公以师礼迎之,施第为寺,命开山,奏赐"真净"号。未几,还高安,庵于九峰。越六秋,徙归宗、泐潭。

开堂日,拈香祝圣,问答罢,乃曰:"问话且止,只知问佛问法,殊不知佛法来处,且道从甚么处来?垂一足曰:'昔日黄龙亲行此令,十方诸佛无敢违者,诸代祖师一切圣贤无敢越者,无量法门,一切妙义,天下老和尚舌头始终一印,无敢异者。无异即且置,印在甚么处?还见么?若见,非僧非俗,无偏无党,一一分付;若不见,而我自收。'遂收足,喝一喝,曰:'兵随印转,将逐符行。佛手、驴脚、生缘,老好痛与三十棒,而今会中莫有不甘者么?若有,不妨奇特;若无,新长老谩你诸人去也。故我大觉世尊,昔日于摩竭陀国十二月八日明星现时，豁然悟道，大地有情，一时成佛。今有释子沙门某，于东震旦国大宋筠阳城中六月十三日赫日现时，又悟个甚么？'以拂子画曰：'我不敢轻于汝等，汝等皆当作佛。'"

上堂："天地与我同根，万物与我一体。脚头脚尾，横三竖四。北俱卢洲火发，烧着帝释眉毛。东海龙王忍痛不禁，轰一个霹雳，直得倾湫倒岳、云黯长空，十字街头廖胡子醉中惊觉起来，拊掌呵呵大笑云：筠阳城中，近来少贼。乃拈拄杖曰：贼！贼！"

上堂："道泰不传天子令，行人尽唱太平歌。五九四十五，莫有人从怀州来么？若有，不得忘却临江军豆豉。" 上堂："世尊拈华，迦叶微笑。拈拄杖曰：'洞山拈起拄杖子，你诸人合作么生？'"击香卓，下座。

上堂："裈无裆，裤无口。头上青灰三五斗，赵州老汉少卖弄，然则国清才子贵、家富小儿骄，其奈禾黍不阳艳，竞栽桃李春。翻令力耕者，半作卖华人。"

上堂："佛法两字，直是难得。人有底不信自己佛事，唯凭少许古人影响。相似般若所知境界定相法门，动即背觉合尘。黏将去，脱不得，或学者，如印印泥，递相印授，不唯自误，亦乃误他。洞山门下无佛法与人，只有一口剑，凡是来者，一一斩断，使伊性命不存、见闻俱泯，却向父母未生前与伊相见，见伊才向前，便为斩断。然则刚刀虽利，不斩无罪之人，莫有无罪底么，也好与三十拄杖。"

上堂："今日供养罗汉，夜来四方高人讽诵妙法莲华经，安乐行品一遍。大众，作么生是安乐行，拟心早不安乐了也。"乃喝一喝，曰："岂不是安乐行，如何是透法身句，北斗里藏身，岂不是安乐行？如何是祖师西来意，庭前柏树子，岂不是安乐行？如何是超佛越祖，之谭胡饼，岂不是安乐行？以至僧俗大众，一一清净光明住持，岂不是安乐行？乃至一佛二菩萨、一一罗汉、一一辟支佛，无不清净实相住持，所为安乐行也。大众，唯有髻中宝珠不妄与之，虽然不与，亦人人具足。十二时中光明炽赫，阿谁欠少。还会么？归堂吃茶。"复喝一喝，下座。

解夏上堂，以拂子击禅床，曰："天地造化，有阴有阳，有生有杀；日月照临，有明有暗，有隐有显；江河流注，有高有下，有壅有决；明主治化，有君有臣，有礼有乐，有赏有罚；佛法住世，有顿有渐，有权有实，有结有解。结也，四月十五日，十方法界是圣是凡，若草若木。以拂子左边敲曰：'从这里一时结。'举起曰：'总在拂子头上，还见么？'遂喝曰：'解也。'七月十五日，十方法界若草若木，乃圣乃凡。以拂子右边敲曰：'从这里一时解。'举起曰：'总在拂子头上，还见么？'遂喝曰：'只如四月十五日已前，七月十五日已后，且道是解是结。'复举拂子曰：'总在拂子头上，还见么？'遂喝曰：'诸高德，此三喝中，有一喝是金刚王宝剑，有一喝是踞地师子，有一喝是探竿影草。若人一一辨得，始见临济大师道出常情。黄檗被掌，大愚遭筑，虽相去三二百年，许你亲为的子，然后大开不二妙门。权诸祖道，摧邪显正，扶宗立教，整顿颓纲，纵大知见，耀大法眼，不动本际，决胜魔军。'遂喝曰：'更须知有一喝不作一喝用，到这里，须是具烁迦罗眼，向未屙已前薅提得去。诸高德，且道提得个甚么。'"良久，喝一喝，下座。

僧问："新丰吟，云门曲，举世知音能和续。大众临筵，愿清耳目。"师以右手拍禅床一下，僧云："木人拊掌，石女扬眉。"师以左手拍禅床一下，僧云："犹是学人疑处。"师曰："何不脚跟下荐取。"僧以坐具一拂，师曰："争奈脚跟下何。" 问："远远驰符命，禅师俯应机。祖令当行也，方便指群迷。"曰："深。"云："深意如何？"

曰："浅。"云："教学人如何领会？"曰："点。" 问："马祖下尊宿，一个个阿辘辘地，唯有归宗老较些子。黄龙下儿孙，一个个硬剥剥地，只有真净老师较些子。学人恁么还扶得也无？"曰："打迭面前搋鳖。"却云："若不同床睡，焉知被底穿？"师不答，僧云："这个为上上根人，忽遇中下之流，如何指接？"师亦不答，僧云："非但和尚懵懂，学人亦乃一场败阙。"曰："三十年后悟去在。" 问："承古有言，众生日用而不知，未审不知个甚么？"曰："道。"云："忽然知后如何？"曰："十万八千。"僧提起坐具云："争奈这个何？"师便喝。崇宁改元，休于云庵，十月旦示疾，望乃愈。出道具，散诸徒，翌日中夜，沐浴更衣跌坐，众请说法，师示以偈及遗诫宗门大略，言卒而逝。越七日火葬，焰成五色，白光上腾，烟所及，成设利，道俗千余人咸得之。分灵骨塔于泐潭、新丰，寿七十有八。

隆兴府上蓝顺禅师

上堂曰："夏日人人把扇摇，冬来以炭满炉烧。若能于此全知晓，尘劫无明当下消。"

上堂，举勘婆话，师乃曰："赵州问路，婆子答云怎么去。皆云勘破老婆，婆子无你雪处，同道者相共举。"

舒州三祖法宗禅师

上堂曰："架梯可以攀高，虽升而不能达河汉；铸锹可以掘凿，虽利而不到风轮。其器者费功，其谋者益妄。不如归家坐，免使走尘壤。大众，哪个是尘壤祖佛禅道？"

僧问："如何是正法眼？"曰："泥里有刺。"云："如何是道？"曰："老僧落第二。"云："如何是禅？"曰："你且莫少丛林。"

南安军雪峰道圆禅师

南雄人也，依积翠日，宴坐下板，时一僧论野狐话："一云：'不昧因果，也未脱得野狐身。'一云：'不落因果，又何曾堕野狐来。'"师闻之，悚然，因诣积翠庵。涉涧猛省，述偈曰：不落不昧，僧俗本无忌讳。丈夫气宇如玉，争受囊藏被盖。一条栗任纵横，野狐跳入金毛队。南见，为助喜，出住雪峰。

上堂，举风幡话，师曰："不是风兮不是幡，白云依旧覆青山。年来老大浑无力，偷得忙中些子闲。"

隆兴府祐圣法富禅师

潮阳郑氏子，晚见黄龙，深蒙印可。　上堂曰："此事如医家验病方，且杂毒满腹，未易攻治，必瞑眩之药，而后可瘳。就令徇意投之，适足狂惑，增其沉痼，求其己病，不亦左乎。法堂前草深，于心无愧。"崇宁三年十二月六日，泊然坐逝。

南康军清隐潜庵清源禅师

豫章人，族邓氏。依洪岩处信得度具戒，参武泉常、云居舜、泐潭月，疑未决，始趋黄龙。一日，闻举洞山初和尚见云门因缘，遂失笑。龙问："胡为而笑？"云："笑黄面浙子怜儿不觉丑。"自是为龙侍者，阅七年，精彻奥妙，丛林称之。初住西山，次迁清隐。

上堂曰："寒风激水成冰，杲日照冰成水。冰水本自无情，各各应时而至。世间万物皆然，不用强生拟议。"

上堂："先师初事栖贤諟、泐潭澄，历二十年，宗门奇奥，经论玄要，莫不贯穿。及因云峰指见慈明，则一字无用。遂设三关语以验学者，而禅者如叶公好龙，龙现即怖。"建炎三年八月五日，示寂于抚之漳江。寿九十八，腊七十八。

庐山归宗志芝庵主

临江人也，壮为苾刍，依黄龙于归宗，遂领深旨。有偈曰："未到应须到，到了令人笑。眉毛本无用，无渠底波俏。"未几，龙引退，芝陆沈千众。一日，普请罢，书曰：茶芽藏蔌初离焙，笋角狼忙又吐泥。山舍一年春事辨，得闲谁管板头低。由是衲子亲之，芝不怿，结茅绝顶，作偈曰："千峰顶上一间屋，老僧半间云半间。昨夜云随风雨去，到头不似老僧闲。"竟终于此山。

卷第六
南岳第十三世（临济九世、黄龙三世）

　　黄龙宝觉晦堂祖心禅师法嗣十六人　隆兴府黄龙死心悟新禅师　隆兴府黄龙佛寿灵源惟清禅师　隆兴府泐潭草堂善清禅师　温州护国寄堂景新禅师　漳州保福本权禅师　泗州龟山晓津禅师　舒州天柱修静禅师　吉州青原惟信禅师　鄂州黄龙智明禅师　成都府海云法琮禅师　潭州道吾仲圆禅师　汉州三圣继昌禅师　舒州龙门纯禅师　太史黄庭坚居士（语见贤臣）　中大吴中立居士（语见贤臣）　正言王居士（名犯　钦宗皇帝庙讳语见贤臣）

　　东林照觉常总禅师法嗣九人（八人见录）　隆兴府泐潭应乾禅师　庐山开先广鉴行瑛禅师　庐山圆通可仙禅师　临江军慧力可昌禅师　绍兴府象田梵卿禅师　隆兴府上蓝希肇禅师　开封府建福慧圆上座　内翰苏轼居士（语见贤臣）（威胜军天宁道才禅师）（机语未见）

　　黄檗真觉惟胜禅师法嗣一人　成都府昭觉绍觉纯白禅师

　　大沩怀秀禅师法嗣一人　潭州大沩祖瑃禅师（语见《续灯》）

　　开元琦禅师法嗣一人　泉州尊胜有朋讲师

　　云盖守智禅师法嗣十二人（三人见录）　湖州道场十同法如禅师　福州宝寿最乐禅师　绍兴府石佛解空慧明禅师　（袁州仰山普禅师　福州连江报恩有机禅师　潭州开福宣秘文玉禅师　吉州桃林希倩禅师　隆兴府上蓝师中禅师　道州天宁与权禅师　抚州疏山法泰禅师　湖州弥勒省文禅师　湖州道场俊禅师）（已上机语未见）

黄龙宝觉晦堂祖心禅师法嗣

隆兴府黄龙死心悟新禅师

韶之曲江人，以庆历三年二月二十九日生于黄氏。有紫肉幂左肩，右祖如僧伽梨状。白光照室，襁褓而未尝号啼。稍长颖脱，壮依佛陀院德修祝发。进具已，谓朋旧曰："为僧当慕世出世法，安可汩汩于乡井中。"遂杖笠游方。熙宁八年，至黄龙谒晦堂，堂竖拳问曰："唤作拳头则触，不唤作拳头则背。汝唤作甚么？"师罔措，经二年，方领解。然尚谈辩，无所抵牾，堂患之。偶与语，至其锐，堂遽曰："住！住！说食岂能饱人？"师窘，乃云："某到此弓折箭尽，望和尚慈悲，指个安乐处。"堂曰："一尘飞而翳天，一芥堕而翳地，安乐处政忌上座许多骨董，直须死却无量劫来全心乃可耳。"师趋出。一日，默坐下板，闻知事抚行者，而迅雷忽震，即大悟，趋见晦堂，忘纳其履。即自誉曰："天下人总是参得底禅，某是悟得底。"堂笑曰："选佛得甲科，何可当也。"因号"死心叟"。执侍扶翊凡一十八秋，不自疲厌。始命分座，后遍登诸老之门，机语超绝。元祐七年，出住云岩；绍圣四年，徙翠岩；政和初，居黄龙。

上堂曰："深固幽远，无人能到。释迦老子到不到？若到，因甚么无人？若不到，谁道幽远。" 上堂："祖师心印，状似铁牛之机。去即印住，住即印破。只如不去不住，印即是，不印即是？金果早朝猿摘去，玉华晚后凤衔归。"

上堂："德山入门便棒，临济入门便喝，也是作贼人心虚，云岩入门亦不棒亦不喝，且道用个甚么？几度敲门招不出，翻身直入里头看。"

上堂："行脚高人，解开布袋。放下钵囊，去却药忌。一人所在须到，半人所在须到，无人所在也须亲到。"

上堂:"拗折拄杖,将甚么登山渡水;抋却钵盂匙箸,将甚么吃粥吃饭。不如向十字街头东卜西卜,忽然卜着,是你诸人有彩。若卜不着,也怪云岩不得。"

上堂:"文殊骑师子,普贤骑象王,释迦老子足蹋红莲,且道黄龙骑个甚么?"良久,曰:"近来年老,一步是一步。"

上堂:"有时破二作三,有时会三归一,有时三一混同,有时不落数量,且道甚么处是黄龙为人处?"良久,曰:"珍重。"

上堂:"粗言及细语,皆归第一义。你这一队溺床鬼子,三生六十劫也未梦见第一义在。"

上堂:"古人道,藏人不藏照,藏照不藏人,人照俱藏,人照俱不藏。后来举者甚多,明者极少,黄龙今日不惜眉毛,与你诸人说破:藏人不藏照,鹭鹚立雪非同色;藏照不藏人,明月芦华不似他;人照俱藏,了了了时无可了;人照俱不藏,玄玄玄处亦须呵。复曰:会么?殷勤为唱玄中曲,空里蟾光撮得么。"

上堂:"清珠下于浊水,浊水不得不清。念佛投于乱心,乱心不得不佛。佛既不乱,浊水自清。浊水既清,功归何所。"良久,曰:"几度黑风翻大海,未曾闻道钓舟倾。"

僧问:"如何是四大毒蛇?"曰:"地、水、火、风。"云:"如何是地、水、火、风?"曰:"四大毒蛇。"云:"学人未晓,乞师方便。"曰:"一大既尔四大同。"

问:"弓箭在手,智刃当锋。龙虎阵圆,请师相见。"曰:"败将不斩。"云:"恁么则铜柱近标修水侧,铁关高锁凤凰峰。"曰:"不到乌江未肯休。"云:"若然者,七擒七纵,正令全提。"曰:"棺木里瞠眼。"僧礼拜。师曰:"苦,苦。"

问:"承师有言,老僧今夏向黄龙潭内下三百六十个钓筒,未曾遇着个锦鳞红尾。为复是钩头不妙，为复是香饵难寻？"曰："雨过竹风清，云开山岳露。"云："恁么则已得真人好消息，人间天上更无疑。"曰："是钩头不妙，是香饵难寻。"云："出身犹可易，脱体道应难。"曰："乱统禅和，如麻似粟。"

问："如何是黄龙接人句？"曰："开口要骂人。"云："骂底是接人句。验人一句又作么生？"曰："但识取骂人。"问："如何是先照后用？"曰："清风拂明月。"

云："如何是先用后照？"曰："明月拂清风。"云："如何是照用同时？"曰："清风明月。"云："如何是照用不同时？"曰："非清风而无明月。"云："若然者，龙岫清风藏不得，西安明月却兼容。"曰："贫无达士将金济，病有闲人说药方。"

室中问僧："月晦之阴，以五色彩着于暝中，令百千万人夜视其色，宁有辨其青黄亦白者么？"僧无语，师代曰："个个是盲人。"又问僧："大乘宗旨，如何领会？"僧无对。师曰："譬如死人，手执利刃，截死人头来呈似吾。吾即许汝，其为人若此，至于去广化神祠，牺牲之祀。碎云岩轮藏，碑碣之阴。掷陈公妻孥，记寂音留难。皆师无作之功而致然也。故道场严净，魔外革心，不敢窥其藩篱。"

政和五年春，偶谓侍者曰："今年有一件好事，人莫之知。"众罔测。是岁十二月十三日，就"昭默堂"为法弟灵源清禅师置食，次答故人书，系之以颂。是日巡寮，薄暮小参，劝谕学徒，词旨曲折。仍说偈曰：说时七颠八倒，默时落二落三。为报五湖禅客，心王自在休参。十四日，下白石庄，自书其阁曰："安心"、并题脊记。食和罗饭如常时，食毕，偃息。日晡，从者请归，师曰："大千为家，何以归为？"众哗然，议云："师卧不起，殆病乎？"呼医僧化冲至，将诊，师叱之。知藏慧宣云："和尚到这里，且宜警省。"师曰："川蘁苴,莫乱道。"言讫,趺坐而化,舁归至法堂,端严如在。三日入龛,远近士庶呜咽瞻仰。以手探怀,肌体尚暖。二十二日荼毗,众得设利五色。雪后有过其区所者,获之尤甚。塔于晦堂丈室之北。州寿七十有二,夏腊四十有六。

隆兴府黄龙佛寿灵源惟清禅师

南州武宁人,族陈氏。方龆入学,日诵千言,风神莹彻。吾伊异比丘见之,熟视曰:"此儿苦海法船也。"以出家白其父母,父母听之,去依戒律师。年十七,为大僧。往谒延恩安禅师,安指参宝觉。师至黄龙,虽与众作息,而问答茫然。偶阅玄沙语,倦即经行,步促遗履,俯取之,乃大悟。以告宝觉,觉曰:"从缘入者,永无退失。"于是名卿宿衲师友之,屡以名山见邀,坚不许。淮南漕朱公京以舒之太平力请,乃屑就,道俗争迎之,次迁黄龙。

上堂曰:"鼓声才动,大众云臻。无限天机,一时漏泄。不辜正眼,便合归堂。更待繁词,沉埋宗旨。纵谓释迦不出世,四十九年说。达磨不西来,少林有妙诀。修山主也似万里望乡关,又道若人识祖佛,当处便超越,直饶怎么悟入亲切去。更有转身一路,勘过了打。"以拂子击禅床一下,下座。

上堂:"江月照,松风吹,永夜清宵更是谁。雾露云霞遮不得,个中犹道不如归。复何归,荷叶团团团似镜,菱角尖尖尖似锥。"

上堂:"三世诸佛不知有,恩无重报。狸奴白牯却知有,功不浪施。明大用,晓大机,绝踪迹,不思议,归去好,无人知。冲开碧落松千尺,截断红尘水一溪。"

上堂:"至道无难,唯嫌拣择,但莫憎爱,洞然明白。祖师怎么说话,瞎却天下人眼。识是非,别缁素底衲僧,到这里如何辨明。未能行到水穷处,难解坐看云起时。"

师既托疾告闲，居"昭默堂"十有五年。颓坐一室，而天下莫屈其高致，然念宗徒堕在见闻，尝谓曰："今之学者所造，不能脱生死者，病在甚么处？在偷心未死，然非其罪，乃师家之罪也。如汉高帝给韩信而杀之，信虽曰死，其心果死乎？古之学者言下脱生死，效在甚么处？在偷心已死，然非学者自能，实师家钳锤妙密也。如梁武帝御太殿见侯景，不动声气，而景之心已枯竭无余。然诸方所说非不美丽，要知如赵昌画华逼真，非真华矣。"政和七年九月十八日，食罢，掩室门。召以栖首座，叙说决别，起浴更衣，以手指顶，侍僧为净发，安坐趋寂。前十日，作《无生常住真归告铭》及遗训数百言。诫藏骨于海会，示生死不与众隔也。门弟子不敢违其诫，克奉之云。

隆兴府泐潭草堂善清禅师

南雄保昌人，族何氏，少依香云寺法思，元丰四年，试经得度。初谒大沩喆禅师，次趋晦堂之席。堂问："不是风动，不是幡动，如何？"师伫思，堂打出。顷之再诣，乞指南时，有猫旁伏，因谓师曰："子见彼欲搏鼠乎？双目不瞬，四足踞地，首尾一直，拟无不中。子诚能如是，心无异缘，则六根自静，默默究之，万不失一。"师于是向来义学一扫无余，堂器许之。政和乙未，出住黄龙；后居曹疏二山，复移泐潭。

上堂曰："色心不异，彼我无差。"竖起拂子曰："若唤作拂子，入地狱如箭；不唤作拂子，有眼如盲。直饶透脱两头，也是黑牛卧死水。"

上堂，举——阿难问迦叶：世尊传金襕外，别传何法？迦叶召阿难，阿难应：诺。迦叶曰：倒却门前刹竿着——师曰："刹竿未倒，穿却诸人髑髅，换却诸人眼睛。刹竿倒后，向甚么处见释迦老子？

参。"

上堂:"法眼道,识得凳子,周匝有余;云门道,识得凳子,天地悬殊;雪窦道,泽广藏山,狸能伏豹。师曰:三个汉总是依他作解,明昧两歧,不脱见闻,如水中月。黄龙即不然,逼塞乾坤内,开张日月新。"

上堂:"湛水无波,沤从风激,风停沤灭,水静涵虚。正当怎么时,设有燕金塞海,蚊蚋摇山,赪尾金鳞,优游自适。如今莫有辨浮沉,识深浅,垂纶掷钓者么?有即出来相见,如无,且归岩下去,同看月圆时。"

上堂,举——浮山远和尚云:欲得英俊么,仍须四事俱备,方显宗师蹊径。何谓也?一者祖师巴鼻,二者具金刚眼睛,三者有师子爪牙,四者得衲僧杀活拄杖。得此四事,方可纵横变态,任运卷舒,高耸入天,壁立千仞。傥不如是,守死善道者,败军之兆。何故?棒打石人,贵论实事,是以到这里,得不修江耿耿,大野云凝;绿竹凝烟,青山锁翠,风云一致,水月齐观,一句该通,已彰残朽——师曰:"黄龙今日出世,时当末季,佛法浇漓。不用祖师巴鼻,不用金刚眼睛,不用师子爪牙,不用杀活拄杖,只有一枝拂子以为蹊径,亦能纵横变态,任运卷舒;亦能高耸入天,壁立千仞。有时逢强即弱,有时遇贵即贱。拈起,则群魔屏迹,佛祖潜踪;放下,则合水和泥,圣凡同辙。且道拈起好,放下好?竿头丝线从君弄,不犯清波意自殊。"

僧问:"牛头未见四祖时如何?"曰:"京三下四。"云:"见后如何?"曰:"灰头土面。"云:"毕竟如何?"曰:"一场懡㦬。"绍兴壬戌上元后,示微恙,晦日出衣橐唱鬻,书偈遗众。日将昳,传言诸寮,可罢且谒。逮夜漏尽,三问侍者:"颇向晓否?"少选,泊然而化，众哀慕。火后，睛舌坚净如故，设利明莹，大如珠颗，其徒合灵骨塔于晦堂之侧。寿八十六，腊六十二。

温州护国寄堂景新禅师

郡之乐清人，族陈氏，于崇德寺得度。习台教，游方谒三祖宗禅师，宗器之。后依晦堂，始有深造，堂一日竖拳拟问，师亦竖拳曰："是得皮，是得髓？"堂笑而称善。大观二年，温守章公凭请住江心普寂，次居西山。

上堂曰："有处若有，瞎却天下人眼；无处若无，失却衲僧鼻孔。古今成现，不用针锥。紫胡半夜高声捉贼，维那只得旁观；丹霞白日要见国师，侍者但知其一。且道本分相见合作么生？陌路相逢舜若多，切忌额头汗如雨。"

上堂："三界无法，何处求心。欲知护国当阳句，且看门前竹一林。" 僧问："古曲无音韵，如何和得齐？"曰："石女着枷锁。"云："全非今日事，只在未生前。"曰："山僧不答这话。"云："为甚么不答？"曰："有甚救处。" 问："我手何似佛手？"曰："天空无四壁。"云："我脚何似驴脚？"曰："闻时九鼎重，见后一毫轻。"云："黄龙正派，流入永嘉也。"曰："勺卜听虚声。"绍兴己未，示寂，塔于西山。

漳州保福本权禅师

临漳人也，性质直而勇于道。乃于晦堂举拳处彻证根源，机辩捷出。山谷黄太史初有所入，问晦堂："此中谁可与语？"堂曰："漳州权。"师方督役开田，山谷同晦堂往致问曰："直岁还知露柱生儿么？"曰："是男是女？"谷拟议，师挥之。堂谓曰："不得无礼。"师曰："这木头，不打更待何时？"谷大笑。后归里，陆沈山寺，郭功甫倅漳过山谷，谷力称彼有权道者，深得晦堂之道，公宜见之。

郭抵郡访寻，人无识者，后得之，命住保福。

上堂，举——寒山偈曰：吾心似秋月，碧潭清皎洁。无物堪比伦，教我如何说——"老僧即不然：吾心似灯笼，点火内外红。有物堪比伦，来朝日出东。"传者以为笑，黄龙死心见之，叹曰："权兄提唱若此，诚不负先师所付嘱也。"竟终于保福。

泗州龟山晓津禅师

闽之连江人，历参宗匠，机契未投，晚依晦堂。堂举德山小参不答话辟之，师闻，脱然颖悟，留侍日久。初说法于西京石壁，次徙龟山。

上堂曰："摩竭掩室，尽大地人被他热瞒。毗耶杜词，金毛师子败阙不少。便恁么去，大似停桡举棹，且向湾内泊船。而今莫有唤不回头底么？担板禅和，如麻似粟。"

上堂："田地稳密，过犯弥天，灼然抬脚不起；神通游戏，无疮自伤，特地下脚不得。且道过在甚么处？具参学眼底出来，共相理论。要见本分家山，不支歧路。莫只管自家点头，蹉过岁月，他时异日，顶上一椎，莫言不道。"崇宁三年八月十四日，泊然而逝。

舒州天柱修静禅师

岁旦上堂曰："北帝收威，东君布政。律初标于四气，爻已动于三阳。山川无索寞之容，草木有芬芳之意。玉簪坠檐，而河冰渐泮；锦字横汉，而寒雁将回。熙熙万里尽含春，谁悟毗卢真境界。大众，若向这里悟彻去，则许汝应时纳祐，与世均休，踞兔角床，握龟毛拂，或纵或夺，或晦或明，饶益群生，得大自在。若也未悟，依例奔波添一岁，满身尘土傍人门。"

吉州青原惟信禅师

上堂曰："老僧三十年前未参禅时：见山是山，见水是水；及至后来亲见知识，有个入处：见山不是山，见水不是水；而今得个休歇处：依前见山只是山，见水只是水。大众，这三般见解，是同是别，有人缁素得出，许汝亲见老僧。"

鄂州黄龙智明禅师

上堂："南北一诀，斩钉截铁。切忌思量，翻成途辙。" 一日，上堂，众才集，师乃曰："不可更开眼说梦去也。"便下座。

僧问："世尊说法，魔界倾颓；和尚开堂，有何祥瑞？"曰："一夜落华雨，满城流水香。"

成都府海云法琮禅师

上堂，亚身曰："一雨洒乾坤，我这里为甚么不湿。"便下座。

潭州道吾仲圆禅师

上堂曰："不是心，不是佛，不是物，古人怎么道。譬如管中窥豹，但见一斑，设或入林不动草，入水不动波，亦如骑马向冰凌上行。若是射雕手，何不向蛇头上措痒，具正眼者试辨看。"良久，曰："鸳鸯绣出自金针。"

汉州三圣继昌禅师

彭之九陇人，族黎氏。自少出关至黄龙，即有趣入，久之，乃尽所疑。归住三圣，迁云居。

上堂曰："木佛不度火，甘露台前逢达磨，惆怅洛阳人未来，面壁九年空冷坐；金佛不度炉，坐叹劳生走道途，不向华山圆上看，岂知潘阆倒骑驴；泥佛不度水，一道灵光照天地，堪羡玄沙老古锥，不要南山看鳖鼻。"

上堂，举赵州访二庵主，师曰：五陵公子争夸富，百衲高僧不厌贫。近来世俗多颠倒，只重衣衫不顾人。

舒州龙门纯禅师

上堂曰："有个汉，自从旷大劫，无住亦无依。上无片瓦盖头，下无寸土立足。且道十二时中在甚么处安身立命？若也知得，朝到西天，暮归唐土。"

东林照觉总禅师法嗣

隆兴府泐潭应乾禅师

上堂曰："灵光洞辉，迥脱根尘。体露真常，不拘文字。心性无染，本自圆成。但离妄缘，即如如佛。古人恁么道，殊不知是个坑阱。贴肉汗衫脱不去，过不得，直须如师子儿壁立千仞，方能剿绝去。然虽如是，也是布袋里老鸦。"拍禅床，下座。

庐山开先广鉴行英禅师

东溪闲居，示众曰："联络藤萝一径，行穷始到松门。篱畔野华不艳，堂前流水非喧。午饭龙离铁钵，夜深月落金盆。此是真修行处，何人得意忘言。灵山河沙圣众，黄梅七百高僧。悟华晓称迦叶，传衣夜唤卢能。心自本来不有，法道得了何曾。斋后酽茶三盏，丛林一任喧腾。"

僧问："如何是祖师西来意？"曰："君山点破洞庭湖。"云："意旨如何？"曰："白浪四边绕，红尘何处来。"

问："如何是道？"曰："良田万顷。"僧云："不会。"师曰："春不耕，秋无望。"

隆兴府黄龙法镜可仙禅师

严陵陈氏子，于长寿寺得度。元丰间，说法圆通，次迁石霜、黄龙。僧问："如何是佛法大意？"曰："寸钉牛刀。"云："学人不会。"曰："参取不会底。"

临江军慧力可昌禅师

初自黄龙会中，去依照觉，获证微密，逾二十年，出居慧力。

上堂曰："佛法根源，非正信妙智不能悟入。祖师关键，非大悲重愿何以开通。具信智，则权实双行，如金在矿；全悲愿，则善恶可辨，似月离云。大众，只如父母未生时，许多譬喻向甚么处吐露？"良久，曰："十语九中，不如一默。"僧问："如何是末后一句？"曰："少林依位立，马祖喝嫌低。"云："三十年后，专为流通。"曰："也不得草草。"

问："承师有言，忍别三征高卧者，惭为一请便行人，就中还有肴讹也无？"曰："有人断得，许伊具眼。"云："大众临筵，乞师不吝。"师便打。

绍兴府象田梵卿禅师

嘉兴华亭人，族钱氏。幼慧静，秉志纯实，弱冠，投超果寺德强披削。初游讲聚，后易服谒圆通秀，又谒投子青，久之。青入灭，往依照觉，顿契机语。归省亲，道俗迎居白牛海慧，迁永嘉灵峰及会稽象田。

上堂曰："春已暮，落华纷纷下红雨。南北行人归不归，千林万林鸣杜宇。我无家兮何处归，十方刹土奚相依。老夫有个真消息，昨夜三更月在池。"

上堂："佛法到此，命若悬丝。异目超宗，亦难承绍。竖起拂子曰：赖有这个堪作流通，于此觑得，便见三世诸佛向灯笼露柱里转大法轮，六趣众生于铁围山得闻法要。声非声见，色非色随，异类四生，各得解脱，如斯举唱，非但埋没宗风，亦乃平沈自已。且道如何得不犯令去？"拍禅床，下座。

僧问："大悲菩萨用许多手眼作甚么？"曰："富嫌千口少。"云：

"毕竟如何是正眼？"曰："从来共住不知名。"

问："寒风乍起，衲子开炉。忽忆丹霞烧木佛，因何院主落眉须？"曰："张公吃酒李公醉。"云："为复是逢强即弱，为复是妙用神通？"曰："堂中圣僧却谙此事。"

问："海慧有屠龙之剑，欲借一观时如何？"师以拄杖横按示之。僧便喝，师掷下拄杖，僧无语，师曰："这死虾蟆。"问："有佛处不得住，无佛处急走过，意旨如何？"曰："穿靴衣锦。"云："此外还更有也无？"曰："紧悄草鞋。"

问："牛头未见四祖时如何？"曰："酰酸蚋聚。"云："见后如何？"曰："家破人亡。"

问："久响白牛，未审牛在甚么处？"曰："掘地觅天。"云："争奈目前露迥迥地。"曰："切忌见鬼。"云："莫是和尚为人处么。"曰："会则直下承当，不会则一任颠倒。"政和六年九月中休，说偈曰：五阴山头乘骏马，一鞭奋起疾如飞。临行莫问栖真处，南北东西随处归。言讫，脱然坐逝，四众蚁至，观其容止安详，叹未曾有。

隆兴府上蓝希肇禅师

僧问："古者道，修证即不无，污染即不得，未审是何宗旨？"曰："不可更说道理去也。"云："莫便是和尚为人处么？"曰："狂狗趁块。"云："只如禁足护生，得何果报？"曰："一月普现一切水。"云："恁么则他家得自由也？"曰："好个师僧却恁么去。"

慧圆上座

开封酸枣于氏子，世业农。少依邑之建福寺德光为师，性稚鲁，然勤渠祖道，坚坐不卧，居数岁得度。出游庐山，至东林，每以己事请问，朋辈见其貌陋，举止乖疏，皆戏侮之。一日，行殿庭中，忽足颠而仆，了然开悟，作偈，俾行者书于壁曰：这一交，这一交，万两黄金也合消。头上笠，腰下包，清风明月杖头挑。即日离东林，众传至照觉，觉大喜曰："衲子参究若此，善不可加。"令人迹其所往，竟无知者(大慧武库谓证悟颟语非也)。

黄檗真觉惟胜禅师法嗣

　　成都府昭觉绍觉纯白禅师

　　上堂曰："寒便向火，热即摇扇。饥时吃饭，困来打眠。所以赵州庭前柏，香岩岭后松。栽来无别用，只要引清风。且道毕竟事作么生？甲子乙丑海中金，丙寅丁卯炉中火。"

开元子琦禅师法嗣

　　泉州尊胜有朋讲师

　　郡之南安人，族蒋氏。年二十，试经中选，下发，多历教肄。尝疏《楞严》《维摩》等经，学者宗之。每疑祖师直指之道，故多与禅衲游。一日，谒琦禅师于承天，迹未及阃，心忽领悟。琦出，遂问："座主来作甚么？"云："不敢贵耳贱目。"曰："老老大大，何必如是。"云："自是者不长。"曰："朝看《华严》、夜读《般若》则不问，如何是当今一句？"云："日轮正当午。"曰："闲言语，更道来。"云："平生伏忠信，今日任风波。然虽如是，只如和尚怎么道，有甚么交涉，须要新戒草鞋穿？"曰："这里且放你过，忽遇达磨问你，作么生道？"朋便喝，琦曰："这座主今日见老僧，气冲牛斗。"朋曰："再犯不容。"琦抚掌大笑，自尔师资契投，后开法兴福。宣和六年九月二十一日，说偈，无疾而终。

云盖守智禅师法嗣

湖州道场十同法如禅师

衢之江山人,族徐氏。自开法,五迁巨刹。

上堂曰:"知见立知,即无明本。知见无见,斯即涅槃。无漏真净,云何是中更容他物,释迦老子和身放倒,后代儿孙如何接续。要会么?通玄不是人间世,满目青山何处寻。"

福州宝寿最乐禅师

古田人也。

上堂曰:"诸佛不真实,说法度群生。菩萨有智慧,见性不分明。白云无心意,洒为世间雨。大地不含情,能长诸草木。若也会得,犹存知解。若也不会,堕在无记。去此二途,如何即是。海阔难藏月,山深分外寒。"

绍兴府石佛解空慧明禅师

僧问:"如何是宝相境?"曰:"三生凿成。"云:"如何是境中人?"曰:"一佛二菩萨。"

卷第七
南岳第十三世（临济九世、黄龙三世）

　　泐潭真净云庵克文禅师法嗣三十三人（二十人见录）　隆兴府兜率真寂从悦禅师　东京法云佛然杲禅师　桂州寿宁善资禅师　南岳祝融峰上封慧和禅师　筠州五峰净觉本禅师　永州太平安禅师　潭州报慈进英禅师　筠州洞山至干禅师　隆兴府泐潭湛堂文准禅师　德安府文殊宣能禅师　庐山慧日文雅禅师　筠州洞山梵言禅师　平江府宝华佛慈普鉴禅师　筠州九峰希广禅师　筠州黄檗道全禅师　筠州清凉宝觉寂音慧洪禅师　衢州超化静禅师　南岳石头怀志庵主　婺州双溪印首座　荆公王安石居士（语见贤臣）（隆兴府慧安慧渊禅师　抚州光孝慧满禅师　袁州仰山希祖禅师　郢州大阳允平禅师　潭州南台洪禅师　潭州北禅慧昭禅师　潭州石霜绍珂禅师　台州慈云敦雅禅师　隆兴府泐潭福深禅师　衡州华药英禅师　成都府嘉祐道用禅师　眉州北禅惟孝禅师　眉州象耳山惟古禅师）（已上机语未见）

　　云居元祐禅师法嗣六人（三人见录）　亳州白藻清俨禅师　临江军慧力崇教禅师　信州永丰慧日庵主（江州归宗子章禅师　筠州黄檗觉智禅师　信州鹅湖子昌禅师）（已上机语未见）

　　石霜琳禅师法嗣一人　夔府卧龙思顺禅师

　　泐潭洪英禅师法嗣八人（三人见录）　南岳法轮齐添禅师　泉州慧明云禅师　潭州大沩齐恂禅师（潭州宝盖自俊禅师　袁州仰山友恩禅师　建康府华藏叔聪禅师　南岳方广怀纪禅师　潭州石霜子高禅师）（已上机语未见）

　　仰山行伟禅师法嗣二人（一人见录）　襄阳府谷隐静显禅师（潭州龙王善随禅师）（机语未见）

黄龙元肃禅师（先住百丈） 法嗣六人（三人见录）

袁州仰山清简禅师　隆兴府九仙齐辅禅师　嘉州月珠祖鉴禅师

（隆兴府百丈维古禅师　兴元府垂拱法满禅师　汉州清泉道隆禅师）（已上机语未见）

华光恭禅师法嗣一人　郴州万寿念禅师

圆通圆玑禅师法嗣七人（二人见录）　台州真如戒香禅师　庆元府育王无竭净昙禅师　（福州圆明载清禅师　常州南禅立崇禅师　建康府蒋山正觉文瑞禅师　潭州开福世暹禅师　吉州龙须怀宗禅师）（已上机语未见）

三祖法宗禅师法嗣三人（一人见录）　宁国府光孝惟爽禅师　（南康军栖贤利贯禅师　池州梅山海良禅师）（已上机语未见）　佑圣法寘禅师法嗣一人　潭州道林了一禅师

泐潭真净云庵克文禅师法嗣

隆兴府兜率从悦禅师

赣城人，族熊氏。儿时多病，父母许为僧即愈，悔而又病。乃依郡西普圆院德嵩，年十五下发，十六进具。学止观于贤法师，贤曰："子法船也，吾学不足以成，子当效善财遍参知识。"由是多历法社。抵洞山，一日入室，于争锋之际，倏然领悟。后游湖湘，学者归之，俄领徒至鹿苑。有清素首座者，年逾八旬，晦藏绝交往。师食蜜渍荔子次，素偶过门，师谓曰："此老儿乡果也，可同餐。"素曰："自先师亡后，不食此久矣。"曰："先师为谁？"素曰："慈明。"师闻骇然，遂馈以余果，而日亲之。素忽问："子所见何人？"曰："洞山文和尚。"又问："文所见何人？"曰："黄龙老南。"素曰："南匾头见先师不久，后来法道大振如此。"师益疑，即持香展拜，素避席曰："吾虽侍先师十有三年，以福鲜不许为人。"月余，师固请，素曰："以子勤渠，致我违先师记，子平生知解试以语我。"师具通所见，素曰："可以入佛而不能入魔。"曰："何谓入魔？"素曰："岂不见古人道：末后一句，始到牢关！"累月，始蒙印可，素戒之曰："文所示子者，皆正知正见。吾虽为子点破，使子受用自在。恐子离文太早，不能尽其道，他日切勿嗣吾。"元祐改元，师首众栖贤，洪帅待制熊公伯通以兜率力挽，开法而禅侣云集。

上堂曰："常居物外度清时，牛上横将竹笛吹。一曲自幽山自绿，此情不与白云知。庆快诸禅德，翻思范蠡，漫泛沧波，因念陈搏。空眠大华，何曾梦见，浪得高名，实未神游，闲漂野迹。既然如此，具眼衲僧莫道龙安非他是己好。"

上堂："拈一放一，何得何失；前三后三，谁圣谁凡。因思黄龙昔到慈明处，吞尽玄微眉卓竖。是何人，是何人？软时欢喜硬时嗔。咄。"

一日，漕使无尽居士张公商英，按部过分宁，请五院长老就云岩说法。师最后登座，横拄杖曰："适来诸善知识横拈竖放，直立斜抛，换步移身，藏头露角，既于学士面前，各纳败阙，未免吃兜率手中痛棒。到这里，不由甘与不甘，何故？见事不平争忍得，衲僧正令自当行。"卓拄杖，下座。

上堂："无法亦无心，无心复何舍。要真尽属真，要假全归假。平地上行船，虚空里走马。九年面壁人，有口还如哑。参！"

上堂："兜率虽无定度，不踏圣贤旧路。有时捩转双睛，几个眉毛卓竖。咄。"

上堂："夜夜抱佛眠，朝朝还共起。起坐镇相随，语默同居止。欲识佛去处，只这语声是。诸禅客，大小傅大士，只会抱桥柱澡洗、把缆放船。印板上打将来，模子里脱将去。岂知道本色衲僧，塞除佛祖窟，打破玄妙门，跳出断常坑，不依清净界，都无一物，独奋双拳，海上横行，建家立国。有一般汉，也要向百尺竿头凝然端坐，泊乎翻身之际，舍命不得。岂不见云门大师道：知是般事，拈放一边。直须摆动精神，着些筋骨，向混沌未剖已前荐得，犹是钝汉。那堪更于他人舌头上咂啑淡味，终无了日。诸禅客，要会么？剔起眉毛有甚难，分明不见一毫端。风吹碧落浮云尽，月上青山玉一团。"喝一喝，下座。

僧问："提兵统将，须凭帝主虎符；领众匡徒，密佩祖师心印。如何是祖师心印？"曰："满口道不得。"云："只这个，别更有？"曰："莫将支遁鹤，唤作右军鹅。"

问："如何是兜率境？"曰："一水挼蓝色，千峰削玉青。"云："如何是境中人？"曰："七凹八凸无人见，百手千头只自知。"

室中设三关语以验学者，其一曰：拨草瞻风，只图见性。即今上人性在甚么处？其二曰：识得自性，方脱生死。眼光落地时作么生脱？其三曰：脱得生死，便知去处。四大分离向甚么处去？六年十一月三日浴讫，集众坐定，嘱累已。说偈曰：四十有八，圣凡尽杀。不是英雄，龙安路滑。奄然而化。其徒遵师遗诫，欲火葬，捐骨江中。得法弟子无尽居士张公遣使持祭，且曰："老师于祖宗门下有大道力，不可使来者无所起敬。"俾塔于龙安之乳峰。腊三十有三，大观中，谥曰"真寂"。

东京法云佛照杲禅师

自妙年游方，谒圆通玑禅师。入室次，玑举——僧问投子：大死底人却活时如何？子云：不许夜行，投明须到——"意作么生？"师曰："恩大难酬。"玑大喜，命师首众。至晚，为众秉拂，机迟而讷，众笑之，师有赧色。次日，于僧堂点茶，师惭甚，因触茶瓢坠地，见瓢跳，乃得应机三昧。后依真净，一日，读祖师偈曰：心同虚空界，示等虚空法，证得虚空时，无是无非法。豁然大悟。后谓人曰："我于绍圣三年十一月二十一日悟得方寸禅。"出住归宗，久之，诏居净因。

上堂曰："西来祖印，教外别传，非大根器，不能证入。其证入者，不被文字语言所转，声色是非所迷，亦无云门临济之殊、赵州德山之异。所以唱道须明有语中无语、无语中有语，若向这里荐得，可谓终日着衣，未尝挂一缕丝；终日吃饭，未尝咬一粒米。直是呵佛骂祖，有甚么过。虽然如是，欲得不招无间业，莫谤如来正法轮。"喝一喝，下座。

上堂，拈拄杖曰："归宗会斩蛇，禾山解打鼓。万象与森罗，皆从这里去。"掷下柱杖曰："归堂吃茶。"师以力参，深到语不入时，每示众，尝举——老僧熙宁八年文帐，在凤翔府供申，当年崩了华山四十里，压倒八十村人家，汝辈后生茄子瓠子几时知得？或问云："宝华王座上，因甚么一向世谛？"师曰："痴人！佛性岂有二种耶？"

僧问："达磨西来，传个甚么？"曰："周、秦、汉、魏。"问："如何是透法身句，北斗里藏身，意旨如何？"曰："赤心片片。"云："若是学人即不然。"曰："汝又作么生？"云："昨夜抬头看北斗，依稀却似点糖糕。"曰："但念水草，余无所知。"

桂州寿宁善资禅师

上堂曰："若论此事，如鸦啄铁牛，无下口处，无用心处，更向言中问觅，句下寻思。纵饶卜度将来，翻成戏论边事，殊不知本来具足，直下分明。佛及众生，纤毫不立。寻常向诸人道，凡夫具足圣人法，凡夫不知；圣人具足凡夫法，圣人不会。圣人若会，即同凡夫；凡夫若知，即是圣人。然则凡圣一致，名相互陈，不识本源，迷其真觉。所以逐境生心，猥情附物。苟能一念情忘，自然真常体露。"良久，曰："便请荐取。"

南岳祝融上封慧和禅师

上堂曰："未升此猊座已前，尽大地人成佛已毕，更有何法可说，更有何生可利。况菩提烦恼，本自寂然；生死涅槃，犹如昨梦。门庭施设，诳呼小儿，方便门开，罗纹结角。于衲僧面前，皆成幻惑。且道衲僧有甚么长处？"拈起拄杖曰："孤根自有擎天势，不比寻常曲录枝。"卓拄杖，下座。

筠州五峰净觉本禅师

上堂，僧问："宝座既升，愿闻举唱。"曰："云里梅华火里开。"云："莫便是为人处也无？"曰："井底红尘已涨天。"问："同声相应时如何？"曰："鹁鸠树上啼。"云："同气相求时如何？"曰："猛虎岩前啸。"问："一进一退时如何？"曰："脚在肚下。"云："如何是不动尊？"曰："行住坐卧。"

永州太平安禅师

上堂，以拄杖卓一下，曰："还会么？空王佛已前之事，太平今日一时漏泄了也。还委悉么？一大藏教未常切着，佛之一字尚污心田，岂况其余。若也未然，且听太平葛藤。"掷拄杖，下座。

潭州报慈进英禅师

上堂曰："报慈有一公案，诸方未曾结断。幸遇改旦拈出，各请高着眼看。"遂趯下一只鞋云："还知么？达磨西归时，提携在身畔。"

上堂："与么上来，猛虎出林；与么下去，毒蛇入草。不上不下，日轮杲杲。喝曰：潇湘江上碧溶溶，出门便是长安道。"

筠州洞山至干禅师

潭之浏阳人，尝谒真净于归宗，令看狗子无佛性话。一夕，危坐闻钟鸣，了然悟达，后住洞山。

上堂曰："洞山不会谈禅，不会说道。只是饥来吃饭，困来打眠。你诸人必然别有长处，试出来尽力道一句看，有么？有么？"良久，曰："睦州道底。"

隆兴府泐潭湛堂文准禅师

兴元唐固人，族梁氏。师襁褓中见佛像辄笑，甫八龄，不喜酒胾。偶金仙寺虚普乞食至家，师应门酬酢，有老成相。乃辞亲从普，普授以法华，一日辄记。元丰，以籍名先后试所集，师虽甚精，主司以年幼不得度。陕西经略范公，一日过普次，与师语，大悦，欲携与俱。师辞曰："登山求玉，入海求珠，人各有志，本行学道，世好非素心。"范即为剃染，往依梁山乘禅师。乘呵曰："驱乌未受戒，敢学佛乘。"师捧手曰："坛场是戒耶，三迭羯磨是戒耶，阿阇梨是戒耶？"乘大惊，师曰："虽然，敢不受教。"遂登具于唐安律师，继游成都讲聚，倡诸部纲目。遽弃曰："吾不求甚解。"法师昙演拊师曰："真栋梁材也。南方有亚圣大士，若沩山真如、九峰真净者，宜往求之。"竟与同学志恭诣沩山，久之，不契。造九峰，见真净于投老庵。净问曰："甚处来？"云："兴元府。"曰："近离甚处？"云："大仰。"曰："夏在甚处？"云："沩山。"净展手曰："我手何似佛手？"师惘然，净叱曰："适来祇对，句句无丝毫差错，灵明天真。才说个佛手，便成隔碍，病在甚么处？"云："不会。"曰："一切现成，更教谁会。"服勤十载，所往必随。

绍圣三年，真净移居石门，众益盛。凡衲子扣问，但瞑目危坐，无所示见；来学则往治蔬圃，率以为常。师谓恭曰："老汉无意于法道乎？"一日，举杖决渠，水溅衣，因大悟。净诟曰："此中乃敢用蓦直耶？"自此迹愈晦，而名益著。显谟李公景直守豫章，请开法云岩。未几，移居泐潭。

上堂曰："五九四十五，圣人作而万物睹。秦时镀铬钻头尖，汉祖殿前樊哙怒。曾闻黄鹤楼，崔颢题诗在上头：晴川历历汉阳树，芳草萋萋鹦鹉洲。可知礼也，君子务本，本立而道生。道生一，一生二，二生三，三生万物。"蓦拈拄杖，起身立云："大众，宝峰何似孔夫子？"良久，曰："酒逢知己饮，诗向会人吟。"卓拄杖，下座。

上堂，札："久雨不晴，直得五老峰头黑云皑皑，洞庭湖里白浪滔天。云门大师忍俊不禁，向佛殿里烧香，三门头合掌，祷祝咒愿：愿黄梅石女生儿，子母团圆；少室无角铁牛，常甘水草。"喝一喝，曰："有甚么交涉？"顾众曰："不因杨得意，争见马相如。"

上堂："混元未判，一气岑寂。不闻有'天地玄黄，宇宙洪荒，日月盈昃，秋收冬藏。'正当恁么时，也好个时节，叵耐雪峰老汉，却向虚空里钉橛，辊三个木球，直至后人构占不上。便见沩山水牯牛，一向胆大心粗，长沙大虫，到处咬人家猪狗。虽然无礼难容，而今且放过一着。孝经序云：'朕闻上古，其风朴略。'山前华尧民解元，且喜尊候安乐。参！"

上堂："今朝腊月十，夜来天落雪。群峰极目高低白，绿竹青松难辨别。必是来年蚕麦熟，张公李公皆忻悦。皆忻悦，鼓腹讴歌笑不彻。把得云箫撩乱吹，依稀有如杨柳枝，又不觉手之舞之，足之蹈之，左之右之。喝曰：禅客相逢只弹指，此心能有几人知。"

上堂："大阳门下，日日三秋。明月堂前，时时九夏。洞山和尚只解夜半捉乌鸡，殊不知惊起邻家睡。宝峰相席打，令告诸禅德，也好冷处着把火。咄。"

上堂："古人道：不看经，不念佛，看经念佛是何物，自从识得转经人。"举拂子曰："龙藏贤圣都一拂，师以拂子拂一拂。曰：'诸禅德，正当恁么时，且道云岩土地向甚么处安身立命？'掷下拂子，以两手握拳。叩齿曰：'万灵千里，千灵万圣。'"

上堂，僧问："承教有言，若有一人发真归源，十方虚空悉皆消殒。未审此理如何？"师遂展掌点指曰："子丑寅卯，辰巳午未。一罗二土，三水四金。五太阳，六太阴，七计都，今日计都星入巨蟹宫，宝峰不打这鼓笛。"便下座。

问："教意即且致，未审如何是祖意？"曰："烟村三月里，别是一家春。"

问："寒食因悲郭外春，墅田无处不伤神。林间垒垒添新冢，半是去年来哭人。这事且拈放一边，如何是道？"曰："苍天！苍天！"云："学人特伸请益。"曰："十字街头吹尺八，村酸冷酒两三循。"

问："一法若有，毗卢堕在凡夫；万法若无，普贤失其境界。去此二途，请师一决。"曰："大黄、甘草。"云："此犹是学人疑处？"曰："放待冷时看。"

问："向上一路，千圣不传，未审如何？"云："向上一路。"曰："行到水穷处，坐看云起时。"云："为甚么不传？"曰："家家有路透长安。"云："只如衲僧门下，毕竟作么生？"曰："放你三十棒。"

师自浙回沩潭，谒深禅师，寻命分座。闻有悟侍者，见所掷薪余，有省。诣方丈通所悟，深喝出。因丧志，自经于延寿堂厕后。出没无时，众惮之。师闻，中夜特往登溷。方脱衣，悟即提净水至。师曰："待我脱衣。"脱罢，悟复至，未几，悟供筹子。师涤净已，召接净桶去，悟拟接，师执其手问曰："汝是悟侍者那？"悟曰："诺！"师曰："是当时在知客寮见掉下火柴头有个悟处底么？参禅学道，只要知个本命元辰下落处,汝划地作此去就。汝在藏殿移首座鞋,岂不是汝当时悟得底;又在知客寮移他枕子,岂不是汝当时悟得底;汝每夜在此提水度筹,岂不是汝当时悟得底。因甚么不知下落,却在这里恼乱大众。"师猛推之,索然如倒垒甓,由此无复见者。政和五年夏,师卧病,进药者令忌毒物,师不从之,有问其故。曰:"病有自性乎?"云:"病无自性。"曰:"既无自性,则毒物宁有心哉?以空纳空,吾未尝颠倒,汝辈一何昏迷。"十月二十二日,更衣说偈而化。世寿五十有五,僧腊三十有六。阇维,得舍利晶圆光洁,道俗千余人皆获之。睛齿数珠不坏,塔于南山之阳。

德安府文殊宣能禅师

上堂曰:"石巩箭,秘魔叉。直下会得,眼里空华。堪悲堪笑少林客,暗携只履渡流沙。"僧问:"如何是祖师灯?"曰:"四生无不照,一点任君看。"

庐山慧日文雅禅师

受请日,僧问:"向上宗乘,乞师不吝。"曰:"拄杖正开封。"云:"小出大遇也。"曰:"放过即不可。"便打。

筠州洞山梵言禅师

太平州人也。上堂曰:"吾心似秋月,碧潭清皎洁。无物堪比伦,教我如何说。寒山子劳而无功,更有个拾得。道不识这个意,修行徒苦辛。怎么说话,自救不了。常寻拈粪箕、把扫帚,掣风掣颠,犹较些子。直饶是文殊普贤再出,若到洞山门下,一时分付与直岁。烧火底烧火,扫地底扫地。前廊后架,切忌搀匙乱箸,丰干老人更不饶舌。参退,吃茶。"

上堂:"一生二,二生三。遏捺不住,廓周沙界。德灵直上妙峰,善财却入楼阁,新妇骑驴阿家牵。山青水绿,桃华红,李华白。一尘一佛土，一叶一释迦。乃合掌曰：'不审诸佛子，今辰改旦。'季春极暄，起居轻利，安乐行否。少闲专到诸寮问讯，不劳久立。"

上堂："腊月二十日，一年将欲尽，万里未归人。大众，总是他乡之客，还有返本还源者么？击拂子曰：门前残雪日轮消，室内红尘遣谁扫。"

上堂："有一物，上拄天，下拄地，若也筑着磕着，便乃转凡成圣、超佛越祖，衲僧一动一静、举足下足，须弥屹屹，土上加泥。咄！"

解夏上堂："应缘数刹，皆居山寺。唯此夏，天宁偶当藩府长沙要会之地，天宁赖国法禁制，庶几僧人可居。每戒禅徒，各须禁足，吾不见时，何不见吾不见之处？若见不见，自然非彼不见之相。若不见吾不见之地，自然非物，云何非汝。大众，若谓举首楞严经，却非自恣之日也。参！"

僧问："如何是祖师西来意？"曰："真鍮不博金。"云："莫便是和尚为人处也无？"曰："几处松声似尔声。"云："争奈一言已出。"曰："犹欠注脚在。"问："幸值作家相见，拟伸一问时如何？"曰："青山不拟白云飞。"云："可谓伯牙与子期，不是闲相识。"曰："重说偈言。"云："争奈流水有知音。"曰："也是剜肉作疮。"问："如何是一真法界？"曰："杲日照长空。"云："如何是无量妙门？"曰："海岳镇乾坤。"云："得闻于未闻也？"曰："波斯摸大象。"

问："梵王请佛，天雨四华。太守请师，有何祥瑞？"曰："柳条垂宿雨，华药绽初晴。"

一日，上堂，有二僧齐出，一僧礼拜，一僧便问："得用便用时如何？"曰："伊兰作旃檀之树。"云："有意气时添意气，不风流处也风流。"曰："甘露乃蒺藜之园。"

平江府宝华佛慈普鉴禅师

本郡人,族周氏。韶龀不茹荤,依景德寺清智下发。十七游方,初谒觉印英禅师,不契,遂扣真净之室。净举石霜虑侍者话问之,释然契悟。作偈曰:"枯木无华几度秋,断云犹挂树梢头。自从斗折泥牛角,直至如今水逆流。"净肯之,命侍巾钵。晚徇众开法宝华,次移高峰。

上堂曰:"参禅别无奇特,只要当人命根断、疑情脱,千眼顿开,如大洋海底辊一轮赫日,上升天门,照破四天之下,万别千差,一时明了。便能握金刚王宝剑,七纵八横,受用自在,岂不快哉。其或见谛不真,影像仿佛,寻言逐句,受人指呼,驴年得快活去。不如屏净尘缘,竖起脊梁骨,着些精彩。究教七穿八穴,百了千当,向水边林下长养圣胎,亦不枉受人天供养。然虽如是,卧云门下,有个铁门限,更须猛着气力跳过始得。拟议之间,堕坑落堑。"以拂子击禅床,下座。

上堂,月圆:"伏惟三世诸佛、狸奴白牯,各各起居万福。时中淡薄,无可相延,切希宽抱,老水牯牛近日亦自多病多恼,不甘水草。遇着暖日和风,当下和身便倒。教渠拽把牵犁,直是摇头摆脑。可怜万顷良田,一时变为荒草。"绍兴甲子八月十日,书数纸以戒门弟子,莞尔而逝。

筠州九峰希广禅师

游方日,谒云盖智和尚,乃问兴化打克宾维那,意旨如何?智下禅床,展两手,吐舌示之。师打一坐具,智曰:"此是风力所转。"又问石霜琳禅师,琳曰:"你意作么生?"师亦打一坐具,琳曰:"好一坐具,只是不知落处。"又问真净,净曰:"你意作么生?"师复打一坐具,净曰:"他打,你也打。"师于言下大悟。净因有颂曰:

丈夫当断不自断，兴化为人彻底汉。已后从教眼自开，棒了罚钱趁出院。后住九峰，衲子宗仰。

筠州黄檗泉禅师

上堂，以拂子击禅床曰："一槌打透无尽藏，一切珍宝吾皆有。拈来普济贫乏人，免使波咤路边走。"遂喝曰："谁是贫乏者。"

筠州清凉寂音慧洪禅师

郡之新昌人，族彭氏（续僧宝传误作喻）。年十四，父母俱亡，乃依三峰靓禅师为童子。日记数千言，览群书殆尽，靓器之。十九试经于东京天王寺得度，从宣秘讲成实、唯识论。逾四年，弃谒真净于归宗，净迁石门，师随至。净患其深闻之弊，每举玄沙未彻之语，发其疑。凡有所对，净曰："你又说道理耶！"一日，顿脱所疑，述偈示同学曰："灵云一见不再见，红白枝枝不着华。叵耐钓鱼船上客，却来平地捞鱼虾。"净见，为助喜，命掌记室。未久，去谒诸老，皆蒙赏音，由是名振丛林。显谟朱公彦，请开法于北禅景德，后住清凉。

示众，举——首楞严如来语阿难曰：汝应嗅此炉中旃檀，此香若复然于一铢，室罗筏城四十里内同时闻气，于意云何？此香为复生旃檀木，生于汝鼻，为生于空。阿难，若复此香生于汝鼻，称鼻所生。当从鼻出，鼻非旃檀，云何鼻中有旃檀气？称汝闻香，当于鼻入，鼻中出香，说闻非义。若生于空，空性常恒，香应常在，何藉炉中爇此枯木。若生于木，则此香质，因爇成烟，若鼻得闻，合蒙烟气，其烟腾空，未及遥远，四十里内，云何已闻？是故当知，香鼻与闻，俱无处所，即嗅与香，二处虚妄，本非因缘，非自然性——师曰："入此鼻观，亲证无生。"又大智度论，问曰："闻者云何闻，用耳根闻耶？用耳识闻耶？用意识闻耶？若耳根闻，耳根无觉识知，故不能闻；若耳识闻，耳识一念，故不能分别，不应闻；若意识闻，意识亦不能闻，何以故，先五识识五尘，然后意识识意识。不能识现在五尘，唯识过去未来五尘；若意识能识现在五尘者，盲聋人亦应识声色。何以故？意识不破故。"师曰："究此闻尘，则合本妙。既证无生，又合本妙，举竟是何境界？"良久，曰："白猿已叫千岩晚，碧缕初横万字炉。"住景德日，僧问："南有南景德，北有北景德。德即不问，如何是景？"曰："颈在项上。"

崇宁二年，会无尽居士张公于峡之善溪，张尝自谓得龙安悦禅师末后句，丛林畏与语。因夜话及之，曰："可惜云庵不知此事。"师问所以，张曰："商英顷自金陵酒宫，移知豫章，过归宗见之，欲为点破，方叙悦末后句未卒，此老大怒骂曰：'此吐血秃丁，脱空妄语，不得信。'既见其盛怒，更不欲叙之。"师笑曰："相公但识龙安口传末后句，而真药现前，不能辨也。"张大惊，起执师手曰："老师真有此意耶？"曰："疑则别参。"乃取家藏云庵顶相，展拜赞之，书以授师。其词曰：云庵纲宗，能用能照。天鼓希声，不落凡调。冷面严眸，神光独耀。孰传其真，觌面为肖。前悦后洪，如融如肇。大慧禅师处众日，尝亲依之，每欢其妙悟辨慧。

建炎二年五月，示寂于同安。寿五十有八，腊四十。太尉郭公天民奏赐椹服，号"宝觉圆明"（所著《僧宝传》三十卷、《僧史》十二卷、《智证》十卷、《志林》十卷、《楞严尊顶法论》十卷、《法华合论》七卷、《圆觉证义》二卷、《金刚法源论》一卷、《起信解义》一卷、《易注》三卷、《林间录》二卷、《冷斋》十卷、《禁脔》二卷、《文字禅》三十卷、《甘露集》三十卷）。

衢州超化静禅师

上堂："声前认得，已涉廉纤。句下承当，犹为钝汉。电光石火，尚在迟疑。点着不来，横尸万里。"良久，曰："有甚用处。咄！"

南岳石头怀志庵主

婺之金华人，族吴氏。年十四，师智慧院宝俦，二十二试所习，落发。肄讲十二年，宿学敬慕。尝欲会通诸宗，正一代时教，有禅者问曰："杜顺乃贤首宗祖师，也谈法身？则曰：'怀州牛吃禾，益州马腹胀。'此偈合归天台何义耶？"志无对。即出游方，晚至洞山，谒真净。问："古人一喝不作一喝用，意旨如何？"净叱之，志趋出，净笑呼曰："浙子，斋后游山好。"志忽领悟，久之，辞去。净曰："子所造虽逸格，惜缘不胜耳。因识其意，自尔诸方力命出世。"师却之，庵居二十年，不与世接，士夫踵门略不顾。

有偈曰：万机休罢付痴憨，踪迹时容野鹿参。不脱麻衣拳作枕，几生梦在绿萝庵。

或问："住山多年，有何旨趣？"曰："山中住，独掩柴门无别趣。三块柴头品字煨，不用援毫文彩露。"

崇宁改元冬，曳杖造龙安，人莫之留。明年六月晦，问侍僧日早暮？云："已夕矣。"遂笑曰："梦境相逢，我睡已觉。汝但莫负丛林，即是报佛恩德。"言讫，示寂于"最乐堂"。茶毗，收骨塔于乳峰之下。寿六十四，夏四十三。

婺州双溪印首座

自见真净，彻证宗猷，归遁双溪。一日，偶书曰：折脚铛儿谩自煨，饭余长是坐堆堆。一从近日生涯拙，百鸟衔华去不来。又以触衣碎甚，作偈曰：不挂寸丝方免寒，何须特地袅长竿。而今落落零零也，七佛之名甚处安。

云居元祐禅师法嗣

亳州白藻清俨禅师

信之玉山人。僧问:"杨广失橐驼,到处无人见,未审是甚么人得见?"师以拂子约曰:"退后,退后。妨他别人所问。"云:"毕竟落在甚么处?"曰:"可煞不识好恶。"便打。

临江军慧力崇教禅师

僧问:"佛力法力即不问,如何是慧力?"曰:"推倒人我山,扶起菩提树。"云:"菩提本无树,和尚向甚么处下手?"曰:"田厍奴。"

信州永丰慧月庵主

县之丘氏子,髫岁出家,于明心寺得度。自机契云居,熟游湘汉。暨归永丰,或处岩谷,或居市廛。令乡民称丘师伯,凡有所问,以莫晓答之。一日,语邑人曰:"吾明日行脚去,汝等可来相送。"于是赆路者毕集,月笑不已。众问其故,即书偈曰:丘师伯莫晓,寂寂明皎皎。日午打三更,谁人打得了?投笔而逝。

石霜琳禅师法嗣

夔府卧龙思顺禅师

绵州人也。上堂,僧问:"我手何似佛手?"曰:"潘阆倒骑驴。"云:"我脚何似驴脚?"曰:"白云深处居。"云:"人人有个生缘,如何是和尚生缘?"曰:"九九八十一。"僧礼拜,师乃曰:"我手何似佛手,觌面相呈已了。顶门眼若未开,切忌随他乱走。我脚何似驴脚,拟议思量已错。要见宗师端的,荐取头上一着。人人有个生缘,分明只在目前。迦叶岭头云起,涧下绿水潺潺。"

仰山行伟禅师法嗣

襄阳府谷隐静显禅师

僧问:"觌面相呈事若何?"曰:"清风来不尽。"云:"通上彻下,丝毫不纳也。"曰:"明月照无私。" 问:"文彩既彰,愿闻举唱。"曰:"巡海夜叉头戴角。"云:"祇园五叶华开处,不属东君别是春。"曰:"重叠关山路。"问:"一镞破三关即不问,道人相见时如何?"曰:"贼身已露。"

泐潭洪英禅师法嗣

南岳法轮齐添禅师

上堂,良久,曰:"性静情逸。"遂喝曰:"心动神疲。"顾左右曰:"守真志满。"拈拄杖曰:"逐物意移。"召众曰:"见怪不怪,其怪自坏。"

僧问:"学人上来,乞师指示。"曰:"汝适来闻鼓声么?"云:"闻。"曰:"还我话头来。"僧礼拜,师曰:"令人疑着。"

泉州慧明云禅师

僧问:"般若海中如何为人?"曰:"云开银汉迥。"云:"毕竟如何?"曰:"棒头见血。" 问:"毗婆尸佛早留心,直至如今不得妙。意旨如何?"曰:"丑拙不堪当。"

潭州大沩齐恂禅师

僧问:"玉兔不怀胎,牸牛为甚么生儿?"曰:"着槽厂去。"

黄龙元肃禅师法嗣

袁州仰山清简禅师

僧问:"集云峰下分明事,请师分付四藤条。"曰:"赵州八十方行脚。"云:"得怎么不知时节?"曰:"行到南泉即便休。"

隆兴府九仙齐辅禅师

蜀之阆苑人,丞相陈公尧叟之孙也。幼聪敏,趣向异伦辈。年二十四得度,学于成都讲聚。会真觉胜禅师与之议论,指令南游。元丰间出峡,遍迹祖闱。后造黄龙之室,龙见,乃问:"古人见桃华悟道,子作么生?"云:"只可背摩霄汉,不可入他芦苇。"曰:"为甚么玄沙道敢保老兄未彻?"云:"却请和尚一处道看?"曰:"也须亲切始得,然只如从上诸圣,以心传心,更无别法,汝还知么?"师于言下彻证。崇宁丙戌,开法九仙。

上堂,以拄杖画一画,曰:"会么?真俗双泯,二谛犹存。空有两亡,一尘不立。寻言逐语,有甚了期。何也?性相无以摄其门,色心不能到其境。"遂卓拄杖,喝一喝。下座。

上堂:"百丈开田说大义,仰山梦里起白椎。灵照笊篱只五文,千载之下并光辉。蓬蓬茸茸,师子出窟。雍雍笼笼,猛虎截峰。更若不会,扰扰匆匆。"

僧问:"昨夜三更木马嘶,碧眼胡僧特地疑。今朝善法堂前见,元是金毛师子儿。文彩已彰,愿闻法要?"曰:"青山作画屏,流水清行止。"云:"承师磊落惊人句,意气风光满座生。"曰:"一鹗落长空,白云千万里。"问:"踏翻海水未为奇特,如何是奇特事?"曰:"久向红霞居不出,若非清世见应难。"宣和庚子九月十日示化。

嘉州月珠祖鉴禅师

因僧请笔其语要,师曰:"达磨西来,单传心印。曹溪六祖,不识一字。今日诸方出世,语句如山,重增绳索。乃拍禅床曰:于斯荐得,犹是钝根。若也未然,白云深处从君卧,切忌寒猿中夜啼。"

华光恭禅师法嗣

　　郴州万寿第一代念禅师

　　岁旦上堂曰："往复无际，动静一源。含有德以还空，越无私而迥出。昔日日，今日日，照无两明；昔日风，今日风，鼓无两动；昔日雨，今日雨，泽无两润。于其中间，觅去来相而不可得。何故？自他心起，起处无踪。自我心忘，忘无灭迹。大众若向这里会去，与天地而同根，共万物为一体。若也未明，山僧为你重重颂出。元正一，古佛家风从此出，不劳向上用工夫，历劫何曾异今日。元正二，寂寥冷淡无滋味，赵州相唤唤茶来，剔起眉毛须瞥地。元正三，上来稽首各和南，若问香山山上事，灵源一派碧如蓝。"遂喝一喝，下座。

　　上堂："香山一路，本无遮护。虎啸龙吟，蝉噪高树。皇相山头风起高，须弥顶上华重吐。咦。"僧问："龙华圣会，肇启兹辰。未审弥勒世尊现居何处？"曰："猪肉案头。"云："既是弥勒世尊，为甚么却在猪肉案头？"曰："不是弄潮人，莫入洪波里。"云："毕竟事又且如何？"曰："番人不系腰。"问："曙色未分人尽望，月圆当午意如何？"曰："龙蛇混杂，凡圣同居。"云："未审还有祖师意也无？"曰："碧潭秋夜冷，明月印沧洲。"云："学人未晓其言，请师端的。"曰："蔡伦池内，石马犹存。"以拂子击禅床曰："会么？"云："不会。"曰："毗婆尸佛早留心，直至如今不得妙。"

圆通圆玑禅师法嗣

　　台州真如戒香禅师

　　兴化林氏子。　上堂曰：孟冬改旦时天寒，叶落归根露远山。不是见闻生灭法，当头莫作见闻看。

临安府法慧无竭净昙禅师

嘉兴崇德人。久住名蓝，晚居法慧。

上堂曰："本自深山卧白云，偶然来此寄闲身。莫来问我禅兼道，我是吃饭屙屎人。"上堂，拈拄杖曰："经无量劫，枉受沈伦。育王今日净地扫尘，三十年后莫错怪人。"卓拄杖，下座。绍兴丙寅夏（或云乙丑），遍辞朝贵，归付院事，四众拥视，挥扇久之。书偈曰："这汉从来没缝罅，五十六年成话霸。今朝死去见阎王，剑树刀山得人怕。遂打一圆相，曰："嗄！一任诸方钻龟打瓦。"收足而化，太师秦公桧施千缗以助襄事。火后设利如霰，门人持骨归四明之阿育王山，建堂奉藏焉。

三祖法宗禅师法嗣

宁国府光孝惟爽禅师

上堂曰："今朝六月旦，一年已过半。奉报参玄人，识取娘生面。娘生面，荐不荐？鹭鸶飞入碧波中，抖擞一团银绣线。"

祐圣法宣禅师法嗣

潭州道林了一禅师

四明人，族臧氏。自发明后，鹰举四方。至祐圣，投诚入室，圣举拂子问曰："云归山，水归海。且道祐圣拂子归甚么处？"云："银蟾才散彩，万类尽瞻光。"曰："且喜没交涉。"云："便唱还乡曲，高歌乐太平也。"曰："何不道，春来华竞吐，秋去叶凋零。"云："谢指示。"曰："老僧未曾开口。"云：'伯牙与子期，不是闲相识。'便礼拜，自尔师资契合。大观初，出住南岳大明，迁智度及道林。政和四年二月十五日，说偈而终。

卷第十
南岳第十四世（临济十世、黄龙四世）

泐潭应干禅师法嗣十三人（七人见录） 楚州胜因戏鱼咸静禅师 潭州龙牙宗密禅师 福州雪峰有需禅师 福州东禅从密禅师 庆元府天童普交禅师 江州圆通圆机道旻禅师 庆元府中峰知和庵主（吉州南岗照禅师 隆兴府云岩如山禅师 颖州荐福真禅师 潭州石霜楚蟾禅师 袁州木平觉澄禅师 潮州资福省悟禅师 洪州景福良玉禅师 衡州开福德筠禅师）（已上机语未见）

开先广鉴行瑛禅师法嗣十四人（二人见录） 绍兴府慈氏瑞仙禅师 潭州大沩海评禅师（庆元府芦山智通禅师 蕲州德山声绝禅师 潭州道林法照禅师 建昌军光孝文璟禅师 隆兴府九仙次彦禅师 福州游地汝英禅师 泉州三植灌冲禅师 绍兴府宝盖用兴禅师 广州天宁宗顺禅师 湖州灵山慧浩禅师 筠州黄檗道钦禅师 婺州净土熙禅师）（已上机语未见） 圆通可仙禅师法嗣二人 婺州明招法镜禅师（语见续灯）（舒州浮山法真禅师）（机语未见）

象田梵卿禅师法嗣六人（二人见录） 庆元府雪窦持禅师 绍兴府石佛益禅师（信州光孝宗益禅师 常州光孝净源禅师 绍兴府九岩仲文禅师 绍兴府象田珍禅师）（已上机语未见）

黄龙死心悟新禅师法嗣十六人（八人见录） 吉州禾山超宗慧方禅师 临安府崇觉空禅师 潭州上封祖秀禅师 嘉州九顶寂惺慧泉禅师 嘉兴府华亭性空妙普庵主 严州钟山道隆首座 扬州齐谧首座 空室道人智通（楚州宁国道宗禅师 庐州罗汉守节禅师 饶州荐福慧琏禅师 彭州曲尺宗商禅师 临江军栖贤昙禅师 荆州竹园道珠禅师 东京天宁慧副禅师 慧宣首座）（已上机语未见）

黄龙灵源惟清禅师法嗣十六人（九人见录） 舒州真乘灵峰慧古禅师 潭州上封佛心才禅师 隆兴府黄龙通照德逢禅师 潭州法轮应瑞禅师 东京天宁长灵守卓禅师 信州博山子经禅师 隆兴府百丈以栖禅师 邵州光孝昙清禅师 温州光孝德周禅师 （潭州法轮守寔禅师 邵州天宁宗觉禅师 澧州钦山元德禅师 福州广化若秀禅师 广陵隆庆海禅师 信州龟峰僧璘禅师 隆兴府满月宁禅师）（已上机语未见）

黄龙草堂善清禅师法嗣八人（四人见录） 隆兴府黄龙山堂道震禅师 台州万年雪巢法一禅师 福州雪峰东山慧空禅师 庆元府育王野堂普崇禅师 （抚州疏山如禅师 潭州云岩因禅师 潭州慈云隆禅师 镇江府金山一禅师）（已上机语未见）

青原惟信禅师法嗣六人（三人见录） 潭州梁山欢禅师 成都府正法希明禅师 澧州浮山光选禅师（语具《续灯》）祖庵主 （成都府正法明禅师 成都府昭觉符禅师）（已上机语未见）

昭觉绍觉纯白禅师法嗣二人（一人见录） 成都府信相正觉宗显禅师 （邛州铁像嵩禅师）（机语未见）

大沩祖瑃禅师法嗣五人（二人见录） 眉州中岩慧目蕴能禅师 怀安军云顶宝觉宗印禅师 （建宁府干元希式禅师 嘉州灵峰了真禅师 荣州天宁法空禅师）（已上机语未见）

龙门纯禅师法嗣三人 澧州钦山普初禅师（语具《续灯》）（澧州洛浦惟昉禅师 希祖首座）（已上机语未见）

三圣继昌禅师法嗣三人 温州净光佛日了威禅师（语具《续灯》）（彭州曲尺慧照禅师 彭州大随元照禅师）（已上机语未见） 泗州龟山晓津禅师法嗣二人 （泗州普照齐禅师 岳麓祖昙禅师）（已上机语未见）

兜率真寂从悦禅师法嗣七人（三人见录） 抚州疏山了常禅师 隆兴府兜率慧照禅师 丞相张商英居士（语见贤臣）（舒州投子慧胜禅师 隆兴府兜率慧宣禅师 袁州杨岐子圆禅师 台州慈云明鉴禅师）（已上机语未见）

法云佛照杲禅师法嗣三人 筠州洞山辩禅师 东京智海仪禅师 西蜀銮法师

泐潭湛堂文准禅师法嗣三人（二人见录） 隆兴府云岩典牛天游禅师 潭州三角智尧禅师 （隆兴府干元宗迁禅师）（机语未见）

文殊宣能禅师法嗣一人 常德府德山琼禅师

慧日文雅禅师法嗣二人 隆兴府九仙祖鉴法清禅师 平江府觉海法因庵主

洞山梵言禅师法嗣一人 筠州洞山择言禅师

道林了一禅师法嗣一人 潭州大沩大圆智禅师

泐潭应干禅师法嗣

楚州胜因咸静禅师

郡之山阳人，族高氏。甫冠，落发受具，游讲肆，慨然曰："义学岂吾事哉！"乃去，谒名宿，晚契悟于泐潭，望重江湖，凡三董名刹。住胜因曰，尝临池为堂以燕息，名曰：戏鱼。故丛林雅以称焉。上堂曰："游遍天下，当知寸步不曾移；历尽门庭，家家灶底少烟不得。所以肩筇峭履，乘兴而行。掣钩沉丝，任性而住。不为故乡田地好，因缘熟处便为家。今日信手拈来，从前几曾计较。不离旧时科段，一回举着一回新。明眼底，瞥地便回；未悟者，识取面目。且道如何是本来面目？"良久，曰："前台华发后台见，上界钟声下界闻。"以拂子击禅床，下座。

上堂："气候欲流金，炎威将铄石。扇子摇明月，云片耸奇峰。蚕成茧而麦渐收，笋抽簪而梅已熟。薰风习习，逝水滔滔。鹊噪森松，莺啼修竹。观音势至，文殊普贤。有愿必从，无刹不现。正当今日人天会上，还有得见底么？如无，听取崇宁老，从头说向公。"

上堂："匣中宝剑，袖里金锤。时节既彰，莫辞拈出。击开关锁，斩断葛藤。令他跳出生死门，蓦过荆棘路。人人似生师子，个个如活大虫。休教着布过他州，直待还乡衣昼锦。"

上堂，举——世尊在摩竭陀国为众说法，是时将欲白夏，乃谓阿难曰：诸大弟子，人天四众，我常说法，不生敬仰，我今入因沙曰室中，坐夏九旬。忽有人来问法之时，汝代为我说：一切法不生，一切法不灭。言讫，掩室而坐——师召众曰："释迦老子初成佛道之时，大都事不获已，才方成个保社，便生退倦之心。胜因当时若见，将钉钉却室门，教伊一生无出身之路，免得后代儿孙递相仿敩。不见道，若不传法度众生，是不名为报恩者。"击拂子，下座。后晦处涟漪之天宁，云微疾，书偈曰：弄罢影戏，七十一载。更问如何，回来别赛。置笔，俨然而逝。茶毗，收设利灵骨，建塔奉藏，腊五十二。

潭州龙牙宗密禅师

豫章人，虎丘隆禅师游方，尚及亲见。

上堂曰："休把庭华类此身，庭华落后更逢春。此身一往知何处，三界茫茫愁杀人。"

福州雪峰有需禅师

兴化甫田洪氏子。

上堂曰："山僧寻常不欲泼水向诸人耳里、撒砂向诸人眼里，何故？水若入耳，终坏耳根；砂若入眼，必为眼翳。若是皮下有血汉，闻恁么道，便好瞥地去。若能如是，三世诸佛觅他踪迹不得，十圣三贤阶级他不得，一大藏教说他不着。为甚么如此，只为他圣凡情尽，数量管他不得，于衲僧分上早不着便了也。那堪向老胡口头盛将涕唾，向口中咂啒。如人患疟吃盐梅相似，虽则一期引发津液，岂知他日抵债去在。"

福州东禅祖鉴从密禅师

汀州人也。　上堂曰："开口不是禅，合口不是道。踏步拟进前，全身落荒草。"

庆元府天童普文禅师

郡之万龄人，族毕氏。幼颖悟，未冠得度，往南屏听台教。因为檀越修忏摩，有问曰："公之所忏罪，为自忏耶？为他忏耶？若自忏罪，罪性何来？若忏他罪，他罪非汝，乌能忏之？"师不能对，遂改服游方。造泐潭，足才踵门，潭即呵之，拟问，即曳杖逐之。一日，忽呼师至丈室曰："我有古人公案要与你商量。"师拟进语，潭遂喝，师豁然领悟，乃大笑。潭下绳床执师手曰："汝会佛法耶？"师便喝，复托开，潭大笑，于是名闻四驰，学者宗仰。后归桑梓，留天童，掩关却扫者八年。寺偶虚席，群僚命师开法，恐其遁，预遣吏候于道，故不得辞。受请日，上堂曰："咄哉黄面老，佛法付王臣。林下无情客，官差逼杀人。莫有知心底，为我免得么？若无，不免将错就错。"便下座。师凡见僧来，必叱曰："椰栗未担时，为汝说了也。且道说个甚么？招手洗钵，拈扇张弓。赵州柏树子，灵云见桃华。且掷放一边，山僧无恁么闲唇吻与汝打葛藤，何不休歇去。"拈拄杖逐之。宣和六年三月二十，沐浴升堂，说偈遗众，脱然示寂，偈曰：宝杖敲空触处春，个中消息特弥纶。昨宵风动寒岩冷，惊起泥牛耕白云。寿七十七，腊五十八。

江州圆通圆机道旻禅师

世称古佛。兴化仙游人，族蔡氏。母梦吞摩尼宝珠有孕，生五岁，足不履，口不言。母抱游西明寺，见佛像，遽履地合爪，称南无佛，仍作礼，人大异之。及宦学大梁，依景德寺德祥出家。熙宁二年，以试经得度。遍往参激皆染指，亲汭山喆禅师最久。晚慕泐潭，往谒，潭见，默器之。师陈历参所得，不蒙印可。潭举世尊拈华、迦叶微笑语以问，复不契。后侍潭行次，潭以拄杖架肩，长嘘曰："会么？"师拟对，潭便打。有顷，复拈草示之曰："是甚么？"亦拟对，潭遂喝，于是顿明大法，作拈华势曰："这回瞒旻上座不得也。"潭挽曰："更道，更道。"师曰："南山起云，北山下雨。"即礼拜，潭首肯。建中靖国出住灌溪，三年谢去；未几，居圆通，以符道济禅师之记，学者向臻。 朝廷闻其道，会宰臣复为之请。 锡以"命服与圆机"号。

上堂曰："诸佛出世，无法与人。只是抽钉拔楔，除痴断惑。学道之士不可自谩，若有一疑如芥子许，是汝真善知识。"喝一喝，曰："是甚么？切莫剌脑入胶盆。"

上堂，拈拄杖示众曰："看看，这个变作执金刚神，被金甲、持叉当门而立，佛来魔来，天来人来。被喝云：道得也叉下死，道不得也叉下死。直得释迦勞耳、弥勒攒眉，自余依草附木，无主孤魂。孰敢正眼觑着，咄。饶他气宇如王，也是冬行夏令。"

上堂："把定乾坤，照破髑髅即且从，你如何道得云龙亨会句？"良久，曰："袖头打领，腋下剜襟。" 福严专使至，僧问："如何是把得住底句？"曰："巍巍石耳峰。"云："如何是把不住底句？"曰："渺渺溪水。"云："去则不去时如何？"曰："三峰指天。"云："去则便去时如何？"曰："一驴两觜。"云："怎么则小出大遇也？"曰："舌拄上腭。"问："如何是佛？"曰："狗衔赦书。"云："如何是祖师西来意？"曰："黄鹤楼前鹦鹉洲。"政和二年，建窣堵波于西峰之麓，庵其傍。明年十月九日，乞旨以嫡子守慧继席。朝廷从之。退藏西庵，缁白愈敬。四年十月九日粥罢，忽集众，书偈已。趺坐垂诫二百余言，其略曰：至道虚寂，迥脱根尘。光境俱忘，灵机绝待。真常任运，宁属去来。应用无方，不存格则。牢关敲磕，电激难通。直须铁眼顿开，可以死生无间。自兹诀别，可葬全身。三百年后，当兴佛事。临行一着，不落见知。折半破三，好好荐取。随声拊膝一下，端然而逝。世寿六十有八，僧腊五十。门人如其诫，奉全身入窣堵波。有聚师平日所遗须发者火之，收设利甚富。郡守上其事，谥"妙空之塔"。

庆元府二灵知和庵主

苏台玉峰人，族张氏。儿时尝习坐垂堂，堂倾，父母意其必死，师瞑目自若，因使出家，年满得度。趋谒泐潭，潭见，乃问："作甚么？"师拟对，潭便打。复喝曰："你唤甚么作禅？"师蓦领旨。即曰："禅无后无先，波澄大海，月印青天。"又问："如何是道？"曰："道，红尘浩浩，不用安排，本无欠少。"潭深然之。次谒衡岳辩禅师，辩尤器重。元符间，抵四明，遂留中峰。有僧来礼拜，师曰："近离甚处？"云："天童。"曰："太白峰高多少？"僧以手斫额作望势，师曰："犹有这个在？"云："却请庵主道。"师却作斫额势，僧拟议，便打。师刚毅志高，少偕天童交禅师问道，盟曰："他日吾二人宜踞孤峰绝顶，目视霄汉，为世外之人，不可作今时籍名官府，屈节下气于俗子者。"交爽盟，交至，师竟不出。正言陈公辟书堂为庵，延师咨参，居三十年。殊无长物，唯二虎侍其右，一日，威于人，以偈遣之。宣和七年四月十二，趺坐终于此山。陈公尝状师行实及示寂异迹甚详,仍塑其像,二虎侍之,至今存焉。

投子广鉴行瑛禅师法嗣

绍兴府慈氏瑞仙禅师

郡之余姚人,年二十去家,以试经披削。习毗尼,因睹戒性如虚空,持者为迷倒。师谓:"戒者,束身之法也,何自缚乎?"遂探台教,又阅诸法不自生,亦不从他生。不共不无因,是故说无生。疑曰:"又不自他,不共不无因生,毕竟从何而生?即省曰:因缘所生,空假三观。抑扬性海,心佛众生。名异体同,十境十乘。转识成智,不思议境。智照方明,非言诠所及。"弃谒承天英、天童交、白牛乡、保宁玑、佛鉴勤、龙门远、死心新、三祖宗、洞山微,皆有机语。始至投子,鉴问:"乡里甚处?"云:"两浙东越。"曰:"东越事作么生?"云:"秦望峰高,鉴湖水阔。"曰:"秦望峰与你自己,是同是别?"云:"西天梵语,此土唐言。"曰:"此犹是丛林祇对,毕竟是同是别?"师便喝,鉴便打。师曰:"恩大难酬。"便礼拜,后归里,开法慈氏。

上堂曰:"吾心似秋月,碧潭清皎洁。无物堪比伦,教我如何说。堪嗟古人心,难与今人说。语与时人同,意与时人别。语同人尽知,意别少人别。今人不会古人意,今日教我如何说。直饶会得寒山意,秋月碧潭犹未彻。如何得彻去,此夜一轮明皎洁。纵目观瞻不是月,是个甚么?咄。"

上堂,举德山托钵话,乃曰:"棚头鼓未鸣,部乐未抹抢。竿木逞伎俩,着忙出定场。憏㤜便回去,一段最光扬。"室中尝问僧:"三个橐驰两只脚,日行万里趁不着。而今收在玉泉山,不许时人乱斟酌。诸人向甚么处与仙上座相见?"

潭州大沩海评禅师

上堂曰："灯笼上作舞，露柱里藏身。森沙神恶发，昆仑奴生嗔。"喝一喝，曰："一句合头语，万劫堕迷津。"

象田梵乡禅师法嗣

庆元府雪窦持禅师

郡之卢氏子，壮弃俗为僧，遍造禅关。晚谒象田，始悟心要。

上堂曰："休将碧落中秋节，来并曹溪无相月。冷淡非关玉兔光，虚明直透银蟾冗。圆不圆，缺不缺，一道灵光无间歇。照人何处不分明，直下承当眼添屑。本无生，亦无灭，只有休心最亲切。采石江头弄影时，谪仙到此空颠蹶。咄！"

上堂："悟心容易息心难，息得心源到处闲。斗转星移天欲晓，白云依旧覆青山。"

僧问："中秋不见月时如何？"曰："更待夜深看。"云："忽若黑云未散，又且如何？"曰："争怪得老僧。"

绍兴府石佛益禅师

上堂曰："一叶落，天下秋。一尘起，大地收。一法透，万法周。且道透那一法？"遂喝曰："切忌错认驴鞍桥作阿爷下颔。"便下座。

黄龙死心悟禅师法嗣

吉州禾山超宗慧方禅师

临江人，族龚氏。少依禅居寺，十七试经得度，历参名宿，后契机于死心，执侍十有四年，以大法托之。心去世，师迹晦而价愈崇。宣和中，开法隆庆，次补禾山。

上堂，举拂子曰："看看，只这个：在临济则照用齐行，在云门则理事俱备，在曹洞则偏正叶通，在沩山则暗机圆合，在法眼则何止唯心。然五家宗派，门庭施设则不无，直饶辨得倜傥分明去。犹是光影边事，若要抵敌生死，则霄壤有隔，且超越生死一句又作么生道。"良久，曰："洎合错下注脚。"

上堂："死心先师每举只履西归话以问衲子，而实难明诸方：或谓之隐显，或谓不可有两个，或谓唯此一事实，若也恁么，殊未识祖师意旨。诸人要见么？浊中清，清中浊，勿谓麒麟生只角。西行东向路不差，大用头头如啐啄。莫，莫，么要灵机休卜度。"

临安府崇觉空禅师

姑孰人也。　上堂曰："十方无壁落，四面亦无门。净裸裸，赤洒洒，没可把。"遂举拂子曰："灌溪老汉向十字街头逞风流，卖惺惺，道我解穿真珠。解玉版，䰐乱丝，卷个绢；淫坊酒肆，瓦合舆台，虎冗魔宫，那吒忿怒；遇文王，兴礼乐；逢桀纣，逞干戈。今日被崇觉观见，一场懡㦬。"

上堂："崇觉门下莫有体悟三空，心明八解底衲僧么？若无，则辜负己灵；若有，唤来与崇觉提鞋挈杖。"便下座。

潭州上封祖秀禅师

常德兴阳何氏子。　上堂曰："枯木岩前夜放华，铁牛依旧卧烟沙。侬家鞭影重拈出，击拂子曰：一念回心便到家。"遂喝一喝，下座。

嘉州九顶寂惺慧泉禅师

成都灵泉人，族张氏。自幼业儒，尝从真觉胜禅师游，有省。即辞亲，师中江资教希则。崇宁改元，得度，学楞严，逾三祀，既极其要。南下谒玉泉勤、大洪恩、谷隐显，未能深到。闻死心受晦堂嘱付，其门庭壁立，多诟骂诸方，即往谒，逾数年，未能彻证，令亲慧宣首座。一日，与宣食糍次，偶举公、安二圣尝遗履长数尺于富室仓廪间事，及干禄射利网捕偷儿等辈祷之，皆遂其志，岂正直所用心哉？宣不答。师辩不已，宣以筋揖之，即领悟曰："今日食糍，方得其味。"心闻然之，后笑谓师曰："吾老矣，欲得一孝顺子分付活计，奈汝兄弟频来反倒何。"云："不弯射羿弓，何以报深德。"心复笑曰："贼，贼。"巾侍六载，以母老西归。初受香于广汉之龟山、成都之保福，继四董名刹。

上堂曰："若论此事，譬夫望中秋月色，十分圆满。正当满时，缺向甚么处去？洎乎十六十七，渐渐复缺，圆满之相又却向甚么处去？若云月体本无圆缺，我信是人未识其月，学道之人亦复如是。正当迷时，悟向甚么处去？及乎悟后，迷却向甚么处去？若云本无迷悟，我信是人未达其道，还委悉么？百尺竿头天欲暮，急须进步问曹溪。"

上堂："昔日云门有三句：谓函盖乾坤句、截断众流句、随波逐浪句；九顶今日亦有三句：所谓饥来吃饭句、寒即向火句、困来打睡句。若以佛法而论，则九顶望云门，直立下风；若以世谛而论，则云门望九顶，直立下风。二语相违，且如何是九顶为人处？"

僧问："心迷法华转，心悟转法华。未审意旨如何？"曰："风暖鸟声碎，日高华影重。"问："如何是无生路？"曰："五里复五里。"云："向上还有事也无？"曰："一步一徘徊。"绍兴乙丑九月十六，沐浴净发，书偈嘱累已，复曰："丛林事例，今则为昔。赵州道底，好屈，好屈。"侍僧曰："和尚五十年手段，至此当如何？"师曰："明破即不中。"掷笔叉手而逝。茶毗，设利五色，门人合灵骨塔于寺之西原。寿六十有七，腊四十有三。

嘉兴府华亭性空妙普庵主

汉州人，遗其氏，久依死心获证，乃抵秀水，追船子遗风，结茆青龙之野，吹铁笛以自娱。多赋咏，士夫俊衲得其言，必珍藏。建炎初，徐明叛道，经乌镇，肆杀戮，民多逃亡，师独荷杖而往。贼见其伟异，疑必诡伏者，问其来，师曰："吾禅者，欲抵密印寺。"贼怒欲斩之，师曰："大丈夫要头便斫取，奚以怒为？吾死必矣，愿得一饭以为送终。"贼奉肉食，师如常齐，出生毕，乃曰："孰当为我文之以祭。"贼笑而不答，师索笔大书曰：呜呼惟灵，劳我以生，则大块之过；役我以寿，则阴阳之失；乏我以贫，则五行不正；困我以命，则时日不吉。吁哉、至哉，赖有出尘之道，悟我之性与其妙心，则其妙心孰与为邻。上同诸佛之真化，下合凡夫之无明。纤尘不动，本自圆成。妙矣哉，妙矣哉。日月未足以为明，乾坤未足以为大。磊磊落落，无量无碍。六十余年，和光混俗。四十二腊，逍遥自在。逢人则喜，见佛不拜。笑矣乎，笑矣乎。可惜少年即风流太光彩，坦然归去付春风，体似虚空终不坏。尚飨！遂举筯饫餐，贼徒大笑。食罢，复曰："劫数既遭离乱，我是快活烈汉。如今正好乘时，便请一刀两段。乃大呼：斩！斩！"贼方骇异，稽首谢过，令卫而出。乌镇之庐舍免焚，实师之慧也，道俗闻之愈敬。有僧睹师见佛不拜歌，逆问曰："既见佛，为甚么不拜？"师掌之曰："会么？"云："不会。"师又掌曰："家无二主。"绍兴庚申冬，造大盆，冗而塞之。修书寄雪窦持禅师曰："吾将水葬矣。"壬戌岁，持至，见其尚存。作偈嘲之曰："咄哉老性空，刚要喂鱼鳖。去不索性去，只管向人说。"师阅偈笑曰："待兄来证明耳。"令遍告四众，众集，师为说法要，仍说偈曰：坐脱立亡，不若水葬。一省柴烧，二免开圹。撒手便行，不妨快畅。谁是知音，船子和尚。高风难继百千年，一曲渔歌少人唱。遂盘坐盆中顺潮而下，众皆随至海澨，望欲断目，师取塞，戽水而回，众拥观，水无所入。复乘流而往，唱曰："船子当年返故乡，没踪迹处妙难量。真风遍寄知音者，铁笛横吹作散场。"其笛声呜咽，顷于苍茫间，见以笛掷空而没，众号慕图像事之。后三日，于沙上趺坐如生，道俗争往迎归。留五日，阇维，设利大如菽者莫计，二鹤徘徊空中，火尽始去。众奉设利灵骨建塔于青龙。寿七十二，腊五十三。

严州钟山道隆首座

桐庐董氏子，于钟山寺得度。自游方，所至耆衲皆推重，晚抵黄龙。死心延为座元，心顺世，遂归隐钟山。慕陈尊宿高世之风，掩关不事事。日鬻数篝自适，人无识者。手常穿一袜，凡有禅者至，提以示之曰："老僧这袜着三十年了也。"有寺僧戏问云："如何是无净三昧？"师便掌。

扬州齐谧首座

本郡人也，死心称为饱参，诸儒屡以名山致之，不可。后示化于潭之谷山，异迹颇众。门人尝绘其像，请赞，为书曰："个汉灰头土面，寻常不欲露现。而今写出人前，大似虚空着箭。怨，怨，可惜人间三尺绢。"

空室道人智通

龙图范峋女也，幼聪慧，长归丞相苏颂之孙悌。未几，厌世相，还家求祝发，父难之，遂清修。因看法界观，顿有省，连作二偈见意，一曰：浩浩尘中体一如，纵横交互印毗卢。全波是水波非水，全水成波水自殊。次曰：物我元无异，森罗镜像同。明明超主伴，了了彻真宗。一体含多法，交参帝网中。重重无尽处，动静悉圆通。后父母俱亡，兄涓领分宁尉，通偕行。闻死心名重，往谒之，心见知其所得，便问："常啼菩萨卖却心肝，教谁学般若？"曰："你若无心我也休。"又问："一雨所滋，根苗有异，无阴阳地上生个甚么？"曰："一华五叶。"后问："十二时中向甚么处安身立命？"曰："和尚惜取眉毛好。"心打曰："这妇女乱作次第。"通礼拜，心然之，于是道声籍甚。后为尼，名惟久，挂锡姑苏之西竺，缁白日夕师问，得其道者颇众。俄不疾，书偈趺坐而终。有《明心录》行于世，佛果禅师为之序，灵源、佛眼皆有偈赞之。

黄龙灵源惟清禅师法嗣

舒州真乘灵峰慧古禅师

郡之宿松人，族项氏，早年试经得度。首谒灵源，源令看疏山造塔话，倏然领契，源难之无爽，由是知名。出住真乘，迁光孝、净光二刹。上堂，送诸路化主次，乃曰："梵语比丘，此云乞士。何谓乞士，上从诸佛乞法，以资慧命；下从檀越乞食，以资色身。乞食资色身也，则千门万户贵贱随缘，折我幔之幢，益他人之善；乞法资慧命也，则三橡位坐，寂照凝神，内忘智照之勤，外息大患之本。倏然与群有永分，混尔与太虚同体。更有一人，亦不大智上来，亦不大悲下化，当堂不正坐，不赴两头机，在凡凡莫能测，在圣圣莫能知，十方收不得，三世莫能该。且道唤渠作甚么即得？龙向洞中衔雨出，蝶从华里采香归。"

上堂："瞻仰尊颜巾子峰，寂然不动证圆通。善财别后无消息，落日楼台一笛风。"绍兴丙辰八月十九示寂，塔于黄岩之方山。

潭州上封佛心才禅师

七闽长溪人，族姚氏。幼得度受具，游方至大中，依海印隆禅师。有老宿居几右，阅华严金师子章，师旁视，至一毛头师子，百亿毛头一时现，因疑之。会海印为参徒请益罢，掷拄杖曰："了即毛端吞巨海，始知沙界一微尘。"师猛省，通夕不寐，迨晓语老宿，宿曰："吾不如汝，然可谒东林总，必了于大事。"师至东林，总已归寂，乃依死心。久之，往参灵源于黄龙，留三年，源每以向上事激之，无所凑泊。偶读古洞山录，豁如也，作偈曰：彻，彻，大海干枯，虚空迸裂。四方八面绝遮拦，万像森罗齐漏泄。后分座真乘，应上封之命，迁道林。退归闽中，居大乘、干元、灵石、鼓山。

上堂曰："达磨未来，怀藏至宝，顶髻有珠；达磨既来，卞和刖足，杨朱途穷。来与未来，何处得这个消息，还知么？拟议之间，知君罔措。"

上堂："一法有形该动植，百川湍激竞朝宗。昭琴不鼓云天淡，想象毗耶老病翁。维摩病则上封病，上封病则拄杖子病。拄杖子病则森罗万像病，森罗万像病则凡之与圣病。诸人还觉病本起处么。若也觉去，情与无情同一体，处处皆同真法界；其或未然，甜瓜彻蒂甜，苦瓠连根苦。"绍兴间，说偈遗众，泊然示寂。

隆兴府黄龙通照德逢禅师

郡之靖安人，族胡氏。师生有庞眉，年十七，从上蓝晋禅师下发，往依灵源，即明深旨。宣和初，江守徐公任道，请居天宁；三年，迁黄龙；六年，诏住京师天宁，皇叔祖仲恭表赐命服、师名。

上堂，举夹山境话，师曰："法眼徒有此语，殊不知夹山老汉被这僧轻轻拶着，直得脚前脚后，设使不作境话会，未免犹在半途。"

僧问："人天普集，龙象交参，学人上来，请师说法。"曰："枯木无横枝，鸟来难措足。"

潭州法轮应端禅师

南昌人，族徐氏。少依化度善月圆颅登具，谒真净文禅师，机不谐，至云居。会灵源分座，为众激昂，师扣其旨，然以妙入诸经自负，源尝痛札之，师乃援马祖、百丈机语及华严宗旨为表，源笑曰："马祖、百丈固错矣，而华严宗旨与个事喜没交涉。"师愤然欲他往，因请辞，及揭帘，忽大悟，汗流浃背。源见，乃曰："是子识好恶矣！马祖、百丈、文殊、普贤，几被汝带累。"由此誉望四驰，名士夫争挽应世，皆不就。政和末，太师张公司成以百丈坚命开法，师不得已，始从。

上堂，举大随劫火洞然话，遂曰："六合倾翻劈面来，暂披麻缕混尘埃。因风吹火浑闲事，引得游人不肯回。坏不坏，随不随，徒将闻见强针锥。太湖三万六千顷，月在波心说向谁。"

僧问："如何是宾中宾？"曰："芒鞋竹杖走红尘。"云："如何是宾中主？"曰："十字街头逢上祖。"云："如何是主中宾？"曰："御马金鞭混四民。"云："如何是主中主？"曰："金门谁敢抬眸觑。"云："宾主已蒙师指示，向上宗乘又若何？"曰："昨夜霜风刮地寒，老猿岭上啼残月。"

东京天宁长灵守卓禅师

泉南人，族庄氏。冠游京师，于天清寺试经得度。至三衢谒南禅雅禅师，次依东吴定慧式禅师。通华严奥妙，闻灵源开法太平，道鸣四方，即往造。值夜参，适中其病，遂猛省，投诚入室。源锻以差别机智，且戒其缄默。余十年，辞谒佛鉴，命分座。舒守孙公杰以甘露请开法，后徙天宁。

上堂曰："三千剑客，独许庄周，为甚么跳不出；良医之门多病人，因甚么不消一札。已透关者，更请辨看。"

上堂："譬如眼根不自见，眼性自平等，无平等者，便怎么去。无孔铁锤，聊且安置，直得入林不动草，入水不动波。也是一期方便,若也篱内竹抽篱外笋,涧东华发涧西红,更待勘过了打。"

僧问:"丹霞烧木佛,院主为甚么眉须堕落?"曰:"猫儿会上树。"云:"早知如是,终不如是?"曰:"惜取眉毛。"问:"如何是衲衣下事?"曰:"天旱为民愁。"问:"佛未出世时如何?"曰:"绝毫绝厘。"云:"出世后如何?"曰:"填沟塞壑。"云:"出与未出相去几何?"曰:"人平不语,水平不流。"

宣和五年十二月二十七,奄然示寂。阇维日,皇帝遣中使赐香,持金盘求舍利。爇香罢,盘中铿然,视之,五色者数颗大如豆。使者驰还,上见大悦,而京城传为盛事。

信州博山无隐子经禅师

岁旦上堂曰:"和气生枯蘖,寒云散远郊。木人占吉兆,夜半露龟爻。诸禅德,龟爻露处,文彩已彰,便见一年十二月,月月如然;一日十二时,时时相似。到这里,直似黄金之黄、白玉之白,自从旷大劫来,未尝异色,还见么?其或未然,且徇张三通节序,从教李四鬓苍浪。"

隆兴府百丈以栖禅师

兴化人也。 上堂曰:"摩腾入汉,达磨来梁,途辙既成,后代儿孙开眼迷路,若是个惺惺底,终不向空里采华、波中捉月,谩劳心力,毕竟何为。山僧今日已是平地起骨堆,诸人行时,各自着精彩看。"

邵州光孝昙清禅师

上堂曰:"杀父杀母,佛前忏悔。杀佛杀祖,不消忏悔。为甚不消忏悔,且得冤家解脱。"

温州光孝德周禅师

信之上饶人,族璩氏。于景德尊圣院染削。问道有年,后至灵源,闻举少林面壁，顿悟。述二偈以呈，源许之，自尔名流江浙。

上堂曰："举体露堂堂，十方无挂碍。千圣不能传，万灵咸顶戴。拟欲共商量，开口百杂碎。只如未开口已前作么生？咄！"

上堂："回互不回互，觑见没可睹。透出祖师关，踏断人天路。阿呵呵，悟不悟，落华流水知何处。"绍兴甲戌九月十三，集众说偈而逝。

黄龙草堂善清禅师法嗣

隆兴府黄龙上堂道震禅师

金陵人，族赵氏。少依觉印英禅师为童子，英移居泗之普照。适淑妃择度童行，师得圆具。久之，辞谒丹霞淳禅师。一日，与论洞上宗旨，师呈偈曰：白云深覆古寒岩，异草灵华彩凤衔。夜半天明日当午，骑牛背面着靴衫。淳器之，师自以为碍，弃依草堂，一见契合。日取藏经读之，一夕，闻晚参鼓，步出经堂，举头见月，遂大悟，亟趋方丈，堂望见，即为印可。初住曹山，次迁广寿、黄龙。

上堂曰："举个古人因缘问阇梨，阇梨不得作古会。若作古会，失却当面眼；举个即今因缘问阇梨，阇梨不得作今会，若作今会，障却阇梨本来眼。假饶不失不障，非古非今，犹是药病相治止啼之说，只如透脱一句。阇梨还道得也无？若道不得，直待罗汉峰深谈实相即向汝道。"

上堂："眼见色时耳便聋，耳闻声处眼无功。朝来不耐灵禽报，树上杨梅似火红。"

上堂："雷声震地，室内不闻。天鼓游光，揽不盈手。灵利汉直下便了，何须撞入胶盆。若更问龟毛有几茎、兔角长多少，直饶你一钁钁断云山,我亦不向汝道。"

上堂:"黑汉卖炭,不识秤上星。狂子疑头,将谓头在镜。忽然省悟,非邪非正。山河大地,久成正觉。释迦老子,未有佛性。"

上堂:"少林冷坐,门人各说异端,大似众盲摸象。神光礼三拜,依位而立。达磨云:'汝得吾髓。'这黑面婆罗门,脚跟也未点地在。"

上堂:"石人问枯椿,何时汝发华。枯椿怒石人,何得口吧吧。石人呵呵笑,枯椿吐异葩。红霞辉玉象,白玉碾金沙。借问通玄士,何人不到家。"

台州万年雪巢法一禅师

大师襄阳郡王李公遵勖之玄孙也,世居开封祥符县,母梦一老僧至而产。师年十七,试上庠,从祖仕淮南,欲官之,不就。将弃家,事长芦慈觉禅师,翁弗许。母曰:"此必宿世沙门,愿勿夺其志。"未几,慈觉没。大观改元,礼灵岩通照愿禅师祝发登具,依愿十年,迷闷不能入。圆悟禅师住蒋山,见曰:"此法器也。"悟奉诏徙京师天宁,师侍行。靖康末,自天宁至疏山,一语之及,大法顿明。绍兴七年,泉守宝文刘公彦修请居延福,后四迁巨刹。

上堂曰:"衲僧正法眼,照破铁围山。四方并八面,尖角更团圞。双椎轰法鼓,一击透玄关。乾坤收不得,留与后人看。既是乾坤收不得,后人作么生看。要会么,门庭开处无施设,松桧风生助寂寥。"

上堂,拈拄杖曰:"拄杖子有时作出水蛟龙,万里云烟不断;有时作踞地师子,百年妖怪潜踪。有时心法两忘,照体独立;有时照用同时,主宾互用。"以拄杖画曰:"延福门下总用不着,且道延福寻常用个甚么?"卓拄杖,喝一喝,下座。

上堂:"仰面不见天,低头不见地。古剑髑髅前,大海波涛沸。"二十八年春,退席长芦,归天台万年之观音院。才浃日,忽示微疾,嘱门人具龛钉内，至三月四日，书偈曰：今年七十五，归作庵中主。珍重观世音，泥蛇吞石虎。入龛趺坐，别众曰："吾不能听诸方来此寐语，即自扃钥。"有顷，主事令匠者启龛，扪之，肉犹未冷。八日塔于观音院之后，腊五十二。

福州雪峰东山慧空禅师

本郡人，族陈氏。十四圆顶，即游方，遍谒诸老，晚契悟于草堂。绍兴癸酉，开法雪峰。受请日，上堂曰："俊快底，点着便行；痴钝底，推挽不动。便行，则人人欢喜；不动，则个个生嫌。山僧而今转此痴钝为俊快去也，弹指一下，曰：'从前推挽不出而今出，从前有院不肯住而今住，从前嫌佛不做而今做，从前嫌法不肯说而今说。出不出、住不住即且置，敢问诸人，做底是甚么佛，空王佛耶、然灯佛耶、释迦佛耶、弥勒佛耶？说底又是甚么法，根本法耶、无生法耶、世间法耶、出世间法耶？众中莫有道得底么？若道得，山僧出世事毕。如或未然，逢人不得错举。'"喝一喝，下座。

上堂，举——云门示众云：只这个带累杀人——师曰："云门寻常气宇如王，作怎么说话，大似贫恨一身多。山僧即不然，只这个快活杀人，何故？大雨方归屋里坐，业风吹又绕山行。然虽如是，也是乞儿见小利，且不伤物义一句作么生道？"

上堂："一拳拳倒黄鹤楼，一趯趯翻鹦鹉洲。有意气时添意气，不风流处也风流。俊哉、俊哉，快活、快活，一似十七八岁状元相似。谁管你天，谁管你地，心王不妄动，六国一时通。罢拈三尺剑，休弄一张弓。自在、自在，快活、快活，恰似七八十老人作宰相相似。风以时，雨以时，五谷植，万民安。"竖起拄杖曰："大众，这两个并山僧拄杖子，共作得一个，衲僧到雪峰门下，但知随例餐锤子，也得三文买草鞋。"喝一喝，卓拄杖，下座。　僧问："和尚未见草堂时如何？"曰："江南有。"云："见后如何？"曰："江北无。"戊寅三月十三，示寂于东庵。寿六十三，腊四十八。

庆元府育王野堂普崇禅师

本郡人也。 示众，举——巴陵和尚道：不是风动，不是幡动，不是风幡，又向甚么处着？有人为祖师出气，出来与巴陵相见；雪窦和尚道：风动幡动，既是风幡，又向甚么处着？有人为巴陵出气，出来与雪窦相见——师曰："非风非幡无处着，是风是幡无着处。辽天俊鹘悉迷踪，踞地金毛还失措。阿呵呵，悟不悟，令人转忆谢三郎，一丝独钩寒江雨。"

青原惟信禅师法嗣

潭州梁山欢禅师

僧问："大众云臻，请师开示。"曰："天静不知云去处，地寒留得雪多时。"云："学人未晓玄言，乞师再垂方便。"曰："一重山后一重人。"

成都府正法希明禅师

汉之绵竹人。弱冠从马溪广禅师下发登具，南游至夹山，依晓纯禅师，咨参有省。弃谒芙蓉楷、梁山欢，欢指见青原。师抵青原，一日，原入室，举拳以示，师契悟，原拊而印之。逾年归隐故居，郡守以延祚补处，次迁彭之曲尺。

解制上堂曰："林叶纷纷落，乾坤报早秋。分明西祖意，何用更驰求。若恁么会得，始信佛祖之道，本自平夷，大解脱门，元无关钥，弥纶宇宙，逼塞虚空，量不可穷，智莫能测；若也未明此旨，不达其源，任是百劫薰功，千生炼行，徒自疲苦，了无交涉。若深明此旨，洞达其源，乃知动静施为，经行坐卧，头头合道，念念朝宗。祖不云乎，迷生寂乱，悟无好恶，得失是非，一时放却。如是则谁迷谁悟，谁是谁非，自是诸人独生异见。观大观小，执有执无，己灵独耀，不肯承当，心月孤圆，自生违背。何异家中舍父，衣内忘珠，致使菩提路上，荆棘成林；解脱空中，迷云蔽日。山僧今日幸值众僧自恣，化主还山，诸上善人得得光访，不可缄默。随分葛藤，曲为今时，少开方便，也须是诸人着眼，各自谛观，若更拟议寻思，白云万里。"遂拈拄杖曰："于斯明得，灵山一会，俨在目前，其或未然，更待来晨分付。"

岳山祖庵主

不知何许人也。见青原之后，缚屋衡岳间，余三十年，人无知者。偶遣兴作偈曰：小锅煮菜上蒸饭，菜熟饭香人已饥。一补饥疮了无事，明朝依样馋猫儿。由是衲子披榛扣之，无尽居士张公力挽其开法，不从，竟终于此山。

昭觉绍觉纯白禅师法嗣

成都府信相正觉宗显禅师

潼川飞乌人，族王氏。少为进士，有声，尝昼掬溪水为戏。至夜思之，遂见水泠然盈室，欲汲之不可，而尘境自空。曰："吾世网裂矣。"往依昭觉得度，具满分戒，后随众咨参。觉一日问师："高高峰顶立，深深海底行。汝作么生会？"师于言下顿悟曰："钉杀脚跟也。"觉拈起拂子云："这个又作么生？"师一笑而出。服勤七祀，南游至京师，历淮浙，晚见五祖演和尚于海会。出问："未知关棙子，难过赵州桥。赵州桥即不问，如何是关棙子？"祖曰："汝且在门外立。"师进步一踏而退，祖曰："许多时茶饭，元来也有人知滋味。"明日入室，祖云："你便是昨日问话底僧否？我固知你见处，只是未过得白云关在。"师珍重便出。时圆悟为侍者，师以白云关意扣之，悟云："你但直下会取。"师笑曰："我不是不会，只是未谙。待见这老汉，共伊理会一上。"明日，祖往舒城，师与悟继往，适会于兴化，祖问师："记得曾在哪里相见来？"师曰："全火祗候。"祖顾悟曰："这汉饶舌。"自是机缘相契，游庐阜回，师以高高峰顶立、深深海底行向所得之语告之，祖曰："吾尝以此事诘先师，先师云：'我曾问远和尚，远云："猫有歃血之功，虎有起尸之德。"非素达本源，不能到也。'"师给侍之久，祖钟爱之。后辞西归，为小参，复以颂送云：离乡四十余年，一时忘却蜀语。禅人回到成都，切须记取鲁语。时觉尚无恙，师再侍之，名声蔼着，遂出住长松，迁保福、信相。

上堂，举——仰山问中邑：如何是佛性义？曰：我与你说个譬喻，汝便会也。譬如一室，有其六窗，中有一个猕猴，外有人唤云狌狌，猕猴即应。如是六窗俱唤俱应。仰乃礼拜，却云：适来蒙和尚指示，某有个疑处？曰：你有甚么疑？云：只如猕猴睡时又作么生？邑下禅床把住曰：狌狌，我与你相见——师曰："诸人要见二老么？我也与你说个譬喻，中邑大似个金师，仰山将一块金来，使金师酬价，金师亦尽价相酬。临成交易，卖金底更与贴秤，金师虽然闇喜，心中未免偷疑。何故？若非细作，定是贼赃。"便下座。

僧问："三世诸佛、六代祖师，总出这圈𧞣不得。如何是这圈𧞣？"曰："井栏唇。"

大沩祖瑃禅师法嗣

眉州中岩慧日云能禅师

本郡人，族吕氏。年二十二，于村落一富室为校书。偶游山寺，见禅书，阅之似有得，即裂冠圆具，一钵游方。首参宝胜澄甫禅师，所趣颇异,至荆湖谒永安喜、真如喆、德山绘,造诣益高。迨抵大沩,沩问:"上座桑梓何处?"曰:"西川。"云:"我闻西川有普贤菩萨示现,是否?"师曰:"今日得瞻慈相。"云:"白象何在?"曰:"爪牙已具。"云:"还会转身么?"师提坐具绕禅床一匝,沩云:"不是这个道理。"师趋出。一日,沩为众入室,问僧:"黄巢过后,还有人收得剑么?"僧竖起拳。沩云:"菜刀子。"僧云:"争奈受用不尽。"沩喝出,次问师:"黄巢过后,还有人收得剑么?"师亦竖起拳,沩云:"也只是菜刀子。"师曰:"杀得人即休。"遂近前拦胸筑之。沩云:"三十年弄马骑,今日被驴子扑。"后还蜀,庵于旧址,应四众之请,出住报恩等刹。厌于世务,结茆赖姥,曰:"慧日竟终老焉。"师道望显著,行解相应,又以慈忍接人,为士大夫、耆衲宗仰。

上堂曰:"龙济道,万法是心光,诸缘唯性晓。木无迷悟人,只要今日了。"师曰:"既无迷悟,了个甚么。咄。"

上堂,举——雪峰一日普请般柴,中路见一僧,遂掷下一块柴云:一大藏教只说这个;后来真如喆道:一大藏教不说这个。据此二尊宿说话,是同是别——山僧即不然,竖起拂子曰:"提起,则如是我闻;放下,则信受奉行。" 室中问崇真毡头:"如何是你空劫已前父母。"真领悟云:"和尚且低声。"遂献投机颂云:"万年仓里曾饥馑,大海中住尽长渴。当初寻时寻不见,如今避时避不得。"师为印可。一日,与黄提刑奕棋次,黄问:"数局之中,无一局同。千着万着则故是,如何是那一着?"师提起棋子示之,黄伫思,师曰:"不见道。从前十九路,迷杀几多人。"师住持三十余载,凡说法,不许录其语。临终书偈,趺坐而化,阇维时,暴风忽起,烟所至处,皆雨设利。道俗厮其地,皆得之。心舌不坏,塔于慧目。

怀安军云顶宝觉宗印禅师

上堂曰："古者道：'识得凳子，周匝有余。'又道：'识得凳子，天地悬殊。'山僧总不恁么？识得凳子，是甚么闲家具？"

一日，普说罢，师曰："诸子未要散去，更听一颂，乃曰：四十九年，一场热哄。八十七春，老汉独弄。谁少谁多，一般作梦。归去来兮，梅梢雪重。"言讫下座，倚椅而逝。

兜率真寂从悦禅师法嗣

抚州疏山了常禅师

上堂曰："等闲放去，佛手掩不住；特地收来，大地绝纤埃。向君道，莫疑猜，处处头头见善财。槌下分明如得旨，无限劳生眼自开。"

僧问："如何是疏山为人底句？"曰："怀中玉尺未轻掷，袖里金锤劈面来。"

隆兴府兜率慧照禅师

南安郭氏子。　上堂曰："龙安山下，道路纵横。兜率宫中，楼阁重迭。虽非天上，不是人分。到者心安，全忘诸念。善行者不移双足，善入者不动双扉。自能笑傲烟萝，谁管坐消岁月。既然如是，且道向上还有事也无？"良久，曰："莫教推落岩前石，打破下方遮日云。"

开堂日，僧问："如何是第一义谛？"曰："槌下分付。"云："第二义门又作么生？"曰："千家帘幕春光在，几处园林秀色新。"

法云佛照果禅师法嗣

筠州洞山辩禅师

上堂曰："不是心，不是佛，不是物，钻天鹞子辽天鹘。不度火，不度水，不度炉，离弦箭发没回途。直饶会得十分去，笑倒西来碧眼胡。"

东京慧海仪禅师

上堂曰："无相如来示现身，破魔兵众绝纤尘。七星斜映风生处，四海还归旧主人。诸仁者，大迦叶灵山会上见佛拈华，投机微笑，须菩提闻佛说法，深解义趣，涕泪悲泣，且道笑者是，笑者是，不见道。万派横流总向东，超然八面自玲珑。万人胆破沙场上，一箭双雕落碧空。"　上堂，举——沩山坐次，仰山问：和尚百年后，有人问先师法道，如何祇对？沩曰：一粥一饭。仰曰：前面有人不肯，又作么生？沩曰：作家师僧。仰便礼拜，沩曰：逢人不得错举——师曰："自古及今，多少人下语道，严而不威，恭而无礼。横按拄杖，竖起拳头。若只恁么？却如何知得他父子相契处，山僧今日也要诸人共知。莫分彼我，彼我无殊。困鱼止泺，病鸟栖芦。逡巡不进泥中履，争得先生一卷书。"

西蜀銮法师

遗其氏里，幼为苾刍，通大小乘。佛照谢事，居景德，师适至，问照曰："禅家言多不根，何也？"照曰："汝习何经论？"曰："诸经粗知，颇通百法。"照曰："只如昨日雨、今日晴，是甚么法中收？"师懵然，照举痒和子击曰："莫道禅家所言不根好。"师愤曰："昨日雨、今日晴，毕竟是甚么法收中？"照曰："第二十四时分不相应法中收。"师恍寤，即礼谢。后归蜀，居讲会，以直道示徒，不泥名相，而众多引去。遂说偈罢讲，曰："众卖华兮独卖松，青青颜色不如红。算来终不与时合，归去来兮翠霭中。"由是隐居二十年，道俗追慕，青命演法，笑答偈曰："遁迹隐高峰，高峰又不容。不如归锦里，依旧卖青松。"众列拜悔过，两川讲者争依之。

泐潭湛堂文准禅师法嗣

隆兴府云岩典牛天游禅师

成都人，族郑氏。世为鸿儒，尝两与贡籍，不第。慨然慕丹霞，祝发受具，浮峡而下，谒名宿于诸席。后至泐潭，潭方自吴中回首众。一日，普说众集，潭曰："诸人苦苦就准上座觅佛法，遂拊膝曰：'会么？雪上加霜。'又拊膝曰：'若也不会，岂不见乾峰示众云："举一不得举二，放过一着，落在第二。"'"师闻，脱然颖悟，潭对众为印可，于是道声四播。去游淮浙，未几，旋豫章，庐于泐潭之前障，目曰"典牛庵"。出住云盖，徙云岩。

上堂，卓拄杖曰："久雨不晴，札。金乌飞在钟楼角。"又卓一下，曰："犹在壳。"得卓曰："一任衲僧名邈。"

上堂："马祖一喝，百丈蹉过。临济小厮儿，向粪扫堆头拾得一双破草鞋，胡喝乱喝。师震声喝曰：'唤作胡喝乱喝得么？'"

上堂："象骨辊毬能已尽，玄沙斫牌伎亦穷。还知么？火星入裤口，事出急家门。"

上堂："三百五百，铜头铁额。木笛横吹，谁来接拍。"时有僧出，师曰："也是贼过后张弓。"

潭州三角智尧禅师

上堂曰："捏土定千钧，秤头不立蝇。个中些子事，走杀岭南能。还有荐得底么？直饶荐得，也第二月。"

文殊宣能禅师法嗣

常德府德山琼禅师

受请日。 上堂曰:"作家捞笼不肯住,呼唤不回头,为甚么从东过西?"自代曰:"后五日看。"

慧日文雅禅师法嗣

隆兴府九仙祖鉴法清禅师

严陵人也。 上堂曰:"万柳千华暖日开,一华端有一如来。妙谈不二虚空藏,动着微言遍九垓。笑哈哈,且道笑个甚么?笑觉苑脚跟不点地。"

上堂:"自古至今,丛林道:'丹霞烧木佛,院主眉须堕落。'大众会么?万仞崖头曾借路,百千禅侣尽生疑。只因满眼多□险,不识天然却问谁。参!"

上堂,举——睦州示众云:汝等诸人未得个入头处,须得个入头处,既得个入头处,不得忘却。老僧明明向汝道,尚自不会,何况盖覆将来——师曰:"睦州恁么道,意在甚么处。其或未然,觉苑下筒注脚。张僧见王伴,王伴叫张僧。昨夜放牛处,岭上及前村。溪西水不饮,溪东草不吞。教觉苑如何即得,会么?不免与么去,遂以两手按空。"下座。

僧问:"如何是夺人不夺境?"曰:"惺惺寂寂。"云:"如何是夺境不夺人?"曰:"寂寂惺惺。"云:"如何是人境两俱夺?"曰:"惺惺惺惺。"云:"如何是人境俱不夺?"曰:"寂寂寂寂。"云:"学人今日买铁得金去也。"曰:"甚么处得这话头来?"

师度夏池之天宁,以伽梨覆顶而坐,侍郎曾公开问曰:"上座仙乡甚处?"曰:"严州。"云:"与此间是同是别?"师拽伽梨下地,揖曰："官人曾到严州否？"曾罔措，师曰："待官人到严州时，却向官人道。"

平江府觉海法因庵主

郡之岘山人，族朱氏。年二十四，被缁服进具，游方至东林。谒慧日，日举灵云悟道机语问之，拟对。日曰："不是，不是。"豁有所契，占偈曰：岩上桃华开，华从何处来。灵云才一见，回首舞三台。日曰："子所见虽已入微，然更着鞭，当明大法。"师承教，居庐阜三十年，不与世接，丛林尊之。建炎中，盗起江左，顺流东归，邑人结庵命居，缁白继踵问道，尝谓众曰："汝等饱持定力，无忧晨炊而事于求也。"晚年放浪自若，称五松散人。

龙牙梵言禅师法嗣

筠州洞山择言禅师

僧问："如何是十身调御，投子下禅床立，未审意旨如何？"曰："脚跟下七穿八穴。"

道林一禅师法嗣

潭州大沩大圆智禅师

四明人也。　上堂，举南泉道：三世诸佛不知有，狸奴白牯却知有——师曰："三世诸佛既不知有，狸奴白牯又何曾梦见。灼然须知向上有知有底人始得，且怎么生是知有底人？吃官酒，卧官街，当处死，当处埋。沙场无限英灵汉，堆山积岳露尸骸。"

卷第十三
南岳第十五世（临济十一世、黄龙五世）

胜因戏鱼咸静禅师法嗣六人（三人见录） 涟水军万寿梦庵普信禅师 平江府慧日默庵兴道禅师 广德军光孝果憨禅师 （宁国府广教嚚禅师 广德军崇宁起禅师 临安府法慧冲禅师）（已上机语未见）

雪峰有需禅师法嗣三人（一人见录） 福州雪峰球堂慧忠禅师（福州鼓山草舍宗译禅师 福州鼓山木蛇靖禅师）（已上机语未见）

天童普交禅师法嗣一人 庆元府蓬莱圆禅师

圆通圆机道旻禅师法嗣五人 江州圆通冲真密印通慧守慧禅师 隆兴府黄龙道观禅师 左丞范冲居士（语见贤臣） 中丞卢航居士（语见贤臣） 左司都贶居士（语见贤臣）

明招法镜文慧禅师法嗣二人（一人见录） 扬州石塔宣秘礼禅师 （温州净光藏禅师）（机语未见）

禾山慧方禅师法嗣一人 （袁州仰山谷堂韬禅师）（机语未见）

上封祖秀禅师法嗣一人 文定公胡安国居士（语见贤臣）

灵峰慧古禅师法嗣一人 （舒州四面欣禅师）（机语未见）

鼓山佛心才禅师法嗣四人（三人见录） 福州普贤元素禅师 福州鼓山山堂僧洵禅师 福州鼓山师子祖珍禅师 （福州仁王大心谟禅师）（机语未见）

浮山法真禅师法嗣一人 峨嵋灵岩徽禅师

黄龙通照德逢禅师法嗣一人 饶州荐福常庵择崇禅师

长灵守卓禅师法嗣八人（六人见录） 庆元府育王无示介谌禅师 湖州道场普明慧琳禅师 湖州道场无传居慧禅师 临安府显宁

松堂圆智禅师　湖州乌回唯庵范禅师　温州本寂灵光文观禅师（温州符庵主　径山惟表首座）（已上机语未见）

黄龙山堂道震禅师法嗣三人（一人见录）　常德府德山无诤慧初禅师（常德府大龙糍禅师　真州北山作禅师）（已上机语未见）

万年雪巢法一禅师法嗣二人（一人见录）　嘉兴府报恩法常首座（绍兴府石佛净禅师）（机语未见）

祖庵主法嗣一人　庐山延庆叔禅师

信相正觉宗显禅师法嗣一人　成都府金绳文禅师

泐潭典牛天游禅师法嗣二人（一人见录）　临安府径山涂毒智策禅师（广安军报德智一禅师）（机语未见）

大沩大圆智禅师法嗣三人（绍兴府泰岳久禅师　潭州石霜能禅师　潭州云盖澄禅师）（已上机语未见）

胜因戏鱼咸静禅师法嗣

涟水军万寿梦庵普信禅师（后住蒋山）

上堂曰："残雪既消尽，春风日渐多。若将时节会，佛法又如何。且道时节因缘与佛法道理，是同是别？"良久，曰："无影树栽人不见，开华结果自馨香。"

上堂："空生岩中宴坐，诸天空里雨华。山僧高升此座，诸人如何领会。若委悉得去，八部不言而自会。其或未然，卖心求得又何荣。"

平江府慧日默庵兴道禅师

上堂曰："同云欲雪未云，爱日似晖不晖。寒雀啾啾闹篱落，朔风冽冽舞帘帷。要会韶阳亲切句，今朝觌面为提撕。"卓拄杖，下座。

广德军光孝果惹禅师

德安桃源人。 上堂，举南泉斩猫儿话，乃曰："南泉提起下刀诛，六臂修罗救得无。设使两堂俱道得，也应流血满街衢。"

雪峰有需禅师法嗣

福州雪峰球堂慧忠禅师

上堂曰："真觉弹广陵散，钦山唱菩萨蛮，总被岩头教坏。山僧今日轮须弥槌，击虚空鼓，声万岁乐，唱万年欢，且道被阿谁教坏？少林澄九鼎，浪动百华新。"

上堂："终日忙忙，那事无妨。作么生是那事？"良久，曰："心不负人，面无惭色。"

天童普交禅师法嗣

庆元府蓬莱圆禅师

不知何许人，住山三十年，足不越阃，道俗尊仰之。师有偈曰："新缝纸被烘来暖，一觉安眠到五更。闻得上方钟鼓动，又添一日在浮生。"余语未见。

圆通圆机道旻禅师法嗣

江州圆通冲真密印通慧守慧禅师

上堂曰："但知今日复明日，不觉前秋与后秋。平步坦然归故里，却乘好月过沧洲。咦，不是苦心人不知。"

隆兴府黄龙道观禅师

上堂曰："古人道：'眼色耳声，万法成办。'你诸人为甚么从朝至暮，诸法不相到？"遂喝曰："牵牛入你鼻孔，祸不入慎家之门。"

明招法镜文慧禅师法嗣

扬州石塔宣秘礼禅师

上堂曰:"夺不夺,纵有余。临岐不分袂,富贵却萧疏。句里不曾舒慷慨,禹门先自透金鱼。"

上堂,举百丈野狐话,乃曰:"不是翻涛手,徒夸跨海鲸。由基方捻镞,枝上众猿惊。"

一日,上堂至座前,师挦一僧上法座,僧惥惺欲走,师遂指座曰:"这棚子,若牵一头驴上去,他亦须就上屙在。汝诸人因甚么却不肯?"以拄杖一时赶散,顾侍者曰:"险。"

僧问:"山河大地与自己,是同是别?"曰:"长亭凉夜月,多为客铺舒。"云:"谢师答话。"曰:"网大难为鸟,纶稠始得鱼。"僧作舞归众,师曰:"长江为砚墨,频写断交书。"

上封佛心才禅师法嗣

福州普贤元素禅师

建宁人也。开堂日,示众曰:"拈华微笑,犹乖量外之机;断臂安心,何异捉月之见。设使万机休罢,千圣不携,还同待兔守株。未是通方达士,明眼汉,没窠臼,高高处观之不足,低低处平之有余。神光照彻大千,万有全归掌握。大机大用,草偃风行。全暗全明,超情离见。所以道,神光不昧,万古徽猷。入此门来,莫存知解。知解既泯,真智现前。八字打开,分明显示。"竖起拂子曰:"还见么?于斯见得,言语路绝,取舍情忘。了非生佛未分,岂是威音那畔。权实俱备,照用双行。流出自己胸襟,要且不从人得,既不从人得,正当今日祝延圣寿一句作么生道?"良久,曰:"四海浪平龙睡稳,万年松在祝融峰。"

上堂："未开口时先分付，拟思量处隔千山。莫言佛法无多子，未透玄关也大难。只如玄关作么生透？"喝一喝。

上堂："南泉道：'我十八上便解作活计，囊无系蚁之丝，厨乏聚蝇之糁'；赵州道：'我十八上便解破家散宅，南头买贱，北头卖贵，检点将来，好与三十棒'。且放过一着，何故？曾为宕子偏怜客，自爱贪杯惜醉人。"

福州鼓山山堂僧洵禅师

郡之长溪阮氏子。　上堂曰："尽力道不得底句，和盲勃塑瞎，一时推出来，馊饭泥茶炉。总不恁么？天高东南，地倾西北。这三转语，天下衲僧跳不出，莫有跳得出底么？"喝一喝，卓拄杖，下座。

上堂："黄檗手中六十棒，不会佛法的的大意，却较些子；大愚肋下筑三拳，便道：黄檗佛法无多子，钝置杀人。须知有一人，大棒蓦头打他不回头，老拳劈面槌他亦不顾，且道是谁？"

福州鼓山师子祖珍禅师

兴化林氏子。　上堂曰："大道只在目前，要且目前难睹。欲识大道真体，不离声色言语。卓拄杖曰：'这个是声。'竖起拄杖曰：'这个是色'。唤甚么作大道真体，直饶向这里见得，也是郑州出曹门。"

上堂："寻牛须访迹，学道贵无心。迹在牛还在，无心道易寻。竖起拂子曰：'这个是迹，牛在甚么处。'直饶见得头角分明，鼻孔也在法石手里。"

上堂，举——僧问投子：月未圆时如何？曰：吞却三个四个。云：圆后如何？曰：吐却七个八个——师曰："投子和尚虽然善能吞吐，要且未知月之所在。"或问鼓山："月未圆时如何？"只对他道："天上有星皆拱北。""圆后如何？""人间无水不朝东。"僧问："赵州绕禅床一匝，转藏已竟，此理如何？"曰："画龙看头，画蛇看尾。"云："婆子道，比来请转全藏，为甚么只转得半藏，此意又且如何？"曰："人无远虑，必有近忧。""未审甚处是转半藏处？"曰："不是知音者，徒劳话岁寒。"

浮山法真禅师法嗣

峨嵋灵岩徽禅师

僧问："文殊是七佛之师，未审谁是文殊之师？"曰："金沙滩头马郎妇。"

黄龙通照德逢禅师法嗣

饶州荐福常庵择崇禅师

宁国府人也（行实未详）。上堂，举——僧问古德：生死到来，如何免得。曰：柴鸣竹爆惊人耳。僧云：不会。德曰：家犬声狺夜不休，诸人要会么？柴鸣竹爆惊人耳，大洋海底红尘起。家犬声狺夜不休，陆地行船三万里。坚牢地神笑呵呵，须弥山王眼觑鼻。把手东行却向西，南山声应北山里。千手大悲开眼看，无量慈悲是谁底——良久，曰："头长脚短，少喜多嗔。"

上堂："西山青，无谓情。洪井碧，无涓滴。西山人，见曷亲。西山事，无可似。若是灵利底举着，便知懵懂者付与德山、临济。"掷拂子，下座。

一日，上堂顾问侍者曰："还记得昨日因缘么？"云："记不得。"复顾问大众曰："还记得么？"众无对，竖起拂子曰："还记得么？"良久，曰："也忘却了也。三处不成，一亦非有。诸人不会方言，露柱且莫开口。"以拂子击禅床，下座。

天宁长灵守卓禅师法嗣

庆元府育王无示介谌禅师

温之永嘉人，族张氏。年十六，礼崇德慧微落发。微持律刻苦，尝然身灯为佛事，师见曰："大丈夫当明佛祖意，以光明照大千，何区区于此。"辞谒径山悟、佛鉴勤，晚依长灵，余八载，悉得其道。宣和六年，太师刘公正夫舍临安第为"显宁寺"，请师出世。未几，擢芦山、瑞岩、育王，法道大振。

上堂曰："出西天，入东土，云从龙，风从虎，一任诸方点头。"举拂子曰："只如这个，顺行三千，倒行八百。又作么生辨，若也辨得，横按镆铘全正令；若辨不得，百千年后与人看。"

上堂："尺头有寸，鉴者犹稀。秤尾无星，且莫错认。若欲定古今轻重，较佛祖短长，但请于中着一双眼，果能一尺还他十寸，八两元是半斤。自然内外和平，家国无事，山僧今日已是两手分付，汝等诸人还肯信受奉行也无？尺量刀剪遍世间，志公不是闲和尚。"

上堂："文殊智，普贤行，多年历日；德山棒，临济喝，乱世英雄。汝等诸人穿僧堂、入佛殿，还知险过铁围关么？忽然踏着释迦顶颅，磕着圣僧额头，不免一场祸事。"

上堂："我若说有，你为有碍。我若说无，你为无碍。我若横说，你又跨不过。我若竖说，你又跳不出。若欲丛林平怙、大家无事，不如推倒育王。且道育王如何推得倒去？召大众曰：'着力，着力。'复曰：'苦哉，苦哉，育王被人推倒了也。还有路见不平，拔剑相为底么？若无，山僧不免自倒自起。'"击拂子，下座。师性刚毅，莅众有古法，时以"谌铁面"称之。绍兴十八年五月十三，示寂于"无异堂"。后七日，塔全躯于乌石庵之左，阅世六十有九，坐夏五十有四。

湖州道场普明慧琳禅师

七闽福清人。上堂曰："有漏笊篱，无漏木杓；庭白牡丹，槛红芍药。因思九年面壁人，到头不识这一着，且道作么生是这一着。"以拄杖击禅床，下座。

上堂："一即多，多即一，毗卢顶上明如日。也无一，也无多，现成公案没肴讹。拈起旧来毡拍板，明时共唱太平歌。"

湖州道场无传居慧禅师

本郡人，族吴氏。幼师景德寺宗省，十九中经选，授僧服。从南屏妙慧习教观，越十年易服，依长芦净照最久。晚至长灵，未几，总院事。一日，拟食酸蕡，豁然有省。亟造方丈，陈所入，灵诘之，师呈偈曰："打破多年赤肉团，大千俱现一毫端。纵横妙用无多子，妙用纵横总一般。"乃蒙印可。灵没，师还里谒天圣琳禅师，琳命首众说法。复退席，令主盟，后移灵石、何山、道场。

上堂曰："钟馗醉里唱凉州，小妹门前只点头。巡海夜叉相见后，大家拍手上高楼。"大众，若会得去，锁却天下人舌头；若会不得，将谓老僧别有奇特。

上堂："百尺竿头弄影戏，不唯瞒你又瞒天。自笑平生歧路上，投老归来没一钱。"

上堂，举——临济示众云：一人在高高峰顶，无出身之路；一人在十字街头，亦无向背。且道那个在前，那个在后——师曰："更有一人不在高高峰顶，亦不在十字街头，临济老汉因甚不知。"便下座。绍兴辛未九月二十四日，示微疾而终。寿七十五，夏五十六。

临安府显宁松堂圆智禅师

上堂曰："芦华白，蓼华红，溪边修竹碧烟笼。闲云抱幽石，玉露滴岩丛。昨夜乌龟变作鳖,今朝水牯悟圆通。咄!"

湖州乌回唯庵范禅师

上堂曰:"尘劫已前事,堂堂无背面。动静莫能该,舒卷快如电。莫道凡不知,佛也觑不见。决定在何处,合取这两片。荐不荐,更为诸人通一线。"良久,曰:"天下太平,皇风永扇。"

上堂,举——僧问赵州:至道无难,唯嫌拣择,是时人窠窟否——曰:"曾有人问老僧,直得五年分疏不下大众,赵州具顶门眼,向击石火里分缁素,闪电光中明纵夺,为甚么却五年分疏不下?还委悉么?易分雪里粉,难辨墨中煤。"

温州本寂灵光文观禅师

郡之瑞安人,族叶氏。年十九,依白岩慧通,二十得度,游方,谒长灵于天宁,因看柏树子颂有省。灵殁,旋里庵居二纪,待制王公辉守郡请开法本寂。

上堂曰:"过去诸如来,斯门已成就,好事不如无;现在诸菩萨,今各入圆明,好事不如无;未来修学人,当依如是法,好事不如无,还知么?除却华山陈处士,何人不带是非行。参。"

上堂,举——罽宾国王斩师子尊者,雪窦拈云:作家君王,天然有在——师曰:"路见不平,当与雪屈。雪窦只解据款结案,要且不知尊者不曾被斩。"淳熙五年正月二十六日,端坐而逝。寿九十六,腊七十七。

黄龙山堂震禅师法嗣

常德府德山无诤慧初禅师

靖江府人也。自见山堂,得大受用,三据宝坊,众所宗仰。上堂,顾视大众曰:"见么?在天成象,在地成形,在日月为晦为朔,在四时为寒为暑，致之以雷霆，润之以风雨。且道在衲僧分上又作么生。一趯趯翻四大海，一拳拳倒须弥山。佛祖位中留不住，又吹渔笛汨罗湾。"

上堂："九月二十五，聚头相共举。瞎却正法眼，拈却云门普。德山不会说禅，赢得村歌社舞。阿呵呵，逻啰哩。"遂作舞势，下座。

万年雪巢法一禅师法嗣

嘉兴府报恩法常首座

开封人，丞相薛居正之裔。宣和十年，依长沙益阳华严元轼禅师下发。遍依丛社，于首楞严经深入义海。自湖湘至万年谒雪巢，机契，命掌笺翰。淳熙初，抵报恩，室中唯一矮榻，余无长物。庚子九月中，语寺僧曰："一月后不复留此。"十月二十一，往方丈谒饭，将晓，书渔父词于室门，就榻收足而逝。词曰：此事楞严尝露布，梅华雪月交光处。一笑寥寥空万古，风瓯语，迥然银汉横天宇，蝶梦南华方栩栩。斑斑谁跨丰干虎，而今忘却来时路。江山暮，天涯目送鸿飞去。

岳山祖庵主法嗣

卢山廷庆叔禅师

僧问："多子塔前，共谈何事？"曰："一回相见一回老，能得几时为弟兄。"僧礼拜，师曰："唐兴今日失利。"

信相正觉宗显禅师法嗣

成都府金绳文禅师

僧问："如何是大道之源？"曰："黄河九曲。"云："如何是不犯之令？"曰："铁蛇钻不入。"僧拟议，师入打。

泐潭典牛天游禅师法嗣

临安府径山涂毒智策禅师

天台人，族陈氏。十六依护国楚光授方服，首谒国清光禅师，次谒育王谌、万寿智，后于云居闻板声契入。抵云岩，岩见然之（游时住云岩），留岁余告别，岩送以偈。寻首众大沩，归里，闻法黄岩之普泽，继历数刹。淳熙戊申冬，诏居径山。

上堂曰："着意忘怀，掘地深埋。空洞无象，髑髅妄想。譬如两镜相照，中间早已立象。直饶东涧水流西涧水，南山烧炭北山红。到这里正好吃棒，为甚如此，我王库内无如是刀。"上堂，举——教中道：若以色见我，以音声求我，是人行邪道，不能见如来。然虽恁么？正是捕得老鼠，打破油瓮。怀禅师道：你眼在甚么处？虽则识破释迦老子，争奈拈匙舐指——若是涂毒即不然："色见声求也不妨，百华影里绣鸳鸯。自从识得金针后，一任风吹满袖香。"绍熙壬子秋七月示疾，至二十七辰初，说偈而逝。八月二日塔全身于东麓，寿七十六，腊六十。

卷第十七
南岳第十六世（临济十二世、黄龙六世）

　　天宁梦庵普信禅师法嗣四人（楚州盐城永宁道全禅师　建康府能仁琢禅师　镇江府鹤林妙禅师　镇江府孝咸竦禅师）（已上机语未见）

　　光孝果憨禅师法嗣二人（一人见录）广德军光孝初首座（处州崇圣善行禅师）（机语未见）

　　雪峰球堂慧忠禅师法嗣一人（隆兴府上蓝独秀宏禅师）（机语未见）

　　祥符立禅师法嗣一人　湖南报慈淳禅师

　　育王无示分介谌禅师法嗣六人（五人见录）南剑州西岩宗回禅师　台州万年心闻昙贲禅师　高丽国坦然国师　庆元府天童慈航了朴禅师　临安府龙华无住本禅师（常州无锡华藏退庵先禅师）（机语未见）

　　道场普明慧琳禅师法嗣二人（一人见录）临江军东山吉禅师（通州狼山璿禅师）（机语未见）乌回范禅师法嗣一人（湖州乌回禧禅师）（机语未见）

光孝果憨禅师法嗣

　广德军光孝初首座

　　分座日，示众举风幡话至仁者心动处，乃曰："祖师怎么道赚杀一船人？今时衲僧不可也，怎么会既不怎么会，毕竟作么生？"良久，曰："六月好合酱，切忌着盐多。"

祥符立禅师法嗣

湖南报慈淳禅师

上堂曰："青瞵一瞬金色知，归授手而来如王宝剑。而今开张门户，各说异端，可谓古路坦而荆棘生，法眼正而还自翳，辜负乃祖埋没己灵，且道不埋没不辜负，正法眼藏毕竟如何？话会有吐露得底，试出来道看，如无：担取诗书归旧隐，野华啼鸟一般春。"

育王无示介谌禅师法嗣

南剑州西岩宗回禅师

双溪人，久依无示，深得法忍。绍兴己巳春，寺僧以茶禁闻有司，吏捕知事，师谓众曰："此事不直之，则罪坐于我；若自直，彼复得罪，不忍为也。"令击鼓升堂，师遂登座说偈曰：县吏追呼不暂停，争如长往事分明，从前有个无生曲，且喜今朝调已成。言讫，瞑目而逝，余语未见。

台州万年心闻昙贲禅师

永嘉人。上堂曰："一见便见，八角磨盘空里转；一得永得，辰锦朱砂如墨黑。秋风吹渭水，已落云门三句里；落叶满长安，几个而今被眼瞒。"竖拂子曰："瞒得瞒不得，总在万年手里，还见么？华顶月笼招手石，断桥水落舍身岩。"僧问："百丈卷席，意旨如何？"曰："贼过后张弓。"

高丽国坦然国师

少嗣王位，钦乡宗乘。因海商方景仁抵四明，录无示语归，师阅之，启悟，即弃位圆颅，作书以语要及四威仪偈，令景仁呈无示。示答曰："佛祖出兴于世，无一法与人，实使其自信、自悟、自证、自到、具大知见，如所见而说，如所说而行，山河大地，草木丛林，相与证明，其来久矣。"后复通嗣书，献其国所赐磨衲袈裟、山锦拜褥、青磁香炉等，泊开堂语录，其书略曰："生死海广，劫殚罔通，得遇本分宗师，以三要印子，验定其法，实谓龟盲值浮木孔耳。"

庆元府天童慈航了朴禅师

七闽人（行实未详）。 上堂曰："酷暑如焚不易禁，炎炎赫赫欲流金。夜明帘外无人到，灵木迢然博绿阴。"

上堂："久雨不晴，半睡半醒。可谓与天地合其德，日月合其明，四时合其序，鬼神合其吉凶。遂喝曰：住，住，内卦已成，更求外象。"卓拄杖曰："适来掷得雷天大壮，如今变作地火明夷。"

上堂："牛皮鞔露柱，露柱啾啾叫。灯笼伴不知，虚明还自照。殿脊老蚩刎，闻得呵呵笑。三门侧耳听，就上打之绕。譬如十日菊，开彻阿谁要。阿呵呵，未必秋香一夜衰，熨斗煎茶不同铫。" 室中问僧："贼来须打，客来须看。只如三更夜半，人面似贼，贼面似人，作么生辨？"

临安府龙华无住本禅师

广德人。 上堂，举——云门大师拈起胡饼云：我只供养两浙人，不供养向北人。众无语，自代云：天寒日短，两人共一碗——师曰："韶阳老汉，言中有响，痛处着锥，检点将来，翻成毒药。诸人要会么？半在河南半河北，一片虚疑如墨黑。冷地思量愁杀人，叵耐云门这老贼。老贼！"下座，更不巡堂。

道场普明慧琳嗣师法嗣

临江军东山吉禅师

因李朝请与甥芗林居士向公子谭访之，遂问："家贼恼人时如何？"师曰："谁是家贼？"李竖拳，师曰："贼身已露。"云："和尚莫诬罔人好。"曰:"赃证现在。"李无语,师示以偈曰:"家贼恼人孰奈何,千圣回机只为他。遍界遍空无影迹,无依无倚绝笼罗。贼,贼,猛将雄兵收不得。疑杀天下老禅和,笑翻闹市古弥勒。休,休,不用将心向外求。回头瞥尔贼身露,并赃捉获世无俦。世无俦,真可仰,从兹不复夸伎俩。贴贴安邦立业时,万象森罗齐拊掌。"后首众于闽之开元,食时停箸而化。

卷第二十一
南岳第十七世（临济十三世、黄龙七世）

万年心闻昙贲禅师法嗣三人（二人见录） 温州龙鸣在庵贤禅师 潭州大沩咦庵鉴禅师 （舒州投子淳禅师）（机语未见）

万年心闻昙贲禅师法嗣

温州龙鸣在庵贤禅师

上堂，举——崇寿示众云：识得凳子，周匝有余；云门道：识得凳子，天地悬殊——师曰："崇寿老汉，坐杀天下人；云门大师，走杀天下人。龙鸣即不然：识得凳子，四脚着地。要坐便坐，要起便起。"

潭州大沩咦庵鉴禅师

会稽人也。 上堂曰："木落霜空，天寒水冷，释迦老子无处藏身。拆东篱，补西壁，撞着不空见菩萨。请示念佛三昧，也甚奇怪，却向道，金色光明云：参退吃茶去。"

上堂："老胡开一条路，甚生径直，只云歇即菩提。性净明心，不从人得，后人不得其门，一向奔驰南北，往复东西，极岁穷年，无个歇处。诸人还歇得么？休，休。"

上堂，举——晦堂和尚一日问僧：甚处来？云：南雄州。曰：出来作什么？云：寻访尊宿。曰：不如归乡好。云：未审和尚令某归乡，意旨如何？曰：乡里三钱买一片鱼鲊如手掌大——师曰："宁可碎身如微尘，终不瞎个师僧眼。晦堂较些子，有般汉便道：'熟处难忘，有甚共语处。'"

第四章 《续景德传灯录》之黄龙世系

【概述】《续景德传灯录》全书三十六卷，目录三卷，明代僧人居顶撰。居顶（？—1404），字圆极（元极），浙江黄岩人，曾任职僧录司讲经，有《居顶文集》等传世。本书编撰于明洪武年间（1368—1398），意在承续北宋《景德传灯录》，故名。此前灯录编排体例，多在六祖慧能下分出南岳、青原二系，有的灯录还在二系下再分五宗二派。居顶认为五家宗派互相激扬，其源同出六祖，所以本书不分二系五宗分割诸多禅师，而统一标称"大鉴[1]下"第几世。这是《续传灯录》在编排标称上别出心裁之处。该书内容上接《景德传灯录》，从大鉴下第十世写至二十世（宋元两代），目录中共标人名三千一百一十，正文中收载行状、语录者一千二百〇三人。其材料多从《五灯会元》《佛祖慧命》《禅林僧宝传》《禅门宗派图》等书中采择。收入日本《大正藏》第五十一册。

---

[1] 大鉴：即六祖慧能，祖师赐号"大鉴"。

卷第七
大鉴下第十二世（黄龙一世）

石霜圆禅师法嗣
黄龙南禅师

章氏讳惠南，其先信州玉山人也。童龆深沉有大人相，不茹荤、不嬉戏，年十一弃家，师事怀玉定水院智銮。尝随銮出，道上见祠庙，辄杖击火毁之而去。十九落发受具足戒，远游至庐山归宗，老宿自宝集众坐，而公却倚。宝时时眴之，公自是坐必跏趺、行必直视。至栖贤依諟禅师，諟莅众进止有律度，公规模之三年。辞渡淮依三角澄禅师，澄有时名，一见器许之。及澄移居泐潭，公又与俱，澄使分座接纳矣。而南昌文悦见之，每归卧叹曰："南有道之器也，惜未受本色钳锤耳。"会同游西山，夜语及云门法道，悦曰："澄公虽云门之后，然法道异耳！"公问所以异，悦曰："云门，如九转丹砂，点铁作金。澄公药汞银，徒可玩，入锻即流去。"公怒以枕投之，明日悦谢过，又曰："云门气宇如王，甘死语下乎？澄公有法授人，死语也！死语其能活人哉？"即背去，公挽之曰："即如是，谁可汝意者？"悦曰："石霜楚圆手段出诸方，子欲见之，不宜后也。"公默计之曰："此行脚大事也。悦师翠岩，而使我见石霜，见之有得于悦何有哉？"即日办装，中途闻慈明不事事，慢侮少丛林，乃悔欲无行。留萍乡累日，结伴自攸县登衡岳寓止福严。老宿号贤叉手者，大阳明安之嗣，命公掌书记。泐潭法侣闻公不入石霜，遣使来讯。俄贤卒，郡以慈明领福严，公心喜之且欲观其人以验悦之言。慈明既至，公望见之心容俱肃，闻其论多贬剥诸方，而件件数以为邪解者,皆泐潭密付旨诀。气索而归念悦平日之语,翻然改曰:"大丈夫心膂之间,其可自为疑碍乎?"趋诣慈明之室曰:"惠南以闇短望道未见,比闻夜参如迷行得指南之车然,惟大慈更施法施使尽余疑。"慈明笑曰:"书记已领徒游方,名闻丛林,借有疑不以衰陋鄙弃,坐而商略,顾不可哉?"呼侍者进榻且使坐,公固辞哀恳愈切,慈明曰:"书记学云门禅,必善其旨,如曰放洞山三顿棒,洞山于时应打不应打?"公曰:"应打。"慈明色庄而言:"闻三顿棒声便是吃棒,则汝自旦及暮闻鸦鸣鹊噪钟鱼鼓板之声,亦应吃棒。吃棒何时当已哉?"公瞠而却。慈明云:"吾始疑不堪汝师,今可矣!"即使拜。公拜起,慈明理前语曰:"脱如汝会云门意旨,则赵州尝言:台山婆子被我勘破。试指其可勘处?"公面热汗下不知答,趋出。明日诣之,又遭诟骂。公惭见左右即曰:"政以未解求决耳,骂岂慈悲法施之式?"慈明笑曰:"是骂耶?"公于是默悟其旨,失声曰:"泐潭果是死语!"献偈曰:"杰出丛林是赵州,老婆勘处没来由。而今四海清如镜,行人莫以路为仇。"慈明以手点"没"字顾公,公即易之,而心服其妙密。留月余辞去,时年三十五。游方广后洞识泉大道又同夏,泉凡圣不测而机辩逸群,拊公背曰:"汝脱类汾州,厚自爱。"明年游荆州,乃与悦会于金銮,相视一笑曰:"我不得友兄及谷泉,安识慈明。"是秋北还,独入泐潭,澄公旧好尽矣。自云居游同安,老宿号神立者,察公倦行役,谓曰:"吾住山久,无补宗教,敢以院事累子。"而群将雅知公名从立之请,不得已受之。泐潭遣僧来审提唱之语,有曰:"智海无性,因觉妄以成凡;觉妄元虚,即凡心而见佛。便尔休去,谓同安无折合,随汝颠倒所欲,南斗七北斗八。"僧归举似澄,澄为不怿。俄闻嗣石霜,泐潭法侣多弃去。住归宗火,一夕而烬。坐抵狱,为吏者百端求其隙，公怡然引咎不以累人。唯不食而已，久而后释，吏之横逆公没齿未尝言。生黄檗结庵于溪上，名曰"积翠"。既而退居曰："吾将老焉。"方是时江湖闽粤之人闻其风，而有在于是者，相与交武竭蹶于道，唯恐其后。虽优游厌饫固以为有余者，至则怃然自失就弟子之列。南州高士潘兴嗣延之尝问其故，公曰："父严则子孝，今日之训后日之范也。譬诸地尔，隆者下之洼者平之，彼将登于千仞之上，吾亦与之俱；困而极于九渊之下，吾亦与之俱。伎之穷，则妄尽而自释也。"又曰："煦之妪之春夏之所以生育也，霜之雪之秋冬之所以成熟也，吾欲无言得乎。"以佛手、驴脚、生缘三语问学者，莫能契其旨。天下丛林目为"三关"。脱有酬者，公无可否敛目危坐，人莫涯其意。延之又问其故？公曰："已过关者掉臂径去，安知有关吏？从吏问可否，此未透关者也。"住黄龙，法席之盛追媲泐潭马祖、百丈大智。熙宁二年三月十七日馔四祖惠日两专使，会罢起跏趺寝室前，大众环拥，良久而化。前一日说偈。又七日阇维得五色舍利，塔于山之前嶂。阅世六十有八，坐五十夏。大观四年春敕谥"普觉"。

卷第十五
大鉴下第十三世（黄龙二世）

黄龙慧南禅师法嗣上二十四人：黄龙祖心禅师　泐潭克文禅师　泐潭洪英禅师　仰山行伟禅师　隆庆庆闲禅师　云盖守智禅师　玄沙合文禅师　黄檗惟胜禅师　百丈元肃禅师　大沩怀秀禅师　福严慈感禅师（已上十二[1]人见录）　太平瑶禅师　仰山和禅师　雪窦行缘禅师　净众启蒙禅师　大罗智高禅师　承天敏禅师　胜业子琼禅师　佛迹道昱禅师　鹅湖聪禅师　章江元禅师　积翠霞庵主　兴国倾禅师　潘清逸居士（已上十三人无录）

黄龙慧南禅师法嗣

洪州黄龙晦堂宝觉祖心禅师

南雄始兴人，生于邬氏。少为书生有声，年十九而目盲，父母许以出家辄复见物，乃往依龙山寺沙门惠全。明年试经业，而师独献诗得剃发。继住受业院不奉戒律，一旦弃之入丛林谒云峰悦禅师，留止三年，苦其孤硬告悦将去。悦云："必往依黄檗南公。"师至黄檗四年，知有而机不发。又辞而上云峰，会悦没，因就止石霜无所参决。试阅《传灯》，至"僧问多福禅师：如何是多福一丛竹？多福云：一茎两茎斜。僧云：不会。多福云：三茎四茎曲。"此时顿觉亲见二师，径归黄檗，方展坐具，南笑云："子入吾室矣。"师亦踊跃自喜，即应曰："大事本来如是，和尚何用教人看话下语，百计搜寻。"南云：

---

[1] 已上十二：应为以上十一人见录，加上下面无录者十三人刚好共24人。

"若不令汝如此究寻,到无用心处自见自肯,吾即埋没汝也。"师从容游泳陆沈众中,时时往决云门语句。南云:"知是边事便休,汝用许多工夫作什么?"师曰:"不然,但有纤疑在,不到无学,安能七纵八横,天回地转哉。"南肯之。已而往谒翠岩真禅师,真与语大奇之,依止二年而真没。乃还黄檗,南使分座接纳后来。及南迁住黄龙,师往谒泐潭月禅师。月以经论精义入神,闻诸方同列笑之,以谓政不自歇去耳,乃下乔木入幽谷乎。师曰:"彼以有得之得护前遮后,我以无学之学朝宗百川。"中以小疾医寓章江,转运判官夏倚公立雅意禅学,见杨杰次公而叹曰:"吾至江西恨不识南公。"次公云:"有心上座在章江,公能自屈不待见南也。"公立见师,剧谈神思倾豁,至论肇论会万物为自己者,及情与无情共一体,时有狗卧香卓下,师以压尺击狗,又击香卓曰:"狗有情即去,香卓无情自住。情与无情安得成一体?"公立不能对,师曰:"才入思惟便成剩法,何曾会万物为自己哉?"又尝与僧论维摩,三万二千师子宝座画,入毗耶小室何故不碍,为是维摩所现神力耶?为别假异术耶?夫难信之法,故现此瑞;有能信者,始知本来自有之物,何故复令更信。曰:"若无信入小必妨大,虽然既有信,法何从而起耶。"又作偈曰:楼阁门前才敛念,不须弹指已开扃。善财一去无消息,门外春来草自青。其指法亲切方便妙密多类此。南入灭师继住持十有二年,然性真率不乐从事于务,五求解去乃得谢事闲居。而学者益亲,谢景温师直守潭州,虚大沩以致,师三辞不往。又嘱江西转运判官彭汝砺器资问所以不赴长沙之意,师曰:"愿见谢公,不愿领大沩也。马祖百丈以前无住持事,道人相寻于空闲寂莫之滨而已。其后虽有住持,王臣尊礼为天人师。今则不然,挂名官府如有户籍之民,直遣五伯追之耳,此岂可复为也?"师直闻之,不敢以院事屈,愿一见之。师至长沙,师直愿受法要,师为举其纲。略曰:"三乘十二分教还同说食示人食味,既因他说其食,要在自己亲尝。既自亲尝,便能了知其味是甘是辛是咸是淡。达磨西来直指人心见性成佛,亦复如是。真性既因文字而显,要在自己亲见,若能亲见,便能了知目前是真是妄、是生是死。既能了知真妄生死,反观一切语言文字,皆是表显之说、都无实义。如今不了病在甚处,病在见闻觉知,为不如实知真际所诣,认此见闻觉知为自己所见,殊不知,此见闻觉知皆因前尘而有分别。若无前尘境界,即此见闻觉知还同龟毛兔角并无所归。"师直闻所未闻。又答韩侍郎宗古问曰:"承谕昔时开悟,旷然无疑,但无始已来习气未能顿尽,然心外无剩法者,不知烦恼习气是何物而欲尽之,若起此心翻成认贼为子也。从上以来但有言说,乃至随病设药,纵有烦恼习气,但以如来知见治之,皆是善权方便诱引之说,若是定有习气可治,却是心外有法而可尽之。譬如灵龟曳尾于途,拂迹迹生,可谓将心用心转见病深,苟能明心,心外无法法外无心。心法既无,更欲教谁尽耶。"师游京师,驸马都尉王公诜尽礼迎之,庵于国门之外。久之南还,再游庐山。彭器资守九江,师见之,器资从容问师:"人命临终时有旨决乎?"师曰:"有之。"云:"愿闻其说?"师曰:"待器资死即道。"器资起立增敬云:"此事须是和尚始得。盖于四方公卿合即千里应之,不合则咫尺不往。"尝有偈曰:不住唐朝寺,闲为宋地僧。生涯三事衲,故旧一枝藤。乞食随缘去,逢山任意登。相逢莫相笑,不是岭南能。可以想见师人物品格焉。师既腊高复移庵深入栈,绝学者又二十余年。尝于南公圆寂之日作偈曰:昔人去时是今日,今日依然人不来。今既不来昔不往,白云流水空徘徊。谁云秤尺平,直中还有曲;谁云物理齐,种麻还得粟。可怜驰逐天下人,六六元来三十六。丛林传之以为克肖南公"随汝颠倒所欲、南斗七北斗八"之语。元符三年十一月十六日中夜示寂，阅世七十有六，坐五十五夏。赐号"宝觉"，葬于南公塔之东号"双塔"。

洪州泐潭真净克文禅师

出于陕府阌乡郑氏，郑世族多名公卿。师生而杰异，幼孤事后母至孝而失爱。母数困辱之，父悲之使游学四方，至复州北塔闻耆宿广公说法感泣，裂缝掖而师事之，故北塔以"克文"名之。年二十五试所习剃发受具足戒，学经论无不臻妙。游京洛讲席，因经行龙门殿庑间，见塑比丘像冥目如在定，翻然自失谓其伴曰："我所负者如吴道子画人物，虽尽其妙然非活者。"于是弃去曰："吾将南游观道焉。"治平二年坐夏于大沩，夜闻僧诵云门语，僧问：佛法如水中月是否？云门云：清波无透路。豁然有省。时南禅师在黄檗，师往造焉。适真觉惟胜为首坐，南一日举古德"钟楼上念赞、床脚下种菜"话令众下语，胜云："猛虎当路坐。"南喜之，遂退院令住，而居于积翠庵。师三到庵语不契，乃曰："此老只是个修行僧，不会我说话。"遂去见翠岩顺禅师，顺知见甚高，而语话好葛藤，诸方号"顺婆婆"是也。问师："近离甚处？"师曰："黄檗。"云："庵头老子安乐否？"师曰："安乐。"云："甚处人事？"师曰："关西。"云："说话却不似关西人？"师曰："幼曾游学。"云："甚处为僧？"师曰："从北塔广和尚落发。"广与秀同参双泉郁，顺笑云："顷与讷祖印参此二大老，不会渠语话，及我如今参得些子禅，要见他却已迁化了。"又问："新黄檗住得如何？"师曰："甚好。"顺云："渠只下得一转语好，遂住黄檗，禅即未梦见在。"师因此大悟临济宗旨，顿见南用处，遂作数颂寄之，南大称赏。因回参礼，南问："从什么处来？"对曰："翠岩。"南云："恰值老僧不在。"进曰："未审向什么处去？"南云："天台普请、南岳云游。"曰："若然者学人亦得自在去也。"南云："脚下鞋何处得来？"曰："庐山七佰钱唱得。"南云："何曾自在？"师指曰："何曾不自在耶。"南骇异之。于时洪英首座与师齐名，英乃邵武人也，众中号"英邵武、文关西"。久之辞去，复寓止翠岩顺禅师会下，顺云："子种性迈往而契悟广大，临济将仆子力能支之，厚自爱。"南住黄龙师复往焉，南云："适令侍者卷帘问渠，'卷起帘时如何？'云：'照见天下。''放下帘时如何？'云：'水泄不通。''不卷不放时如何？'侍者无语，汝又作么生？"师曰："和尚替侍者下涅槃堂始得。"南厉声云："关西人果无头脑。"乃顾旁僧，师指之曰："只这僧也未梦见。"南大笑，自是门下号伟异，虽博学多闻者见之无不詟缩。南入灭游衡岳，还首众于仰山。熙宁五年至高安，太守钱公弋先侯见之。师复谒，有獒逸出屏间，师方趋迎之少避，钱公嘲云："禅者固能教诲蛇虎，乃畏狗乎？"师曰："易伏隈岩虎，难降护宅龙。"钱公叹云："名不虚得。"遂挽令住洞山，继住寿圣。初于洞山开堂示众曰："问话且止，只知问佛问法，殊不知佛法来处，且道从什么处来？"乃垂下一足曰："昔日黄龙亲行此令，十方诸佛无敢违者，诸代祖师一切贤圣无敢越者。无量法门一切妙义，天下老和尚舌头始终一印无敢异者，无异即且止，印在什么处。还见么？若见非僧非俗无偏无觉一一分付，若不见即我自收。"遂收足，乃喝一喝曰："兵随印转，将逐符行，佛手驴脚生缘，老好痛与三十棒。而今会中莫有不甘者么？若有不妨奇特，若无新长老谩汝诸人去也。故我大觉世尊，昔日于摩谒陀国，十二月八日明星现时豁然悟道，大地有情悉皆成佛。今日有释子沙门克文，于东震旦国大宋筠阳城中，六月十三日赫日现时。又悟个什么？以拂子画一画曰：我不敢轻于汝等，汝等皆当作佛。"下座，又示众曰："洞山门下有时和泥合水，有时壁立千仞。汝等诸人，拟向和泥合水处见洞山，洞山且不在和泥合水处；拟向壁立千仞处见洞山，洞山且不在壁立千仞处；拟向一切处见洞山，洞山且不在一切处。汝不要见洞山鼻索，在洞山手里拟瞌睡，也把鼻索一掣。只见眼孔定动又不相识，也不要尔识洞山，且识得自己也得。"又曰："洞山门下要行便行、要坐便坐，钵盂里屙屎、净瓶中吐唾，执法修行如牛拽磨。"复曰："头陀石被莓苔裹，掷笔峰遭薛荔缠。罗汉院一年度三个行者，归宗寺里参退吃茶。"有僧问："如何是佛？"师呵呵大笑，僧云："何哂之有？"师曰："我笑汝随语生解。"僧云："偶然失利。"师遂高声曰："不得礼拜。"僧便归众，师复笑曰："随语生解果然果然。"乃曰："洞山门下八凹九凸，交交加加屈屈曲曲崎崎岖岖嵲嵲屼屼。水云掩映烟岚重叠，一道直路观者游者十八九人。举步早是迷却路头也，其中莫有不迷者么？"喝一喝曰："且道路头在什么处？"又曰："佛法二字不用道着，道着则头角生。古人只解杀人不解活人，何不道佛法二字一一现成。诸仁者，欲知佛么只诸人是，欲知法么只诸人日用者是。是不是是即也大奇，不是也大奇。杀也活也一处不通，两处失功触途成滞。"一日上堂问答罢，乃曰："还有问话底么？"良久曰："三十年弄马骑却被驴扑。"遂抚膝曰："直得须弥岌嶪、海水腾波，三十三天一时退位，十八大地狱尽乃停酸。见么？若这里见得，释迦拱手弥勒攒眉，文殊普贤与伊作侍者；若也不见，看我七纵八横，且向葛藤里荐取阿呵呵。诸高德且道，我笑个什么噫？我笑昔日云门、临济、德山、岩头萤火之光、蚊蚋之解，一人道我呵佛骂祖，一人道我得末后一句，一人道黄檗佛法无多子，一人道大觉世尊初生下时，一手指天一手指地，天上天下唯吾独尊，我当时若见一棒打杀与狗子吃，似这一队掠虚汉，总只一期于无佛处称尊。若是如今唤来一时与伊生按过，自余之辈放过即不可。岂不闻：僧问乾峰云：十方薄伽梵一路涅槃门，未审路头在什么处？乾峰拈拄杖画一画云：在这里。只如乾峰怎么曾梦见也未。若是老僧即不然，十方薄伽梵一路涅槃门，未审路头在什么处？劈脊便棒。却问伊：路头在什么处？待拟开口热喝出去，更有云门折脚老比丘，不分缁素不辨正邪。拈扇子云：踔跳上三十三天，筑着帝释鼻孔，东海鲤鱼打一棒雨似盆倾，似这般和泥合水汉，粪扫堆里埋却十个五个，又有甚过。阿呵呵，乐不乐足不足。而今幸对山青水绿，年来是事一时休。信任身心懒拘束，大众休瞌睡好。"又解夏示众曰："有问话者么？"乃以拂子击禅床曰："天地造化，有阴有阳，有生有杀；日月照临，有明有暗，有隐有显；江河流注，有高有下，有壅有决；明主治化，有君有臣，有礼有乐，有赏有罚；佛法住世，有顿有渐，有权有实，有结有解。结也四月十五十方世界，是圣是凡若草若木。"以拂子左边敲一下曰："从这里一时结。"举拂子曰："总在拂子头上。"还见么乃喝曰："解也七月十五日，法界若草若木、乃圣乃凡。"以拂子右边敲一下曰："从这里一处解。"举拂子曰："总在拂子头上。还见么？"乃喝曰："只如四月十五已前、七月十五日已后，且道是解是结？"举拂子曰："总在拂子头上。还见么？"又喝曰："诸高德，此三喝中，有一喝是金刚王宝剑、有一喝是踞地师子、有一喝是探竿影草，若人一一辨得，始见临济大师道出常情、黄檗被掌、大愚遭筑，虽相去三二百年许，汝亲为嫡子。然后大开不二妙门，权衡诸祖摧邪显正、扶宗立教、整顿颓纲，纵大知见耀大法眼，不动本际决胜魔军。"乃喝曰："更须知，有一喝不作一喝用。到者里，须是烁迦罗眼向未屙已前蓦提得去，诸高德且道提得个什么？"良久喝一喝，下座。师住持凡十有二年，厌繁剧谢事东游三吴，至金陵时王荆公方退闲居定林。闻师来出迎，既是喜甚剧谈终日。公问："诸经皆首标时处，圆觉经独不然何也？"师曰："顿乘所演直示众生，日用现前不属今古。只今老僧与相公俱入大光明藏，游戏三昧互为宾主非干时处？"又问："经云一切众生皆证圆觉，而圭峰以证为具，谓译者之讹何如？"师曰："圆觉如可改，维摩亦可改也。维摩岂不云：亦不灭受蕴而取证，夫不灭受蕴而取证，与皆证圆觉之意同。盖众生现行无明，即是如来根本大智，圭峰之言非是。"荆公大悦，称赏者累日，施其第为宝坊，延师为开山第一祖。升座曰："大众今日一会要知么？是大众成佛时节净缘，乃今际会大丞相荆国公及判府左丞，施宅舍园林为佛刹，请山僧阐扬祖意，诸人还会么？直指大众即心见性成佛，大众信得及么？若自信得及，即知自性本来成佛；纵有未信亦当成佛，但为迷来日久，乍尔闻说诚难取信。且如古今天下善知识，一切禅道一切语言，并是善知识自佛性中流出建立，而流出者是末佛性是本。近代佛法可伤，多弃本逐末背正投邪，但认古人言句为禅为道有甚干涉，直饶达摩西来亦无禅可说，只要大众自证自悟自成佛自建立一切禅道，况神通变化众生本自具足不假外求。如今人多是外求，盖根本自无所悟，一向客作数他珍宝，都是虚妄不免生死流转。大众，今日二相公特建此大道场作大佛事，出大地众生生死流转之苦，显露本来广大寂灭妙心，开发本来神通大光明藏。但迷则长居凡下，悟则即今圣贤。大众，言多则去道转远，笑他明眼道人，众中莫有明眼者么？今时佛法混滥，要分邪正使大家不堕邪见，作人天正眼，有么有么？"良久曰："我终不敢轻于汝等，汝等皆当作佛。"下座。荆公大悦，以师道行奏闻，诏赐"真净禅师"。未几厌繁阓，还高安庵于九峰之下，名曰"投老"。学者自远而至，六年而复出住归宗,又二年张天觉由左司谪金陵酒官起帅南昌,过庐山见师,康强尽礼致之以居泐潭,俄退居"云庵"。以崇宁元年十月旦日示疾,十五日疾愈。尽出平生玩好道具,件件疏之散诸门弟子。十六日中夜沐浴跏趺,众请说法,师笑曰:"今年七十八,四大相离别。风火既离散,临行休更说。"言卒而逝,又七日阇维五色成焰,白光上腾,烟之所及皆成舍利,道俗千余人皆得之。分建塔于泐潭宝莲峰之下、洞山留云洞之北。

洪州泐潭洪英禅师

姓陈氏,邵武军人。幼警敏,读书五行俱下,父母爱之使为书生习进士,师不食自誓恳求出家。及成大僧即行访道,东游至曹山依止耆年雅公,久之辞去登云居,眷岩壑胜绝为终焉之计。阅《华严十明论》,至为真智慧无体性,不能自知无性故为无性之性,不能自知无性故名曰无明。《华严》第六地曰:不了第一义故号曰无明。将知真智慧本无性故不能自了,若遇了缘而了则无明灭矣,是谓成佛要门。愿以此法绍隆佛种,然今诸方谁可语此。既而曰:有积翠老子在。即日往黄檗谒南禅师,夜语达旦,南惟加敬而未许入室,师往往呈语,南惟默然。一日因取经函忽失手而坠,戛然有声遂顿悟,径造方丈陈其所解。南曰:"汝乃吾家英雄,具正眼者善自护持。"时会下龙象杂沓,而师议论英发常倾四坐,声名借甚。乃游西山遇南昌潘居士同宿双岭,居士言:"龙潭见天皇时节冥合孔子。"师惊问:"何以验之?"居士举孔子曰:"二三子以我为隐乎,吾无隐乎尔,吾无行而不与二三子者,是丘也。天皇云:'汝擎茶来吾与汝接,汝行食来吾与汝受,汝问讯我起手,何尝不为汝。'师以为何如?"师笑曰:"楚人以山鸡为凤,世传以为笑。不意居士此语正相类,何也汝擎茶来吾为汝接,汝行食来吾为汝受,汝问讯我起手,若言是说，说个什么？若言不说，龙潭何以便悟此？所谓无法可说是名说法，以世尊之辨亦不能加此两句耳。学者但求解会，譬如五色图画虚空，鸟窠无佛法可传授，不可默坐，只拈布毛吹之，侍者便悟去。学者乃云：'拈起布毛全体发露。'似此见解未出教乘，其可称祖师门下客耶。九峰被人问深山里还有佛法也无，不得已云有。及被穷诘无可有，乃云：'石头大者大、小者小。'学者乃卜度云：'刹说众生说三世炽然说。'审如此教乘自足，何必更问祖师意旨耶？要得脱体明去，譬如病眼人求医治之，医者乃能去翳膜，不曾以光明与之。"居士推床而起，云："吾忧积翠法道未有继者，今知尽在子躬矣。"双岭顺禅师问："庵中老师好问学者，并却咽喉唇吻道取一句，首座曾道得么？"师为之一笑已，而有偈曰：阿家尝醋三尺喙，新妇洗面摸着鼻。道吾答话得腰褌，玄沙开书是白纸。于是顺叹服以为名下无虚士。有同参在石门分座接纳，师作偈寄之曰：万煅炉中铁蒺藜，直须高价勿饶伊。横来竖去呵呵笑，一任旁人鼓是非。熙宁元年首众于庐山圆通寺，学者归之如南公。明年春南圆寂，十月师徇四众之请，遂开法于石门。僧问："逢场作戏时如何？"师曰："红炉爆出铁乌龟。"僧云："当轩布鼓师亲击，百尺竿头事若何？"师曰："山僧不信这活计。"僧拟议，师曰："不唧溜汉。"僧礼拜起，便垂下袈裟角云："脱衣卸甲时如何？"曰："喜得狼烟息，弓弰壁上悬。"僧却揽上袈裟角云："重整衣甲时如何？"师曰："不到乌江畔，知君未肯休。"僧便喝，师曰："惊我。"僧拍一拍，师曰："也是死中得活。"僧礼拜，师曰："将谓收燕破赵之才，元来只是贩私盐贼。"僧问："如何是佛？"师曰："眉分八字眼似流星。"僧云："如何是祖师西来意？"师曰："一棒一条痕。"僧云："大众证明学人礼谢。"师呵呵大笑，僧礼拜起以左手画一圆相，师以拂子穿向右边；僧以右手画一圆相，师以拂子穿向左边；僧以两手画圆相托呈，师以拂子画一画曰："三十年来未曾逢沩仰子孙，今日却遇着个踏土墼汉。还更有问话者么？"良久无问，师乃曰："问也无穷答也无尽，问答去来于道转远。何故况为此事，直饶棒头荐得不是丈夫，喝下承当未为达士，那堪更向言中取则句里驰求，语路尖新机锋捷疾，如斯见解尽是埋没宗旨玷污先贤，于吾祖道何曾梦见，只如我佛如来临般涅槃。乃云：'吾有正法眼藏涅槃妙心，付嘱摩诃大迦叶。'迦叶遂付阿难，洎商那和修鞠多大士诸祖相继，至于达摩西来，直指人心见性成佛。不立文字语言，岂不是先圣方便之道，自是当人不信却自迷头认影，奔逐狂途致使伶俜流浪生死。禅德，若能一念回光返照，向自己脚跟下褥剥究竟将来，可谓洞门溪开楼阁重重，十方普现海会齐彰，便乃凡圣贤愚、山河大地以海印三昧一印印定，更无纤毫透漏。山僧如是举唱，若是众中有本色衲僧，闻之实为掩耳而归笑破他口。大众且道，本色衲僧门下一句作么生道？"良久曰："天际雪埋千尺石，洞门冻折数株松。"又一日升堂，僧问："黄龙一曲师亲唱，佛手驴脚略借观。"师曰："老僧打退鼓。"僧礼拜，师曰："龙头蛇尾。"又问："临济栽松即不问，百丈开田事若何？"师曰："深着锄头。"僧云："古人犹在。"师曰："更添锄头。"僧礼拜，师击禅床一下，乃顾视大众曰："青山重叠叠，绿水响潺潺。"遂拈拄杖曰："未到悬崖处，抬头仔细看。"卓拄杖而起，又曰："宝峰高峻人罕到，岩前雪压枯松倒。岭前岭后野猿啼，一条古路清风扫。禅德，虽然如是，且道山僧拄杖子长多少？"遂拈起曰："长者随长使，短者随短用。"卓一下，又上堂良久，顾视大众曰："石门巇险铁关牢，举目重重万仞高。无角铁牛冲得破，毗卢海内作波涛。且道不涉波涛一句作么生道？"良久曰："一句不遑无着问，迄今犹作野盘僧。"下座。师住未期年，六月知事纷争，止之不可，即谓众曰："领众不肃，正坐无德，吾有愧黄龙。"呼维那鸣钟众集叙行脚始末曰："吾灭后火化，以骨石藏普通塔，明生死不离清众也，言卒而逝。"阅世五十有九，坐四十三夏。门弟子奉师遗诫，茶毗以灵骨入塔，别收舍利供养。

袁州仰山行伟禅师

河朔人也，东京大佛寺受具。听习圆觉微有所疑，挈囊游方专扣祖意，至南禅师法席六迁星序。一日扣请寻被喝出，足拟跨门顿省玄旨。出世仰山道风大著。

上堂："大众会么？古今事掩不得，日用事藏不得。既藏掩不得则日用现前，且问诸人，现前作么生参？"

上堂："大众见么？开眼则普观十方，合眼则包含万有。不开不合是何模样？还见模样么？久参高德举处便晓，后进初机识取模样。莫只管贪睡，睡时眼见个甚么？若道不见与死人何别？直饶丹青处士笔头上画出，青山绿水夹竹桃花，只是相似模样；设使石匠锥头钻出群羊走兽，也只是相似模样。若是真模样，任是处士石匠无尔下手处，诸人要见须是着眼始得。"良久曰："广则一线道，狭则一寸半。"以拂子击禅床："鼓声才动大众云臻，诸人上观山僧下觑。上观观个甚么，下觑觑个甚么？"良久曰："对面不相识。"

上堂："道不在声色而不离声色，凡一语一默一动一静隐显纵横无非佛事，日用现前古今凝然理何差互。"师自题其像曰：吾真难貌，斑斑驳驳，拟欲安排，下笔便错。示寂，阇维获五色舍利，骨石栓索句连，塔于寺之东。

吉州仁山隆庆院庆闲禅师

福州卓氏子。母梦胡僧授以明珠吞之而娠，及生白光照室。幼不近酒蔌，年十一弃俗，十七得度，二十遍参。后谒黄龙于黄檗，龙问："甚处来？"师曰："百丈。"曰："几时离彼？"师曰："正月十三。"龙曰："脚跟好痛与三十棒。"师曰："非但三十棒。"龙喝曰："许多时行脚无点气息。"师曰："百千诸佛亦乃如是。"曰："汝与么来何曾有纤毫到诸佛境界。"师曰："诸佛未必到庆闲境界。"龙问："如何是汝生缘处？"师曰："早晨吃白粥，如今又觉饥。"问："我手何似佛手？"师曰："月下弄琵琶。"问："我脚何似驴脚？"师曰："鹭鸶立雪非同色。"龙嗟咨而视曰："汝剃除须发当为何事？"师曰："只要无事。"曰："与么则'数声清磬是非外，一个闲人天地间'也？"师曰："是何言欤？"曰："灵利衲子。"师曰："也不消得。"龙曰："此间有辩上座者汝着精彩。"师曰："他有甚长处？"曰："他捌汝背一下又如何？"师曰："作甚么？"曰："他展两手。"师曰："甚处学这虚头来。"龙大笑。师却展两手，龙喝之，又问："怳怳松松两人共一碗作么生会？"师曰："百杂碎。"曰："尽大地是个须弥山，撮来掌中汝又作么生会？"师曰："两重公案。"曰："这里从汝胡言汉语，若到同安如何过得？"时英邵武在同安作首座，师欲往见之。师曰："渠也须到这个田地始得。"曰："忽被渠指火炉。"曰："这个是黑漆火炉，那个是黑漆香卓，甚处是不到处？"师曰："庆闲而前，且从怎么说话，若是别人笑和尚去。"龙拍一拍，师便喝。明日同看僧堂，曰："好僧堂。"师曰："极好工夫。"曰："好在甚处？"师曰："一梁拄一柱。"曰："此未是好处。"师曰："和尚又作么生？"龙以手指曰："这柱得与么圆，那枋得与么匾。"师曰："人天大善知识须是和尚始得。"即趋去，明日侍立，龙问："得坐披衣向后如何施设？"师曰："遇方即方遇圆即圆。"曰："汝与么说话犹带唇齿在？"师曰："庆闲即与么和尚作么生。"曰："近前来与汝说。"

师拊掌曰:"三十年用底今朝捉败。"龙大笑曰:"一等是精灵。"师拂袖而去,由是学者争归之,庐陵太守张公鉴请居隆庆。僧问:"铺席新开不可放过。"师曰:"记取话头。"曰:"请师高着眼。"师曰:"蹉过了也。"室中垂问曰:"祖师心印篆作何文,诸佛本源深之多少?"又曰:"十二时中上来下去开单展钵,此是五蕴败坏之身,那个是清净法身?"又曰:"不用指东画西,实地上道将一句来。"又曰:"十二时中着衣吃饭承甚么人恩力?"又曰:"鱼行水浊鸟飞毛落,亮座主一入西山,为甚么杳无消息?"师居隆庆未期年,钟陵太守王公韶请居龙泉,不逾年以病求去,庐陵道俗舟载而归,居隆庆之东堂,事之益笃。元丰四年三月七日将示寂,遗偈曰:露质浮世,奄质浮灭。五十三岁,六七八月。南岳天台,松风涧雪。珍重知音,红炉优钵。泊然坐逝,俾画工就写其真,首忽自举,次日仍平视。阇维日,云起风作飞瓦折木,烟气所至东西南北四十里,凡草木沙砾之间皆得舍利如金色,计其所获几数斛。阅世五十五,坐夏三十六。初苏子由欲为作记而疑其事,方卧疾梦有呵者曰:"闲师事何疑哉,疑即病矣。"子由梦中作数百言,其铭略曰:稽首三界尊,闲师不止此。悯世狭劣故,聊示其小者。子由其知言哉。

潭州云盖守智禅师

剑州陈氏子。游方至豫章大宁,时法昌遇禅师韬藏西山,师闻其饱参即之。昌问曰:"汝何所来?"师曰:"大宁。"又问:"三门夜来倒汝知么?"师愕然曰:"不知。"昌曰:"吴中石佛大,有人不曾得见。"师悯然即展拜,昌使谒翠岩真禅师,虽久之无省,且不舍寸阴。及谒黄龙于积翠,始尽所疑。后首众石霜,遂开法道吾、徙云盖。僧问:"有一无弦琴,不是世间木。今朝负上来,请师弹一曲。"师拊膝一下。僧云:"金风飒飒和清韵,请师方便再垂音。"师曰:"陕府出铁牛。"上堂:"紧鞘离水靴,踏破湖湘月。手把铁蒺藜,打碎龙虎穴。翻身倒上树,始见无生灭。劫笑老瞿昙,弹指超弥勒。"

上堂:"昨日高山看钓鱼,步行骑马失却驴。有人拾得骆驼去,重赏千金一也无。若向这里荐得不着还草鞋钱。"上堂,举赵州问僧:"向甚么处去?"曰:"摘茶去。"州曰:"闲。"师曰:"道着不着何处摸索,背后龙鳞面前驴脚,翻身筋斗孤云野鹤。阿呵呵。"示众:"不离当处常湛然,觅即知君不可见。虽然先德恁么道,且作个模子搭却。若也出不得只抱得古人底,若也出得方有少分相应。云盖则不然,骑骏马绕须弥,过山寻蚁迹,能有几人知。"师居院之东堂,政和辛卯死心谢事黄龙,由湖南入山奉觐,日已夕矣。侍僧通谒,师曳履且行且语曰:"将烛来看其面目,何似生而致名喧宇宙。"死心亦绝,叫:"把近前来,我要照是真师叔是假师叔。"师即当胸驱一拳,死心曰:"却是真个。"遂作礼,宾主相得欢甚。及死心复领黄龙,至政和甲午示寂。时师住开福,得讣上堂:法门不幸法幢摧,五蕴山中化作灰。昨夜泥牛通一线,黄龙从此入轮回。

福州玄沙合文明慧禅师

僧问:"如何是道?"师曰:"私通车马。"僧进一步,师曰:"官不容针。"

瑞州黄檗惟胜真觉禅师

潼川罗氏子。居讲聚时偶以扇勒窗棂有声,忽忆教中道:十方俱击鼓,十处一时闻。因大悟白本讲,讲令参问,师径往黄龙。后因瑞州太守委龙遴选黄檗主人,龙集众垂语曰:"钟楼上念赞,床脚下种菜。若人道得乃往住持。"师出答曰:"猛虎当路坐。"龙大悦,遂令师往,由是诸方宗仰之。

上堂:"临济喝,德山棒,留与禅人作模范。归宗磨,雪峰毯,此个门庭接上流。若是黄檗即不然,也无喝,也无棒;亦不推磨,亦不辊毯,前面是案山背后是主山,塞却尔眼睛拶破尔面门,于此见得得不退转地,尽未来际不向他求,若见不得醍醐上味翻成毒药。"

上堂:"寂兮寥兮,蟾蜍皎皎下空谷;宽兮廓兮,曦光赫赫流四海。曹溪路上剿绝人行,多子塔前骈阗如市,直饶这里荐得倜傥分明,未是衲僧活计。大丈夫汉须是向黑暗狱中敲枷打锁,饿鬼队里放火夺浆。推倒慈氏楼,折却空王殿。灵苗瑞草和根抚,满地从教荆棘生。"

洪州百丈元肃禅师上堂

僧问:"祖意西来谁家嫡嗣?"师曰:"面南观北斗。"僧云:"黄龙密印亲传得,百丈今朝一派流。"曰:"听事不真,唤钟作瓮。"僧云:"人天有赖。"师曰:"七穿八穴。"问:"祖意西来愿垂开示。"师曰:"泥牛吞巨浪。"僧云:"中下之机如何体究?"师曰:"木马践红尘。"僧云:"恁么则法轮再转,祖道重光?"师曰:"土上加泥。"乃曰:"文殊在诸人眼睫上放光,普贤在脚跟下走过,且道观音大士在什么处行履?夜闻风水响,日听岭猿啼。"又谓众曰:春去秋来始复终,花开花落几时穷。唯余林下探玄者,了得无常性自通。复曰:"亘古迈今包天括地,岂去来之所易。何新旧之能迁,岭梅发泄岸柳含烟,荣衰互换前后交参,诸禅者会么?法尔非尔,不然而然。""又曰:动则应用无穷,静则虚明寥廓。动静无二物我如如,出家人到这里阿谁无分。虽然如是,苦瓠连根苦,甜瓜彻蒂甜。"

潭州大沩怀秀禅师

信州应氏子。僧问:"昔日沩山水牯牛,自从放去绝踪由。今朝幸遇师登座,未审时人何处求。"师曰:"不得犯人苗稼。"曰:"恁么则头角已分明。"师曰:"空把山童赠铁鞭。"

南岳福严慈感禅师

潼川杜氏子。上堂:"古佛心只如今,若不会若沉吟。秋雨微微秋风飒飒,乍此乍彼若为酬答。沙岸芦花青黄交杂,禅者何依。"良久曰:"札。"

卷第十六
大鉴下第十三世（黄龙二世）

黄龙慧南禅师法嗣下五十九人　石霜琳禅师　开元子琦禅师　上蓝顺禅师　三祖法宗禅师　四祖法演禅师　五祖晓常禅师　佛印宣明禅师　灵岩重确禅师　大沩颖诠禅师　九棕法明禅师　廉泉昙秀禅师　灵鹫慧觉禅师　兴化法澄禅师　花药元恭禅师　兴国契雅禅师　宝盖子勤禅师　云峰道圆禅师　延庆洪准禅师　胜业惟亨禅师　登云超及禅师　积翠永庵主　灵隐德滋禅师　东林常总禅师　保宁圆玑禅师　云居元祐禅师　报本慧元禅师　建隆昭庆禅师　清隐清源禅师　禾山德普禅师　慧林德逊禅师　祐圣法宲禅师　三角慧泽禅师　法轮文昱禅师　归宗志芝庵主（已上三十四人见录）隆庆利俨禅师　黄龙自庆禅师　大光应犀禅师　水南智秘禅师　升山绍南禅师　南华清桂禅师　芭蕉仁珂禅师　清泉崇雅禅师　章法觉信禅师　慧日富禅师　归宗进首座　涌泉以禅师　石鼓洞珠禅师　金粟慧英禅师　宝胜澄甫禅师　慧日普觉禅师　西峰正信禅师　普宁惠因禅师　翠岩宝赟禅师　鹅湖崇坚禅师　云门希晏禅师　吉祥有臻禅师　乾明超莹禅师　景德本隆禅师　云顶清泰禅师（已上二十五人无录）

黄龙南禅师法嗣

潭州石霜琳禅师

初行脚时与夹山龄同行，久依佛日才禅师罢参矣。因与龄同游黄檗，见慧南禅师小参，不喻其旨。师遂求入室，龄大怒痛殴一顿而去。师独留未几大悟黄龙宗旨，机锋颖脱名振丛林，在南公坐下与文关西英邵武等齐名。遂开法于石霜，上堂示众曰："霜华一境极目萧然，枯木堂前风行草偃。渌水滔滔无尽，白云合而还开。往来禅客饱足，观光林下相逢。呵呵大笑，且道笑个什么？"良久曰："烟村三四月，别是一家春。"下坐，又曰："或谈玄或说妙，德山临济拍手笑。更言无说是菩提，多年梁上生芝草。咦！"僧问："拈槌举拂拈放一边，请师答话。"师曰："高着眼。"僧云："作家宗师。"师曰："脚下蹉过"。僧以坐具画一画，师曰："自领出去。"又问："法王出世请施号令。"师曰："一二三四五。"僧云："法令施行。"师曰："潇湘船子。"问："慈云蔼蔼慧日辉辉，大众欣然乞师一接？"师曰："好。"僧云："不言含有象，何处谢无私。"师曰："石女溪边笑点头。"问："石霜枯木重生时如何？"师曰："海底金龟走，天边玉兔明。"僧云："恁么则觉花开有地，果熟自然香？"师曰："须弥顶上面南行。"师说法颇类真净，然于真净不相识而心敬之。在石霜时真净在洞山，师以颂送僧，见之有曰：憧憧四海求禅者，不到新丰也是痴。师于元丰七年三月初八日净发沐浴，至夜小参曰：平生行脚方始见人，平生参禅始终得力。成佛作祖不离方寸，镬汤炉炭只在如今。这个消息如人饮水冷暖自知，听吾一颂：大幻一段，光明灿烂。芒恼众生，早晚分散。夜半端然示寂，阇维得舍利葬于本山。

蕲州开元子琦禅师

泉州许氏子，依开元智讷试经得度，精楞严圆觉。弃谒翠岩真禅师问佛法大意，真唾地曰："这一滴落在甚么处？"师扪膺曰："学人今日脾疼。"真解颜，辞参积翠，岁余尽得其道。乘间侍翠商确古今，适大雪翠指曰："斯可以一致莙荨否？"师曰："不能。然则天霁日出，云物解驳，岂复有哉。"知有底人于一言句如破竹，虽百节当迎刃而解,讵容声于拟议乎。一日翠遣僧逆问:"老和尚三关语如何?"师厉声曰:"尔理会久远时事作么?"翠闻益奇之,于是名著丛席。翠殁四祖演禅师命分坐,室中垂示语曰:"一人有口道不得姓字为谁?"后传至东林,总禅师叹曰:"琦首座如铁山万仞,卒难逗他语脉。"未几以开元为禅林,请师为第一世。上堂:"虚空无内外,事理有短长。顺则成菩提,逆则成烦恼。灯笼常瞌睡,露柱亦懊恼。大道在目前,更于何处讨。"以拂子击禅床。上堂:"四面亦无门,十方无壁落。头蓬松耳卓朔,个个男儿大丈夫,何得无绳而自缚。且道透脱一句作么生道?"良久曰:"踏破草鞋赤脚走。"僧问:"须弥纳芥子即不问,微尘里转大法轮时如何?"师曰:"一步进一步。"曰:"恁么则朝到西天,暮归唐土?"师曰:"作客不如归家。"曰:"久向道风请师相见。"师曰:"云月是同,溪山各异。"

洪州上蓝顺禅师

西蜀人,有远识为人勤渠纯至,丛林后进皆敬爱之。初出蜀时与圆通讷偕行,已而又与大觉琏游甚久,又善于老苏公。故黄门后赞其像云:与讷偕行,与琏偕处。得法于南为南长子,然缘薄所居皆远方小刹。又住景福香城双峰,学者过其门莫肯留,师亦超然自得,视世境如飞埃过目。寿八十余坐脱于香城山,颜貌如生。平生与潘延之善,将终使邀延之叙别,延之至而师已化矣。其示众多为偈,皆德言也。有偈曰:夏日人人把扇摇,冬来以炭满炉烧。若能于此全知晓,尘劫无明当下消。又作赵州勘婆子偈曰:赵州问路婆子,答云直恁么去。皆言勘破老婆,婆子无尔雪处。又作黄龙三关颂曰:长江雪散水滔滔,忽尔狂风浪便高。不识渔家玄妙意,偏于浪里觇风涛。又曰:南海波斯入大唐,有人别宝便商量。或时遇贱或时贵,日到西峰影渐长。又曰:黄龙老和尚,有个生缘语。山僧承嗣伊,今日为君举。为君举,猫儿偏解捉老鼠。颇为丛林称颂云。

舒州三祖法宗禅师

僧问:"如何是佛?"师曰:"吃盐添得渴。"问:"如何是道?"师曰:"十里双牌,五里单堠。"曰:"如何是道中人?"师曰:"少避长,贱避贵。"问:"如何是善知识所为底心?"师曰:"十字街头一片砖。"曰:"如何是十字街头一片砖?"师曰:"不知。"曰:"既不知却恁么说?"师曰:"无人踏着。"

上堂:"五五二十五,时人尽解数。倒拈第二筹,茫茫者无据。为甚么无据,爱他一缕失却一端。"

上堂:"明晃晃活鱍鱍,十方世界一毫末。抛向面前知不知,莫向意根上拈掇。拍一拍,上堂架梯可以攀高,虽升而不能达河汉。铸锹可以掘凿,虽利而不能到风轮。其器者费功,其谋者益妄。不如归家坐,免使走尘壤。大众那个是尘壤,祖佛禅道。"

蕲州四祖山法演禅师

桂州人也。僧问:"如何是心相?"师曰:"山河大地。"曰:"如何是心体?"师曰:"汝唤甚么作山河大地?"

上堂:"叶辞柯秋已暮,参玄人须警悟。莫谓来年更有春,等闲蹉了岩前路。且道作么生是岩前路?"良久曰:"险。"

上堂:"主山吞却案山,寻常言论拄杖子,普该尘刹未足为奇,光境两亡复是何物?"良久曰:"劫火洞然毫末尽,青山依旧白云中。"

上堂:"佛祖之道壁立千仞,拟议驰求还同点额。识不能识智不能知,古圣到这里垂一言半句,要尔诸人有个入处。所以道,低头不见地,仰面不见天。欲识白牛处,但看髑髅前。如今头上是屋,脚下是地,面前是佛殿。且道,白牛在甚么处?"乃召大众,众举头,师叱之。

蕲州五祖晓常禅师

僧问:"如何是宗乘中事?"师曰:"动唇吻得么?"问:"如何是正法眼?"师曰:"拣择得么?"问:"如何是法身?"师曰:"道汝不会得么?"问:"莲华未出水时如何?"师曰:"看不见。"僧云:"出水后如何?"师曰:"清香满路。"

上堂曰:"一念信心一念佛,念念更非是别物。六门出入岂神通,一道光明无轨则。行亦行坐亦坐,或语或笑非两个。目下若也认得渠,青山万里无寸草。"

南岳高台寺宣明佛印禅师

僧问:"正法眼藏涅槃妙心便请拈出。"师直上觑,僧曰:"恁么则人天有赖?"师曰:"金屑虽贵。"

齐州灵岩山重确正觉禅师

上堂:"祖师心印状,似铁牛之机。针挑不出,匙挑不上,过在阿谁?绿虽千种草,香只一株兰。"

上堂:"不方不圆不上不下,驴鸣狗吠十方无价。"拍禅床下座。

潭州大沩颖诠禅师

僧问:"古镜未磨时如何?"师曰:"黑漫漫地。"僧云:"磨后如何?"师曰:"烁破顶门。"又问:"如何是祖师西来意?"师曰:"广州上船。"僧云:"意旨如何?"师曰:"少林面壁。"僧云:"学人不会。"师曰:"归去西天。"上堂曰:"山高水冷游人罕到,牧牛坡下禅客纵横。出出入入莫教落草,恁么说话还有佛法道理也无?"良久曰:"却忆仰山曾有语,一回入草一回牵。吽!"

安州九嶷山法明禅师

上堂僧问:"宝坐既临于此日,请师一句露尖新。"师曰:"言中有响。"僧云:"皋鹤连天叫,金乌绕木飞。"师曰:"识取话头。"

又问:"到宝山中空手回时如何?"师曰:"用力者失。"僧云:"途中用尽意慊懅却回归?"师曰:"切忌道着。"示众曰:"心本绝尘,众生自昧,犹如澄清大海浪起风生,亦如皎洁太虚云兴雨作,诸仁者风未兴云未起。寒山拾得贺太平,九嶷山岭松高翠。寺前流水古今清,明眼衲僧须仔细。"乃笑曰:"久立珍重。"

廉泉昙秀禅师

僧问:"满口道不得时如何?"师曰:"话堕也。"问:"不与万法为侣时如何?"师曰:"自家肚皮自家画。"问:"如何是学人转身处?"师曰:"扫地浇花。"曰:"如何是学人亲切处。"师曰:"高枕枕头。"曰:"总不恁么时如何?"师曰:"莺啼岭上花发岩前。"问:"如何是衲僧口?"师曰:"杀人不用刀。"

信州灵鹫慧觉禅师

上堂:"大众,百千三昧无量妙义尽在诸人脚跟下,各请自家回互取,会么?回互不回互,认取归家路。智慧为桥梁,柔和作依怙。居安则虑危在乐,须知若君不见庞居士,黄金抛却如粪土。父子团圞头共说无生语,无生语仍记取。九夏雪花飞,三冬汗如雨。"

洪州兴化法澄禅师

上堂曰:"云笼碧嶂雨洒长空,百草斗青千山竞翠。遮那境界花藏门开,处处善财重重弥勒。交参主伴更互敷扬,大悲无穷度生不倦。大众还见弥勒么?"良久曰:"长忆江南三月里,鹧鸪啼处百花香。"

衡州花药元恭禅师

僧问:"如何是道?"师曰:"通身无障碍。"僧云:"如何是道中人?"师曰:"来往任纵横。"问:"莲华未出水时如何?"师曰:"枝叶甚分明。"僧云:"出水后如何?"师曰:"一任众人观。"僧云:

"天地若教出，池塘焉敢藏？"师曰："莫妄想。"问："兆象未生时如何？"师曰："波斯读梵书。"僧云："生后如何？"师曰："胡僧笑点头。"僧云："欲生未生时如何？"师曰："洗脚上渔船。"僧云："全因今日也。"师曰："梳头不洗面。"

安州兴国契雅禅师

僧问："请师不于语默里答话。"师以拄杖卓一下。僧云："和尚莫草草匆匆。"师曰："西天斩头截臂。"僧礼拜，师曰："堕也堕也。"

上堂曰："心如朗月连天静。"遂打一圆相云："寒山子咏性似寒潭彻底清，是何境界？"良久曰："无价夜光人不识，识得又堪作什么？九天虚度几千春。"乃呵呵大笑曰："争如独坐明窗下，花落花开自有时。"下座。

潭州宝盖山子勤禅师

僧问："师今已唱胡家曲，更将何法示来徒？"师曰："一字两头垂。"僧云："威光分此夜，照用出何门？"师曰："头上光明烜赫，脚下黑漆颟顸。"僧云："入水见长人。"师曰："傍观者丑。"上堂曰："溪山虽异云月是同，顺应方圆任自西东。大众，法不离色响不离声，到这里明明声色显露如何透得。还有透得底么？"良久曰："钟鸣鼓响相交应，青山不碍白云飞。"

大庾岭云峰寺道圆禅师

南雄州人，性纯至少游方，虽饱参而未大透彻，闻南禅师在黄檗积翠庵往，依之。一日燕坐下板，闻两僧举百丈野狐因缘：一僧云：只如不昧因果，也未脱得野狐身；一僧应声云：便是不落因果也，亦何曾堕野狐身耶。师闻其语，悚然异之，不自觉其身之起意行。上庵头过涧忽大悟，见南公叙其事，未终涕泪交颐，南公令就侍者榻熟寐。忽起作偈曰：因果不落不昧，僧俗本无忌讳。丈夫气宇如王，争受囊藏被盖。一条柳樏任纵横,野狐跳入金毛队。南公见之大笑。久之,又作风幡偈曰:不是风兮不是幡,白云依旧覆青山。年来老大浑无力,偷得忙中些少闲。真净文禅师大称赏之,以为机锋不减英邵武。尝手书此二偈云。师晚年住大庾云峰寺。

福州延庆洪准禅师

桂林人。久从南禅师游,天资纯谨未尝忤物,闻人之善如出诸己,喜气津津生眉宇间;闻人之恶必合掌扣空,若自追悔者,见者莫不笑之,而师真诚始终一如。出世延庆,暮年谢院事寓迹寒溪寺,寿已逾八十矣。日夕无他营为,眠食之余惟吟梵音赞观世音而已。临终时门人弟子皆赴檀越供,惟一仆夫在。师携磬坐土地祠前,诵孔雀经一遍告别即归。安坐瞑目而逝,三日不倾,乡民来观者如堵,师忽开目而笑使坐于地。有顷门弟子还,师呼立其右握手,如炊熟久视之寂然去矣,神色不变颊红如生,道俗塑其像龛之。

南岳胜业惟亨禅师

僧问:"学人乍入丛林?乞师指示。"师曰:"欲行千里,一步为初。"僧云:"十二时中如何履践?"师曰:"白云无心青天有日。"示众曰:"有利无利莫离行市,王老师卖身即不问,且道庐陵米有人酬价么?若无人老僧自卖自买去。"良久曰:"东行不见西行利。"以拄杖卓一下。

桂州登云山超乃禅师

僧问:"未审云如何登?"师曰:"柳粟横担不顾人。"僧云:"山高巘险如何上?"师曰:"直往千峰万峰去。"僧云:"便是为人处也无?"师曰:"看脚下。"僧云:"谢师指示。"师曰:"险。"复曰:"登云山大巘险。"良久曰:"山僧今日平地上吃交。"下座。

黄檗积翠永庵主

示众曰:"山僧住此庵来,无禅可说、无法可传,亦无差异珍宝,只收得续火柴头一个,留与后人。令他烟焰不绝,火光长明。"遂以拂子掷下,时有僧就地拈来向口边吹一吹。师便喝曰:"谁知续火柴,头从这汉边,烟消火灭去。"便拂袖归庵,僧吐舌。又尝问僧审奇:"汝久不见何所为?"奇云:"见伟藏主有个安乐处。"师曰:"试举似我。"奇因叙其所得,师曰:"汝是伟未是。"奇莫测,归以语伟,伟大笑云:"汝非永不非也。"奇走积翠质之于南公,南亦大笑。师闻之作偈曰:明暗相参杀活机,大人境界普贤知。同条生不同条死,笑倒庵中老古锥。

舒州宿松县灵隐德滋山主

蜀人。住院二十年,每日独自上堂曰:"朝朝相似日日一般,只这便是更莫别求。"元丰六年十月四日升堂集众,良久曰:"会么?"众无语,师俨然而逝。

江州东林兴龙寺常总禅师

延平施氏子。久依黄龙密授大法决旨,出住泐潭、次迁东林,皆符谶记。僧问:"乾坤之内宇宙之间中有一宝秘在形山,如何是宝?"师曰:"白月现黑月隐。"曰:"非但闻名今日亲见。"师曰:"且道宝在甚么处?"曰:"古殿户开光灿烂,白莲池畔社中人。"师曰:"别宝还他碧眼胡。"又僧出众提起坐具曰:"请师答话。"师曰:"放下着。"僧又作展势,师曰:"收。"曰:"昔年寻剑客,今朝遇作家。"师曰:"这里是甚么所在。"僧便喝,师曰:"喝老僧那?"僧又喝,师曰:"放过又争得便打。"

上堂:"乾坤大地常演圆音,日月星辰每谈实相。翻忆先黄龙道,秋雨淋漓连宵彻曙,点点无弘不落别处。"复云:"滴穿汝眼睛,浸烂汝鼻孔。东林则不然，终归大海作波涛。"击禅床下座。

上堂："老卢不识字，顿明佛意，佛意离文墨故；白兆不识书，圆悟宗乘，宗乘非言诠故。如此老婆心，分明入泥水。今时人犹尚把桥柱澡洗，把缆放船。"良久曰："争怪得老僧。"

金陵保宁寺圆玑禅师

福州林氏子。僧问："生死到来如何回避？"师曰："堂中瞌睡寮里抽解。"曰："便恁么时如何？"师曰："须知有转身一路。"曰："如何是转身一路？"师曰："倾出尔脑髓，拽脱尔鼻孔。"曰："便从今日无疑去也。"师曰："作么生会？"曰："但知行好事，不用问前程。"师曰："须是恁么？"

上堂："道源不远性海非遥，但向己求莫从他觅。古人恁么说话，大似认奴作郎、指鹿为马，若是翠岩即不然也，不向己求亦不从他觅。何故双眉本来自横、鼻孔本来自直，直饶说得天花乱坠、顽石点头。算来多虚不如少实，且道如何是少实底事？"良久曰："冬瓜直儱侗，瓠子曲弯弯。"

上堂："春雨微微百事皆宜，禾苗发秀蔬菜得时。阿难如合掌迦叶亦攒眉，直饶灵山会上拈花微笑。算来犹涉离微，争似三家村里老翁，深耕浅种各知其时。有事当面便说，谁管瞬目扬眉。更有一般奇特事，末后一着更须知。"击拂子下座。

上堂："广寻文义镜里求形，息念观空水中捉月。单传心印特地多端，德山临济枉用工夫。石巩子湖翻成特地，若是保宁总不恁么？但自随缘饮啄，一切寻常深遁白云，甘为无学之者。敢问诸人，保宁毕竟寻何报答四恩三有？"良久曰："愁人莫向愁人说，说向愁人愁杀人。"师示寂，阇维有终不坏者二，糁以五色舍利塔于雨花台之左。

南康军云居元祐禅师

姓王氏，信州上饶人。年十三，师事博山承天沙门齐晟，二十四得度具戒。时南禅师在黄檗，即往依之十余年。南殁去游湘中，庐于衡岳马祖故基。衲子追随声重荆楚间，谢师直守潭州欲禅，道林尽礼致师为第一世，师欣然肯来。道林峰房蚁穴间见峰峦层出，像设之多冠于湘西，师夷廓之，为虚堂、为禅室，以会四海之学者。役夫不敢坏像设，师自锄弃诸江曰："昔本不成今安得坏，吾法尚无凡情，况存圣解乎。"六年而殿阁崇成，弃之去游庐山。南康太守陆公峙请住玉涧寺，徐王闻其名奏赐紫方袍，师作偈辞之曰：为僧六十鬓先华，无补空门愧出家。愿乞封回礼部牒，免辜卢老衲袈裟。人问其故，师曰："人主之恩而王公之施，非敢辞以近名也。但以法本等耳，昔惠满不受宿请云：天下无僧乃受汝供，满何人哉。"王安上者荆公之弟问法于师，以云居延之，师欣然应之曰："当携此骨归葬峰顶耳。"登舆而去，师初开堂，问答罢乃曰："新启法筵人天会集，稀逢难遇正在此时。还更有乘时适变底衲僧么？出来与汝证据。"良久曰："不出头者是好手，虽然如是，道林今日已向平地上吃交了也，赖遇金粟大士有不二法门放一线道。道林方解开布袋头，足可以施展家风，向无佛处称尊。便乃指点三界目视四维，偃仰尧天高歌舜日，举音王调唱菩萨蛮，奏没弦琴含太古意。当是时文殊休惆怅，普贤谩沉吟。任是千圣出头来异口同音，也不消一札。久立珍重。"

上堂："月色和云白，松声带露寒。好个真消息，凭君仔细看。黄龙先师和身放倒，还有人扶得起么？祖祢不了殃及儿孙。"击禅床下座。又示众曰："一切声是佛声。"以拂子击禅床曰："梵音深远令人乐闻。"又曰："一切色是佛色。"乃拈起拂子曰："今佛放光明，助发实相义。已到之者顶载奉行，未到之者应如是知如是信。"击禅床下座。师于壬申年七月七日夜子时方丈敷坐，谓大众曰："三处住持不传一法，火风聚散物理常情。吾灭后不得随世俗厚葬缣经哭泣，当禀我佛西天竺法火化归塔。"遂说偈曰：今年六十六，三处因缘足。夜半火烧山，跳入火中浴。言毕示寂，阇维得五色舍利，塔建于云居山。师清癯发白不剪，风度英特。说法好讥呵诸方，雅自称王祐上坐云。

报本慧元禅师

潮州倪氏。垂髫凛然如老成人，群儿戏于前袖手趺坐而已。父母商略云："儿材如此岂堪世用，令事佛僧乃可耳。"师闻之即矍然起拜。遂依城南精舍诵法华经，年十九剃发受具，游方至京师寓止华严。有圆明法师者，见而异之云："上人齿少，从何至此，所求何事？"曰："慧元从南海来，无他求，惟求佛法。"圆明笑云："王城声利捷径、酒色樊笼，横目争夺，日有万端，宁有佛法乎？佛法尽在南方也。"师乃自洛京游襄汉遍历名山，所至亲近知识，然俱无解悟。治平二年春至黄龙，时南新自积翠来，龙象四集。师每坐下板，辄自引手反覆视之曰："宁有道理而云似佛手。""知吾家潮阳，而乃复问，生缘何处乎？"一日顿悟尽释，所疑遂发去。熙宁元年入吴，开法于吴江寿圣寺。遣僧造黄龙投法嗣书，南视其名谓专使："吾偶忘此僧。书未欲开，可令亲来见老僧。"专使反命，师即日腰包而来，至豫章，而南已圆寂，因留叹息。适晦堂老人出城相会，与师语大奇之，深恨老师不及见，留逾月乃复还吴中。道俗师尊之，又延住昆山慧严院十年。尝夜舟归自雪川，寇劫舟白刃交错，舟人惊怖不知所出。师安坐徐曰："钱帛皆施汝，人命不可害也。"盗既去，至旦人来视舟，意师死矣。而貌和神凝如常日，其临生死祸福能脱然无累如此。元祐四年移住承天万寿寺众益盛,躬自持钵至湖州。湖人云:"师到处为家,何苦独爱姑苏。"固留不使还,苏人闻之争持杖捶哗以入湖,云:"何为夺我邦善知识?政当见还,否则有死而已。"师怡然不吝情去留曰:"吾任缘耳,相守弥月。"苏人食尽乃去,竟为湖人所有,遂住报本禅院。六年十一月十六日升坐说偈曰:五十五年梦幻身,东西南北孰为亲。白云散尽青山外,万里秋空片月新。言讫而化。右司谏陈公莹中在湖亲见其事云:"师为人孤硬风度甚高,威仪端重危坐终日,南禅师门弟子能踪迹其行藏者,惟师而已。"遗言葬岘山之阳,门弟子元正问:"何独念岘山乎?"师曰:"他日可建寺。"后三十年太师楚国公王黼追想师道,为请于朝赐谥"证悟"禅师,塔曰"定应"。有旨建显化寺,岁度僧以奉香火云。

扬州建隆昭庆禅师

泉州晋江林氏子也。示众曰:"始见新岁,倏忽早是二月初一,天气和融,拟举个时节因缘与诸人商量,却被帝释梵王在门外柳眼中努出头来。"先说偈言:裊裊飔轻絮,且逐风来去。相次走绵球,休言道我絮。当时撞着阿修罗,把住云:"任尔絮忽逢西风吹,渭水落叶满长安。一句作么生道?"于是帝释缩头入柳眼中,良久曰:"参!"

南康军清隐潜庵清源禅师

豫章邓氏子。上堂:"寒风激水成冰,杲日照冰成水。冰水本自无情,各各应时而至。世间万物皆然,不用强生拟议。"

上堂:"先师初事栖贤、澄諟、泐潭,历二十年,宗门奇奥经论玄要莫不贯穿,及因云峰指见慈明,则一字无用。遂设三关语以验学者,而学者如叶公画龙,龙现即怖。"

吉州禾山德普禅师

生于绵州蒲氏。少尚气节有卓识,见富乐山静禅师,合爪作礼曰:

"此吾师也。"静与语奇之,携归山中阴察之,其作止类老头陀。静云:"此子赋性豪纵不受控御,而能折节杵臼炊爨间,以事众为务是为希有。"年十八得度受具秀出讲席。解唯识、起信论,两川无敢难诘者,号义虎。罪圭峰疏义多臆说摘其失处,诫学者不可信,老宿皆数之云:"圭峰清凉国师所印,可汝敢雌黄,蚍蜉撼树汝今是矣。"师叹曰:"学者以名位惑久矣,清凉圭峰非有四目八臂也,奈何甘自退屈乎。"乃出蜀至荆州金銮,夜与一衲偶忘其名,衲见了山情庵主,师闻其饱参,问之曰:"经论何负禅宗?而长老多讥呵之耶。"衲云:"以其是识情义理思想边量,非能发圣得道。脱有发圣得道者,皆藉之以为缘耳。傥不因自悟,唯经论是仗则能读能知能见能解者,皆证圣成道去矣,宁尚与仆辈俯仰耶。唯以死语是所知障故,祖师西来也。如经言,一切众生本来成佛,汝信之乎?"对曰:"世尊之语岂敢不信?"衲云:"既信矣,则尚何区区远来乎?"对曰:"闻禅宗有别传法故来耳。"衲笑云:"是则未信非能信也。"师曰:"其病安在?"衲云:"积翠南禅师出世久,子见之不宜后,见则当使汝疾有瘳矣。"师即日遂行,以熙宁元年至黄龙。问:"阿难问迦叶,世尊付金襕外复传何法。迦叶呼阿难,阿难应喏。迦叶云:倒却门前刹竿着,意旨如何?"南公云:"上人出蜀会到玉泉否?"曰:"曾到。"又问:"曾挂褡否?"曰:"一夕便发。"南公云:"智者道场,关将军打供,与结缘几时何妨?"师默然良久理前问,南公俯首。师趋出豁然有省,大惊曰:"两川义虎,不消此老一唾。"八年秋游螺川,待制刘公请住慧云禅院七年,迁住禾山十有二年。元祐五年十二月十五日谓左右曰:"诸方尊宿死丛林必祭,吾以为徒虚设,吾若死汝曹当先祭。"乃令从今办祭,众以其老又好戏语,问云:"和尚几时迁化?"曰:"汝辈祭绝即行。"于是帏寝堂,坐师其中,致祭读文跪揖上食，师饫餐自如。自门弟子下及庄力日次为之，至明年元日祭绝。曰："明日雪晴乃行。"至时晴忽雪，雪止师坐焚香而化。阅世六十有七，坐四十九夏。全身塔于寺之左。

东京慧林佛陀德逊禅师

姓杨氏，福州侯官人也。少习儒业，学问该博，颇着声誉，忽厌尘纷发志求道，遂依东京天宁寺慧照上人出家，试经得度遍扣知识。造南禅师法席投机开悟，久为侍者复游讲席，初出世汾阳之净土，次迁太原之白云。常坐不卧缁素钦服，齿腊既高道行益固，遂奉诏住慧林。开堂日哲宗皇帝遣中使降香，师升座问答罢，乃曰："传持此事岂以摇唇鼓舌驰骋言锋而可议，然于方便门中事无一向，是故文殊以无住为本，曹溪以无念为宗。无念之宗，为万法之宗；无住之本，为万法之本。众生弃本逐末背觉合尘，一失其源迷而不复，故祖师西来不立文字特唱宗乘，只教诸人明见自性与佛同寿，歇则菩提不从人得。佛言：'我于然灯佛所无一法可得，然灯佛方与我受记。若有一法可得，然灯佛即不与我受记。'如是举唱犹是化门，且道不落化门一句作么生道？冬无寒腊下看。"复曰："诸仁者，道非隐显遇缘即宗，法无去来因时而会。若缘时而未会，虽佛祖亦何为？且恢张祖席创立丛林，岂一僧之所能，必假国王大檀越为之护助，佛日乃可光扬。自昔京城未闻是道，先帝始建法幢，延四海之高流，为一时之大事。故今日佛道如此之盛，皇帝陛下少践丕图早闻妙法，不忘佛记克绍前芳，遂令山野之人获预朝廷之命，即将此开堂善利，上祝圣寿无疆，伏愿舜日与佛日齐明，尧风与祖风并扇，万邦无事。时当熙盛之年，四海晏清，人乐升平之化，久立珍重。"洎哲宗升遐，百日入内，赐号"佛陀禅师"。未几太后上仙，师又被诏入内升座举扬般若，赐赍甚厚，黄龙法道至是始盛于京都。于大观间示寂。

隆兴府祐圣法宙禅师

潮阳郑氏子，晚见黄龙深蒙印可。上堂："此事如医家验病方，且杂毒满腹未易攻治，必瞑眩之药而后可瘳。就令徇意投之适足狂惑增其沉痼，求其已病不亦左乎，法堂前草深于心无愧。"

蕲州三角山慧泽禅师

僧问："师登宝座大众侧聆？"师卓拄杖一下。僧曰："答即便答又卓个甚么？"师曰："百杂碎。"

南岳法轮文昱禅师

上堂，以拄杖卓一卓、喝一喝，曰："雪上加霜眼中添屑，若也不会北郁单越。"

庐山归宗志芝庵主

临江人也，壮为刍刍依黄龙，于归宗遂领深旨。有偈曰："未到应须到，到了令人笑。眉毛本无用，无渠底波俏。"未几龙引退，芝陆沉于众。一日普请罢，书偈曰：茶芽蕨薇初离焙，笋角狼忙又吐泥。山舍一年春事办，得闲谁管板头低。由是衲子亲之，师不怿结茅绝顶。作偈曰：千峰顶上一间屋，老僧半间云半间。昨夜云随风雨去，到头不似老僧闲。

卷第十八
大鉴下第十四世（黄龙三世）

泐潭英禅师下法嗣一十一人　法轮齐添禅师　慧明云禅师　仰山友恩禅师　大沩齐恂禅师（已上四人见录）　方广怀纪禅师　宝盖自俊禅师　上封行瑜禅师　华藏叔聪禅师　宝相涌禅师　乌崖垂义禅师　石霜子高禅师（已上七人无录）

仰山行伟禅师法嗣八人　谷隐静显禅师　黄檗永泰禅师　龙王善随禅师　慧日明禅师（已上四人见录）　王氏山慧先禅师　寒碛子和禅师　木平庆禅师　圣果永聪首座（已上四人无录）

百丈元肃禅师法嗣一十二人　仰山清蔺禅师　百丈惟古禅师　月珠神鉴禅师（已上三人见录）　垂拱法满禅师　永寿信诠禅师　洛浦观通禅师　清泉道隆禅师　西峰元弼禅师　法教凝禅师　九仙辅禅师　鹿苑业禅师　凤凰有璨禅师（已上九人无录）

黄檗惟胜禅师法嗣一十六人　昭觉纯白禅师（一人见录）　太平齐禅师　石霜允真禅师　白水居约禅师　广利文易禅师　云顶表奇禅师　普通了如禅师　天王居岸禅师　承天处幽禅师　西禅灯禅师　灵泉悟迁禅师　宁国希则禅师　马溪惟广禅师　望川山遵古禅师　马祖怀俨庵主　吕微仲丞相（已上十五人无录）

隆庆庆闲禅师法嗣三人　安化闻一禅师（一人见录）　龙须聪禅师　资福普滋禅师（已上二人无录）

云盖守智禅师法嗣九人　宝寿最乐禅师　道场法如禅师　石佛慧明禅师（已上三人见录）　大乘玑禅师　开福文玉禅师　大宁纪禅师　仰山普禅师　桃林希倩禅师　报恩有机禅师（已上六人无录）

上蓝顺禅师法嗣四人　苏辙参政（一人见录）　方广继通禅师

佑圣云智禅师　金颜逸禅师（已上三人无录）

泐潭洪英禅师法嗣

南岳法轮齐添禅师

僧问："学人上来乞师指示。"师曰："汝适来闻鼓声么？"僧云："闻。"师曰："还我话头来。"僧礼拜，师笑曰："令人疑着。"又上堂喝一喝曰："师子哮吼。"又喝一喝曰："象王颦伸。"又喝一喝曰："狂狗逐块。"又喝一喝曰："虾跳不出斗。"乃曰："此四喝有一喝堪与佛祖为师，明眼衲僧试请拣看，若拣不出大似日中迷路。"又上堂良久曰："性静情逸。"乃喝一喝曰："心动神疲。"遂顾左右曰："守真志满。"拈拄杖曰："逐物意移。"蓦召大众曰："见怪不怪其怪自坏。"

泉州慧明云禅师

僧问："般若海中如何为人？"师曰："云开银汉迥。"僧云："毕竟又如何？"师曰："棒头见血。"问："毗婆尸佛早留心直至如今不得妙意旨如何？"师曰："丑拙不堪当。"僧云："忽然当又作么生？"师曰："半钱也不直。"僧云："如何即是？"师曰："赵州南石桥北。"僧礼拜，师击禅床三下。

上堂曰："少室遗风曹溪要旨，黄檗收来临济扶起。三关戈甲竞头分，四拣开遮何止此，定宗乘立纲纪，当机验取庐陵米，更从升合定高低；争似备师封白纸，象骨提心暗喜，同风今古播丛林，切忌叩牙惊着齿。"又曰："雪峰鳖鼻，沩山水牯。临济三关，云门一普。劝君一一透将来，捉取大雄山下虎。"

袁州仰山友恩禅师

上堂，以拄杖击禅床一下曰："佛冷祖令瓦解冰销，半字满字千山万水，衲僧门下草偃风行，然虽如是官不容针私通车马，有一则奇特因缘举似大众。"良久曰:"达磨九年空面壁,西归羞见洛阳人。"又曰:"烟云开处日月齐明,影落千江光含万象。头头显焕无非自己家风,物物全彰尽是祖师活计。于斯明得则点头咽唾,于此未明且摆臂摇头。恁么说话大似傍若无人,若有人一个出来咳嗽一声,山僧退身三步。"

潭州大沩齐恂禅师

僧问:"玉兔不怀胎,犊牛为什么却生儿?"师曰:"着槽厂去。"僧云:"牧牛坡下?"师曰:"莫教落草。"僧云:"步步踏着?"师曰:"草里汉。"乃曰:"头角未生时荐得,早犯山僧苗稼了也。更待擎头戴角异类中来生儿养犊,其何以堪。不见仰山云:'一回入草去,一回把鼻牵。'然虽如是,不免犯人苗稼,且道如何得不犯?"良久曰:"铁牛不吃栏边草,直上须弥顶上眠。"又曰:"青山叠叠水茫茫,猿爱岩前果熟香。更有一般堪羡处,谁知别有好思量。"

仰山行伟禅师法嗣

襄州谷隐静显禅师

僧问:"觌面相呈事若何?"师曰:"清风来不尽。"僧云:"通上彻下丝毫不纳也。"师曰:"明月照无私。"问:"文彩既彰愿闻举唱。"师曰:"巡海夜叉头戴角。"僧云:"祇园五叶花开处,不别东君别是春。"师曰:"重叠关山路。"问:"一镞破三关即不问,道人相见时如何?"师曰:"贼身已露。"乃曰:"三日一风五日一雨,时清道泰歌谣满路。释迦掩室谩商量,净名杜口休更举。要知极则本根源,识取南庄李胡子。敢问诸人,只如李胡子有甚长处会么?今年必定有来年,不如剩种来年粟。"又曰:"暑运推移日长一线,且道佛法长多少。"自曰:"九九八十一,诸人还会么?若无人会,山僧为珍重说。"偈言：九九八十一，日南长至日。暑运既推移，大家相委悉。非为世谛流布，且要应时纳祐，参。又曰："今朝正月五，大众明看取。火上更加热，苦中更加苦。堪笑谷隐太无端，空谷岩前流谜语。"喝一喝，又曰："语默视瞬皆说，见闻觉知尽听。香积世界餐香饭悟无生，极乐国中听风柯悟般若。"遂拈拄杖曰："若将耳听终难晓，眼处闻声方得知。"卓一下。

瑞州黄檗山祇园永泰禅师

随州人。僧问："如何是祖师西来意？"师曰："铁铸就。"僧拟议，师曰："会么？"僧礼拜，师曰："何不早如此。"

潭州龙王山善随禅师

僧问："如何是龙王境？"师曰："水晶宫殿。"曰："如何是龙王如意宝珠？"师曰："顶上髻中。"僧礼拜，师曰："莫道不如意好。"

庐山慧日明禅师

上堂："不用心求，唯须息见。三祖大师虽然回避金钩，殊不知已吞红线。慧日又且不然，不用求真并息见。倒骑牛兮入佛殿。牧笛一声天地宽，稽首瞿昙真个黄面。"

百丈元肃禅师法嗣

袁州仰山清蔺禅师

僧问："优钵昙华今日现，愿将花蕊接迷情。"师曰："但得雪消去，自然春到来。"僧云："一闻千悟立证圆通也。"师曰："心不负人面无惭色。"问："二十年来方外客，今朝出世事何如？"师曰："云从龙风从虎。"僧云："万丈白云藏不得，一轮明月耀青天。"师曰："行到水穷处，坐看云起时。"问："集云峰下分明事，请师分付四藤条。"师曰："赵州八十方行脚。"僧云："得恁么不知时节。"师曰："行到南泉即便休。"乃曰："乍临胜席实慰灵襟，昔日闻说千端，不如一日得到。僧归山舍人返郡城，事有迁移理无改易，何也？湘水直连秀水，出山还入一山。动静去来岂妨湛寂，郡峰列岫常露自己家风。夹道青松直透长安大路，烟云横野殿阁凌空。不移跬步之间，顿入华藏世界。入则不无，还见善财么？"遂垂下一足曰："久参上士已自知归，乍到禅人不妨立地一时构取。"又曰："新律才分霞光报晓，天色欲暖还冷，气候似冬忽春。盖鸿蒙之象初升，乃严凝之寒未退。时须顷刻已属东君，勿此为劳共称得岁。刚有一人不在斯限，天地无由盖载，寒暑岂得推迁，日月莫谐照临，阴阳卒难变易，若教此人受岁，终是不甘，时节到来又争讳得，且道受岁人与不受岁人，两家相见如何作贺？"良久曰："寒随一夜去，春逐五更来。"

瑞州百丈维古禅师

上堂大众集定，拈拄杖示众曰："多虚不如少实。"卓一下便起。

嘉定府月珠神鉴禅师

僧请笔师语要，师曰："达磨西来单传心印，曹溪六祖不识一字。今日诸方出世语句，如山重增绳索。"乃拍禅床曰："于斯荐得犹是钝根，若也未然：白云深处从君卧，切忌寒猿中夜啼。"

黄檗惟胜禅师法嗣

成都府昭觉纯白禅师

梓州飞乌人，姓支氏。父谦闻法于松山道者，以死生为戏，白衣梵行缁俗无出其右者。尝云："吾根钝不得入圆顿，愿有子续佛慧命足矣。"师少闻父诲，谛听沉思有如夙习，一日跃过溪忽有省不觉失笑。送往依峨眉山华严寺落发受具，父子相与遍历成都讲肆，通性相宗经论。去之南游首谒澧州太平俊禅师，俊大奇之，谓真吾法子也。付以十三条说法大衣，师逊却之。后诣黄檗山礼真觉胜禅师，亲近岁余，未始一顾师奉事益勤。胜一日忽抬眸视之，师咄曰："这老汉把不定作么。"胜大笑，乃为印证心地。元丰末宗室南康郡王，自黄檗邀胜诣辇下，师侍行。未几会太学生上书讼博士者，语连胜有旨放归蜀，门人星散，独师负巾钵以从。会成都府帅奏改昭觉为十方，问真觉谁可住持，真觉以师应请，师既领院遵南方规范一变律居。上堂示众有曰："不超性海是理事缚，不透声轮是语言缚。"于是蜀之净侣靡然向风，经肆讲席为之一空。朝散郎冯敢、奉议郎段玘、天台山隐者宋放、唐安文士相里昱，皆抠衣执弟子礼。元祐末峨眉白水僧正阙，丞相蔡京时帅成都，命师住。师不乐遂并昭觉辞之，蔡察其诚复请归旧刹，益建立纲宗孤硬峭整，大为同辈所嫉谤讟盈路。师不恤也久而自定，师示疾以颂付小师宗显曰："风高月冷，水远天长。出门无影，四面八方。"怡然而寂，俗寿五十九，坐三十四夏。小师得法出世者曰宗显宗化，嗣法者曰剑州元封常照、邛州铁像子嵩。师于昭觉为第一代，塔至今存焉。

庐陵隆庆庆闲禅师法嗣

潭州安化闻一禅师

僧问："意旨不到处特地好商量，未审是什么人境界？"师曰："张三李四。"僧云："木人把板云中拍，石女唧笙水底吹。"师曰："乱走作什么？"僧云："也要和尚识得。"师曰："西天此土。"

上堂曰："拈花微笑虚劳力，立雪齐腰枉用功。争似老卢无用处，却传衣钵振真风。大众且道：哪个是老卢传底衣钵？莫是大庾岭头提不起底么？且莫错认定盘星。"以拂子击禅床下坐。

云盖守智禅师法嗣

福州宝寿最乐禅师

古田人也。上堂："诸佛不真实,说法度群生。菩萨有智慧,见性不分明。白云无心意,洒为世间雨。大地不含情,能长诸草木。若也会得犹存知解,若也不会堕在无记。去此二途如何即是:海阔难藏月,山深分外寒。"

安吉州道场法如禅师

衢州徐氏子。参云盖悟汾阳十智同真话,寻常多说十智同真,故丛林号为"如十同"也。水庵圆极皆依之,圆极尝赞之曰:"生铁面皮难凑泊,等闲举步动乾坤。戏拈十智同真话,不负黄龙嫡骨孙。"

上堂:"知见立知,即无明本。知见无见,斯即涅槃。无漏真净,云何是中更容他物,释迦老子和身放倒,后代儿孙如何接续。要会么?通玄不是人间世,满目青山何处寻。"

绍兴府石佛慧明解空禅师。僧问:"如何是宝相境?"师曰:"三生凿成。"曰:"如何是境中人?"师曰:"一佛二菩萨。"

上蓝顺禅师法嗣

参政苏辙居士字子由

元丰三年以睢阳从事,左迁瑞州推官之任。是时洪州上蓝顺禅师与其父文安先生有契,因往访焉相得欢甚。公咨以心法,顺示搐鼻因缘,已而有省。作偈呈曰:中年闻道觉前非,邂逅相逢老顺师。搐鼻径参真面目,掉头不受别钳锤。枯藤破衲公何事,白酒青盐我是谁。惭愧东轩残月上,一杯甘露滑如饴。

卷第二十
大鉴下第十四世（黄龙三世）

东林照觉常总禅师法嗣六十二人　泐潭应干禅师　开先行瑛禅师　万杉绍慈禅师　褒亲有瑞禅师　圆通可仙禅师　慧力可昌禅师　柏子德嵩禅师　禾山志传禅师　开元志添禅师　象田梵卿禅师　衡岳道辩禅师　兴福康源禅师　褒亲宗谕禅师　龙泉夔禅师　兜率志恩禅师　慧圆上座　内翰苏轼居士（已上十七人见录）　福严惟凤禅师　承天德绥禅师　崇福德徽禅师　东林思度禅师　广教德方禅师　双林道基禅师　无相继才禅师　鹿苑景深禅师　寿宁成则禅师　资福怀宝禅师　兴化以弼禅师　万寿智圆禅师　景福惟洁禅师　隆庆志深禅师　祥符智先禅师　普门子渊禅师　胜光清宥禅师　仁王智诚禅师　安国庆常禅师　慈姥岩谅禅师　长松山锦禅师　东禅道极禅师　上蓝希肇禅师　灵泉仁美禅师　分宁洞微禅师　胜业有通禅师　报恩明昌禅师　妙果法喜禅师　岳林圆明禅师　护国康禅师　慈母子咏禅师　兴化愈先禅师　乾明载昌禅师　慕山觉能禅师　衡山善孜禅师　法雨元谧禅师　洞山永邦禅师　庐岩崇禅师　斗方庆禅师　大宁道才禅师　太平普禅师　清城清传禅师　双峰省琮禅师　清化从琏禅师　罗汉省贤禅师（已上四十五人无录）

祐圣寘禅师法嗣三人　智度一禅师　道林了一禅师　瑞岩智禅师（已上三人无录）

东林照觉常总禅师法嗣

洪州泐潭宝峰应干禅师

姓彭氏，袁州萍乡人。遍历诸方，晚至照觉禅师泐潭法席，久之未蒙印可。示以鸟窠吹布毛因缘，殊不晓解，一日豁然悟旨。乃成颂曰：潦倒忘机是鸟窠，西湖湖上控烟萝。布毛取出无多子，铁眼铜睛不奈何。照觉可之，自此推为上首。照觉受命东林，遂以师继法席。

僧问："十方薄伽梵一路涅槃门，未审路头在什么处？"师曰："踏着石头硬似铁。"僧云："还许学人进步也无？"师曰："点滴依前落二三。"问："得旨忘言归家稳坐，未审到家一句作么生道？"师曰："闲看白云生碧落，静听流水过青山。"僧云："玉见火时光转润，莲花在水叶长干。"师曰："更须高着眼。"问："孤贫赫赤，一物俱无，还识渠么？"师曰："不识。"僧云："每日上来下去为甚不识？"师曰："渠无面目。"僧云："与和尚同参去也。"师曰："同参事怎生？"僧云："学人到这里却不会。"师曰："直须与么。"因浴佛僧问："佛身无为不堕诸数，哪个是真佛？"师曰："杀好一问。"僧云："铜铁之象且致，今日浴哪个佛？"师曰："煮炸不烂。"问："金毛踞地百兽潜踪，学人上来乞师指示。"师曰："脑裂。"僧云："学人未晓？"师曰："犹自不知休。"僧云："谢师指示。"师曰："大众笑尔。"问："春风拂拂春鸟关关，香严竹方翠灵云花未残。正当恁么时如何？"师曰："千峰竞秀万壑争流。"僧云："时节既彰祖意教意如何显异？"师曰："基法师鼻孔。"僧云："马驹踏杀天下人，居士吸尽西江水。"师曰："须是具眼。"师乃曰："天上月圆地下月半，吞兮吐兮知君错算。昨夜清风落太虚，珠玑迸洒苍崖面。霰雪交飞竟若为，少林从此露风规。"喝一喝，又曰："金风振野古佛嘉猷，玉露垂珠道人活计。溪边渔父尽唱无生，岭上石人时敲布鼓。殊不知月里麒麟看北斗，楚王城畔水东流。住住是甚么？二三四七八九，拈得鼻孔失却口。"师于绍圣三年庚子示疾，沐浴净发说偈曰：锋铓点滴休相许，目病空花徒指注。六十三年浮世人，踏翻海岳重归去。言毕而逝。

庐山开先广鉴行瑛禅师

桂州永福县人，姓毛氏，本州菩提寺受业。初谒庆闲禅师稍悟玄旨，次参照觉顿息所疑，出世开先。

僧问："如何是祖师西来意？"师曰："君山点破洞庭心。"僧云："意旨如何？"师曰："白浪四边绕，红尘何处来。"问："少林面壁意旨如何？"师曰："入定。"僧云："孤负古人。"师曰："罕遇知音。"问："法轮工已毕，推转意如何？"师曰："活鱍鱍地。"僧云："法不孤起，仗境方生。"师曰："有意气时添意气，不风流处也风流。"僧画一圆相。师曰："争奈诸圣眼何？"问："有人问我解何宗，拈起拂子劈口打意旨如何？"师曰："猢狲入布袋，铁筋击乌龟。"僧云："不睹云中雁，争知沙塞寒。"师曰："千眼大悲观不得，无言童子暗嗟嘘。"僧云："为什么如此？"师曰："只为如此。"乃曰："谈玄说妙譬如画饼充饥，入圣超凡大似飞蛾赴火。一向无事败种蕉芽，更外驰求水中捉月。"乃以拂子拂一拂曰："适来许多见解拂却了也，作么生是诸人透脱一句。"良久曰："铁牛不吃栏边草，直是须弥顶上眠。"击禅床下坐，又曰："和风习习春日迟迟，山花灼灼涧草离离。紫燕双飞大野，黄莺对语高枝。衲僧到此如凝滞，无限春光付与谁。"喝一喝，又曰："弯石巩弓架兴化箭，运那罗延力定烁迦罗眼。不射大雄虎，不射药山鹿，不射云岩师子，不射象骨猕猴，且道射个什么？"良久曰："放过一着。"又曰："水不洗水金不博金，独露一心拨开万象。一大藏教几张拭不净故纸，从上古佛一队多知解阿师。自兹截断众流，更不百城游历。还有与么衲僧么？"良久曰："点即不到。"又曰："有一人说得一丈，一寸也行不得；有一人行得一丈，一寸也说不得；有一人行得说得，有一人行不得、说不得。此四人中华藏欲觅一人为师,明眼衲僧试请拣看?"又曰:"登山须到顶,入海须到底。学道须到佛祖道不得处,若不如是,尽是依草附木底精灵,吃野狐涕唾底鬼子。华藏怎么道。譬如良药然则苦口且要治疾阿哪哪。"又上堂,喝一喝曰:"三月青春强半,溪山雨散云飞。庭花自开自落,梁燕双去双归。"复云:"木中有火不钻不出,砂中有金不淘不得。心中有道不学不悟,游方行脚唤作道人。还曾悟道么?"良久曰:"白日莫空过青春不再来。"师材器广大果于立事,任人役物如转石于千仞之溪无不如意,有照觉之遗风。在开先几二十年,初苦痰癖屡求去而不可。卧病坊者三年,一旦起将梵刹而鼎新之,迄九年而成,穷极壮丽见者骇叹。素善黄太史鲁直,鲁直戏谓师为"如来藏中之说客,菩提场中之游侠"云。

庐山万杉绍慈禅师

姓赵氏桂州人。十八受具十九游方,久参总禅师。一日侍立次,问:"世尊付金襕外别传何物?"总举起拂子,师曰:"毕竟作么生?"总以拂子蓦口打,师拟开口,总又打。师忽然有省,遂夺拂子礼拜,总云:"汝见何道理?"师曰:"拂子属某甲了。"总云:"三十年老将,今日被小卒折倒。"自此名声藉藉,推为东林上首,遂出世万杉。僧问:"解接无根树,能挑海底灯,意旨如何?"师曰:"特地光辉。"僧云:"兔角点开千圣眼,龟毛拂尽九衢尘。"师曰:"寒山拊掌。"僧云:"好手手中呈好手,红心心里射红心。"师曰:"阇梨还接得也未?"僧云:"莲社老师亲得旨,人间天上尽蒙恩。"师曰:"蹉却话头。"问:"千圣共传无底钵,曹溪路上许谁同。如何是无底钵?"师曰:"千人抠不出。"僧云:"万里游沧海,忻逢倒岳波。"师曰:"不是弄潮人。"问:"祖师心印状似铁牛之机,正当恁么时印即是不印即是。"师曰:"看取炉中铁弹子。"僧云:"忽然打破又作么生?"师曰:"须知痛痒。"僧云："今日得遇和尚。"师曰："语脉里转却。"乃曰："阳鸟啼春观音户启，清泉照月毗卢界彰。鹤鸣峰头声声不别，散珠亭上颗颗圆成。乍隐乍彰不拨自转，还有收得者么？试呈似看。"良久曰："可笑猿猴探白月，不知真个有蟾蜍。"下座，又曰："赤水之珠清江之月，猿猴竞探徒尔迷踪，罔象无心超然自得，所谓视之有余光、揽之不盈手，出没无穷往来无际。然虽如是，下坡不走快便难逢。"乃喝一喝拍一拍云："赤水之珠清江之月瓦解冰消，众中还有英灵变豹者么？出来救取一半。"良久曰："可怜此意无人会，却使陶潜暗皱眉。"又示众曰："玉溪不会禅，只识诸方病。暮下霹雳散，转杀也不定。"左丞蔡卞赞师真云：灵光头头显现，狝猴亦背一面。若人欲识师真，打破镜来相见。

东京褒亲佛海有瑞禅师

姓陈氏，兴化军仙游县人。幼异尘俗默坐终日，父母奇之舍令出家，依东京景德寺重全上人为师落发、受具。造黄龙南禅师法席，南公曰："汝为人事来为佛法来？"师曰："为佛法来。"南公曰："若为佛法来即今便分付。"遂打一拂子，师曰："和尚也不得恼乱人。"南公器之，然师终未彻。后依㴲潭总禅师始悟玄奥，给侍久之，众推上首，出世安州太平旌德。被诏住东京褒亲，哲宗皇帝五七入内，赐"大觉"师名。百日入内，又赐"佛海禅师"号。开堂问答罢，师曰："问得亦好不问亦强，一问若不达翻成戏论法。问若有旨答亦随机，为什么宗乘道着千圣退步。宝杖敲时三乘失辙，盖为此事似秦镜当台千里邪心自怖，如镆铘在袖百亿魔军碎胆，直得大圣不说说迦叶绝闻闻。大底只要诸人回光返本敛念收心，善恶都莫思量。自然得入心体湛寂，妙用恒沙物我混同。有人便于此承当得，犹属抱桥柱澡洗及乎。舍之似万里望乡关，执之堕在魔王境界。唤作迷时人逐法，悟后法随人。盖无私法要千古同规，一句同机唯人自鉴。到这里若会得，便见终始一如古今齐致，至于赵州庭柏清风长在；若不会得便见云门凳子天地悬殊，于是不得已便乃琉璃殿上日午打更，无景林间秋行春令。何也？妙体虽然无异妙用，盖有多门，是故释主能仁应迹迦维引悲沙界，神通妙力不可思议。盖为群生日用三昧而不觉，业识茫然而莫返。遂致前境纷纭本原错杂，繇是金仙久默斯要，于不二境作大佛事。入寂此土经纶三界，道洽大千化均百亿。言满法界捞笼群生，敷玄籍以晓果因，垂天真以育情性，无何机有大小乘分顿渐。故使资粮者，可以推微达着寻端见绪；然后为散乱者，诫之以定慧；耽诸乐者，示之以无常；乐小法者，导之以大方；计诸见者，谕之以无动；泥名相者，开不二门。此岂不以因言入道籍教明真，一心皎然万德咸着，良为于此。末后却曰：如标月指空拳谕实，噫如此兴慈大似有过无功。未如我金色头陀随身活计琉璃钵盂传来无底，任是千眼大士莫窥其状。达摩所有生涯大庾岭头掷下，设有万夫之勇提之不动。后来风幡事起卷箪义彰，佛手难藏驴脚自露。所以儿孙事不获已，曲顺人情放一线道，便有绍续门风联辉祖焰，佩无我印开不二门。致得向上金鸡啣米一粒遍济十方，真如厩内良驹独出踏杀群魔。所以人人尽道，摩竭令严承当者少，支那玄响应之者稀。大众若据如斯见识一何少哉。只如知滋味识痛痒，聆至音决胜负，宁无一个半个。且道能如此者是什么人？"良久曰："禅关已得裴公达，祖意宁无谢守评。"下坐，又曰："有佛世界以一尘一毛而作佛事，令见一法者具足一切法，故权为架阁。有佛化内以忘言寂默为佛事，使学者离一切相，即名诸佛故；好与三下火抄，有佛土中以黄花翠竹而为佛事，令睹相者见色即空故。且付与弥勒，有佛宝刹以法空为坐而示佛事。使学人不着佛求故，勘破了勾下。有佛道场以四事供养而成佛事，使知足者断异念故，可与下载。有佛妙域以一切语言三昧作佛事，令随机入者不舍动静故，为渠装载。大众且道，于中还有优劣也无？"良久曰："到者须知是作家。"

庐山圆通可仙禅师

僧问："如何是佛？"师曰："骑牛觅牛。"僧云："争奈学人不会？"师曰："参取不会底。"上堂良久曰："恁么散去早是不着便，那堪长老鼓两片皮、摇三寸舌，说东道西、指南言北转没交涉。何故如此，说则乾坤大地该括微尘，收则纤芥无差丝毫不露，苟或独超象外量等太虚，便乃终日说事不为事所碍。古今三世俨尔目前，曲直条然是非有辨，能和光同尘随邪逐恶，怎么说话也大无端。忽有个杰出丛林烜赫禅者，为众竭力出来掀倒禅床喝散大众，将长老推向阶下。也许他有些气息，有么既无。老僧倒行此令。"拄杖打禅床一下。

临江军慧力可昌禅师

僧问："佛力法力即不问，如何是慧力？"师曰："踏倒人我山，扶起菩提树。"僧云："菩提本无树，向什么处下手？"师曰："无下手处正好着力。"僧云："今日得闻于未闻。"师曰："莫把真金唤作鍮石。"问："一念万年十方坐断，学人特伸请益。"师曰："先付德山后与临济。"僧云："悔伸一问。"师便打。问："祖意西来请师举唱。"师曰："达摩当年无如是事。"僧云："和尚莫教话堕。"师曰："却被上人勘破。"僧云："争奈文彩已彰。"师曰："向尔道。"问："祖意教意是同是别。"师曰："一点水墨两处成龙。"僧云："恁么则寒潭浪静苍龙宿，玉叶婆娑彩凤栖。"师曰："先记摩腾后思卢老。"问："摩竭正令此日全提，如何是摩竭正令？"师曰："喝散白云击破虚空。"僧云："恁么则冲开法王阵，打破祖师关？"师曰："更须着力。"僧云："若然者让老马驹初出厩,存师圣箭乍离弦。"师曰："也不消得。"僧云："灼然水洒不着。"师曰："谁肯便回头。"师乃曰："法王行处草木生辉,大海腾波须弥岌峇。玄机未发,只恐眠云不深;大用才彰,便出白莲社里。所谓随方作主宁类守株,把住放行自由自在。纵有连天瀑布,不来耳畔生喧。任他双剑峰高,免向眼前为碍。时行则行时止则止,动静不失其时其道光明。大众且道,那个是光明底事?"良久曰:"禾山打鼓声犹在,自此庐陵米价低。"以拂子击禅床,又曰："菩提无相相覆大千,法性无言言满天下。所以观音从闻得道,弥勒因见悟心,祖师门下有何境界便得动止无碍?"良久曰:"国师不见客,侍者出山门。"

黄州柏子山德嵩禅师

僧问："如何是显露底法?"师曰："高着眼。"僧云："法不孤起。"师曰:"露柱上荐取。"僧云:"若不得流水还应过别山?"师曰:"知心有几人。"乃曰:"天地一指绝净竞之心,万物一马无是非之论。由是魔罗潜迹佛祖兴隆,寒山拊掌欣欣,拾得呵呵大笑。大众二古圣笑什么?"良久呵呵大笑曰:"昙花一朵再逢春。"

庐陵禾山甘露志传禅师

上堂曰："牛头没、马头回,剑轮飞处绝纤埃。南北东西无异路,休言南岳与天台。所以未离庐阜,只见五峰势险三峡声雄。自牧庵中随缘度日,便道涅槃城里坐致太平。解脱坑中未可安身立命,及到禾山也见。凌霄峰上云自卷舒,罗汉洞前溪声浩渺。三门佛殿无异诸方,厨库僧堂仍皆奋辙。便好拗折拄杖高挂钵囊,与诸禅德跨露地白牛。游壶中天地物外山川唱村田乐,且恁么过时。假使诸佛出兴于世,地摇六震天雨四花。终不能管得,也不疑着渠。且道山僧有何长处便恁么道。"良久曰:"白云乍可来青嶂,明月那教下碧天。"

泉州开元真觉志添禅师

姓陈氏，本州人。因游东林谒总禅师，一日室中示吹布毛因缘，师于言下开悟。乃呈颂曰：老师曾把布毛吹，举处分明第一机。欲识个中端的处，岭头遥指白云飞。元祐初游京师，徐国大王闻师道风，一日遣使召师入宫。小参示众曰："毗卢遮那实性与汝等诸人本性无别，从旷劫来轮转法界，于受生中无本无末、无去无来、无性无相、无古无今，纤尘不立毫发难存，无正法之可分。何像末之为间，故知法界众生无成无坏，自性本源是佛。然虽如是，据衲僧门下天地悬殊，既有生而有灭，复有去而有来。正像末法既无差，性相昭然而可睹，于其中间无有成佛无不成佛，于般若藏无所间然。直饶三世诸佛六代祖师天下老和尚，神通过于鹙子，辩智胜于满慈，到这里也须结舌亡锋。"良久曰："国令已传清宇宙，人人各贺太平年。"王又问："如何是佛法底事？"师曰："见性即是。"王曰："如何得见性去？"师曰："不离十二时中行住坐卧，皆是古佛道场。"王遂领悟密契宗风，即命四禅入宫升坐，复求印可。饭千僧、阅大藏以为庆赞，及奏宣仁皇太后赐师"真觉禅师"号，固辞不受；赐磨衲袈裟、御笔题金环绦鞠，云："赐真觉道者，当来同成佛果。"诸宫屡赐紫衣四十余道，回奏遍赐诸方禅律。哲宗上仙，复于福宁殿升座，赐"真觉大师"。

绍兴府象田梵卿禅师

嘉兴人，姓钱氏。僧问："大悲菩萨用许多手眼作甚么？"师曰："富嫌千口少。"曰："毕竟如何是正眼？"师曰："从来共住不知名。"问："寒风乍起衲子开炉，忽忆丹霞烧木佛，因何院主堕眉须？"师曰："张公吃酒李公醉。"曰："为复是逢强即弱，为复是妙用神通？"师曰：

"堂中圣僧却谙此事。"僧问:"象田有屠龙之剑,欲借一观时如何？"师横按拄杖,僧便喝；师掷下拄杖,僧无语。师曰:"这死虾蟆。"

上堂:"春已暮,落花纷纷下红雨。南北行人归不归,千林万林鸣杜宇。我无家兮何处归,十方刹土奚相依。老天有个真消息,昨夜三更月在池。"

上在:"佛法到此命若悬丝,异目超宗亦难承绍。"竖起拂子曰:"赖有这个堪作流通,于此觑得便见三世诸佛,向灯笼露柱里转大法轮。六趣众生于铁围山得闻法,要声非声见色非色。随异类四生各得解脱,如斯举唱非但埋没宗风,亦乃平沈自己。且道如何得不犯令去？"拍禅床下座。

南岳衡岳寺道辩禅师

僧问:"拈槌举拂即且置,和尚如何为人？"师曰:"客来须接。"曰:"便是为人处也。师曰:"粗茶淡饭。"僧礼拜,师曰:"须知滋味始得。"

福州兴福院康源禅师

上堂:"山僧有一诀,寻常不漏泄。今日不囊藏,分明为君说。"良久曰:"寒时寒热时热。"

东京褒亲旌德寺谕禅师

上堂:"新罗打鼓大宋上堂。庭前柏子问话,灯笼露柱着忙。香台拄杖起作舞,卧病维摩犹在床。这老汉我也识得,尔病休讶郎当。咄！"

隆兴府西山龙泉夔禅师

上堂众集,师乃曰:"只恁么便散去不妨要妙,虽然如是,早是无风起浪钉橛空中。岂况牵枝引蔓说妙谭玄,正是金屑眼中翳衣珠法上尘,且道拂尘出屑是甚么人。"卓拄杖下座。

南康军兜率志恩禅师

上堂："落落魄魄居村居郭，莽莽卤卤何今何古。不重己灵休话佛祖，拂定释迦鼻孔。揭却观音耳朵，任他雪岭辊球，休管禾山打鼓，若是本色衲僧，终不守株待兔。参！"

慧圆上座

开封酸枣，干氏子。世业农，少依邑之建福寺德光为师，性稚鲁然勤渠祖道，坚坐不卧居数岁得度。出游庐山至东林，每以己事请问。朋辈见其貌陋、举止乖疏、皆戏侮之，一日行殿庭中，忽足颠而仆，了然开悟，作偈俾行者书于壁曰：这一交、这一交，万两黄金也合消。头上笠、腰下包，清风明月杖头挑。即日离东林，众传至照觉，觉大喜曰："衲子参究若此，善不可加。"令人迹其所往，竟无知者。

内翰东坡居士

苏轼，字子瞻。因宿东林与照觉论无情话有省，黎明献偈曰：溪声便是广长舌，山色岂非清净身。夜来八万四千偈，他日如何举似人。未几抵荆南，闻玉泉皓禅师机锋不可触，公拟仰之。即微服求见，泉问："尊官高姓？"公曰："姓秤。乃秤天下长老底秤。"泉喝曰："且道这一喝重多少？"公无对，于是尊礼之。后过金山有写公照容者，公戏题曰：心似已灰之木，身如不系之舟。问汝平生功业，黄州惠州琼州。

卷第二十一
大鉴下第十四世（黄龙三世）

云居元祐禅师法嗣二十七人　智海智清禅师　海会守从禅师　罗汉系南禅师　南峰永程禅师　宝相元禅师　永峰慧日庵主　白藻清俨禅师　慈云彦隆禅师　子陵自瑜禅师　景福省悦禅师（已上十人见录）　长兴得贤禅师　延福修献禅师　祥符有通禅师　子湖道元禅师　石巩戒明禅师　太平嘉丛禅师　慧力崇教禅师　北台行新禅师　马溪山禾禅师　罗汉慕评禅师　天场教禅师　归宗子章禅师　灵峰敦雅禅师　长兴德宝禅师　鹅湖子昌禅师　承熙敏禅师　黄檗觉智禅师（已上十七人无录）

报本慧元禅师法嗣八人　永安元正禅师（一人见录）　凤皇德亨禅师　慧林政禅师　凤皇德亮禅师　高峰圆修禅师　景德院证禅师　报本宗澄禅师　高峰文纵禅师（已上七人无录）

甘露颙禅师法嗣一人　光孝元禅师（见录）

育王振禅师法嗣一人　岳林真禅师（见录）

招提湛禅师法嗣二人　华亭观音和尚（一人见录）　南塔守聪禅师（一人无录）

玄沙文禅师法嗣一人　广慧达杲禅师（见录）

保宁玑禅师法嗣七人　育王净昙禅师　真如戒香禅师（已上二人见录）　开福世暹禅师　蒋山文瑞禅师　南禅立宗禅师　圆明载清禅师　许顗彦忠居士（已上五人无录）

华光恭禅师法嗣一人　万寿念禅师（见录）

大沩怀秀禅师法嗣七人　大沩祖璿禅师　方广有达禅师　南台允恭禅师　福严文演禅师（已上四人见录）　西材常贤禅师　上生

有常禅师　云门怀素禅师（已上三人无录）

　　福严慈感禅师法嗣八人　育王法达禅师（见录）　南禅光澡禅师　云盖子思禅师　定山修举禅师　望川契宣禅师　醋头清岸禅师　禅林善从禅师　定山文普禅师（已上七人无录）

　　开元琦禅师法嗣六人　荐福道英禅师　双磎允光禅师　尊胜有朋禅师（已上三人见录）　承天禧宝禅师　三角如璇禅师　双磎先禅师（已上三人无录）

　　五祖山晓常禅师法嗣三人　月顶道轮禅师　乌崖楚清禅师（已上二人见录）　昭化希绍禅师（一人无录）

　　建隆昭庆禅师法嗣五人　玉泉善超禅师　泗州用元禅师（二人见录）　荐福德岑禅师　秦少游学士　澧泉处安禅师（已上三人无录）

　　佛印宣明禅师法嗣六人　龙兴师定禅师（一人见录）　广化素禅师　月珠壁禅师　富乐德彰禅师　承天逢原禅师　十地文用禅师（已上五人无录）

　　积翠永庵主法嗣一人　清平楚金禅师（一人见录）

　　三祖山法宗禅师法嗣四人　光孝惟爽禅师（一人见录）　洞山渊禅师　西贤利贯禅师　梅山海良禅师（已上三人无录）

　　四祖法演禅师法嗣二人　海会宗和尚　南禅畅禅师（二人无录）

　　大中立志禅师法嗣一人　虎丘文湛禅师（一人无录）

　　灵鹫觉禅师法嗣一人　灵鹫有琦禅师（一人无录）

　　慧林逊禅师法嗣一人　天宁储禅师（一人无录）

　　石霜琳禅师法嗣三人　鼎州德山宗什庵主（见录）　夔州卧龙思顺禅师　鼎州庆和怀悚禅师（已上二人无录）

云居山元祐禅师法嗣

东京智海佛印智清禅师

姓叶氏，泉州同安人。少为儒生，性明敏、博学典雅，年未冠忽慕空宗。遂依鹿苑寺惠儒上人出家，遍参知识，至祐禅师法席始明心地。初出世五祖道望显著，遂奉诏住智海。初开堂，哲宗遣中使降香，师登座问答罢。乃拈拂子召大众曰："还见么？手中拂子层层，为诸人放百种宝光。"复击禅床曰："还闻么？坐下猊台句句，为诸人演一乘了义，诸人若向这里悟得。则旷大劫来我人业识当体烟灭灰飞，现前身世根境尘劳彻底冰融雪泮，便见灵山正法眼藏昭昭溢目全彰，少室涅槃妙心晃晃通身独露。譬如演若悟鉴中面目，元来只是己头。亦如力士获额上圆珠，到了不从他得。如斯则无量神通三昧尘尘本尔圆成，恒沙诸佛法门念念一时具足。诸仁者，有能怎么构去，便谓立证无生不待僧祇而成正觉，如今要见无生么？"良久曰："二气不言含有象，万灵何处谢无私。"

元符三年，哲宗上仙，百日宣师入内赐"佛印禅师"号。明年二月，皇太后上仙，五七被旨演法于慈德殿，登座问答罢，乃曰："适来净因禅师云：'是日并宣六禅长老升座。'净因乃佛日惟岳禅师，出云门下。最初说法者不知末后句，末后说法者不知最初句。臣僧今当末后说法，却奉为大行太后演最初句。还知么？灵源湛寂物我皆如，佛性情真圣凡同体。弥纶千古廓彻十虚，本绝去来何尝生灭。今日人天交接幽显普临，皇风习习以和春，帝日迟迟而育物；万乘正登于舜殿，六禅齐仰于尧天。奉为大行太后建此法筵，指古佛心开正法眼，于斯见得，朱楼玉殿重重现清净法身，金阙瑶池处处露本来面目。唯佛与佛同证同知，伏惟珍重！"

舒州白云海会守纵禅师

僧问:"药山一句人皆委,白云今日事如何?"师曰:"逼塞虚空。"僧云:"谁知今日里明月锁舒城?"师曰:"斫额望扶桑。"问:"曹溪一滴普洽大千,白云出山如何利物?"师曰:"云横洞口归鸟迷巢。"僧云:"指南一路又如何?"师曰:"铁蛇当大道,通身黑如烟。"示众曰:"指呼四圣号令六凡,统三界作大伽蓝。以十虚为解脱门户,山河大地是古佛之心源,炉炭镬汤乃众生之觉地。于一微尘上,现恒沙诸佛之全身;于一佛心中,现无边众生之世界。若能如是即心无知,全心即佛全佛即人,人佛无异始为道矣。然虽如是,不落化门一句作么生道?"良久曰:"九年吃菜粥,此事少人知。"

庐山罗汉院系南禅师

汀洲张氏子。上堂:"禅不禅、道不道,三寸舌头胡乱扫。昨夜日轮飘桂花,今朝月窟生芝草。阿呵呵,万两黄金无处讨,一句绝思量诸法不相到。"师临示寂,升座告众曰:"罗汉今日倒骑铁马、逆上须弥,踏破虚空不留朕迹。"乃归方丈跏趺而逝。

泉州南峰永程禅师

示众:"始自鸡峰续焰少室流芳,大布慈云宏开慧日,教分三藏直指一心,或全提而棒喝齐施,或踪夺而宾主互设,或金刚按剑,或狮子翻身,或照用雷奔,或机锋电掣,无非剪除邪妄开廓玄微,直下明宗到真实地。诸仁者,到此方许一线道与尔商量,苟或未然,尽是依师作解无有是处。"

台州宝相元禅师

僧问:"一切诸佛及诸佛阿耨多罗三藐三菩提皆从此经出,如何是此经?"师曰:"长时诵不停非义亦非声。"曰:"如何受持?"师曰:"若欲受持者应须用眼听。"

信州永丰慧日庵主

本郡丘氏子。卅岁出家,于明心寺得度。自机契云居熟游湘汉,暨归永丰,或处岩谷、或居廛市,令乡民称丘师伯,凡有所问以莫晓答之。忽语邑人曰:"吾明日行脚去,汝等可来相送。"于是赆路者毕集,师笑不已,众问其故,即书偈曰:丘师伯莫晓,寂寂明皎皎。日午打三更,谁人打得了。投笔而逝。

亳州白藻清俨禅师

信州人。僧问:"杨广失橐驰到处无人见,未审是甚么人得见?"师以拂子约曰:"退后退后妨他别人所问。"曰:"毕竟落在甚么处?"师曰:"可杀不识好恶。"便打。

潭州慈云彦隆禅师

上堂举玄沙示众曰:"尽大地都来是一颗明珠,时有僧问:'既是一颗明珠,学人为什么不识?'沙曰:'全体是珠更教谁识。'曰:'虽然全体是,争奈学人不识?'沙曰:'问取尔眼。'师曰:诸禅德,这个公案唤作'嚼饭喂小儿、把手更与杖'。还会么?若未会须是扣己而参,直要真实不得信口掠虚徒自虚生浪死。"

郢州子陵山自瑜禅师

僧问:"如何是古佛心?"师曰:"赤脚跋泥冷似冰。"曰:"未审意旨如何?"师曰:"休要拖泥带水。"问:"泗洲大圣为甚么扬州出现?"师曰:"业在其中。"曰:"意旨如何?"师曰:"降尊就卑。"曰:"谢和尚答话。"师曰:"贼是小人,智过君子。"

隆兴府东山景福省悦禅师

上堂:"十二时中跛跛挈挈,且与么过,大众利害在甚么处?"良久曰:"听诸方断看,击禅床下座。"

报本慧元禅师法嗣

苏州承天永安传灯元正禅师

郓州平阴县人，姓郑氏。受业本州太平兴国寺，礼藏智为师。参诸方，晚到苏州万寿寺，时元禅师居焉。因令师看庭前柏树因缘，发明心地，有偈曰：赵州柏树子，去处勿人知。抛却甜桃树，寻山摘醋梨。元印可，举令住此寺。僧问："承师再集人天会，愿示西来擎电机？"师曰："烟云雾锁。"僧云："还有西来意也无？"师曰："空生懊恼。"僧云："临济宗风一时独秀。"师曰："不可有两个也。"僧云："是处是慈氏无门无善财。"师曰："都来七八岁，游遍百余城。"问："桃花杨柳共谈真，如何是共谈真？"师曰："岭上梅华白，溪边柳眼青。"僧云："未审是什么人境界？"师曰："非汝境界。"问："实际理地不受一尘，佛事门中不舍一法。如何是一法？"师拈拄杖一击。僧云："一衲横披高坐上，炉烟起处太分明。"师曰："不是这一法。"僧云："卖金须遇买金人。"师曰："这个是鍮石。"乃曰："天人群生类皆承此恩力。大众有一人道，我不承佛恩力，不居三界不属五行，祖师不敢定当，先佛不敢安名。尔且道，是个什么人？"良久曰："倚石岩前烧铁钵，就松枝上挂铜瓶。"又上堂僧问："安抚旌麾得得临，请师为鼓勿弦琴。"师曰："啰啰哩。"僧云："这般格调须遇知音。"师曰："曲终人不见，江上数峰青。"僧云："江月照时琴影现，松风吹处语声清。"师曰："一夜寒溪雪到明，梅花漏泄春消息。"僧云："木人闻作舞，石女听高歌。"师曰："且道是何曲调。"僧云："伯牙若在耻见永安。"师曰："得遇知音。"僧云："只如尽乾坤大地是一面琴，和尚如何下手？"师曰："拍拍是令。"僧云："而今台旆光临，还许露个消息也无？"师曰："许。"僧云："莫言只有庭前柏，又得甘棠壮祖宗。"师曰："千里同风。"乃曰："若于棒下论其得失，德山是明教底罪人；更去喝里分其宾主，临济是法门中魔主。永安怎么说话，若无明眼人证据，尽大地堕坑落堑。大众且道，那个是明眼人。行如升斗坐如蹲龙，诗正有周南召南，论道乃庄子老子，怎么说话也未是明眼人。还识明眼人么？永安与诸人指出。"良久曰："巨鳌莫负三山去，留取蓬莱顶上眠。"

甘露颛禅师法嗣

扬州光孝元禅师

僧问："如何是和尚家风？"师曰："七颠八倒。"曰："忽遇客来如何只待？"师曰："生铁蒺藜劈口堡。"

育王振禅师法嗣

明州岳林真禅师

上堂，古人道："初秋夏末合有责情三十棒，岳林则不然。灵山会上世尊拈花迦叶微笑，正当怎么时好与三十棒何故如此？太平时节强起干戈，教人吹大法螺、击大法鼓，举步则金莲蹙踩，端居则宝座巍峨。梵王引之于前，香华缭绕；帝释随之于后，龙象骈罗。至令后代儿孙递相仿效，三三两两；皆言出格风标，劫劫波波，未肯归家稳座。鼓唇摇舌，宛如钟磬笙竽；奋臂点胸，何啻稻麻竹苇。更逞游山玩水拨草瞻风，人前说得石点头，天上飞来花扑地，也好与三十棒。且道坐夏，赏势如何酬奖。"良久曰："万宝功成何厚薄，千钧价重自低昂。"

招提湛禅师法嗣

秀州华亭观音和尚

僧问:"如何是佛?"师曰:"半夜乌龟火里行。"曰:"意作么生?"师曰:"虚空无背面。"僧礼拜,师便打。

玄沙文禅师法嗣

福州广慧达杲禅师

上堂:"佛为无心悟,心因有佛迷。佛心清净处,云外野猿啼。"

保宁玑禅师法嗣

庆元府育王无竭净昙禅师

嘉禾人也。晚归钱塘之法慧,一日上堂:"本自深山卧白云,偶然来此寄闲身。莫来问我禅兼道,我是吃饭屙屎人。"绍兴丙寅夏辞朝贵归付院事,四众拥视,挥扇久之书偈曰:"这汉从来没缝罅,五十六年成话霸。今朝死去见阎王,剑树刀山得人怕。"遂打一圆相曰:"嗄,一任诸方钻龟打瓦。"收足而化,火后舍利如霰。门人持骨归阿育王山建塔。

台州真如戒香禅师

兴化林氏子。上堂:"孟冬改旦晓天寒,叶落归根露远山。不是见闻生灭法,当头莫作见闻看。"

华光恭禅师法嗣

郴州万寿念禅师

僧问:"龙华胜会肇启兹晨,未审弥勒世尊现居何处?"师曰:"猪肉案头。"曰:"既是弥勒世尊,为甚么却在猪肉案头?"师曰:

"不是弄潮人,休入洪波里。"曰:"毕竟事又且如何?"师曰:"番人不系腰。"岁旦上堂:"往复无际动静一源。含有德以还空,越无私而迥出。昔日日,今日日,照无两明;昔日风,今日风,鼓无两动;昔日雨,今日雨,泽无两润。于其中间觅去来相而不可得,何故自他心起,起处无踪,自我心忘,忘无灭迹。大众若向这里会去,与天地而同根,共万物为一体。若也未明,山僧为尔重重颂出。元正一,古佛家风从此出,不劳向上用工夫,历劫何曾异今日;元正二,寂寥冷淡无滋味,赵州相唤吃茶来,剔起眉毛须瞥地;元正三,上来稽首各和南,若问香山山里事,灵源一派碧如蓝。"遂喝一喝,下座。

大沩怀秀禅师法嗣

潭州大沩祖璿禅师

福州吴氏子。僧问:"如何是沩山家风?"师曰:"竹有上下节,松无今古青。"曰:"未审其中饮啖何物?"师曰:"饥餐相公玉粒饭,渴点神运仓前茶。"

上堂:"道无定乱法离见知,言句相投都无定义。自古龙门无宿客,至今鸟道绝行踪。欲会个中端的意,火里蝍蟟吞大虫。咄!"

上堂:"雨下阶头湿,晴干水不流。鸟巢沧海底,鱼跃石山头。众中大有商量,前头两句是平实语,后头两句是格外谈。若如是会,只见石磊磊,不见玉落落。若见玉落落,方知道宽宽。咦!"

南岳后洞方广有达禅师

僧问:"学人上来便请相见。"师曰:"袖里金锤脑后看。"僧云:"破二作三又作么生?"师曰:"惜取眉毛。"僧便喝,师曰:"放过即不可。"僧云:"瞎!"师便打。

上堂拈拄杖曰:"诸禅德,展无碍手和云折取,带雪将来对众拈出，瞻之不足玩之有余。"遂画一画曰："早晚散为霖，草木滋天下。"又曰："离四句，绝百非。便恁么，息狂机。不恁么，转狐疑。离此凭何旨，赵州东院西。还委悉么？头戴天脚踏地，动用之中论不二。一字妙门着眼看，镇州萝卜知滋味。"喝一喝。

南岳南台允恭禅师

僧问："如何是佛？"师曰："眼睛突出。"问："祖意教意是同是别？"师曰："阿难合掌迦叶擎拳。"乃曰："稀逢难遇正在此时，何谓也？释迦已灭弥勒未生。"举起拂子曰："正当今日佛法尽在这个拂子上。放行把住，一切临时。放行也风行草偃瓦砾生光，拾得寒山点头拊掌；把住也水泄不通精金失色，德山临济饮气吞声。正当恁么时，放行即是把住即是。"良久曰："后五日看。"

南岳福严文演禅师

僧问："如何是佛？"师当面一唾。乃曰："当面一唾切忌蹉过，幽谷猿啼乔林鹊噪，闹市纭纭相头买帽，白日同归不知几个。"又曰："日面佛月面佛，马师一别经年。谁辨铜头铁额，百丈耳聋未为埋没。临济吃棒莫言受屈，三圣瞎驴能始能卒。兴化帐中抛撒将来，不是骊龙颔下之物。上根不动干戈，自然清风拂拂。中下恰恰用心，落在无生窠窟。"又曰："野华飘尽古城根，渐渐蝉鸣湘水渡。霏霏梅雨洒高空，匝地薰风满庭户。三十三兮老古锥，象转龙蟠曾显露。才显露成点污，谨白参玄人，光阴莫虚度。"

南岳福严慈感禅师法嗣

明州育王宝鉴法达禅师

僧问："此事惟己自知，为什么众生随类得解？"师曰："眼见耳闻。"僧云："兵随印转？"师曰："德山临济。"问："末后一句今日愿闻？"师曰："昨日有人问我，直得杜口。"僧云："为什么如此？"师曰："不于湘水投明月，且向天童看白云。"问："无根树子还解生苗也无？"师曰："拟待答话又恐孤负阇黎。"问："作者相逢时如何？"师曰："平出。"僧云："学人有拟在。"师便打。僧云："不伸三拜安得周旋？"师曰："别处即得。"师乃曰："一法虽彰万善无，到头何必用工夫。目前十字纵横也，自是时人落半途。大众作么生是究竟一句？设使潜神守智，犹是止宿草庵，假饶息念观空，亦成守株待兔、虚生浪死，只为怀宝迷邦、滞壳迷封；良由贪程太速，直得言语道断、心行处灭，于衲僧分上着什么来由；假使心法双亡两头截断，亦是按牛头吃草。争似耳闻目睹口说心思，千山万水目前分，南北东西路头在；失之于旨鱼鲁刁刁，得之于心浑金璞玉；流出三教皆指一心，左右逢原万物皆备；到这里计什么仁义礼智、元亨利贞，说什么菩提涅槃常乐我净，直须拶放一边。且看山僧执金刚宝剑把定要津，以文殊为先锋，以普贤为殿后，观音势至掩耳偷铃，弥勒释迦吞声饮气；直得皇风荡荡、舜日明明。天下衲僧谁敢向鬼窟里作活计，还信得及么？"良久曰："道泰不传天子令，时清休唱太平歌。"又曰："半接城隍半倚村，一溪流水半山云。寂寥滋味有谁得，万世金轮王子孙。所以见闻觉知思量分别，一见便见，无第二月。尧天舜日，谁能夜泛孤舟；白月清风，何必冬行春令；门当户对，极目无限青山；鸟叫猿啼，纵步从他差路。栗蓬吞了，更无一物碍人；古镜重磨，不离旧时光彩。日日共虚空把手，时时与古佛对谈。堪嗟多少饥人，却去饭箩里饿杀。育王恁么道，了有三十棒。本合自当，赖遇众人不知，且教拄杖子吞声饮气。"又曰："居山日少出山多，惹得闲名孰奈何。争似白云深处坐，野猿幽鸟任高歌。"大众："拈花示众，空自点胸。微笑破颜落第二月，少林面壁傍若无人，半夜渡江贪程太速。更乃说佛说祖头上安头，演妙谈真泥中洗土，攒花簇锦口是祸门，寂尔无言守株待兔，总不如是无孔铁锤。行道之人如何即是，还会么？白云虽是无心物，到头还是恋青山。"

蕲州开元琦禅师法嗣

韶州荐福道英禅师

僧问："佛未出世时如何？"师曰："琉璃瓶贮花。"僧云："出世后如何？"师曰："玛瑙钵盛果。"僧云："未审是同是别？"师曰："趯倒瓶拽转钵。"乃曰："据道而论，语也不得，默也不得。直饶语默两忘，亦没交涉。何故句中无路，意在句中。无意无不意，非计较之所及。若是劈头点一点，顶门豁然眼开者，于此却有疾速分。若低头向意根下寻思，卒摸索不着，是知万法无根欲穷者错。一源绝迹欲返者迷，看他古佛光明先德风彩，一一从无欲无中发现。或时孤峻峭拔竟不可构，或时含融混合了无所睹，终不桩定一处，亦不系系两头。无是无不是，无非无不非。得亦无所得，失亦无所失。不曾隔越丝毫，不曾移易丝发。明明古路不属玄微，觌面擎来瞥然便过。不居正位岂落邪途，不蹈大方那趋小径。腾腾兀兀何住何为，回首不逢触目无对。一念普观廓然空寂，此之宗要千圣不传。直下了知当处超越，是知赤洒洒处怎么即易，明历历处怎么还难。不用沾黏点染，直须剥脱屏除。若是本分手脚，放去无收不来。一一放光现瑞，一一削迹绝踪。机上了不停，语中无可露。彻底搅不浑，通身扑不碎。且道毕竟是什么灵通、得怎么奇特、得怎么坚确？诸仁者，休要识渠面孔，不用安渠名字，亦莫觅渠所在。何故渠无所在、渠无名字、渠无面孔，才起一念追求如微尘许，便隔十生五生，更拟管带思惟。益见纷纷杂杂,不如长时放教自由自在。要发便发,要住便住,即天然非天然,即如如非如如。即湛寂非湛寂,即败坏非败坏。生无恋死无畏,无佛求无魔怖,不与菩提会,不与烦恼俱,不受一法不嫌一法,无在无不在,非离非不离。若能如是,见得释迦自释迦,达摩自达摩。干我什么碗,怎么说话衲僧门下,推勘将来布被芒鞋,不免撩他些些泥水,岂况汝等诸处更道。这个是平实语,这个是差别门庭,这个是关棙巴鼻,这个是道眼根尘。递相教习,如七家村里人传口令相似,有什么交涉?无事珍重。"

庐山双溪宝严允光禅师

上堂曰:"阿呵呵,也大诧,不卷帘兮见天下。神光得髓是谁,云达摩不曾来东夏。西江一口吸易干,中原至宝难酬价。也大诧,令人转忆老兴化。"喝一喝。

泉州尊胜有朋禅师

本郡蒋氏子。卯岁试经,中选下发,多历教肆,尝疏楞严维摩等经,学者宗之。每疑祖师直指之道,故多与禅衲游,一日谒开元,迹未及阃,心忽领悟。元出遂问:"座主来作甚么?"师曰:"不敢贵耳贱目。"元曰:"老老大大何必如是?"师曰:"自是者不长。"元曰:"朝看华严夜读般若则不问,如何是当今一句?"师曰:"日轮正当午。"元曰:"闲言语更道来。"师曰:"平生仗忠信,今日任风波。然虽如是,只如和尚怎么道有甚交涉,须要新戒草鞋穿。"元曰:"这里且放尔过。"忽遇远磨问:"尔作么生道?"师便喝,元曰:"这座主今日见老僧气冲牛斗。"师曰:"再犯不容。"元拊掌大笑。

五祖山晓常禅师法嗣

　　蕲州月顶延福道轮禅师

　　上堂良久曰："舍利塔前，花开吐艳。毗卢藏畔，龟戏池中。雾卷山堂，云藏佛阁。青萝翳目，老鹤盘空。足可与诸人内助其机、外扬其道，又何必山僧出来指点。然虽如是，也须的当始得。且道的当底事作么生？多谢宝陀岩上月，舒光常得到松门。"又曰："重阳何物助僧家，篱菊枝枝尽发花。不学故侯将伴饮，为君泛出赵州茶。只此一杯醒大梦，卢同七碗谩矜夸。"良久曰："便请卓拄杖一下。"又曰："时雨频过比屋凉，野田昆甲尽同光。禅家高卧无余事，赢得林梢磬韵长。正当恁么时谁是知音者。"良久曰："子期别后空千载，月上落崖流水寒。"

　　蕲州南乌崖寿圣楚清禅师

　　僧问："亡僧迁化向甚么处去？"师曰："灵峰水急。"曰："恁么则不生也？"师曰："苍天苍天！"

建隆昭庆禅师法嗣

　　荆门军玉泉善超禅师

　　僧问："去却拄杖子语默动静未审如何为人？"师画一圆相。僧云："此犹是葛藤。"师曰："了。"师良久谓众曰："妙性圆明离诸名相，纵使恒沙诸佛逞七辩，无以谈其名。今古宗师具五眼，无以窥其相。心如瓦砾墙壁，方有少分相应。诸仁者，若能回光返照照本灵源，常光现前尘劳顿歇，歇即菩提胜净明心本周沙界，不从人得。敢问诸人，且道从什么处得？"良久曰："年年细柳年年绿，二月桃花二月红。"

平江府泗洲用元禅师

一日问建隆曰:"临济在黄檗,三回问佛法大意,三回被打,意旨如何?"语犹未了被打一拂子,师顿领宗旨。开堂日僧问:"四众云臻请师说法?"师曰:"有眼无耳朵,六月火边坐。"曰:"一句截流万机顿息。"师曰:"听事不真,唤钟作瓮。"问:"朝参暮请成得甚么边事?"师曰:"只要尔歇去。"曰:"早知灯是火,饭熟已多时。"师曰:"尔鼻孔因甚么着拄杖穿却。"曰:"拗曲作直又争得。"师曰:"且教出气。"

上堂:"一二三四五,火里蜘蟟吞却虎。六七八九十,水底泥牛波上立。一日一夜雨霖霖,无孔铁锤洒不入。洒不入着底急,百川汹涌须弥岌。八臂那咤撞出来,稽首赞叹道难及。咦!"

上堂,横按拄杖顾视大众曰:"今日平地上吃交。"便下座。

佛印宣明禅师法嗣

潭州龙兴师定禅师

僧问:"如何是潇湘境?"师曰:"猿到夜深啼岳麓。"僧云:"如何是境中人?"师曰:"相逢不下马,各自有前程。"问:"如何是道?"师曰:"花街柳巷。"僧云:"如何是道中人?"师曰:"语笑呵呵。"乃曰:"秋风数夜渐寒,衲僧早觉身冷。通宵不睡思量,叵耐祖师乱走。不知念念释迦出世,步步弥勒下生。忽然撞着尽是自己神光,怎生说得自己神光?"良久曰:"一轮明月照潇湘。"喝一喝,又曰:"白云峰顶昔年尝到,朝参暮请依师觉道。闹市红尘煎杀不少,还自忙忙贪生至老。咄。遮皮袋臭秽易坏,贪欲贪乐不解厌,学佛学祖总不会。惭愧寒山老,眠云枕石块。思量拾得歌,爱住深岩内。蓑衣为被褥,箬笠作冠盖。只如山僧怎么举唱,还有佛法也无?"良久曰："无为无事人，跳出红尘外。"喝一喝。

黄檗积翠永庵主法嗣

庐陵清平楚金禅师

僧问："祖祖相传，未审和尚传个什么？"师曰："两手抬不起。"僧云："能有几人知？"师曰："知底事又尔么生？"僧云："放过一着。"师曰："迢迢十万余。"问："与么不与么，学人上来请师与么？"师曰："陕府铁牛。"僧云："和尚与么，学人即不然也。"师曰："不消拈出。"

上堂，以拄杖卓一下曰："只这是错事无一向，出家人当为何事。"良久曰："自知较一半。乃歌曰：人悄悄鼓冬冬，特地升堂话祖风；千般说万般喻，特地翻真却成伪。分别缁素与色空，扶篱摸壁与谁通。休寻南北与西东，山僧拄杖太无端。吞却十方刹海中，刹海中细推穷，三十年后几多白头翁。"靠却拄杖曰："珍重。"又曰："祖意齐彰真机自立，八明蟾彩彼我无差。出海红光老婆心切，如斯境界悟则头头显露，非取舍之功。迷则物物尘劳，难明妙理。更若即色明空，正是敲砖打瓦。说有说无，又是梦中说梦。未免觉来一场懵憕。"又曰："明眼人若论斯事，如盐在水只瞒得鼻孔，若是舌头上一点也瞒不得。何故三世诸佛从上祖师出现于世，祇是狸奴白牯一个注脚。拈锤举拂下喝敲床，尽是露柱注脚。"以拄杖卓一下曰："山僧与露柱注脚这里看得出，非但许尔救得儿孙，亦许尔见狸奴白牯。然后可以出生入死，若看不出自救不了，何故工夫不到不方圆，言语不通非眷属。"喝一喝。

三祖宗禅师法嗣

宁国府光孝惟爽禅师

上堂:"今朝六月旦,一年已过半。奉报参玄人,识取娘生面,娘生面荐不荐。鹭鸶飞入碧波中,抖擞一团银绣练。"

石霜琳禅师法嗣

鼎州德山静照庵宗什庵主

僧问:"如何是庵中主?"师曰:"从来不相许。"僧拟议,师曰:"会即便会,本来底不得安名著字。"僧拟开口,师便打出。师室中常以拂子示众曰:"唤作拂子依前不是,不唤作拂子特地不识。汝唤作什么?"因僧请益,师以颂答之曰:"我有一柄拂子,用处别无调度。有时挂在松枝,任他头垂角露。"

卷第二十二
大鉴下第十四世（黄龙三世）

黄龙晦堂心禅师法嗣四十七人黄龙悟新禅师　黄龙惟清禅师　泐潭善清禅师　青原惟信禅师　夹山晓纯禅师　三圣继昌禅师　双岭化禅师　龟山晓津禅师　保福本权禅师　双峰景齐禅师　护国景新禅师　黄龙智明禅师　道吾仲圆禅师　慈云道清禅师　黄龙如晓禅师　太史黄庭坚居士　观文王韶居士　秘书吴恂居士（已上十八人见录）兴化演禅师　显明道昌禅师　景德慧英禅师　集福宝严禅师　云门宝宣禅师　廷禧智融禅师　天柱修静禅师　胜缘居智禅师　云盖师肇禅师　兴化法海禅师　鹿苑思齐禅师　大龟惟益禅师　大龙世和禅师双峰如颖禅师　观音觉勤禅师　显亲如鉴禅师　南登法安禅师　建隆维庆禅师无为维琮禅师　西峰素禅师　禅林希广禅师　法海法琮禅师　徐禧德占龙图　公立夏倚居士　意禅上座　彭汝励居士　王正言居士　吴中立大夫　韩宗古侍郎（已上二十九人无录）

宝峰文禅师法嗣三十八人兜率从悦禅师　法云杲禅师　泐潭文准禅师　慧日文雅禅师　洞山梵言禅师　文殊宣能禅师　寿宁善资禅师　上封慧和禅师　五峰本禅师　太平安禅师　报慈进英禅师　洞山至幹禅师　宝华普鉴禅师　九峰希广禅师　黄檗道全禅师　清凉德洪禅师　超化静禅师　石头怀志庵主双溪印首座慧安慧渊禅师（已上二十人见录）泐潭福深禅师　花药英禅师　龟山允平禅师　嘉祐道用禅师　象耳惟古禅师　北禅惟孝禅师　嘉祐赟禅师　曹山慧言禅师　雍熙道光禅师　南台洪禅师　谷山希祖禅师　光孝慧满禅师　北禅慧昭禅师　石霜绍珂禅师　慈云敦雅禅师　汤泉禅师　宝峰楚原首座　安石王荆公（已上十八人无录）

黄龙心禅师法嗣

黄龙悟新禅师

王氏，韶州曲江人也。魁岸黑面如梵僧状，依佛陀院落发，以气节盖众好面折人。初谒栖贤秀铁面，秀问："上座甚处人？"对曰："广南韶州。"又问："曾到云门否？"对曰："曾到。"又问："曾到灵树否？"对曰："曾到。"秀曰："如何是灵树枝条？"对曰："长底自长短底自短。"秀曰："广南蛮莫乱说。"新曰："向北驴只恁么。"拂袖而出。秀器之，而新无留意，乃之黄龙谒宝觉禅师。谈辩无所抵捂，宝觉曰："若之技止此耶。是故说食耳，渠能饱人乎。"新窘无以进，从容白曰："悟新到此弓折箭尽，愿和尚慈悲指个安乐处。"宝觉曰："一尘飞而翳天，一芥堕而覆地，安乐处正忌上座许多骨董，直须死却无量劫来全心乃可耳。"新趋出，一日默坐下板，会知事搥行者，新闻杖声忽大悟。奋起忘纳其屦，趋方丈见宝觉自誉曰："天下人总是学得底，某甲是悟得底。"宝觉笑曰："选佛得甲科，何可当也。"新自是号"死心叟"，榜其居曰："死心室。"盖识悟也。久之去游湘西，是时哲禅师领岳麓，新往造焉。哲问："是凡是圣？"对曰："非凡非圣。"哲曰："是什么？"对曰："高着眼。"哲曰："恁么则南山起云北山下雨？"对曰："且道是凡是圣？"哲曰："争奈头上漫漫脚下漫漫。"新仰屋作嘘声，哲曰："气急杀人。"对曰："恰是。"拂袖便出。谒法昌遇禅师，遇问："近离甚处？"对曰："某甲自黄龙来。"遇云："还见心禅师么？"对曰："见。"遇曰："什么处见？"对曰："吃粥吃饭处见。"遇插火箸于炉中云："者个又作么生？"新拽脱火箸便行。新初住云岩，已而迁翠岩。翠岩旧有淫祠，乡人禳襘酒胾汪秽无虚日，新诫知事毁之。知事辞以不敢掇祸，新怒曰：使能作祸吾自当之，乃躬自毁折。俄有巨蟒，蟠卧内引首作吞噬之状，新叱之而遁，新安寝无他。未几再领云岩，建经藏太史黄公庭坚为作记，有以其亲墓志镵于碑阴者。新恚骂曰："陵侮不避祸若是。"语未卒电光翻屋雷击自户入，析其碑阴中分之，视之已成灰烬，而藏记安然无损。晚迁住黄龙，学者云委，属疾退居"晦堂"。夜参，竖起拂子云："看看，拂子病死心病，拂子安死心安，拂子穿却死心，死心穿却拂子。正当恁么时，唤作拂子又是死心，唤作死心又是拂子，毕竟唤作什么？"良久云："莫把是非来辨我，浮生穿凿不相干。"有乞末后句者，新与偈云：末后一句子，直须心路绝。六根门既空，万法无生灭。于此彻其源，不须求解脱。生平爱骂人，只为长快活。政和五年十二月十三日晚小参说偈，十五日泊然坐逝。讣闻，诸方衲子为之鸣咽流涕，荼毗得舍利五色。阅世七十二，坐四十五夏，塔于晦堂之后。

隆兴府黄龙灵源惟清禅师

本州陈氏子，印心于晦堂。每谓人曰："今之学者未脱生死，病在甚么处？病在偷心未死耳。然非其罪，为师者之罪也。如汉高帝绐韩信而杀之，信虽死其心果死乎。古之学者言下脱生死，效在甚么处，在偷心已死。然非学者自能尔，实为师者钳锤妙密也。如梁武帝御大殿见侯景不动声气，而景之心已枯竭无余矣。诸方所说非不美丽，要之如赵昌画花，花虽逼真而非真花也。"

上堂："鼓声才动大众云臻，无限天机一时漏泄。不孤正眼便合归堂，更待繁词沉埋宗旨。纵谓释迦不出世，四十九年说；达摩不西来，少林有妙诀。修山主也似高里望乡关，又道若人识祖佛，当处便超越。直饶恁么悟入亲切去，更有转身一路，勘过了打。以拂子击禅林下坐。"

上堂："江月照、松风吹，永夜清宵更是谁。雾露云霞遮不得，个中犹道不如归。复何归，荷叶团团团似镜，菱角尖尖尖似锥。"

上堂："三世诸佛不知有，恩无重报；狸奴白牯却知有，功不浪施。明大用晓全机，绝踪迹不思议，归去好无人知。冲开碧落松千尺，截断红尘水一碛。"

上堂："至道无难惟嫌拣择，但莫憎爱洞然明白。祖师怎么说话，瞎却天下人眼。识是非别缁素底衲僧，到这里如何辨明？未能行到水穷处，难教坐看云起时。"

隆庆府泐潭草堂善清禅师

南雄州何氏子。初谒大沩哲禅师无所得，后谒黄龙。龙示以风幡话，久而不契，一日龙问："风幡话子作么生会？"师曰："迥无入处乞师方便。"龙曰："子见猫儿捕鼠乎？目睛不瞬、四足踞地、诸根顺向、首尾一直，拟无不中。子诚能如是，心无异缘、六根自静、默然而究、万无失一也。"师从是屏去闲缘岁余，豁然契悟。以偈告龙曰：随随随、昔昔昔、随随随后无人识。夜来明月上高峰，元来只是这个贼。龙颔之。复告之曰："得道非难弘道为难，弘道犹在己，说法为人难，既明之后在力行之。大凡宗师说法，一句中具三玄，一玄中具三要，子入处真实，得坐披衣向后自看，自然七通八达去。"师复依止七年，乃辞遍访丛林，后出世黄龙、终于泐潭。僧问："牛头未见四祖时如何？"师曰："京三卞四。"曰："见后如何？"师曰："灰头土面。"曰："毕竟如何？"师曰："一场懡㦬。"开堂上堂，举浮山远和尚云："欲得英俊么？仍须四事俱备，方显宗师蹊径。何谓也？一者祖师巴鼻，二具金刚眼睛，三有师子爪牙，四得衲僧杀活。拄杖得此四事，方可纵横变态任运卷舒，高耸人天壁立千仞。倘不如是守死善道者，败军之地；何故棒打石人，贵论实事。是以到这里得不，修江耿耿大野云凝，绿竹含烟青山锁翠。风云一致水月齐观，一句该通已彰残朽。"师曰："黄龙今日出世，时当末季佛法浇漓。不用祖师巴鼻，不用金刚眼睛，不用师子爪牙，不用杀活拄杖，只有一枝拂子以为蹊径，亦能纵横变态任运卷舒，亦能高耸人天壁立千仞。有时逢强即弱，有时遇贵即贱，拈起则群魔屏迹佛祖潜踪，放下则合水和泥圣凡同辙。且道，拈起好放下好？竿头丝线从君弄，不犯清波意自殊。"

上堂："色心不异彼我无差。"竖起拂子曰："若唤作拂子入地狱如箭，不唤作拂子有眼如盲。直饶透脱两头，也是黑牛卧死水。"

吉州青原惟信禅师

上堂："老僧三十年前未参禅时，见山是山见水是水；及至后来亲见知识有个入处：见山不是山，见水不是水；而今得个休歇处：依然见山只是山，见水只是水。大众这三般见解是同是别？有人缁素得出，许汝亲见老僧。"

澧州夹山灵泉院晓纯禅师

尝以木刻作一兽：师子头，牛足马身。每升堂时持出示众曰："唤作师子又是马身，唤作马身又是牛足，且道毕竟唤作甚么？"令僧下语莫有契者。师示颂曰：轩昂师子首，牛足马身材。三道如能入，玄门叠叠开。

上堂："有个汉自从旷大劫无住亦无依，上无片瓦盖头，下无寸土立足，且道十二时中在甚么处安身立命？若也知得，朝到西天暮归东土。"

汉州三圣继昌禅师

彭州黎氏子。上堂："木佛不度火，甘露台前逢达摩，惆怅洛阳人未来，面壁九年空冷坐；金佛不度炉，坐叹劳生走道途，不向华山图上看，岂知潘阆倒骑驴；泥佛不度水，一道灵光照天地，堪羡玄沙老古锥，不要南山要鳖鼻。"

上堂，举赵州访二庵主，师曰："五陵公子争夸富，百衲高僧不厌贫。近来世俗多颠倒，只重衣衫不重人。"

隆庆府双岭化禅师

上堂："翠竹黄花非外境，白云明月露全真。头头尽是吾家物，信手拈来不是尘。"遂举拂子曰。"会么？认着依前还不是。"击禅床下座。

泗州龟山水陆院晓津禅师

福州人也。僧问："如何是宾中宾？"师曰："巢父饮牛。"曰："如何是宾中主？"师曰："许由洗耳。"曰："如何是主中宾？"师便喝。曰："如何是主中主？"师曰："礼拜了退。"

上堂："田地稳密过犯弥天，灼然抬脚不起；神通游戏无疮自伤，特地下脚不得。且道过在甚么处？具参学眼底出来共相理论。要见本分家山，不支歧路。莫只管自家点头蹉过岁月，他时异日顶上一椎，莫言不道。"

漳州保福本权禅师

临漳人也。性质直而勇于道，乃于晦堂举拳处彻证根源，机辩捷出。黄山谷初有所入问晦堂："此中谁可与语？"堂曰："漳州权师方督役开田。"山谷同晦堂往，致问曰："直岁还知露柱生儿么？"师曰："是男是女。"黄拟议，师挥之。堂谓曰："不得无礼。"师曰："这木头不打更待何时？"黄大笑。

上堂，举寒山偈曰：吾心似秋月，碧潭清皎洁。无物堪比伦，教我如何说。老僧即不然："吾心似灯笼，点火内外红。有物堪比伦，来朝日出东。"传者以为笑，死心和尚见之叹曰："权兄提唱若此，诚不负先师所付嘱也。"

潭州南岳双峰景齐禅师

上堂，拈拄杖曰："横拈倒用，诸方虎步龙行。打狗撑门，双峰掉在无事甲里，因风吹火别是一家。"以拄杖靠肩顾视大众曰："唤作无事得么？"良久曰："刀尺高悬着眼看，志公不是闲和尚。"卓拄杖一下。

温州护国寄堂景新禅师

郡之陈氏子。上堂："三界无法何处求心。欲知护国当阳句，且看门前竹一林。"

鄂州黄龙智明禅师

饶州人也。一日上堂众才集，师乃曰："不可更开眼说梦去也。"便下座。

上堂："南北一诀斩钉截铁，切忌思量翻成途辙。"师同胡巡检到公安二圣，胡问："达摩对梁武帝云：廓然无圣，公安为甚么却有二圣？"师曰："一点水墨两处成龙。"

潭州道吾仲圆禅师

上堂："不是心、不是佛、不是物，古人恁么道？譬如管中窥豹但见一斑，设或入林不动草、入水不动波。亦如骑马向冰棱上行，若是射雕手，何不向蛇头上揩痒，具正眼者试辨看？"良久曰："鸳鸯绣出自金针。"

杭州慈云道清禅师

尝垂语曰："箭锋相拄底，随机乃丝毫无差。边方人语不相暗，如何辨他子细。"又曰："格外明机底，问南则以北为酬。饥馁人急切相投，未审将何赈济？"又曰："妙用纵横、底临机辨若悬河，毗耶城彼上人来未审若为酬对。"又曰："寒灰枯木底，到这里无言，家中给侍之人，日用如何指授。"又来参扣者设此数问,问之多不契。

太史山谷居士

黄庭坚，字鲁直。以般若夙习，虽臜仕澹如也，出入宗门未有所向，好作艳词。尝谒圆通秀禅师，秀呵曰："大丈夫翰墨之妙甘施于此乎？"秀方戒李伯时画马事。公诮之曰："无乃复置我于马腹中耶？"秀曰："汝以艳语动天下人淫心，不止马腹中，正恐生泥犁耳！"公悚然悔谢，由是绝笔惟孳孳于道。著发愿文，痛戒酒色，但朝粥午饭而已。往依晦堂乞指径捷处，堂曰："只如仲尼道：二三子以我为隐乎？吾无隐乎尔者。太史居常如何理论？"公拟对，堂曰："不是不是。"公迷闷不已，一日侍堂山行次，时岩桂盛放。堂曰："闻木犀花香么？"公曰："闻。"堂曰："吾无隐乎尔。"公释然即拜之曰："和尚得恁么老婆心切。"堂笑曰："只要公到家耳。"久之谒云岩死心新禅师，随众入室。心见张目问曰："新长老死学士死，烧作两堆灰，向甚么处相见？"公无语，心约出曰："晦堂处参得底，使未着在后。"左官黔南道力愈胜，于无思念中顿明死心所问，报以书曰："往年尝蒙苦苦提撕，长如醉梦依稀在光影中，盖疑情不尽命根不断故，望崖而退耳。谪官在黔南道中昼卧觉来忽尔寻思：'被天下老和尚谩了多少？唯有死心道人不肯，乃是第一相为也，不胜万幸。'"后作晦堂塔铭曰："某夙承记莂堪任大法，道眼未圆而来瞻窣堵。实深宗仰之叹，乃勒坚珉，敬颂遗美。"公复设苹蘩之供祭之以文，吊之以偈曰：海风吹落楞伽山，四海禅徒着眼看。一把柳丝收不得，和烟搭在玉阑干。

洪州黄龙如晓禅师

僧问："有客远方来，示我径寸璧。如何是径寸璧？"师曰："千峰排翠色。"僧云："便恁么时如何？"师曰："万卉长威棱。"又问："如何是黄龙境？"师曰："山连幕阜，水泻洞庭。"僧云："如何是境中人？"师曰："形容虽丑陋，出语便成章。"又问："语默涉离微，如何通不犯？"师曰："山花开似锦，涧水湛如蓝。"僧云："谢师答话。"师曰："向道莫行山下路，分明只在路傍生。"乃曰："烟云绽处楼殿撑天，水月松萝交光相映。人和境照柳眼乍青，佛法人事无欠无少。虽然如是，不落时机一句作么生道？"良久曰："少林虽面壁，年老也心孤。"又曰："白云风卷宇宙豁清，月印长天形分众水。若恁么散去便道山僧无折合，更或歌风咏月。又成起浪生风，正当恁么时如何即是。"良久曰："幽鸟不嫌山势阔，鱼龙争厌碧潭深。"

观文王韶居士

字子淳，出刺洪州，乃延晦堂问道，默有所契。因述投机颂曰：昼曾忘食夜忘眠，捧得骊珠欲上天。却向自身都放下，四棱塌地恰团圆。呈堂，堂深肯之。

秘书吴恂居士

字德夫，居晦堂入室次。堂谓曰："平生学解记忆多闻即不问，尔父母未生已前道将一句来。"公拟议，堂以拂子击之，即领深旨。连呈三偈，其后曰：咄，这多知俗汉，咬尽古今公案。忽于狼藉堆头，拾得蜣螂粪弹。明明不直分文，万两黄金不换。等闲拈出示人，只为走盘难看。咦。堂答曰："水中得火世还稀，看着令人特地疑。自古不存师弟子，如今却许老胡知。"

宝峰文禅师法嗣

隆兴府兜率从悦禅师

赣州熊氏子。初首众于道吾，领数衲谒云盖智和尚，智与语未数句尽知所蕴。乃笑曰："观首坐气质不凡，奈何出言吐气如醉人耶？"师面热汗下，曰："愿和尚不吝慈悲。"智复语与锥札之，师茫然遂求入室。智曰:"曾见法昌遇和尚否?"师曰:"曾看他语录自了可,也不愿见之。"智曰:"曾见洞山文和尚否?"师曰:"关西子没头脑,拖一条布裙作尿臭气,有甚长处?"智曰:"尔但向尿臭气处参取!"师依教,即谒洞山深领奥旨,复谒智。智曰:"见关西子后大事如何?"师曰:"若不得和尚指示,洎乎蹉过一生。"遂礼谢,师复谒真净,后出世鹿苑。有清素者久参慈明,寓居一室未始与人交。师因食蜜渍荔枝,偶素过门。师呼曰:"此老人乡果也,可同食之。"素曰:"自先师亡后不得此食久矣。"师曰:"先师为谁?"素曰:"慈明也,某忝执侍十三年耳。"师乃疑骇曰:"十三年堪忍执侍之役,非得其道而何。"遂馈以余果稍稍亲之,素问:"师所见者何人。"曰:"洞山文。"素曰:"文见何人?"师曰:"黄龙南。"素曰:"南匾头见先师不久,法道大振如此。"师益疑骇,遂袖香诣素作礼,素起避之曰:"吾以福薄,先师授记不许为人。"师益恭,素乃曰:"怜子之诚违先师之记,子平生所得试语我。"师具道所见,素曰:"可以入佛而不能入魔。"师曰:"何谓也?"素曰:"岂不见古人道,末后一句始到牢关?"如是累月素乃印可,仍戒之曰:"文示子者皆正知正见,然子离文太早,不能尽其妙。吾今为子点破,使子受用得大自在,他日切勿嗣吾也,师后嗣真净。"僧问:"提兵统将须凭帝主虎符,领众匪徒密佩祖师心印。如何是祖师心印?"师曰:"满口道不得。"曰:"只这个别更有?"师曰:"莫将支遁鹤,唤作右军鹅。"问:"如何是兜率境。"师曰:"一水挼蓝色,千峰削玉青。"曰:"如何是境中人?"师曰:"七凹八凸无人见,百手千头只自知。"

上堂:"耳目一何清,端居幽谷里。秋风入古松,秋月生寒水。衲僧于此更求真,两个猢狲垂四尾。"喝一喝,上堂:"兜率都无辨别,却唤乌龟作鳖。不能说妙谈真,只解摇唇鼓舌。遂令天下衲僧觑见眼中滴血,莫有翻嗔作喜笑傲烟霞者么?"良久曰:"笛中一曲升平乐,算得生平未解愁。"

上堂:"始见新春又逢初夏,四时若箭两曜如梭。不觉红颜翻成白首,直须努力别着精神。耕取自己田园,莫犯他人苗稼。既然如是牵犁拽耙,须是雪山白牛始得。且道鼻孔在甚么处?"良久曰:"吒吒。"

上堂:"常居物外度清时,牛上横将竹笛吹。一曲自幽山自绿,此情不与白云知。庆快诸禅德,翻思范蠡漫泛沧波,因念陈抟空眠太华,何曾梦见浪得高名,实未神游闲漂野迹。既然如此,具眼衲僧莫道,龙安非他自己好。"

上堂:"无法亦无心,无心复何舍。要真尽属真,要假全归假。平地上行船,虚空里走马。九年面壁人,有口还如哑。参!"

上堂:"夜夜抱佛眠,朝朝还共起。起坐镇相随,语默同居止。欲识佛去处,只这语声是。诸禅德,大小傅大士,只会抱桥柱澡洗、把缆放船,印板上打将来,模子里脱将去,岂知道本色衲僧,塞除佛祖窟、打破玄妙门、跳出断常坑、不依清净界,都无一物独奋双拳,海上横行建家立国。有一般汉,也要向百尺竿头凝然端坐,泊乎翻身之际舍命不得,岂不见云门大师道,知是般事拈放一边,直须摆动精神着些筋骨,向混沌未剖已前荐得,犹是钝汉那堪更于他人舌头上咂澹滋味、终无了日。诸禅客,要会么?剔起眉毛有甚难,分明不见一毫端。风吹碧落浮云尽,月上青山玉一团。"喝一喝下座。

一日漕使无尽居士张公商英,按部过分宁,请五院长老就云岩说法,师最后登座,横拄杖曰:"适来诸善知识,横拈竖放直下斜抛,换步移身藏头露角,既于学士面前各纳败阙,未免吃兜率手中痛棒。到这里不由甘与不甘,何故见事不平争忍得,衲僧正令自当行。"卓拄杖下座。室中设三语以验学者,一曰:拨草瞻风只图见性,即今上座性在甚么处?二曰:识得自性方脱生死,眼光落地时作么生脱?三曰:脱得生死便知去处,四大分离向甚么处去?

元祐六年冬浴讫,集众说偈,曰:"四十有八,圣凡尽杀。不是英雄,龙安路滑。"奄然而化,其徒遵师遗诫欲火葬捐骨江中。得法弟子无尽居士张公,遣使持祭,且曰:"老师于祖宗门下有大道力,不可使来者无所起敬。"俾塔于龙安之乳峰,谥"真寂"禅师。

东京法云佛照杲禅师

自妙年游方,谒圆通玑禅师,入室次,玑举——僧问投子:大死底人却活时如何?子曰:不许夜行,投明须到,意作么生——师曰:"恩大难酬。"玑大喜遂命首众,至晚为众秉拂,机迟而讷众笑之,师有赧色。次日于僧堂点茶,因触茶瓢堕地,见瓢跳乃得应机三昧。后依真净,因读祖偈曰:心同虚空界,示等虚空法。证得虚空时,无是无非法。豁然大悟,每谓人曰:"我于绍圣三年十一月二十一日悟得方寸禅。"出住归宗诏居净,因僧问:"达摩西来传个甚么?"师曰:"周秦汉魏。"问:"昔日僧问云门:'如何是透法身句?'门曰:'北斗里藏身,意旨如何?'"师曰:"赤心片片。"曰:"若是学人即不然。"师曰:"汝又作么生?"曰:"昨夜抬头看北斗,依稀却似点糖糕。"师曰:"但念水草余无所知。"

上堂:"西来祖意教外别传,非大根器不能证入。其证入者不被文字语言所转、声色是非所迷,亦无云门临济之殊、赵州德山之异,所以唱道须明有语中无语、无语中有语,若向这里荐得可谓终日着衣、未尝挂一缕丝,终日吃饭、未尝咬一粒米。直是呵佛骂祖有甚么过,虽然如是,欲得不招无间业,莫谤如来正法轮。"喝一喝下座，上堂拈拄杖曰："归宗会斩蛇，禾山解打鼓。万象与森罗，皆从这里去。"掷下拄杖曰："归堂吃茶。"师以力参深到，语不入时，每示众，常举老僧熙宁八年文帐在凤翔府供申，当年崩了华山四十里、压倒八十村人家，汝辈后生茄子瓠子几时知得，或问曰："宝华王座上，因甚么一向世谛。"师曰："痴人佛性岂有二种耶。"

泐潭文准禅师

兴元府唐固，梁氏子。生始幼见佛像辄笑，童子不喜闻酒蔵。金仙寺沙门虚普乞食至其家，师膺门酬酢如老成，时年八岁即辞父母愿从普归。授以法华经伊吾即上口，元丰僧检童子较所习，以籍名先后度，师艺精坐年少不得奏名。陕西经略范公过普卢，普腊高应对领略，师侍其傍伸辩详明进止可喜。范公欲携与俱西，师辞曰："登山求玉入海求珠，人各有志，本行学道世好非素心。"范公阴奇其语，度以为僧剔发。既往依梁山乘禅师，呵曰："驱乌未受戒敢学佛乘乎？"师捧手曰："坛场是戒耶？三羯磨梵行阿阇梨是戒耶？"乘大惊，师笑曰："虽然敢不受教。"遂受具足戒于唐安律师，遍游成都讲肆唱诸部纲目。即弃去曰："吾不求甚解。"法师昙演佳其英特抚之曰："汝法船也。南方有大开士若沩山、真如、九峰、真净者，可往求之。"师拜受戒，与同学志恭诣大沩久之不契，乃造九峰见真净，问曰："甚处来？"曰："兴元府。"问："近离甚处？"曰："大仰。"问："夏在甚处？"曰："沩山。"真净展手曰："我手何似佛手？"师罔然，真净呵曰："适来句句无丝毫差错灵明天真，才说个佛手便成隔碍，病在什么处？"师曰："不会。"净曰："一切见成更教谁会。"师服膺就弟子之列余，十年所至必随。

绍圣三年真净移居石门衲子益盛，凡入室扣问必瞑目危坐无所示，见来者必起从园丁壅菜率以为常。师每谓恭曰："老汉无意于法道乎莫能测也。"一日举杖决渠水溅衣因大悟走叙其事,真净骂曰:"此中乃敢用蘁苴耶。"自是迹愈晦而名愈著。待制李景真守豫章,仰其风请开法于云岩。未几殿中监茫公,师南昌移居泐潭。师辞辩注射迅机电扫,衲子畏而慕之,槌拂之下常数千指,自号"湛堂"。每曰:"我只畜一条挂杖,佛来也打祖来也打。不将元字脚涴汝枯肠,如此临济一宗不致冷落。"一日新到相看展坐具,师曰:"未得人事上座近离甚处?"曰:"庐山归宗。"师曰:"宗归何处?"僧曰:"嘎。"师曰:"虾蟆窟里作活计。"僧云:"和尚何不领话?"师曰:"是尔岂不是从归宗来。"僧云:"是。"师曰:"驴前马后汉,问第二上座:'近离甚处?'"僧云:"袁州。"师云:"夏在甚处?"曰:"仰山。"师曰:"还见小释迦么?"僧云:"见。"师曰:"鼻孔长多少?"僧拟议。师云:"话堕阿师。"问僧:"尔来作么?"曰:"特来问讯和尚。"师云:"云在岭头闲不彻,水流涧下太忙生。"僧云:"和尚莫瞒人好。"师曰:"马大师为什么从阇梨脚跟下走过?"僧无语,师云:"却是阇梨谩老僧。"僧云:"有口道不得时如何?"师云:"洞庭湖里倒撑船。"云居先驰到,师问:"未离欧阜文彩已彰,既到宝峰如何吐露。"驰云:"目前有路。"师举起书云:"既是云居底,为甚在宝峰手中?"驰云:"兵随印转将逐符行。"师云:"下坡不走拍一拍。"驰拟议,师曰:"想先驰,只有先锋且无殿后。"一日法堂上逢首座,便问:"向什么处去?"座云:"拟与和尚商量一事。"师云:"便请。"座曰:"东家杓柄长,西家杓柄短。"师云:"为甚拈起巩县茶瓶,却是饶州瓷碗?"座云:"临崖看浒眼,特地一场愁。"师叫屈,座吐舌而退。师在分宁遇死心和尚,问:"尔此回到山里么?"师云:"须去礼拜师兄。"心云:"尔来时善看方便。"师曰:"何故?"心云:"我黄龙路滑。"师云:"曾跶倒几人来?"心云:"尔未到黄龙早脚涩也。"师云："和尚何得闭门相待？"死心又问："准老尔安许多僧，只是聚头打哄了噇饭，尔毕竟将何为人？"师云："因风吹火。"心云："乱统作么？"师云："从来有些子。"师却问："和尚山中安多少众？"心云："四百人尽是精峭衲子。"师云："师子窟中无异兽。"心云："尔来时也须照顾。"师云："也待临时。"心云："临时作么生？"师云："唤来洗脚。"心云："尔川僧家开许大口。"师云："准上座从来如此。"心云："三十年弄马骑。"问僧："乡里甚处？"云："青州。"师曰："近离甚处？"云："云居。"师曰："安乐树下道将一句来。"僧无语，师却问傍僧云："尔道得么？"僧云："某甲道不得，却请和尚道。"师云："向北驴似马大。"僧云："与么那？"师云："尔鼻孔为甚么在宝峰手里？"僧便喝，师云："水里火发。"见僧看经，问看什么经，曰："《金刚经》。"师云："经中道：'是法平等无有高下'是否？"僧云："是。"师云："为什么云居山高、宝峰山低？"僧云："是法平等无有高下。"师曰："尔却做得个坐主使下？"僧云："和尚又作么生？"师云："且放尔鼻孔出气。"

一日廊下见僧，问："尔还会也未？"僧云："不会。"师曰："左青龙右白虎。"僧云："久向宝峰元来只是个卖卜官。"师乃点指云："上座今日不好。"僧云："老汉败阙也。"师云："路逢剑客须呈剑。"师问僧："安乐么？"僧云："无事。"师云："尔大有事在。"曰："未审某甲有甚事？"师云："近日上蓝金刚与天宁土地相打。"僧无语，师云："元来无事。"问僧："如何是上座得力处？"僧便喝，师云："好好相借问何得恶发？"僧又喝，师云："元来是作家。"僧以坐具便打，师低头嘘一声。僧云："放过一着。"师云："者里不可放过。"随后便打。师普说次，众欲散，忽问僧："明来明打暗来暗打，尔作么生会？"僧便喝，师云："点即不到。"僧又喝，师云："到即不点。"

僧云："忽遇不明不暗来时又作么生？"师云："今日天寒且归堂向火。"随后喝一喝，便起。

一日上堂云："宝峰一夜睡不着计较，今日上堂揣腹搜胸，总思量不就。而今临时逼节事出急家门。"遂拈起拂子云："准上座近日作得一柄拂子，且权将供养大众。"乃掷下云："竹根棕叶麻绳系，样度天然别一家。"政和五年夏六月寝疾，首坐问："和尚近日尊位如何？"师云："跛驴上壁。"坐云："和尚也好吃一服药。"师云："朽木搭桥。"座云："也知和尚不解忌口。"师云："尔作么生？"坐拟进语，师云："尔也好吃一服药。"

以七月二十二日更衣说偈而化，阅世五十五，坐三十五夏，灵骨舍利塔于石门之南源。丞相张无尽制其碑，谏议洪驹父叙语录，名士李商老撰次逸事，同门弟德洪觉范纪师行实，其高道硕德可想见矣。琇公称："云居真牧和尚谓人曰：'出关走江淮阅三十年，参一十八人善知识，于中无出佛果、佛眼、死心、灵源、湛堂五大士而已。'"诚哉斯言。盖真正宗师考其全才如此之难，若佛果佛眼死心灵源之嗣固已光明于世，独湛堂开法日浅，未有继其高躅者。然览其遗编想其胸次，信余子未易企及也。觉范称：准于真净之门，所谓家名辨才气宇逸群者。抑知言哉。

庐山慧日文雅禅师

受请日，僧问："向上宗乘乞师不吝。"师曰："挂杖正开封。"曰："小出大遇也。"师曰："放过即不可。"便打。

瑞州洞山梵言禅师

太平州人也。上堂有二僧齐出，一僧礼拜，一僧便问："得用便用时如何？"师曰："伊兰作旃檀之树。"曰："有意气时添意气，不风流处也风流。"师曰："甘露乃蒺藜之园。"

上堂："吾心似秋月，碧潭清皎洁。无物堪比伦，教我如何说。寒山子劳而无功，更有个拾得道：'不识这个意，修行徒苦辛。'恁么说话自救不了，寻常拈粪箕把扫帚掣风掣颠，犹较些子，直饶是文殊普贤再出。若到洞山门下，一时分付与直岁，烧火底烧火，扫地底扫地，前廊后架，切忌搀匙乱筋，丰干老人更不饶舌。"参退吃茶。

上堂："一生二二生三，遏捺不住廓周沙界。德云直上妙峰，善财却入楼阁，新妇骑驴阿家牵。山青水绿，桃华红李华白。一尘一佛土，一叶一释迦。乃合掌曰：'不审诸佛子，今晨改旦季春极暄，起居轻利安乐行否，少间专到上寮问讯，不劳久立'。"

上堂："腊月二十日，一年将欲尽。万里未归人，大众总是他乡之客。还有返本还源者么？"击拂子曰："门前残雪日轮消，室内红尘遣谁扫。"

德安府文殊宣能禅师

僧问："如何是祖师灯？"师曰："四生无不照，一点任君看。"

上堂："石巩箭秘魔叉，直下会得眼里空华。堪悲堪笑少林客，暗携只履度流沙。"

桂州寿宁善资禅师

上堂："若论此事如鸦啄铁牛，无下口处无用心处，更向言中问觅句下寻思。纵饶卜度将来，翻成戏论边事。殊不知，本来具足直下分明，佛及众生纤毫不立。寻常向诸人道，凡夫具足圣人法，凡夫不知；圣人具足凡夫法，圣人不会。圣人若会即同凡夫，凡夫若知即是圣人。然则凡圣一致名相互陈，不识本源迷其真觉。所以逐境生心徇情附物，苟能一念情忘自然真常体露。"良久曰："便请荐取。"

上堂："诸方五日一参，寿宁日日升座。莫怪重说偈言，过在西来达磨。上士处处逢渠,后学时时蹉过。且道蹉过一着落在甚么处?"举起拂子曰:"一片月生海,几家人上楼。"

南岳祝融上封慧和禅师

上堂:"未升此座已前,尽大地人成佛已毕。更有何法可说,更有何生可利。况菩提烦恼本自寂然,生死涅槃犹如昨梦。门庭施设诳呼小儿,方便门开罗纹结角,于衲僧面前皆成幻惑,且道衲僧有甚么长处?"拈起拄杖曰:"孤根自有擎天势,不比寻常曲录枝。"卓拄杖下座。

瑞州五峰净觉本禅师

僧问:"同声相应时如何?"师曰:"鹁鸠树上啼。"曰:"同气相求时如何?"师曰:"猛虎岩前啸。"问:"一进一退时如何?"师曰:"脚在肚下。"曰:"如何是不动尊?"师曰:"行住坐卧。"

上堂僧问:"宝座既升愿闻举唱?"师曰:"雪里梅花火里开。"曰:"莫便是为人处也无?"师曰:"井底红尘已涨天。"

上堂:"恁么也不得,不恁么也不得,恁么不恁么总不得,诸人作么生会?直下会得不妨奇特,更或针锥西天此土。"

上堂:"五峰家风南北西东,要用便用以橛钉空。咄!"

永州太平安禅师

上堂:"有利无利莫离行市,镇州萝卜极贵,庐陵米价甚贱,争似太平这里。时丰道泰商贾骈阗,白米四文一升,萝卜一文一束。不用北头买贱西头卖贵,自然物及四生,自然利资王化,又怎生说个佛法道理?"良久云:"劝君不用镌顽石,路上行人口似碑。"

潭州报慈进英禅师

僧问:"远涉长途即不问,到家一句事如何?"师曰:"雪满长空。"曰:"此犹是时人知,有转身一路又作么生?"师便喝。

上堂："报慈有一公案，诸方未曾结断。幸遇改旦拈出，各请高着眼看。遂趯下一只鞋曰：'还知这个消息也无？达摩西归时提携在身畔。'"

上堂："与么上来猛虎出林，与么下去惊蛇入草，不上不下日轮杲杲。喝一喝曰：'潇湘江水碧溶溶，出门便是长安道。'"

上堂，掷下拄杖却召大众曰："拄杖吞却祖师了也，教甚么人说禅，还有人救得也无？"喝一喝。上堂，蓦拈拄杖曰："三世一切佛，同入这窠窟，衲僧唤作辽天鹘。"卓拄杖一下。

瑞州洞山至干禅师

上堂："洞山不会谈禅、不会说道，只是饥来吃饭困来打睡，尔诸人必然别有长处，试出来尽力道一句看。有么有么？"良久曰："陆州道底。"

平江府宝华普鉴佛慈禅师

本郡周氏子。幼不茹荤，依景德寺清智下发，十七游方。谒觉印英禅师不契，遂扣真净之室。净举石霜虙侍者话问之，释然契悟，作偈曰："枯木无华几度秋，断云犹挂树梢头。自从斗折泥牛角，直至如今水逆流。"净肯之，命侍巾钵。晚狗众开法宝华，次移高峰。

上堂："参禅别无奇特，只要当人命根断疑情脱、千眼顿开，如大洋海底辊一轮赫日上升天门照破四天之下，万别千差一时明了，便能握金刚王宝剑，七纵八横受用自在。岂不快哉！其或见谛不真、影像仿佛、寻言逐句、受人指呼，驴年得快活去，不如屏净尘缘，竖起脊梁骨着些精彩，究教七穿八穴百了千当，向水边林下长养圣胎，亦不枉受人天供养。然虽如是，卧云门下有个铁门限，更须猛着气力跳过始得，拟议之间堕坑落堑。"以拂子击禅床，下座。

上堂："月圆伏惟三世诸佛狸奴白牯，各各起居万福，时中澹泊无可相延。切希宽抱，老水牯牛近日亦自多病多恼，不甘水草遇着，暖日和风当下和身便倒，教渠拽耙牵犁，直是摇头摆脑。可怜万顷良田，一时变为荒草。"

瑞州九峰希广禅师

游方日谒云盖智和尚，乃问："兴化打克宾意旨如何？"智下禅床展两手吐舌示之，师打一坐具。智曰："此是风力所转。"又问石霜琳禅师，琳曰："尔意作么生？"师亦打一坐具，琳曰："好一坐具，只是不知落处。"又问真净，净曰："尔意作么生？"师复打一坐具，净曰："他打尔也打。"师于言下大悟，净因有颂曰：丈夫当断不自断，兴化为人彻底汉。已后从教眼自开，棒了罚钱趁出院。后住九峰，衲子宗仰。

瑞州黄檗道全禅师

上堂，以拂子击禅床曰："一槌打透无尽藏，一切珍宝吾皆有。拈来普济贫乏人，免使波咤路边走。遂喝曰：'谁是贫乏者？'"

筠州清凉德洪禅师

字觉范，郡之新昌喻氏子。年十四父母并月而殁，去依三峰靓禅师为童子。十九试经东都，假天王寺旧籍慧洪名。为大僧依宣秘律师，受唯识论臻其奥，博观子史有异才，以诗鸣京华缙绅间。久之南归依归宗真净禅师研究心法，随迁泐潭凡七年得真净之道，辞之东游历沅湘。一日阅汾阳语重有发药，于是胸次洗然辩博无碍。崇宁中显谟朱世英请出世临川之北禅，先是寺有古画应真十六轴，久亡其一。师至以诗嘲之，未淹辰而应真见梦所匿之家，丐归寺中因得之。世以谓尊者犹畏其嘲而归焉。越明年以事退游金陵，漕使吴正仲请居清凉，未阅月为狂僧诬以度牒冒名旁连讪谤事，入制狱锻炼久之坐冒名。着缝掖走京师，见丞相，张无尽特奏得度改今名。

太尉郭天民奏赐榰服,号"宝觉圆明",自称"寂音尊者"。未几坐交张廓厚善张罢政事时,左司陈莹中撰尊尧录将进御。当轴者嫉之,谓师颇助其笔削,政和元年十月褫僧伽黎配海外,三年春遇赦归于江西。是冬复证狱于并州,明年得还往来九峰洞山。野服萧散以文章自娱,将自西安入衡湘,依法属以老。复为狂道士执以为张怀素党,下南昌狱治百余日非是,会赦免归湘西之南台,仍治所居榜曰:"明白庵"。自为之铭云云。于是覃思经论,著义疏发挥圣贤之秘奥,及解易,作《僧宝传》成,将负之入京。抵襄阳会渊圣登极,大逐宣和用事者,诏赠丞相商英司徒。赐师重剃发还旧师名,未几国步多艰退游庐阜。

建炎二年夏五月示寂于同安,阅世五十有八,门人建塔凤栖山。师之才章盖天禀,然幼览书籍一过目毕世不忘,落笔万言了无停思。其造端用意大抵规模,东坡而借润山谷。至于出入禅教,议论精博其才实高,圆悟禅师以为笔端具大辩才不可及也。与士大夫游议论衮衮,虽稠人广座至必夺席。初在湘西见山谷,与语终日不容去。因有诗赠之,略曰:不肯低头拾卿相,又能落笔生云烟。其后山谷过宜春,见其竹尊者诗咨赏,以为妙入作者之域,颇恨东坡不及见之。著《林间录》二卷、《僧宝传》三十卷、《高僧传》十二卷、《智证传》十卷、《志林》十卷、《冷斋夜话》十卷、《天厨禁脔》一卷、《石门文字禅》三十卷、《语录偈颂》一编、《法华合论》七卷、《楞严尊顶义》十卷、《圆觉皆证义》二卷、《金刚法源论》一卷、《起信论解义》二卷,并行于世。丞相张无尽称觉范:盖天下之英物、圣宋之异人,然古之高僧以才学名世,殆与觉范并驱者多矣,必以清标懿范相资而后美也。觉范少归释氏,长而博极群书,观其发挥经论,光辅丛林孜孜焉。手不停缀而言满天下,及陷于难着逢掖出九死而仅生,垂二十年重削发,无一辞叛佛而改图,此其为贤者也!然工呵古人而拙于用已,不能全身远害,峻戒节以自高,数陷无辜之罪,抑其恃才暴耀太过而自取之邪。当自谓识不知微、道不胜习者,不独为洪实录,亦以见其不自欺焉。惜哉!

衢州超化静禅师

上堂:"声前认得已涉廉纤,句后承当犹为钝汉。电光石火犹在迟疑,点着不来横尸万里。"良久云:"有甚用处?咄!"

南岳石头怀志庵主

婺州吴氏子,年十四师智慧院宝称,二十二试所习落发。肆讲十二年,宿学敬慕。尝欲会通诸宗正一代时教,有禅者问曰:"杜顺乃贤首宗祖师也,谈法身则曰:'怀州牛吃禾,益州马腹胀。'此偈合归天台何义邪?"师无对,即出游方,晚至洞山谒真净,问:"古人一喝不作一喝用,意旨如何?"净叱之,师趋出。净笑呼曰:"浙子斋后游山好。"师忽领悟,久之辞去,净曰:"子所造虽逸格,惜缘不胜耳。"因识其意,自尔诸方力命出世,师却之,庵居二十年不与世接,士夫踵门略不顾。有偈曰:"万机休罢付痴憨,踪迹时容野鹿参。不脱麻衣拳作枕,几生梦在缘萝庵。"或问:"住山多年有何旨趣?"师曰:"山中住,独掩柴门无别趣。三个柴头品字煨,不用援毫文彩露。"崇宁改元冬曳杖造龙安,人莫之留。明年六月晦问侍僧曰:"早暮?"曰:"已夕矣。"遂笑曰:"梦境相逢,我睡已觉。汝但莫负丛林,即是报佛恩德。"言讫示寂,于"最乐堂"茶毗,收骨塔于乳峰之下。

婺州双溪印首座

自见真净彻证宗猷,归遁双溪。一日偶书曰:折脚铛儿邊自煨,饭余长是坐堆堆。一从近日生涯拙,百鸟衔花去不来。又以触衣碎甚，作偈曰：不挂寸丝方免寒，何须特地裹长竿。而今落落零零也，七佛之名甚处安。

洪州奉新县慧安慧渊禅师

北人，孤硬自立。久参晦堂已有契证，复参真净深诣幽奥。陆沈众中，与众作息，人无知者。时慧安禅院临道左，凡衲子往来于泐潭、黄龙、洞山、黄檗者无不经由。偶法席久虚，时真净在宝峰，太守移书命择人居之。众中衲子耆宿皆惮其行，久之不决。师忽白真净曰："慧渊去得否？"真净喜云："汝可去。"遂复书举师。时湛堂为首座，问师云："公去如何住持？"师曰："慧渊无福，当为一切人结缘，自肩一栲栳打街供众。"湛堂云："须老兄始得。"遂作颂饯之云：师入新吴诱携群有，且收驴脚先展佛手。指点是非分张好丑，秉杀活剑作师子吼。应群生机开布袋口，撒向南北东西，直教珠回玉走。含灵昧已之流，顿出无明窠臼。阿呵呵见三下，三三三如九，祖祖相传佛佛授手。师既至逐日打化，遇暂到即延归院中宿泊，且曰："容某甲归修供养。"如此三十五年风雨不易，鼎新创建佛殿、轮藏、罗汉堂，凡丛林所宜有者咸皆备焉。死心叟住黄龙访之，师曰："新长老，汝常爱使没意智一着子该抹人。今夜且宿此，待与公理会些细大法门。"死心惮之，语侍者云："这汉是真个理会底，不能与他鏊牙劈齿得。不若去休。"不宿便行。师后纳于慧安，阇维六根不坏者三，获舍利无数，异香满室累月不绝。奉新后遭兵火残破无孑遗，独慧安诸殿巍然独存，盖愿力成就神物护持所致云。

卷第二十三
大鉴下第十五世（黄龙四世）

黄龙清禅师法嗣十八人　长灵守卓禅师　上封本才禅师　法轮应端禅师　百丈以栖禅师　博山子经禅师　黄龙德逢禅师　先孝昙清禅师　光孝德周禅师　寺丞戴道纯居士（已上九人见录）满月宁禅师　法轮实禅师　天宁宗觉禅师　知县萧从居士　灵峰惟古禅师　钦山元德禅师　广化若秀禅师　隆庆海禅师　龟峰僧璘禅师（已上九人无录）

黄龙死心新禅师法嗣一十六人　禾山慧方禅师　南荡法空禅师　九顶慧泉禅师　上封祖秀禅师　性空妙普庵主钟山道隆禅师　扬州齐谧首座空室智通道人（已上八人见录）　竹园道珠禅师　天宁慧副禅师　西贤昙禅师　荐福慧琏禅师　罗汉守节禅师　曲尺宗裔禅师　宁国道宗禅师　慧宣首座（已上八人无录）

草堂清禅师法嗣八人　雪峰慧空禅师　育王普崇禅师　万年法一禅师　黄龙道震禅师（已上四人见录）　金山一禅师　云岩因禅师　慈云隆禅师　疏山了如禅师（已上四人无录）

青原惟信禅师法嗣五人　正法希明禅师　梁山欢禅师　岳山祖庵主（已上三人见录）浮山光选禅师　昭觉苻禅师（已上二人无录）

夹山纯禅师法嗣三人钦山普初禅师（见录）　洛浦惟昉禅师奇祖首座（二人无录）

柏子山嵩禅师法嗣一人　东禅惟资禅师（见录）

福严凤禅师法嗣三人　护国安祐禅师　北岩法融禅师　龙纪以定禅师（已上三人无录）

万杉慈禅师法嗣二人　白马元禅师　德章山楚当禅师（已上无录）

上蓝肇禅师法嗣一人　大宁文广禅师（无录）

褒亲有瑞禅师法嗣二人　寿宁道完禅师（见录）　兴国昌禅师（无录）

智海清禅师法嗣三人　幹峰圆慧禅师　四祖仲宣禅师（已上二人见录）　白马汝鸿禅师（无录）

庐山罗汉南禅师法嗣三人　云峰慧昌禅师　浮山德宣禅师（已上二人见录）　张戒居士（无录）

石巩明禅师法嗣一人　三祖昧禅师（无录）

光孝兰禅师法嗣一人　芦山法真禅师（见录）

象田卿禅师法嗣七人　雪窦持禅师石佛益禅师（已上二人见录）光孝净源禅师　九岩仲文禅师象田珍禅师　光孝宗益禅师　华严和尚（已上五人无录）

慧日雅禅师法嗣二人　九仙法清禅师　觉海法因庵主（已上二人见录）

洞山言禅师法嗣一人　洞山择言禅师（见录）

道林一禅法嗣一人　大沩智禅师（见录）

黄龙清禅师法嗣

东京天宁长灵守卓禅师

泉州庄氏子。上堂曰："三千剑客独许庄周，为甚么跳不出。良医之门多病人，因甚么不消一札，已透关者更请辨看。"

上堂："譬如眼根不自见眼，性自平等，无平等者便怎么去，无孔铁锤聊且安置。直得入林不动草，入水不动波，也是一期方便。若也篱内竹抽篱外笋，涧东花发涧西红，更待勘过了打。"僧问："丹霞烧木佛院主为甚么眉须堕落？"师曰："猫儿会上树。"曰："早知如是终不如是。"师曰:"惜取眉毛。"问:"如何是衲衣下事?"师曰:"天旱为民愁。"问:"佛未出世时如何?"师曰:"绝毫绝厘。"曰:"出世后如何?"师曰:"填沟塞壑。"曰:"出与未出相去几何?"师曰:"人平不语水平不流。"

上堂:"平高就下勾贼破家,截铁斩钉狐狸恋窟。总不恁么合作么生,所以道:'万仞崖头亲撒手。'须是其人,只如香积国中持钵一句作么生道?"良久曰:"切忌风吹别调中。"

上堂:"释迦掩室过犯弥天,毗耶杜词自救不了,如何如何口门太小。"宣和五年十二月二十七日奄然示寂,阇维日皇帝遣中使赐香,持金盘求舍利,爇香罢盘中铿然,视之五色者数颗大如豆,使者持还上见大悦。

潭州上封佛心才禅师

福州姚氏子,幼得度受具游方,至大中依海印隆禅师。见老宿达道者看经,至一毛头师子百亿毛头一时现,师指问曰:"一毛头师子作么生得百亿毛头一时现?"达曰:"汝乍入丛林岂可便理会许事。"师因疑之,遂发心领净头职,一夕汛扫次印适夜参,至则遇结座掷拄杖曰:"了即毛端吞巨海,始知大地一微尘。"师豁然有省。及出闽造豫章黄龙山,与死心机不契,乃参灵源。凡入室出必挥泪自讼曰:"此事我见得甚分明,只是临机吐不出。若为奈何?"灵源知师勤笃,告以须是大彻,方得自在也。未几窃观邻案僧读《曹洞广录》,至"药山采薪归有僧问:'甚么处来?'山曰:'讨柴来。'僧指腰下刀曰:'鸣剥剥是个甚么?'山拔刀作斫势。"师忽欣然捆邻案僧一掌,揭帘趋出冲口说偈曰:彻、彻、彻!大海干枯虚空迸裂。四方八面绝遮拦,万象森罗齐漏泄。后分座于真乘,应上封之命屡迁名刹。住幹元日,开堂示众曰:"百千三昧门无量福德藏,放行也如开武库错落交辉。把住也似雪覆芦花通身莫辨，使见之者撩起便行，闻之者单刀直入。个个具顶门正眼，人人悬肘后灵符。扫佛祖见知，作丛林殃害。忆得宝寿开堂日，三圣推出一僧，宝寿便打。三圣云：'与么为人瞎却镇州一城人眼去在？'且如幹元今日开堂，或有僧出来山僧亦打。不唯此话大行，且要开却福州一城人眼去。何也剑为不平离宝匣，药因救病出金瓶。"

上堂："达磨未来东土已前，人人怀媚水之珠，个个抱荆山之璞，可谓壁立千仞。及乎二祖礼却三拜之后，——南询诸友北礼文殊，好不丈夫。或有一个半个，不求诸圣不重己灵，匹马单枪投虚置刃，不妨庆快平生。如今有么？自是不归归便得，五湖烟景有谁争。"

上堂："宗乘提唱妙绝名言，一句该通乾坤函盖。直似首罗正眼竖亚面门，又如圆三点横该法界。"乃卓拄杖曰："向这一点下明得，出身犹可易，脱体道应难。"又卓拄杖曰："向第二点下明得，纵横三界外，隐显十方身。"又卓拄杖曰："向第三点下明得，鱼龙锁户佛祖潜踪。不然放过一着，随分有春色，一枝三四花。"

上堂："一法有形该动植，百川湍激竞朝宗。昭琴不鼓云天淡，想象毗耶老病翁。维摩病则上封病，上封病则拄杖子病，拄杖子病则森罗万象病，森罗万象病则凡之与圣病。诸人还觉病本起处么？若也觉去，情与无情同一体，处处皆同真法界；其或未然：甜瓜彻蒂甜，苦瓠连根苦。"

潭州法轮应端禅师

南昌涂氏子。少依化度善月圆颅登具，谒真净文禅师机不谐。至云居，会灵源分座为众激昂，师扣其旨，然以妙入诸经自负，源尝痛札之。师乃援马祖百丈机语及华严宗旨为表，源笑曰："马祖、百丈固错矣，而华严宗旨与个事喜没交涉。"师愤然欲他往，因请辞，及揭帘忽大悟,汗流浃背。源见乃曰:"是子识好恶矣,马祖、百丈、文殊、普贤几被汝带累。"由此誉望四驰,名士夫争挽应世皆不就。政和末太史张公司成以百丈坚命开法,师不得已始从。

上堂,举"大隋劫火洞然话",遂曰:"六合倾翻劈面来,暂披麻缕混尘埃。因风吹火浑闲事,引得游人不肯回。坏不坏、随不随,徒将闻见强针锥。太湖三万六千顷,月在波心说向谁。"僧问:"如何是宾中宾?"师曰:"芒鞋竹杖走红尘。"曰:"如何是宾中主?"师曰:"十字街头逢上祖。"曰:"如何是主中宾?"师曰:"御马金鞭混四民。"曰:"如何是主中主?"师曰:"金门谁敢抬眸觑。"曰:"宾主已蒙师指示,向上宗乘又若何?"师曰:"昨夜霜风刮地寒,老猿岭上啼残月。"

隆兴府百丈以栖禅师

兴化人也。上堂:"摩腾入汉,达磨来梁,送辙既成,后代儿孙开眼迷路。若是个惺惺底,终不向空里采花,波中捉月,谩劳心力,毕竟何为?山僧今日已是平地起骨堆,谁人行时各自着精彩看。"

信州博山无隐子经禅师

岁旦上堂:"和气生枯蘖,寒云散远郊。木人占吉兆,夜半露龟爻。诸禅德,龟爻露处文彩已彰,便见一年十二月月月如然,一日十二时时时相似。到这里直似黄金之黄、白玉之白,自从旷大劫来未尝异色。还见么?其或未然。且狗张三通节序,从教李四鬓苍浪。"

隆兴府黄龙德逢通照禅师

郡之靖安胡氏子。生有厖眉,年十七从上蓝普禅师落发,往依灵源即明深旨。

上堂,举夹山境话,师曰:"法眼徒有此语,殊不知夹山老汉被这僧轻轻拶着,直得脚前脚后,设使不作境话会,未免犹在半途。"

邵州光孝昙清禅师

上堂："杀父杀母佛前忏悔，杀佛杀祖不消忏悔。为甚么不消忏悔？且得冤家解脱。"

温州光孝德周禅师

信州璩氏子。于景德尊胜院染削，问道有年。后至黄龙闻举少林面壁，顿悟。述二偈以呈，龙许之，自是名流江浙。

上堂曰："举体露堂堂，十方无挂碍。千圣不能传，万灵成顶戴。拟欲共商量，开口百杂碎。只如未开口已前作么生？咄。"

上堂："回互不回互，觑见没可睹。透出祖师关，踏断人天路。呵呵呵悟不悟，落花流水知何处。"

寺丞戴道纯居士

字孚中，咨叩灵源，一日有省。乃呈偈曰："杳冥源底全机处，一片心花露印纹。知是几生曾供养，时时微笑动香云。"

黄龙死心悟新禅师法嗣

吉州禾山方禅师

临江龚氏子。示众曰："先用后照要验作家，先照后用不存影迹。照用同时壁立千仞，照用不同时根尘可鉴。古人以此四转语验天下衲僧，若非具真正眼亲切悟明者难为凑泊。今日分明为诸人拈出了也，还委悉么？若委悉去，可谓不动丝毫顿超觉地，其或未然切须子细。"又举拂子曰："看看只这个，在临济则照用齐行，在云门则事理俱备，在曹洞则偏正叶通，在沩仰则暗机圆合，在法眼则何止唯心。然五家宗派门庭施设则不无，直饶辨得倜傥分明去，犹是光影边事。若要抵敌死生则霄壤有隔，且道超越死生一句又作么生道？"良久曰："泊合错下注脚。"

杭州南荡法空禅师

江西人，为人强项，久侍死心得旨。后欲辞去，死心记云："汝福薄宜以道自养。"师遂辞行。清草堂亦有颂送之云：十年聚首龙峰寺，一悟真空万境闲。此去随缘且高隐，莫将名字落人间。后出世杭州南荡，不逾月而院被火了无孑遗。师叹曰："吾违先师之言故见今日之难！"有富人欲独迎斋而舍三门，师曰："公欲施财邀福，非长老受赐。若教我背众而食，所不愿也。"师既泊没于土木，道遂不行。草堂尝遣僧赍衣一袭，寻访之。衲子闻，遂往依之而师亦老矣。后示灭于本山。

嘉定府九顶寂惺惠泉禅师

成都张氏子。僧问："心迷法华转，心悟转法华。未审意旨如何？"师曰："风暖鸟声碎，日高花影重。"

上堂："昔日云门有三句：谓函盖乾坤句，截断众流句，随波逐浪句。九顶今日亦有三句，所谓饥来吃饭句、寒即向火句、困来打睡句。若以佛法而论，则九顶望云门直立下风；若以世谛而论，则云门望九顶直立下风。二语相违，且如何是九顶为人处？"

潭州上封祖秀禅师

常德府何氏子。上堂："枯木岩前夜放华，铁牛依旧卧烟沙，侬家鞭影重拈出。击拂子曰：一念回心便到家。"遂喝一喝下座。

嘉兴府华亭性空妙普庵主

汉州人，久依死心获证。乃抵秀水追船子遗风，结茅青龙之野，吹铁笛以自娱。多赋咏，得之者必珍藏。其山居曰：心法双忘犹隔妄，色尘不二尚余尘。百鸟不来春又过，不知谁是住庵人。又警众曰：学道犹如守禁城，昼防六贼夜惺惺。中军主将能行令，不动干戈治太平。又曰：不耕而食不蚕衣，物外清闲适圣时。未透祖师关捩子，也须存意着便宜。又曰：十二时中莫住工，穷来穷去到无穷。直须洞彻无穷底，踏倒须弥第一峰。建炎初，徐明叛，道经乌镇，肆杀戮，民多逃亡。师独荷策而往，贼见其伟异，疑必诡伏者，问其来。师曰："吾禅者欲抵密印寺。"贼怒欲斩之，师曰："大丈夫要头便斫取，奚以怒为？吾死必矣，愿得一饭以为送终。"贼奉肉食，师如常斋出。生毕，乃曰："孰当为我文之以祭？"贼笑而不答。师索笔大书曰：呜呼惟灵，劳我以生则大块之过，役我以寿则阴阳之失，乏我以贫则五行不正，困我以命则时日不吉。吁哉至哉，赖有出尘之道。悟我之性，与其妙心。则其妙心孰与为邻，上同诸佛之真化，下合凡夫之无明，纤尘不动本自圆成，妙矣哉妙矣哉。日月未足以为明，乾坤未足以为大，磊磊落落无挂无碍，六十余年和光混俗，四十二腊逍遥自在，逢人则喜见佛不拜，笑矣乎笑矣乎。可惜少年郎，风流太光彩。坦然归去付春风，体似虚空终不坏。尚飨。遂举箸饫餐，贼徒大笑，食罢复曰："劫数既遭离乱，我是快活烈汉。如今正好乘时，便请一刀两段。乃大呼斩斩。"贼方骇异，稽首谢过，令卫而出。乌镇之庐舍免焚，实师之惠也，道俗闻之愈敬。有僧睹师见佛不拜歌逆问曰："既见佛为甚么不拜？"师掌之曰："会么？"云："不会。"师又掌曰："家无二主。"绍兴庚申冬造大盆，穴而塞之。修书寄雪窦持禅师曰：吾将水葬矣。壬戌岁持至见其尚存，作偈嘲之曰：咄哉老性空，刚要喂鱼鳖。去不索性去，只管向人说。师阅偈笑曰："待兄来证明耳！"令遍告四众，众集师为说法要，仍说偈曰：坐脱立亡不若水葬，一省柴烧二省开圹。撒手便行不妨快畅，谁是知音船子和尚。高风难继百千年，一曲渔歌少人唱。遂盘坐盆中顺潮而下，众皆随至海滨望欲断目。师取塞戽水而回，众拥观水无所入，复乘流而往，唱曰："船子当年返故乡，没踪迹处妙难量。

真风遍寄知音者,铁笛横吹作散场。"其笛声呜咽,顷于苍茫间见以笛掷空而没,众号慕图像事之。后三日于沙上趺坐如生,道俗争往迎归留五日。阇维舍利大如菽者莫计,二鹤徘徊空中,火尽始去。奉舍利灵骨建塔于青龙。

严州钟山道隆首座

桐庐董氏子,于钟山寺得度。自游方所至耆衲皆推重,晚抵黄龙,死心延为座元。心顺世遂归隐钟山,慕陈尊宿高世之风,掩关不事事,日鬻数篑自适,人无识者。手常穿一袜,凡有禅者至提以示之曰:"老僧这袜着三十年了也。"有寺僧戏问:"如何是无净三昧?"师便掌。

扬州齐谧首座

本郡人也,死心称为饱参,诸儒屡以名山致之不可,后示化于潭之谷山异迹颇众。门人尝绘其像请赞,为书曰:个汉灰头土面,寻常不欲露现。而今写出人前,大似虚空着箭。怨怨可惜人间三尺绢。

空室道人智通者

龙图范珣女也,幼聪慧长归丞相苏颂之孙悌。未几厌世相还家求祝发,父难之,遂清修。因看法界观顿有省,连作二偈见意。一曰:浩浩尘中体一如,纵横交互印毗卢。全波是水波非水,全水成波水自殊。次曰:物我元无异,森罗镜像同。明明超主伴,了了彻真空。一体含多法,交参帝网中。重重无尽处,动静悉圆通。后父母俱亡,兄涓领分宁尉,通偕行。闻死心名重往谒之,心见知其所得便问:"常啼菩萨卖却心肝,教谁学般若?"通曰:"尔若无心我也休。"又问:"一雨所滋根苗有异,无阴阳地上生个甚么?"通曰:"一花五叶。"复问:"十二时中向甚么处安身立命?"通曰:"和尚惜取眉毛好。"心打曰:"这妇女乱作次第。"通礼拜,心然之,于是道声籍甚。政和间居金陵,常设浴于保宁。揭榜于门曰:一物也无洗个甚么?纤尘若有起自何来。道取一句子玄，乃可大家入浴。古灵只解揩背，开士何曾明心。欲证离垢地时，须是通身汗出。尽道水能洗垢，焉知水亦是尘。直饶水垢顿除，到此亦须洗却。后为尼名"惟久"，挂锡姑苏之西竺。缁白日夕师问，得其道者颇众。俄示寂书偈趺坐而终，有《明心录》行于世。

草堂清禅师法嗣

福州雪峰东山慧空禅师

本郡陈氏子，十四圆顶，即游诸方遍谒诸老，晚契悟于草堂。绍兴癸酉开法雪峰，受请日上堂曰："俊快底点着便行，痴钝底推挽不动。便行则人人欢喜，不动则个个生嫌。山僧而今转此痴钝为俊快去也。弹指一下曰：从前推挽不出而今出，从前有院不住而今住，从前嫌佛不做而今做，从前嫌法不说而今说。出不出住不住即且置，敢问诸人，做底是甚么佛：空王佛邪？然灯佛邪？释迦佛邪？弥勒佛邪？说底又是甚么法：根本法邪？无生法邪？世间法邪？出世间法邪？众中莫有道得底么？若道得山僧出世事毕，如或未然逢人不得错举。"喝一喝下座。上堂，举云门示众云：只这个带累杀人。师曰："云门寻常气宇如王，作恁么说话大似贫恨一身多。山僧即不然，只这个快活杀人，何故大雨方归屋里坐，业风吹又绕山行，然虽如是，也是乞儿见小利。且不伤物义一句作么生道？"

上堂："一拳拳倒黄鹤楼，一趯趯翻鹦鹉洲。有意气时添意气，不风流处也风流。俊哉俊哉快活快活，一似十七八岁状元相似。谁管尔天谁管尔地，心王不妄动，六国一时通。罢拈三尺剑，休弄一张弓。自在自在快活快活，恰似七八十老人作宰相相似。风以时雨以时，五谷植万民安。竖起拄杖曰：大众这两谒并山僧拄杖子，共作得一褐衲僧到雪峰门下，但知随例餐锤子，也得三文买草鞋。"喝一喝卓拄杖下座，僧问："和尚未见草堂时如何？"师曰："江南有。"曰："见后如何？"师曰："江北无。"

庆元府育王野堂普崇禅师

本郡人也。示众举——巴陵和尚道：不是风动，不是幡动，不是风幡，又向甚么处着？有人为祖师出气出来与巴陵相见；雪窦和尚道风动幡动既是风幡，又向甚么处着？有人为巴陵出气出来与雪窦相见。师曰："非风非幡无处着，是幡是风无着处。辽天俊鹘悉迷踪，踞地金毛还失措。呵呵呵、悟不悟，令人转忆谢三郎，一丝独钓寒江雨。"

台州万年雪巢法一禅师

太师襄阳郡王李公遵勖之玄孙也，世居开封祥符县。母梦一老僧至而产，年十七试上庠从祖仕淮南，欲官之不就。将弃家，事长芦慈觉赜禅师。祖弗许，母曰："此必宿世沙门，愿勿夺其志。"未几慈觉没，大观改元，礼灵岩通照愿禅师祝发登具，依愿十年迷闷不能入。谒圆悟于蒋山，悟曰："此法器也。"悟奉诏徙京师天宁，师侍行。靖康末谒草堂于疏山，一语之及大法顿明。绍兴七年泉守宝文刘公彦修请居延福，后四迁巨刹。

上堂拈拄杖曰："拄杖子有时作出水蛟龙，万里云烟不断；有时作踞地师子，百年妖怪潜踪。有时心法两忘照体独立，有时照用同时主宾互用。以拄杖画曰：延福门下总用不着，且道延福寻常用个甚么？"卓拄杖喝一喝下座。

上堂："仰面不见天，低头不见地。古剑髑髅前，大海波涛沸。"退长芦归天台万年观音院，忽示微疾，书偈曰：今年七十五，归作庵中主。珍重观世音，泥蛇吞石虎。入龛趺坐而逝。

隆兴府黄龙山堂道震禅师

金陵赵氏子。少依觉印英禅师为童子，英移居泗之普照，适淑妃择度童行，师得圆具。久之辞，谒丹霞淳禅师。一日与论洞上宗旨，师呈偈曰：白云深覆古寒岩，异草灵花彩凤衔。夜半天明日当午，骑牛背面着靴衫。淳器之，师自以为碍，弃依草堂一见契合。日取藏经读之，一夕闻晚参鼓，步出经堂，举头见月。遂大悟，亟趋方丈，堂望见即为印可。初住曹山，次迁广寿、黄龙。

上堂曰："举个古人因缘问阇梨，阇梨不得作古会，若作古会失却当面眼；举个即今因缘问阇梨，阇梨不得作今会，若作今会障却阇梨本来眼。假饶不失不障非古非今，犹是药病相治止啼之说，只如透脱一句阇梨还道得也无？若道不得，直待罗汉峰深谈实相即向汝道。"

上堂："少林冷坐门人各说异端大似众盲摸象，神光礼三拜依位而立，达摩云：'汝得吾髓。'这黑面婆罗门，脚跟也未点地在。"上堂："石人问枯桩，何时汝发华。枯桩怒石人，何得口吧吧。石人呵呵笑，枯桩吐异葩。红霞辉玉象，白玉碾金沙。借问通玄士，何人不到家。"

青原信禅师法嗣

成都府正法希明禅师

汉州人也。解制上堂："林叶纷纷落，乾坤报早秋。分明西祖意，何用更驰求。若恁么会得，始信佛祖之道本自平夷，大解脱门元无关钥，弥纶宇宙逼塞虚空，量不可穷智不能测。若也未明此旨不达其源，任是百劫熏功千生炼行，徒自疲苦了无交涉。若深明此旨洞达其源，乃知动静施为经行坐卧，头头合道念念朝宗。祖不云乎：迷生寂乱悟无好恶，得失是非一时放却。如是则谁迷谁悟谁是谁非，自是诸人独生异见。观大观小执有执无，已灵独耀不肯承当。心月孤圆自生违背，何异家中舍父衣内忘珠，致使菩提路上荆棘成林，解脱空中迷云蔽日。山僧今日幸值众僧自恣化主还山，诸上善人得得光访。不可缄默随分葛藤，曲为今时少开方便。也须是诸人着眼各自谛观，若更拟议寻思白云万里。遂拈拄杖曰：于斯明得灵山一会俨在目前，其或未然更待来晨分付。"

潭州梁山欢禅师

僧问："大众云臻请师开示？"师曰："天静不知云去处，地寒留得雪多时。"曰："学人未晓玄言，乞师再垂方便。"师曰："一重山后一重人。"

祖庵主

见青原之后缚屋衡岳间，三十余年人无知者，偶遭兴作偈曰：小锅煮菜上蒸饭，菜熟饭香人正饥。一补饥仓了无事，明朝依样画猫儿。由是衲子披榛扣之，无尽张公力挽其开法，不从。竟终于此山。

夹山纯禅师法嗣

澧州钦山干明普初禅师

上堂良久曰："举扬宗旨上祝皇基，伏愿祥云与景星俱现，醴泉与甘露双呈。君乃尧舜之君，俗乃成康之俗。使林下野夫不觉成太平曲，且作么生是太平曲。无为而为神而化之，洒德雨以雱霈，鼓仁风而雍熙。民如野鹿，上如标枝，十八子知不知，哩哩啰、啰啰哩。"拍一拍下座。

黄州柏子山嵩禅师法嗣

黄州东禅惟资禅师

上堂曰："信手拈来无非佛事，何故头头显理、物物皆宗。念念释迦出世，步步弥勒下生。若信得及把得住，便请坐断报化佛头，高步毗卢顶上。"拈拄杖云："且道拄杖子有何长处，良久画一画云：能杀能活能纵能夺，更有一般堪叹处，不风流处也风流。"卓一下。

褒亲瑞禅师法嗣

安州应城寿宁道完禅师

僧问："云从龙风从虎，未审和尚从个甚么？"师曰："一字空中画。"曰："得甚么奇特？"师曰："千手大悲提不起。"问："十方国土中唯有一乘法，如何是一乘法？"师曰："斗量不尽。"曰："恁么则动容扬古路、不堕悄然机？"师曰："作么生是悄然机？"僧举头看，师举起拂子。僧喝一喝，师曰："大好悄然！"

上堂："古人见此月，今人见此月。此月镇长存，古今人不别。若人心似月，碧潭光皎洁。决定是心源，此说更无说。咄！"

上堂："诸禅德，三冬告尽，腊月将临，三十夜作么生只准？良久曰：衣穿瘦骨露，屋破看星眠。"

智海清禅师法嗣

泉州干峰圆慧禅师

上堂："达磨正宗衲僧巴鼻，堪嗟迷者成群开眼瞌睡。头上是天脚下是地，耳朵闻声鼻孔出气。敢问：云堂之徒时中甚处安置？还见么，可怜双林傅大士，却言只这语声是。咄。"

蕲州四祖仲宣禅师

上堂："诸佛出世为一大事因缘,祖师西来直指人心。是佛凡圣本来不二,迷悟岂有殊途。非涅槃之可欣,非死生之可厌。但能一言了悟,不起坐而即证无生;一念回光,不举步而遍周沙界。如斯要径可曰宗门,山僧既到这里不可徒然。乃举拂子曰:看看山河大地日月星辰,若凡若圣是人是物,尽在拂子头上一毛端里出入游戏。诸人还见么,设或便向这里见得倜傥分明,更须知有向上一路。试问诸人,作么生是向上一路?良久曰:六月长天降大雪,三冬岭上火云飞。"

庐山罗汉寺南禅师法嗣

南岳云峰景德慧昌禅师

僧问："高提祖印即不问,觌面相呈事若何?"师曰:"不劳拈出。"僧云:"不因渔父引,争得见波涛?"师曰:"酌然。"僧云:"言前道破无妨碍,物外全提有像迁。"师曰:"独许阇梨。"僧云:"横身三界外谁是出头人?"师曰:"争不足让有余。"僧云:"学人东西不辨南北不分。"师曰:"自生退屈。"乃曰:"禹溪流水如蓝染,云密峰峦画不成。山色水声全是体,不知谁解悟无生。悟无生彼此自忘情,更拟求奇妙,笑杀岭南能。"又曰:"非不非是不是,达磨西来惑众显异,梁王勘破渡江入魏。九年面壁向嵩丘,接得神光转失利,大众欲不失利么?廉纤梅雨蔽千家,萧洒薰风吹万类。若作佛法商量,堕在野狐群里。"又曰:"至道无难唯嫌拣择,但莫憎爱洞然明白。雪峰辊毬赵州庭柏,不落见闻亦非声色。拟问如何拦腮一掴?"又曰:"佛祖传心西天此土,得之者如日如月照耀乾坤,失之者如盲如聋不辨西东,云峰这里得失是非一时放却,无禅可参、无道可学，猖猖狂狂蹈乎大方。且道佛祖传心传个什么？"良久曰："窗开云雾生衣上，帘卷山泉入镜中。"

舒州浮山德宣禅师

僧问："如何是佛？"师曰："天长地久。"僧云："学人未晓？"师曰："年老病生。"僧云："同生同死又作么生？"师曰："唤阇梨作佛得么？"乃曰："双井峰锦绣谷，南北东西难图录。纵尔僧繇巧笔端，争如一到心中足。"拈起拂子曰："还见么？"良久曰："云居罗汉。"击禅床下座。

上堂曰："诸佛不出世四十九年说，祖师不西来少林有妙诀。若人识祖佛，当处便超越。"遂拈拂子曰："这个是浮渡拂子，且道祖佛在什么处？"良久曰："虽是善因而招恶果。"

光孝兰禅师法嗣

明州芦山无相法真禅师

江南李主之裔也。上堂："欲明向上事，须具顶门眼。若具顶门眼，始契出家心。既契出家心，常具顶门眼。要会顶门眼么？四京人着衣吃饭，两浙人饱暖自如。通玄峰顶香风清，花发蟠桃三四株。"

象田卿禅师法嗣

庆元府雪窦持禅师

郡之卢氏子。僧问："中秋不见月时如何？"师曰："更待夜深看。"曰："忽若黑云未散又且如何？"师曰："争怪得老僧。"

上堂："悟心容易息心难，息得心源到处闲。斗转星移天欲晓，白云依旧覆青山。"

绍兴府石佛益禅师

上堂："一叶落天下秋，一尘起大地收，一法透万法，周且道透那一法？"遂喝曰："切忌错认驴鞍桥作阿爷下颔。"便下座。

慧日雅禅师法嗣

隆兴府九仙法清祖鉴禅师

严陵人也。尝于池之天宁以伽梨覆顶而坐，侍郎曾公开问曰："上座仙乡甚处？"曰："严州。"曰："与此间是同是别？"师拽伽梨下地揖曰："官人曾到严州否？"曾罔措。师曰："待官人到严州，却向官人道。"住后上堂曰："万柳千华暖日开，一华端有一如来。妙谈不二虚空藏，动着微言遍九垓。笑哈哈，且道笑个甚么？笑觉苑脚跟不点地。"

上堂，举睦州示众曰：汝等诸人未得个入头处，须得个入头处。既得个入头处，不得忘却老僧明明向汝道。尚自不会，何况盖覆将来。师曰："睦州怎么道意在甚么处？其或未然，听觉苑下个注脚。张僧见王伴，王伴叫张僧。昨夜放牛处，岭上及前村。溪西水不饮，溪东草不吞。教觉苑如何，即得会么？不免与么去。"遂以两手按空下座。僧问："如何是夺人不夺境？"师曰："惺惺寂寂。"曰："如何是夺境不夺人？"师曰："寂寂惺惺。"曰："如何是人境两俱夺？"师曰："惺惺惺惺。"曰："如何是人境俱不夺？"师曰："寂寂寂寂。"曰："学人今日买铁得金去也。"师曰："甚么处得这话头来。"

平江府觉海法因庵主

郡之崐山朱氏子。年二十四披缁服进具，游方至东林谒慧日。日举灵云悟道机语问之，师拟对。日曰："不是不是。"师忽有所契，占偈曰："岩上桃花开，花从何处来。灵云才一见，回首舞三台。"

日曰："子所见虽已入微，然更着鞭当明大法。"师承教居庐阜三十年不与世接，丛林尊之。建炎中盗起江左，顺流东归，邑人结庵命居，缁白继踵问道。尝谓众曰："汝等饱持定力，无忧晨炊而事干求也。"晚年放浪自若，称五松散人。

龙牙言禅师法嗣

瑞州洞山择言禅师

僧问："如何是十身调御，投子下禅床立，未审意旨如何？"师曰："脚跟下七穿八穴。"

道林一禅师法嗣

潭州大沩大圆智禅师

四明人也。上堂，举南泉道：三世诸佛不知有，狸奴白牯却知有。师曰："三世诸佛既不知有，狸奴白牯又何曾梦见灼然？须知向上有知有底人始得，且作么生是知有底人。吃官酒卧官街，当处死当处埋。沙场无限英灵汉，堆山积岳露尸骸。"

卷第二十六
大鉴下第十五世（黄龙四世）

兜率悦禅师法嗣十二人兜率慧照禅师　疏山了常禅师　丞相张商英居士（已上三人见录）　杨岐子圆禅师　投子道胜禅师　慈云明鉴禅师　兜率慧宣禅师　罗溪慧宣禅师　广惠守真禅师　赣州智宣和尚　清溪智言和尚　福州禅林和尚（已上九人无录）

泐潭准禅师法嗣五人云岩天游禅师　三角智尧禅师（已上二人见录）　兴化宗选禅师　光孝智端禅师　李彭商老居士（已上三人无录）

曲尺继昌禅师法嗣三人曲尺慧照禅师　大随元信禅师　净光了威禅师（已上三人无录）

法云杲禅师法嗣三人洞山辩禅师　慧海仪禅师　西蜀銮法师（已上三人见录）

华药英禅师法嗣一人栖贤道宁禅师（无录）

文殊能禅师法嗣一人天宁琼禅师（见录）

法轮添禅师法嗣二人灵竺德宗禅师　凤栖润禅师（已上二人无录）

谷隐静显禅师法嗣四人石门政禅师　白水宗月禅师兴阳浩禅师谷隐闱禅师（已上四人无录）

龟山津禅师法嗣二人普照齐禅师　岳麓祖昙禅师（已上二人无录）

仰山蒨禅师法嗣二人仰山普禅师　天宁蕴禅师（已上二人无录）

昭觉纯白禅师法嗣四人信相宗显禅师（一人见录）　铁像嵩禅师　成都安象禅师　龙顷怀宗禅师（已上三人无录）

广利易禅师法嗣一人龙兴顺禅师（无录）

马祖俨庵主法嗣一人资教希则禅师（无录）

大沩璲禅师法嗣五人中岩蕴能禅师　云顶宗印禅师（已上二人见录）　乾元希式禅师　灵峰了真禅师　天真法空禅师（已上三人无录）

荐福英禅师法嗣五人等觉普明禅师（一人见录）　妙果德圆禅师　鹤林智璘禅师　崇宁庆舒禅师　密严善忠禅师（已上四人无录）

泐潭干禅师法嗣一十八人龙牙宗密禅师　圆通道旻禅师　天童普交禅师　东禅从密禅师　胜因咸静禅师　二灵知和庵主兴化可都禅师　道吾楚芳禅师（已上八人见录）　雪峰有需禅师　资福郁禅师　景德良玉禅师　荐福真禅师　开福德筠禅师　南冈照禅师　云居如山禅师　石霜楚蟾禅师　木平觉澄禅师　资福省悟禅师（已上十人无录）

开先瑛禅师法嗣一十六人大沩海评禅师　慈氏瑞仙禅师（已上二人见录）　道林法照禅师　光孝文璟禅师　游地汝英禅师　三植灌冲禅师　宝盖用兴禅师　天宁宗顺禅师　灵山慧浩禅师　净土希禅师　黄檗道钦禅师　九仙次岸禅师　正法无照禅师　庐山智通禅师　龙牙宗密禅师　德山声绝禅师（已上十四人无录）

圆通仙禅师法嗣四人净光了威禅师明　招文慧禅师（已上二人见录）　祥符立禅师　浮山法真禅师（已上二人无录）

慧力昌禅师法嗣四人慧力洞源禅师（一人见录）　福胜常极禅师　慧灯择英禅师　云溪文庆禅师（已上三人无录）

兜率悦禅师法嗣

隆兴府兜率慧照禅师

南安郭氏子。上堂："龙安山下道路纵横，兜率宫中楼阁重叠。虽非天上不是人间，到者安心全忘诸念。善行者不移双足，善入者不动双扉。自能笑傲烟萝，谁管坐消岁月。既然如是，且道向上还有事也无？"良久曰："莫教推落岩前石，打破下方遮日云。"

上堂举拂子曰："端午龙安亦鼓铙，青山云里得逍遥。饥飡渴饮无穷乐，谁爱争先夺锦标。却向干地上划船，高山头起浪，明椎玉鼓暗展铁旗。一盏菖蒲茶，数个沙糖粽，且移取北郁单越来，与南阎浮提斗额看。"击禅床下座。

上堂："兜率都无伎俩，也效诸方榜样。五日一度升堂，起动许多龙象。禅道佛法又无，到此将何供养？须知达摩西来分付一条拄杖。"乃拈起曰："所以道，尔有拄杖子我与尔拄杖子，尔无拄杖子我夺尔拄杖子。且道哪个是宾句，哪个是主句？若断得去即途中受用，若断不得且世谛流布。"乃抛下拄杖。

抚州府疏山了常禅师

僧问："如何是疏山为人底句？"师曰："怀中玉尺未轻掷，袖里金椎劈面来。"

上堂："等闲放下佛手掩不住，特地收来大地绝纤埃。向君道莫疑猜，处处头头见善财。锤下分明如得旨，无限劳生眼自开。"

丞相张商英居士

字天觉，号无尽。年十九应举入京，道由向氏家。向预梦神人报曰："明日接相公。"凌晨公至，向异之。劳问勤腆，乃曰："秀才未娶当以女奉洒扫。"公谦辞再三。向曰："此行若不了当，吾亦不爽前约。"后果及第，乃娶之。初任主簿，因入僧寺，见藏经梵夹，金字齐整，乃怫然曰："吾孔圣之书，不如胡人之教，人所仰重！"夜坐书院中研墨吮笔，凭纸长吟中夜不眠，向氏呼曰："官人夜深何不睡去？"公以前意白之，正以著《无佛论》，向应声曰："既是无佛何论之有，当须著有佛论，始得。"公疑其言遂已之，后访一同列，见佛龛前经卷乃问曰："此何书也？"同列曰："《维摩诘所说经》。"公信手开卷阅，到"此病非地大，亦不离地大"处，叹曰："胡人之语亦能尔耶。"问此经几卷，曰："三卷。"乃借归阅次，向氏问："看何书？"公曰："《维摩诘所说经》。"向曰："可熟读此经然后著无佛论。"公悚然异其言，由是深信佛乘、留心祖道。元祐六年为江西漕首，谒照觉总禅师，觉诘其所见处与己符合乃印可。觉曰："吾有得法弟子住玉溪，乃慈古镜也，亦可与语。"公复因按部过分宁，诸禅迓之。公到先致敬玉溪慈，次及诸山，最后问兜率悦禅师。悦为人短小，公曾见龚德庄说其聪明可人，乃曰："闻公善文章？"悦大笑曰："运使失却一只眼了也。从悦临济九世孙，对运使论文章，政如运使对从悦论禅也。"公不然其语，乃强屈指曰："是九世也。"问："玉溪去此多少？"曰："三十里。"曰："兜率聻？"曰："五里。"公是夜乃至兜率。悦先一夜梦日轮升天被悦以手搏取，乃说与首座曰："日轮运转之义，闻张运使非久过此，吾当深锥痛札，若肯回头则吾门幸事。"座曰："今之士大夫受人取奉惯，恐其恶发别生事也。"悦曰："正使烦恼只退得我院也别无事。"公与悦语次称赏东林，悦未肯其说。公乃题寺后拟瀑轩诗，其略曰：不向庐山寻落处，象王鼻孔谩辽天。意讥其不肯东林也。公与悦语至更深，论及宗门事。悦曰："东林既印可运使，运使于佛祖言教有少疑否？"公曰："有。"悦曰："疑何等语？"公曰："疑香严独脚颂、德山拓钵话。"悦曰："既于此有疑其余安得无邪？只如岩头言末后句，是有邪是无邪？"公曰："有。"悦大笑便归方丈闭却门,公一夜睡不稳,至五更下床,触翻溺器,乃大彻。猛省前话,遂有颂曰：鼓寂钟沉拓钵回,岩头一拶语如雷。果然只得三年活,莫是遭他授记来。遂扣方丈门曰："某已捉得贼了。"悦曰："赃在甚处？"公无语,悦曰："都运且去来日相见。"翌日公遂举前颂,悦乃谓曰："参禅只为命根不断依语生解,如是之说公已深悟。然至极微细处,使人不觉不知堕在区宇。"乃作颂证之曰：等闲行处步步皆如,虽居声色宁滞有无。一心靡异万法非殊,休分体用莫择精粗。临机不碍应物无拘,是非情尽凡圣皆除。谁得谁失何亲何疏,拈头作尾指实为虚。翻身魔界转脚邪途,了无逆顺不犯工夫。公邀悦至建昌,途中一一伺察有十颂叙其事,悦亦有十颂酬之。时元祐八年八月也。公一日谓大慧曰："余阅雪窦拈古,至百丈再参马祖因缘,曰：'大冶精金应无变色。'投卷叹曰：'审如是岂得有临济今日耶。'遂作一颂曰：马祖一喝大雄峰,深入髑髅三日聋。黄檗闻之惊吐舌,江西从此立宗风。后平禅师致书云：去夏读临济宗派,乃知居士得大机大用,且求颂本。余作颂寄之曰：吐舌耳聋师已晓,锤胸只得哭苍天。盘山会里翻筋斗,到此方知普化颠。诸方往往以余聪明博记少知余者,师自江西法窟来必辩优劣试为老夫言之。"大慧曰："居士见处与真净死心合。"公曰："何谓也？"大慧举真净颂曰："客情步步随人转,有大威光不能现。突然一喝双耳聋,那咤眼开黄檗面。死心拈曰：云岩要问雪灶,既是大冶精金应无变色。为什么却三日耳聋。诸人要知么？从前汗马无人识,只要重伦盖代功。"公拊几曰："不因公语争见真净死心用处,若非二大老难显雪窦马师尔。"公于宣和四年十一月黎明口占遗表命子弟书之,俄取枕掷门窗上,声如雷震,众视之已蜕矣。公有颂古行于世,兹不复录。

泐潭准禅师法嗣

  隆兴府云岩典牛天游禅师

  成都郑氏子。初试郡庠，复往梓州试，二处皆与贡籍。师不敢承，窜名出关，适会山谷道人西还。因见其风骨不凡议论超卓，乃同舟而下。竟往庐山投师剃发不改旧名。首参死心不契，遂依湛堂于泐潭。一日潭普说曰："诸人苦苦就准上座觅佛法，遂拊膝曰：会么？雪上加霜。又拊膝曰：若也不会岂不见。乾峰示众曰：'举一不得举二，放过一着落在第二。'"师闻脱然颖悟，出世云盖、次迁云岩。尝和忠道者牧牛颂曰：两角指天，四足踏地。拽断鼻绳，放甚屎屁。张无尽见之甚击节，后退云岩过庐山。栖贤主翁意不欲纳，乃曰："老老大大正是质库中典牛也。"师闻之述一偈而去曰：质库何曾解典牛，只缘价重实难酬。想君本领无多子，毕竟难禁这一头。因庵于武宁，扁曰"典牛"。终身不出。涂毒见之已九十三矣。

  上堂卓拄杖曰："久雨不晴札，金乌飞在钟楼角。"又卓一下曰："犹在壳。"复卓曰："一任衲僧名邈。"

  上堂："马祖一喝百丈蹉过，临济小厮儿，向粪扫堆头拾得一只破草鞋，胡喝乱喝。师震声喝曰：唤作胡喝乱喝得么？"

  上堂："象骨辊毬能已尽，玄沙斫牌伎亦穷。还知么？火星入裤口，事出急家门。"

  上堂："三百五百铜头铁额，木笛横吹谁来接拍。"时有僧出，师曰："也是贼过后张弓。"

  上堂："宝峰有一诀，对众分明说。昨夜三更前，乌龟吞却鳖。"

  冬至令节上堂："暑运推移日南长至，布裈不洗无来换替。大小玉泉无风浪起，云岩路见不平，直下一锤粉碎。遂高声曰：看脚下。"

  上堂，举梁山曰：南来者与尔三十棒，北来者与尔三十棒。然虽与么未当宗乘，后来琅邪和尚道：梁山好一片真金，捋作顽铁卖却。琅邪则不然，南来者与尔三十棒，北来者与尔三十棒，从教天下贬剥。师拈曰："一人能舒不能卷，一人能卷不能舒。云岩门下一任南来北来，且怎么过。蓦然洗面摸着鼻头却来与尔三十。"

上堂："日可冷月可热，众魔不能坏真说，作么生是真说。初三十一中九下七，若信不及，云岩与汝道破。万人齐指处，一雁落寒空。"病起上堂，举马大师日面佛月面佛，后来东山演和尚颂曰：丫鬟女子画蛾眉，鸾镜台前语似痴。自说玉颜难比并，却来架上着罗衣。师曰："东山老翁满口赞叹则故是，点检将来未免有乡情在，云岩又且不然：打杀黄莺儿，莫教枝上啼。几回惊妾梦，不得到辽西。"

潭州三角智尧禅师

上堂："捏土定千钧，秤头不立蝇。个中些子事，走杀岭南能。还有荐得底么？直饶荐得也是第二月。"

法云杲禅师法嗣

随州洞山辩禅师

上堂："不是心不是佛不是物，钻天鹞子辽天鹘。不度火不度水不度炉，离弦箭发没回途。直饶会得十分去，笑倒西来碧眼胡。"

东京慧海仪禅师

上堂："无相如来示现身，破魔兵众绝纤尘。七星斜映风生处，四海还归旧主人。诸仁者，大迦叶灵山会上见佛拈花投机微笑，须菩提闻佛说法深解义趣涕泪悲泣，且道笑者是哭者是。不见道，万派横流总向东，超然八面自玲珑。万人胆破沙场上，一箭双雕落碧空。"

上堂，举沩山坐次仰山问和尚百年后有人问先师法道如何只对，沩曰：一粥一饭。仰曰：前面有人不肯又作么生？沩曰：作家师僧。仰便礼拜，沩曰：逢人不得错举。师曰："自古及今多少人下语，道严而不威恭而无礼。横按拄杖竖起拳头，若只怎么却如何知得他父子相契处。山僧今日也要诸人共知，莫分彼我，彼我无殊。困鱼止泺病鸟栖芦，逡巡不进泥中履，争得先生一卷书。"

西蜀銮法师

通大小乘，佛照谢事居景德。师问照曰："禅家言多不根何也？"照曰："汝习何经论？"曰："诸经粗知颇通百法。"照曰："只如昨日雨今日晴，是甚么法中收？"师懵然，照举痒和子击曰："莫道禅家所言不根好。"师愤曰："昨日雨今日晴毕竟是甚么法中收？"照曰："第二十四时分不相应法中收。"师恍悟即礼谢。后归蜀居讲会以直道示徒不泥名相，而众多引去，遂说偈罢讲曰：众卖华兮独卖松，青青颜色不如红。算来终不与时合，归去来兮翠蔼中。由是隐居二十年，道俗追慕复命演法，笑答偈曰：遁迹隐高峰，高峰又不容。不如归锦里，依旧卖青松。众列拜悔过，两川讲者争依之。

文殊能禅师法嗣

常德府德山琼禅师

受请日上堂曰："作家捞笼不肯住，呼唤不回头。为甚么从东过西？自代曰：后五日看。"

昭觉纯白禅师法嗣

成都府信相宗显正觉禅师

潼川王氏子。少为进士有声，尝昼掬溪水为戏，至夜思之，遂见水泠然盈室，欲汲之不可，而尘境自空。曰："吾世网裂矣。"往依昭觉得度具满分戒后随众咨参，觉一日问师："高高峰顶立、深深海底行，汝作么生会？"师于言下顿悟曰："钉杀脚跟也。"觉拈起拂子曰："这个又作么生？"师一笑而出。服勤七祀，南游至京师历淮浙，晚见五祖演和尚于海会。出问："未知关棙子，难过赵州桥。赵州桥即不问，如何是关棙子？"祖曰："汝且在门外立。"师进步一踏而退，祖曰："许多时茶饭元来也有人知滋味。"明日入室，祖云："尔便是昨日问话底僧否？我固知尔见处，只是未过得白云关在。"师珍重便出。时圆悟为侍者，师以白云关意扣之。悟曰："尔但直下会取。"师笑曰："我不是不会，只是未谙，待见这老汉共伊理会一上。"明日祖往舒城，师与悟继往，适会于兴化。祖问师："记得曾在郡里相见来？"师曰："全火只候。"祖顾悟曰："这汉饶舌。"自是机缘相契，游庐阜回，师以"高高峰顶立、深深海底行"所得之语告五祖。祖曰："吾尝以此事诘先师，先师云：我曾问远和尚。远曰：猫有歃血之功虎有起尸之德。非素达本源不能到也。"师给侍之久，祖钟爱之，后辞西归。为小参复以颂送曰：离乡四十余年，一时忘却蜀语。禅人回到成都，切须记取鲁语。时觉尚无恙，师再侍之名声蔼着。遂出住长松迁保福信相。僧问："三世诸佛六代祖师总出这圈襆不得，如何是这圈襆？"师曰："井栏唇。"

　　上堂举——仰山问中邑，如何是佛性义，邑曰：我与尔说个譬喻汝便会也。譬如一室有六窗，内有一猕猴。外有猕猴从东边唤狌狌，猕猴即应，如是六窗俱唤俱应。仰乃礼拜：适蒙和尚指示，某有个疑处？邑曰：尔有甚么疑？仰曰：只如内猕猴睡时，外猕猴欲与相见又作么生？邑下禅床执仰山手曰：狌狌与尔相见了——师曰："诸人要见二老么？我也与尔说个譬喻，中邑大似个金师，仰山将一块金来，使金师酬价。金师亦尽价相酬，临成交易。卖金底，更与贴秤。

金师虽然闇喜,心中未免偷疑。何故？若非细作定是贼赃。"便下座。

大沩瑃禅师法嗣
眉州中岩慧目蕴能禅师

本郡吕氏子，年二十二于村落一富室为校书。偶游山寺见禅册阅之似有得，即裂冠圆具一钵游方。首参宝胜澄甫禅师，所趣颇异。至荆湖谒永安喜、真如哲、德山绘，造诣益高。迨抵大沩，沩问："上座桑梓何处？"师曰："西川。"曰："我闻西川有普贤菩萨示现是否？"师曰："今日得瞻慈相。"曰："白象何在？"师曰："牙爪已具。"曰："还会转身么？"师提坐具绕禅床一匝，沩曰："不是这个道理。"师趋出。一日沩为众入室，问僧："黄巢过后还有人收得剑么？"僧竖起拳，沩曰："菜刀子。"僧曰："争奈受用不尽。"沩喝出，次问师："黄巢过后还有人收得剑么？"师亦竖起拳，沩曰："也只是菜刀子。"师曰："杀得人即休"。遂近前栏胸筑之，沩曰："三十年弄马骑，今日被驴子扑。"后还蜀，庵于旧址，应四众之请出住报恩。上堂，龙济道："万法是心光，诸缘唯性晓。本无迷悟人，只要今日了。"师曰："既无迷悟了个甚么？咄。

上堂举——雪峰一日普请般柴，中路见一僧遂掷下一段柴曰：一大藏教只说这个。后来真如哲道：一大藏教不说这个。据此二尊宿说话是同是别——山僧则不然，竖起拂子曰："提起则如是我闻，放下则信受奉行。室中问崇真毡头，如何是尔空劫已前父母？真领悟曰：'和尚且低声。'遂献投机颂曰：万年仓里曾饥馑，大海中住尽长渴。当初寻时寻不见，如今避时避不得。"师为印可。一日与黄提刑弈棋次，黄问："数局之中无一局同，千着万着则故是。如何是那一着？"师提起棋子示之，黄伫思。师曰："不见道。从前十九路迷杀几多人。"师住持三十余年,凡说法不许录其语。临终书偈趺坐而化,阇维时暴风忽起烟所至处皆雨舍利,道俗斸其地皆得之,心舌不坏。塔于本山。

怀安军云顶宝觉宗印禅师

上堂:"古者道识得凳子周匝有余,又道识得凳子天地悬殊,山僧总不恁么识得凳子是甚么闲家具。"一日普说罢,师曰:"诸子未要散去,更听一偈,乃曰:四十九年,一场热哄。八十七春,老汉独弄。谁少谁多,一般作梦。归去来兮,梅梢雪重。"言讫下座倚杖而逝。

饶州荐福英禅师法嗣

福州等觉普明禅师

开堂日,上首白槌罢,师良久普视大众曰:"奇哉妙哉,是诸人还于此观得么。若实于此观得,尽十方世界更无微毫许法可与。为见为闻,亦无纤芥许法可与为对为待。可谓露裸裸赤洒洒,若观不得定是根尘结缚未解,凡圣情量不脱。终日只在是非得失里转倒,有什么用处。众中莫有超然独脱洒落底衲僧么?无妨出来与尔证明。"僧问:"如何是夺人不夺境?"师曰:"风清月白。"僧云:"如何是夺境不夺人?"师曰:"灰头土面。"僧云:"如何是人境俱不夺?"师曰:"海晏河清。"僧云:"如何是人境两俱夺?"师曰:"水泄不通。"问:"如何是宾中宾?"师曰:"伶俜更苦辛。"僧云:"如何是宾中主?"师曰:"问处甚分明。"僧云:"如何是主中宾?"师曰:"垂手入红尘。"僧云:"如何是主中主?"师曰:"宝剑当胸。"僧云:"宾主已蒙师指示,向上宗乘事若何?"师曰:"且待别时来。"乃曰:"休休,直饶问若联珠答如瓶泻,于道远之远矣。何谓也?若论此事一大藏教更不能诠，三世诸佛唯是自得辉今耀古。忘见绝知弥满十虚，定有方所。只为情生智隔想变体殊，于日用间不能自觉，所以劳他先德回首尘劳，开方便门示真实相。方便门已八字打开了，也还有入得底么？若向这里入得，便能持实相印，建大法幢，出没纵横卷舒自在。直饶到此犹落建化门庭，未为衲僧径要一路。作么生是径要一路？"良久曰："肯重不得全，卸却方为妙。珍重。"

泐潭干禅师法嗣

潭州龙牙宗密禅师

豫章人。僧问："如何是佛？"师曰："莫寐语。"问："如何是一切法？"师曰："早落第二。"上堂大众集，师曰："已是团栾不劳雕琢，归堂吃茶。"

上堂："休把庭华类此身，庭花落后更逢春。此身一往知何处，三界茫茫愁杀人。"

江州圆通道旻圆机禅师

世称古佛，兴化蔡氏子。母梦吞摩尼宝珠有孕，生五岁足不履口不言。母抱游西明寺见佛像，遽履地合爪称南无佛仍作礼，人大异之。及冠学大梁，依景德寺德祥出家试经得度，遍往参激皆染指。亲沩山喆禅师最久，晚慕泐潭往谒，潭见默器之，师陈历参所得不蒙印可。潭举世尊拈华迦叶微笑语以问，复不契。后侍潭行次，潭以拄杖架肩长嘘曰："会么？"师拟对，潭便打。有顷复拈草示之曰："是甚么？"师亦拟对，潭遂喝，于是顿明大法，作拈华势。乃曰："这回瞒旻上座不得也。"潭挽曰："更道更道。"师曰："南山起云北山下雨。"即礼拜，潭首肯。后开法灌溪，次居圆通，以符道济禅师之记，学者向臻。朝廷闻其道，会宰臣复为之，请锡以命服与"圆机"号。

上堂:"诸佛出世无法与人,只是抽钉拔楔除疑断惑。学道之士不可自谩,若有一疑如芥子许,是汝真善知识。"喝一喝曰:"是甚么切莫刺脑入胶盆。"

庆元府天童普交禅师

郡之万龄毕氏子。幼颖悟未冠得度,往南屏听台教。因为檀越修忏摩,有问曰:"公之所忏罪为自忏邪为他忏邪?若自忏罪罪性何来?若忏他罪他罪非汝乌能忏之。"师不能对,遂改服游方。造泐潭,足才踵门,潭即呵之。师拟问,潭即拽杖逐之。一日忽呼师至丈室曰:"我有古人公案,要与尔商量。"师拟进语,潭遂喝,师豁然领悟,乃大笑。潭下绳床执师手曰:"汝会佛法邪?"师便喝,复拓开,潭大笑,于是名闻四驰学者宗仰。后归桑梓留天童掩关却扫者八年,寺偶虚席,郡僚命师开法,恐其遁,预遣吏候于道,故不得辞。

受请日上堂曰:"咄哉黄面老,佛法付王臣。林下无情客,官差逼杀人。莫有知心底为我免得么?若无不免将错就错。"便下座。师凡见僧来必叱曰:"柳栗未担时为汝说了也,且道说个甚么?招手洗钵拈扇张弓,赵州柏树子,灵云见桃花,且掷放一边。山僧无恁么闲唇吻与尔打葛藤,何不休歇去。"拈拄杖逐之。宣和六年三月二十日沐浴升堂说偈脱然示寂,偈曰:宝杖敲空触处春,个中消息特弥纶。昨宵风动寒岩冷,惊起泥牛耕白云。寿七十七,腊五十八。

福州东禅祖鉴从密禅师

汀州人也。上堂:"开口不是禅,合口不是道。踏步拟进前,全身落荒草。"

楚州胜因戏鱼咸静禅师

本郡高氏子。上堂:"游遍天下当知寸步不曾移,历尽门庭家家灶底少烟不得。所以肩筇峭履乘兴而行,掣钓沈丝任性而住。不为故乡田地好,因缘熟处便为家。今日信手拈来,从前几曾计较。不离旧时科段,一回举着一回新。明眼底瞥地便回,未悟者识取面目。且道如何是本来面目?"良久曰:"前台花发后台见,上界钟声下界闻。"以拂子击禅床下座。

上堂举——世尊在摩竭陀国为众说法:是时将欲白夏,乃谓阿难曰:诸大弟子人天四众我常说法不生敬仰,我今入因沙臼室中坐夏九旬,忽有人来问法之时,汝代为我说:一切法不生,一切法不灭,言讫掩室而坐——师召大众曰:"释迦老子初成佛道之时,大都事不获已,才方成个保社,便生退倦之心。胜因当时若见,将钉钉却室门,教他一生无出身之路,免得后代儿孙递相仿效、不见道。若不传法度众生,是不名为报恩者。"击拂子下座。后晦处涟漪之天宁,示微疾,书偈曰:弄罢影戏,七十一载。更问如何,回来别赛。置笔而逝。

庆元府二灵知和庵主

苏台玉峰张氏子。儿时尝习坐垂堂,堂倾父母意其必死,师瞑目自若,因使出家年满得度。趋谒泐潭,潭见乃问作甚么?师拟对,潭便打,复喝曰:"尔唤甚么作禅师?"蓦领旨,即曰:"禅无后尤先,波澄大海月印青天。"又问:"如何是道?"师曰:"道,红尘浩浩、不用安排、本无欠少。"潭然之。次谒衡岳辩禅师,辩尤契重。元符间抵雪窦之中峰,栖云两庵逾二十年,尝有偈曰:竹笕二三升野水,松窗五七片闲云。道人活计只如此,留与人间作见闻。有志于道者多往见之。僧至礼拜,师曰:"近离甚处?"曰:"天童。"师曰:

"太白峰高多少？"僧以手斫额作望势，师曰："犹有这个在？"曰："却请庵主道？"师却作斫额势，僧拟议，师便打。师初偕天童交禅师问道盟曰："他日吾二人宜踞孤峰绝顶，目视霄汉为世外之人，不可作今时籍名官府屈节下气于人者。"后交爽盟，至则师竟不接。正言陈公以计诱师出山，住二灵三十年，间居无长物，唯二虎侍其右，一日威于人以偈遣之。宣和七年四月十二日跌坐而逝。正言陈公状师行实，及示寂异迹甚详。仍塑其像二虎侍之，至今存焉。

庐州西天王兴化可都禅师

僧问："祖意西来即不问，为人一句请师宣？"师曰："片云归后洞，只鹤舞清虚。"僧云："与么则兴化得人群生有赖也？"师曰："鸟啄古林木，山横今日云。"师乃曰："如来大法诸佛妙道，真源湛寂了无生灭。设使千圣出来，亦乃难寻缝罅。兴云吐雾普遍河沙，纵横有准妙应无疑，把定放行卷舒自得。起人天眼目，扩佛祖心源，诸法见前更无欠少。所谓人人具足个个圆成，不用纤毫心力自然壁立千仞。"良久喝一喝。

潭州道吾楚方禅师

僧问："昔日道吾云：'生也不道死也不道。'和尚今日为什么却道？"师曰："官不容针私通车马。"僧云："真个渤潭无异水，清风宛尔不同常。"师曰："伶利衲僧点一知二。"乃曰："诸人十二时中不要错用心好，头上是天脚下是地。朝明夕晦水绿山青，物像分明亘古亘今。若也恁么承当去，早是无事起事，那更言中求玄，句里寻妙正是，埋没自己不如归堂吃茶去。"

开先瑛禅师法嗣

潭州大沩海评禅师

上堂曰:"灯笼上作舞,露柱里藏身。深妙神恶发,昆仑奴生嗔。"喝一喝曰:"一句合头语,万劫堕迷津。"

绍兴府慈氏瑞仙禅师

本郡人。年二十去家以试经披削,习毗尼因睹戒性如虚空,持者为迷倒。师谓:"戒者,束身之法也!何自缚乎?"遂探台教,又阅诸法"不自生亦不从他生不共不无因是故说无生",疑曰:"又不自他不共不无因生,毕竟从何而生?"即省曰:"因缘所生空假三观抑扬性海,心佛众生名异体同,十境十乘转识成智,不思议境智照方明,非言诠所及。"弃谒诸方后至投子,广鉴问:"乡里甚处?"师曰:"两浙东越。"鉴曰:"东越事作么生?"师曰:"秦望峰高鉴湖水阔。"鉴曰:"秦望峰与尔自己是同是别?"师曰:"西天梵语此土唐言。"鉴曰:"此犹是丛林祇对,毕竟是同是别?"师便喝,鉴便打。师曰:"恩大难酬。"便礼拜。后归里开法慈氏室中,尝问僧:"三个橐驼两只脚,日行万里趁不着。而今收在玉泉山,不许时人乱斟酌。诸人向甚么处与尔上座相见?"

圆通仙禅师法嗣

温州净光了威佛日禅师

僧问:"如何是祖师西来意?"师曰:"一宿二宿程,千山万山月。"曰:"意旨如何?"师曰:"朝看东南暮看西北。"曰:"向上更有事也无?"师曰:"人心难满溪壑易填。"问:"时节因缘即不问,惠超佛话事如何?"师曰:"波斯弯弓面转黑。"曰:"意旨如何?"师曰:"穿过髑髅笑未休。"曰:"学人好好借问?"师曰:"黄泉无邸店，今夜宿谁家。"

婺州明招文慧禅师

僧问："百尺竿头如何进步？"师曰："南天台北五台。"僧云："处处逢归路，时时达本源？"师曰："对面若无青山白云，相识犹如不相识。"僧云："争奈学人有转身一路？"师曰："切忌丧身失命。"师乃良久曰："便与么散去，早自落七落八了也。俯为初机不免重重话会，今朝五月五为汝等诸人举个父母未生底句。光明烜赫耀乾坤，且是无今亦无古。三世诸佛强诠量，六代祖师徒指注。殿上迦叶谩擎拳，门外金刚眉卓竖。"师抚掌呵呵大笑曰："笑个什么？笑灯笼入露柱。"

慧力可昌禅师法嗣

临江军慧力洞源禅师

上堂曰："佛祖不立，雨落街头自湿。凡圣何依，晴干自是无泥。方知头头皆是道，法法本圆成。休说赵州七斤衫、曹溪一滴水，须弥顶上浪滔天，大洋海底红尘起。喝一喝：是何道理？参！"

卷第三十
大鉴下第十六世（黄龙五世）

天宁卓禅师法嗣八人　育王介谌禅师　道场慧琳禅师　道场居慧禅师　显宁圆智禅师　乌回良范禅师　本寂文观禅师（已上六人见录）　温州符庵主　径山惟表首座（已上二人无录）

佛心才禅师法嗣四人　普贤元素禅师　鼓山僧洵禅师　鼓山祖珍禅师（已上三人见录）　仁王大心谟禅师（一人无录）

云岩天游禅师法嗣二人　径山智策禅师（一人见录）　报德智一禅师（一人无录）

圆通旻禅师法嗣七人　圆通守慧禅师　黄龙道观禅师　左丞范冲居士　枢密吴居厚居士　谏议彭汝霖居士　中丞卢航居士　左司都贶郑居士（已上七人俱录）

雪峰需禅师法嗣五人　雪峰慧忠禅师（见录）　净众全禅师　天宁靖禅师　陈易体常居士　鼓山宗译禅师（已上四人无录）

祥符立禅师法嗣一人　报慈淳禅师（见录）

浮山法真禅师法嗣一人　灵岩徽禅师（见录）

信相显禅师法嗣三人　金绳文禅师（见录）　云顶师旦禅师　中峰祖源禅师（已上二人无录）

净因成禅师法嗣二人　瑞岩如胜禅师　冶父道川禅师（已上二人见录）

上封秀禅师法嗣一人　文定胡安国居士（见录）

黄龙逢禅师法嗣一人　荐福择崇禅师（见录）

黄龙震禅师法嗣三人　德山慧初禅师（见录）　天龙糪禅师　真州北山作禅师（已上二人无录）

万年一禅师法嗣二人　报恩法常禅师（见录）　石佛净禅师（无录）

岳山祖庵主法嗣一人　延庆叔禅师（见录）

胜因静禅师法嗣六人　万寿普信禅师　慧日兴道禅师　光孝果憨禅师（已上三人见录）　崇宁超禅师　广教嚚禅师　法慧冲禅师（已上三人无录）

天童交禅师法嗣一人　蓬莱圆禅师（见录）

明招慧禅师法嗣二人　宣秘礼禅师（见录）　净光和尚（无录）

天童珏禅师法嗣一人　雪窦智鉴禅师（见录）

雪窦宗禅师法嗣二人　广福道勤禅师（见录）　翠岩宗静禅师（无录）

善权智禅师法嗣二人　超化藻禅师（见录）　保安超禅师（无录）

灵峰古禅师法嗣一人　舒州四面欣禅师（无录）

禾山方禅师法嗣二人　袁州仰山韬禅师　黄龙义和尚（二人无录）

中岩能禅师法嗣一人　毡头崇真化主（无录）

天宁卓禅师法嗣

庆元府育王无示介谌禅师

温州张氏子。谢知事上堂："尺头有寸鉴者犹稀，秤尾无星且莫错认。若欲定古今轻重较佛祖短长，但请于中着一只眼果能。一尺还他十寸，八两元是半斤，自然内外和平家国无事。山僧今日已是两手分付，汝等诸人还肯信受奉行也无？尺量刀剪遍世间，志公不是闲和尚。"

上堂："文殊智普贤行，多年历日；德山棒临济喝，乱世英雄。

汝等诸人穿僧堂入佛殿，还知险过铁围关么？忽然踏着释迦顶颅，磕着圣僧额头，不免一场祸事。"

上堂："我若说有尔为有碍，我若说无尔为无碍，我若横说尔又跨不过，我若竖说尔又跳不出。若欲丛林平怙大家无事，不如推倒育王。且道育王如何推得倒去？"召大众曰："着力着力。"复曰："苦哉苦哉，育王被人推倒了也。还有路见不平拔剑相为底么？若无，山僧不免自倒自起。"击拂子下座。师性刚毅莅众有古法，时以"谌铁面"称之。

安吉州道场普明慧琳禅师

福州人。上堂："有漏笊篱无漏木杓，庭白牡丹槛红芍药。因思九年面壁人，到头不识这一着，且道作么生是这一着？"以拄杖击禅床下座。

上堂："一即多、多即一，毗卢顶上明如日。也无一、也无多，现成公案没譊讹。拈起旧来毡拍板，明时共唱太平歌。"

安吉州道场无传居慧禅师

本郡吴氏子。上堂："钟馗醉里唱凉州，小妹门前只点头。巡海夜叉相见后，大家拍手上高楼。大众若会得去，锁却天下人舌头；若会不得，将谓老僧别有奇特。"

上堂："百尺竿头弄影戏，不唯瞒尔又瞒天。自笑平生歧路上，投老归来没一钱。"

上堂举——临济示众曰：一人在高高峰顶无出身之路，一人在十字街头亦无向背。且道那个在前那个在后——师曰："更有一人，不在高高峰顶，亦不在十字街头，临济老汉因甚不知？"便下座。

临安府显宁松堂圆智禅师

上堂："芦花白、蓼花红，溪边修竹碧烟笼。闲云抱幽石，玉露滴岩丛。昨夜乌龟变作鳖,今朝水牯悟圆通。咄!"

安吉州乌回唯庵良范禅师

上堂:"尘劫已前事,堂堂无背面。动静莫能该,舒卷快如电。莫道凡不知,佛也觑不见。决定在何处,合取这两片。荐不荐,更为诸人通一线。良久曰:天下太平皇风永扇。"

上堂举——僧问赵州:至道无难唯嫌拣择,是时人窠窟否?州曰:曾有人问老僧,直得五年分疏不下——师召众曰:"赵州具顶门眼,向击石火里分缁素,闪电光中明纵夺,为甚么却五年分疏不下?还委悉么?易分雪里粉,难辨墨中煤。"

温州本寂灵光文观禅师

本郡叶氏子。上堂:"过去诸如来斯门已成就,好事不如无;现在诸菩萨今各入圆明,好事不如无,未来修学人当依如是住,好事不如无。还知么?除却华山陈处士,何人不带是非行。参!"

上封才禅师法嗣

福州普贤元素禅师

建宁人也。上堂:"兵随印转,三千里外绝烟尘;将逐符行,二六时中净裸裸。不用铁旗铁鼓,自然草偃风行。何须七纵七擒,直得无思不服。所谓大丈夫秉慧剑,般若锋兮金刚焰。非但能摧外道心,早曾落却天魔胆。正恁么时且道,主将是甚么人?"喝一喝。

上堂:"南泉道:'我十八上便解作活计,囊无系蚁之丝,厨乏聚蝇之糁;赵州道:我十八上便解破家散宅,南头买贱北头卖贵,点检将来好与三十棒。'且放过一着,何故曾为宕子偏怜客,自爱贪杯惜醉人?"

上堂:"未开口时先分付,拟思量处隔千山。莫言佛法无多子,未透玄关也大难。只如玄关作么生透？"喝一喝。

福州鼓山山堂僧洵禅师

本郡阮氏子。上堂："黄檗手中六十棒，不会佛法的的大意。印较些子，大愚肋下筑三拳，便道黄檗佛法无多子，钝置杀人。须知有一人大棒蓦头打他不回头，老拳劈面槌他亦不顾，且道是谁？"

上堂："朔风扫地卷黄叶，门外千峰凛寒色。夜半乌龟带雪飞，石女溪边皱两眉。卓拄杖云：大家在这里，且道天寒人寒。喝一喝云：归堂去。"

福州鼓山别峰祖珍禅师

兴化林氏子。僧问："赵州绕禅床一匝转藏已竟此理如何？"师曰："画龙看头画蛇看尾。"曰："婆子道：此来请转全藏，为甚么只转得半藏？此意又且如何？"师曰："人无远虑必有近忧。"曰："未审甚么处是转半藏处？"师曰："不是知音者徒劳话岁寒。"

上堂："寻牛须访迹，学道贵无心。迹在牛还在，无心道易寻。竖起拂子曰：这个是迹，牛在甚处？直饶见得头角分明，鼻孔也在法石手里。"

上堂："向上一路千圣不传。卓拄杖曰：恁么会得十万八千，毕竟如何？桃红李白蔷薇紫，问着春风总不知。"示众云："大道只在目前，要且目前难睹。欲识大道真体，不离声色言语。卓拄杖云：这个是声。竖起拄杖云：这个是色。唤甚么作大道真体，直饶向这里见得，也是郑州出曹门示众。若论此事如人吃饭饱则便休，若也不饱必有思食之心，若也过饱又有伤心之患，到这里作么生得恰好去？良久云：且归岩下宿，同看月明时。"

云岩游禅师法嗣

临安府径山涂毒智策禅师

天台陈氏子。幼依护国僧楚光落发,十九造国清谒寂室光洒然有省,次谒大圆于明之万寿。圆问曰:"甚处来?"师曰:"天台来。"曰:"见智者大师么?"师曰:"即今亦不少。"曰:"因甚在汝脚跟下?"师曰:"当面蹉过。"圆曰:"上人不耘而秀不扶而直。"一日辞去圆送之门,拊师背曰:"宝所在近此城非实。"师领之。往豫章谒典牛,道由云居风雪塞路,坐阅四十二日,午初版声铿然豁尔大悟。及造门典牛独指师曰:"甚处见神见鬼来?"师曰:"云居闻版声来。"牛曰:"是甚么?"师曰:"打破虚空全无柄靶。"牛曰:"向上事未在。"师曰:"东家暗坐西家厮骂。"牛曰:"崭然超出佛祖,他日起家一麟足矣。"

住后上堂举——教中道:若以色见我、以音声求我、是人行邪道不能见如来,虽然恁么,正是捕得老鼠打破油瓮。怀禅师道:尔眼在甚处?虽则识破释迦老子,争奈拈皴舐指——若是涂毒即不然:"色见声求也不妨,百华影里绣鸳鸯。自从识得金针后,一任风吹满袖香。"师将示寂升座别众,嘱门人以文祭之。师危坐倾听,至尚飨为之一笑。越两日沐浴更衣集众说偈曰:四大既分飞,烟云任意归。秋天霜夜月,万里转光辉。俄顷泊然而逝,塔全身于东岗之麓。

圆通旻禅师法嗣

江州庐山圆通守慧冲真密印通慧禅师

上堂:"但知今日复明日,不觉前秋与后秋。平步坦然归故里,却乘好月过沧洲。咦,不是苦心人不知。"

隆兴府黄龙道观禅师

上堂曰："古人道眼色耳声万法成办，尔诸人为甚么从朝至暮诸法不相到。遂喝一喝曰：牵牛入尔鼻孔，祸不入慎家之门。"

左丞范冲居士

字致虚。由翰苑守豫章过圆通谒旻禅师，茶罢曰："某行将老矣，堕在金紫行中，去此事稍远。"通呼内翰，公应："喏。"通曰："何远之有？"公跃然曰："乞师再垂指诲。"通曰："此去洪都有四程。"公伫思，通曰："见即便见，拟思即差。"公乃豁然有省。

枢密吴居厚居士

拥节归钟陵谒圆通旻禅师曰："某顷赴省试过此，过赵州关因问前住讷老透关底事如何？讷曰：'且去做官。'今不觉五十余年。"旻曰："曾明得透关底事么？"公曰："八次经过常存此念，然未甚脱洒在。"旻度扇与之曰："请使扇。"公即挥扇，旻曰："有甚不脱洒处。"公忽有省曰："便请末后句。"旻乃挥扇两下，公曰："亲切亲切。"旻曰："吉獠舌头三千里。"

谏议彭汝霖居士

手写《观音经》施圆通，通拈起曰："这个是《观音经》，哪个是《谏议经》？"公曰："此是某亲写。"通曰："写底是字，哪个是经？"公笑曰："却了不得也。"通曰："即现宰官身而为说法。"公曰："人人有分。"通曰："莫谤经好。"公曰："如何即是？"通举经示之，公拊掌大笑曰："嗄。"通曰："又道了不得。"公礼拜。

中丞卢航居士

与圆通拥炉次，公问："诸家因缘不劳拈出，直截一句请师指示？"通厉声揖曰："看火。"公急拨衣忽大悟，谢曰："灼然佛法无多子。"通喝曰："放下着。"公应："喏喏。"

左司都贶居士

问圆通曰："是法非思量分别之所能解，当如何凑泊？"通曰："全身入火聚。"公曰："毕竟如何晓会？"通曰："蓦直去。"公沉吟，通曰："可更吃茶么？"公曰："不必。"通曰："何不恁么会？"公契旨曰："元来太近。"通曰："十万八千。"公占偈曰：不可思议，是大火聚。便恁么去，不离当处。通曰："咦，犹有这个在？"公曰："乞师再垂指示？"通曰："便恁么去铦是铁铸。"公顿首谢之。

雪峰需禅师法嗣

福州雪峰球堂慧忠禅师

上堂："终日忙忙那事无妨，作么生是那事。良久曰：心不负人面无惭色。"

祥符立禅师法嗣

湖南报慈淳禅师

上堂曰："青眸一瞬金色知归，授手而来如王宝剑。而今开张门户各说异端，可谓古路坦而荆棘生。法眼正而还自瞖，孤负先圣埋没己灵。且道不埋没不孤负正法眼藏如何吐露，还有吐露得底么？出来吐露看，如无担取诗书归旧隐，野花啼鸟一般春。"

浮山真禅师法嗣

峨嵋灵岩徽禅师

僧问："文殊是七佛之师，未审谁是文殊之师？"师曰："金沙滩头马郎妇。"

信相显禅师法嗣

成都府金绳文禅师

僧问:"如何是大道之源?"师曰:"黄河九曲。"曰:"如何是不犯之令?"师曰:"铁蛇钻不入。"僧拟议,师便打。

净因成禅师法嗣

台州瑞岩如胜佛灯禅师

上堂:"人人领略释迦,个个平欺达摩。及乎问着宗纲,束手尽云放过,放过即不无,只如女子出定、赵州洗钵盂,又作么生话会:鹤有九皋难翥翼,马无千里谩追风。

无为军冶父实际道川禅师

昆山狄氏子。初为县之弓级闻东斋谦首座为道俗演法,往从之习坐不倦。一日因不职遭笞,忽于杖下大悟,遂辞职依谦,谦为改名道川。且曰:"汝旧呼狄三今名道川,川即三耳。汝能竖起脊梁了办个事,其道如川之增,若放倒则依旧狄三也。"师铭于心。建炎初圆顶游方至天封蹒庵与语,机锋相投庵称善,归憩东斋道俗愈敬。有以金刚般若经请问者,师为颂之今盛行于世。隆兴改元殿撰郑公乔年漕淮西,适冶父虚席迎开法。

上堂:群阴剥尽一阳生,草木园林尽发萌。唯有衲僧无底钵,依然盛饭又盛羹。

上堂举——雪峰一日登座拈拄杖东觑曰:东边底。又西觑曰:西边底。诸人还知么?掷下拄杖曰:向这里会取——师曰:"东边觑了复西观,拄杖重重话岁寒。带雨一枝花落尽,不烦公子倚阑干。"

上封秀禅师法嗣

文定公胡安国草庵居士

字康侯。久依上封得言外之旨，崇宁中过药山，有禅人举南泉斩猫话问公，公以偈答曰：手握乾坤杀活机，纵横施设在临时。玉堂兔马非龙象，大用堂堂总不知。又寄上封有曰：祝融峰似杜城天，万古江山在目前。须信死心元不死，夜来秋月又同圆。

黄龙逢禅师法嗣

饶州荐福常庵择崇禅师

宁国府人也。上堂举——僧问古德：生死到来如何免得？德曰：柴鸣竹爆惊人耳。僧曰：不会。德曰：家犬声狞夜不休——师曰："诸人要会么？柴鸣竹爆惊人耳，大洋海底红尘起。家犬声狞夜不休，陆地行船三万里。坚牢地神笑呵呵，须弥山王眼觑鼻。把手东行却向西，南山声应北山里。千手大悲开眼看，无量慈悲是谁底。良久曰：头长脚短少喜多嗔。"

上堂问侍者曰："还记得昨日因缘么？"曰："记不得。"复顾大众曰："还记得么？"众无对，竖起拂子曰："还记得么？"良久曰："也忘却了也，三处不成一亦非有。诸人不会方言，露柱且莫开口。"以拂子击禅床下座。

黄龙震禅师法嗣

常德府德山无诤慧初禅师

静江府人也。上堂顾视大众曰："见么？在天成象，在地成形。在日月为晦为朔，在四时为寒为暑。鼓之以雷霆，润之以风雨。且道在衲僧分上又作么生？一趯趯翻四大海，一拳拳倒须弥山。佛祖位中留不住，又吹渔笛汨罗湾。"

上堂："九月二十五，聚头相共举。瞎却正法眼，拈却云门普。德山不会说禅，赢得村歌社舞，阿呵呵逻啰哩。"遂作舞下座。

万年一禅师法嗣

嘉兴府报恩法常首座

开封人也，丞相薛居正之裔。宣和七年依长沙益阳华严元轼下发，遍依丛林。于首楞严经深入义海，自湖湘至万年谒雪巢机契，命掌笺翰。后首众报恩，室中唯一矮榻余无长物。庚子九月中语寺僧曰：一月后不复留。此十月二十一，往方丈谒饭，将晓，书渔父词于室门，就榻收足而逝。词曰：此事楞严尝露布，梅花雪月交光处。一笑寥寥空万古，风瓯语。迥然银汉横天宇。蝶梦南华方栩栩，斑斑谁跨丰干虎，而今忘却来时路。江山暮，天涯目送鸿飞去。

岳山祖庵主法嗣

庐山延庆叔禅师

僧问："多子塔前共谈何事？"师曰："一回相见一回老，能得几时为弟兄。"僧礼拜，师曰："唐兴今日失利。"

胜因静禅师法嗣

涟水军万寿梦庵普信禅师

上堂："残雪既消尽，春风日渐多。若将时节会，佛法又如何。且道时节因缘与佛法道理是同是别？良久曰：无影树栽人不见，开华结果自馨香。"

平江府慧日默庵兴道禅师

上堂:"同云欲雪未雪,爱日似晖不晖。寒雀啾啾闹篱落,朔风冽冽舞帘帷。要会韶阳亲切句,今朝觌面为提撕。"卓拄杖下座。

广德军光孝果憨禅师

常德桃源人也。上堂举——南泉斩猫儿话——乃曰:"南泉提起下刀诛,六臂修罗救得无。设使两堂俱道得,也应流血满街衢。"

天童交禅师法嗣

庆元府蓬莱圆禅师

住山三十年足不越阃,道俗尊仰之。师有偈曰:新缝纸被烘来暖,一觉安眠到五更。闻得上方钟鼓动,又添一日在浮生。

明招慧禅师法嗣

杨州石塔宣秘礼禅师

僧问:"山河大地与自己是同是别?"师曰:"长亭凉夜月多为客铺舒。"曰:"谢师答话。"师曰:"网大难为鸟纶稠始得鱼。"僧作舞归众,师曰:"长江为研墨频写断交书。"

上堂举——百丈野狐话——乃曰:"不是翻涛手,徒夸跨海鲸。由基方捻镞,枝上众猿惊。"

上堂,至座前师揿一僧上法座,僧悻惶欲走,师遂指座曰:"这棚子若牵一头驴上去,他亦须就上屙在。汝诸人因甚么却不肯?"以拄杖一时赶散,顾侍者曰:"险!"

天童珏禅师法嗣

明州雪窦智鉴禅师

滁州吴氏子。儿时母与洗手疡因曰:"是甚么?"对曰:"我手似佛手。"长失恃怙依真歇于长芦,大休首众即器之。后遁象山百怪不能惑深夜开悟,求证于延寿,然复见大休。住后上堂:"世尊有密语迦叶不覆藏,一夜落花雨满城流水香。"

雪窦宗禅师法嗣

泰州广福微庵道勤禅师

本郡俞氏子。上堂举——僧问同安:如何是和尚家风?同安曰:金鸡抱子归霄汉,玉兔怀胎入紫微。曰:忽遇客来将何只待?同安曰:金果早朝猿摘去,玉华晚后凤衔来——师曰:"广福即不然,有问如何是和尚家风,只向他道:翠竹丛边歌款乃,碧岩深处卧烟萝。忽遇客来将何只待:没底篮儿盛皓月,无心碗子贮清风。"

善权智禅师法嗣

越州超化藻禅师

开炉上堂:"雪满寒窗,烧尽丹霞木佛;冰交野渡,冻杀陕府铁牛。直得寒灰发焰片雪不留,任运纵横现成受用。诸禅德要会么?衲帔蒙头坐,冷暖了无知。"

卷第三十三
大鉴下第十七世（黄龙六世）

　　育王谌禅师法嗣七人　万年昙贲禅师　天童了朴禅师　西岩宗回禅师　高丽坦然国师　龙华本禅师（已上五人见录）　华藏先禅师　雪窦妙湛禅师（已上二人无录）

　　道场琳禅师法嗣三人　东山吉禅师（一人见录）　狼山珸禅师　径山了粹禅师（已上二人无录）

　　道场慧禅师法嗣一人　灵隐道枢禅师（一人见录）

　　光孝憼禅师法嗣二人　光孝悟初首座（一人见录）　崇胜善行禅师（一人无录）

　　中竺妙禅师法嗣二人　光孝深禅师（一人见录）　灵隐蕴衷禅师（一人无录）

　　南华炳禅师法嗣四人　四祖宗肇禅师　天宁法清禅师　正法月禅师　南华明禅师（已上四人无录）

　　雪庭净禅师法嗣一人　翠云僧价禅师（一人无录）

　　讷堂思禅师法嗣三人　澄照行齐禅师　青原立禅师　智首座（已上三人无录）

　　大中海禅师法嗣一人　报恩法舟禅师（一人无录）

　　蓬莱卿禅师法嗣一人　延福广禅师（一人无录）

　　真牧贤禅师法嗣二人　永福嗣衡禅师　无为了悟禅师（二人无录）

　　廓庵远禅师法嗣一人　信相宜禅师（一人无录）

　　古佛范禅师法嗣一人　乌回禧禅师（无录）

　　球堂忠禅师法嗣一人　上蓝独秀宏禅师（一人无录）

梦庵信禅师法嗣四人　能仁琢禅师　鹤林妙禅师　孝感竦禅师　永宁道全禅师（已上四人无录）

足庵鉴禅师法嗣一人　天童如净禅师（一人无录）

育王谌禅师法嗣

台州万年心闻昙贲禅师

永嘉人。住江心病起上堂："维摩病说尽道理，龙翔病咳嗽不已。咳嗽不已说尽道理，说尽道理咳嗽不已。汝等诸人还识得其中意旨也未？本是长江凑风冷，却教露柱患头风。"

上堂："一见便见，八角磨盘空里转；一得永得，辰锦朱砂如墨黑。秋风吹渭水，已落云门三句里；落叶满长安，几个而今被眼瞒。竖拂子曰：瞒得瞒不得，总在万年手里。还见么？华顶月笼招手石，断桥水落舍身岩。"僧问："百丈卷席意旨如何？"师曰："贼过后张弓。"四明太守以雪窦命师主之，师辞以偈曰：闹篮方喜得抽头，退鼓而今打未休。莫把乳峰千丈雪，重来换我一双眸。

庆元府天童慈航了朴禅师

福州人。上堂："酷暑如焚不易禁，炎炎赫赫欲流金。夜明帘外无人到，灵木迢然转绿阴。"上堂："久雨不晴半睡半醒，可谓天地合其德，日月合其明，四时合其序，鬼神合其吉凶。遂喝曰：住住内卦已成更求外象。卓拄杖曰：适来掷得雷大大壮，如今变作地火明夷。"

上堂："牛皮鞔露柱，露柱啾啾叫。灯笼佯不知，虚明还自照。殿脊老蚩吻，闻得呵呵笑。三门侧耳听，就上打之绕。譬如十日菊，开彻阿谁要。阿呵呵。未必秋香一夜衰，熨斗煎茶不同铫。"室中问僧："贼来须打客来须看，只如三更夜半人面似贼贼面似人，作么生辨？"

上堂："观音岩玲玲珑珑，太白石丁丁东东。西园菜蕨似不堪食，东谷花发却无赖红。且道是祖意教意，途中受用世谛流布。若辨不出雪峰覆却饭桶，若辨得出甘赀礼拜蒸笼，参！"

上堂："德山入门便棒，临济入门便喝。临济喝处德山棒头耳聋，德山棒时临济喝下眼瞎。虽然一搦一抬，就中全生全杀。遂喝一喝，卓拄杖一下云：敢问诸人，是生是杀？良久云：君子可八。"

南剑州西岩宗回禅师

婺州人也。久依无示深得法忍，因寺僧以茶禁闻有司，吏捕知事。师谓众曰："此事不直之，则罪坐于我，若自直彼复得罪。不忍为也，令击鼓升座说偈曰：县吏追呼不暂停，争如长往事分明。从前有个无生曲，且喜今朝调已成。言讫而逝。"

高丽国坦然国师

少嗣王位，钦向宗乘，因海商方景仁抵四明，录无示语归，师阅之启悟，即弃位圆颅。作书以语要及四威仪偈，令景仁呈无示。示答曰："佛祖出兴于世，无一法与人，实使其自信、自悟、自证、自到、具大知见，如所见而说，如所说而行，山河大地草木丛林相与证明其来久矣。后复通嗣法，其书略曰：生死海广劫殚周通，得遇本分宗师。以三要印子验定其法，实谓盲龟值浮木孔耳。"

临安府龙华无住本禅师

广德人也。上堂举——云门大师拈起胡饼曰：我只供养两浙人，不供养向北人。众无语，门自代曰：天寒日短两人共一碗——师曰："韶阳老汉言中有响，痛处着锥，检点将来翻成毒药。诸人要会么？半在河南半河北，一片虚凝似墨黑。冷地思量愁杀人，叵耐云门这老贼。贼贼下座，更不巡堂。"

道场琳禅师法嗣

临江军东山吉禅师

因李朝请，与甥芎林居士向公子諲谒之遂问："家贼恼人时如何？"师曰："谁是家贼？"李竖起拳，师曰："贼身已露。"李曰："莫涂糊人好。"师曰："赃证见在。"李无语，师示以偈曰：家贼恼人孰奈何，千圣回机只为他。遍界遍空无影迹，无依无住绝笼罗。贼贼，猛将雄兵收不得，疑杀天下老禅和，笑倒闹市古弥勒；休休，不用将心向外求，回头瞥尔贼身露，和赃捉获世无俦。世无俦真可仰，从兹不复夸伎俩。怗怗安家乐业时，万象森罗齐拊掌。

道场慧禅师法嗣

临安府灵隐懒庵道枢禅师

吴兴四安徐氏子。初住何山、次移华藏，隆兴初诏居灵隐。孝宗皇帝召至内殿问禅道之要，师答："以此事在陛下堂堂日用应机处，本无知见起灭之朕、圣凡迷悟之别，第护正念则与道相应，情却物则业不能系。尽去沉掉之病，自忘问答之意。矧今补处见在佛般若光明中，何事不成见耶。"上为之首肯数四。师示众曰："仙人张果老，骑驴穿市过。但闻蹄拨剌，谁知是纸做。"后退居明教永安兰若，逍遥自适。有偈题于壁曰：雪里梅花春信息，池中月色夜精神。年来可是无佳趣，莫把家风举似人。淳熙丙申八月示微疾，书偈而逝。塔于永安。

光孝憨禅师法嗣

广德军光孝悟初首座

分座日示众举——风幡话：至仁者心动处——乃曰："祖师恁

么道,赚杀一船人。今时衲僧也不可恁么会,既不恁么会,毕竟作么生?良久曰:六月好合酱,切忌着盐多。"

中竺妙禅师法嗣

温州光孝己庵深禅师

本郡人也。上堂曰:"龙生龙凤生凤,老鼠养儿沿屋栋。达摩大师不会禅,历魏游梁干打哄。"

上堂:"一九二九相逢不出手,三九二十七,篱头吹觱栗。翻忆小释迦,双手抱屈膝。知不知实不实,摩诃般若波罗蜜。"

上堂:"维摩默然普贤广说,历代圣人互呈丑拙。君不见,落花三月子规啼,一声声是一点血。"

上堂:"风萧萧叶飘飘,云片片水茫茫。江干独立向谁说,天外飞鸿三两行。"

卷第三十四
大鉴下第十八世（黄龙七世）

万年贲禅师法嗣四人　龙鸣贤禅师　大沩鉴禅师（已上二人见录）　天童从瑾禅师　投子淳禅师（已上二人无录）

慈航朴禅师法嗣二人　雪窦僧彦禅师　太平诏和尚（已上二人无录）

万年贲禅师法嗣

温州龙鸣在庵贤禅师

上堂举——崇寿示众曰：识得凳子周匝有余。云门道：识得凳子天地悬殊——师曰："崇寿老汉坐杀天下人，云门大师走杀天下人。龙鸣则不然：识得凳子四脚着地，要坐便坐要起便起。"

上堂举——赵州勘婆话颂曰：冰雪佳人貌最奇，常将玉笛向人吹。曲中无限花心动，独许东君第一枝。

上堂："木落霜空天寒水冷，释迦老子无处藏身。折东篱补西壁，撞着不空见菩萨，请示念佛三昧，也甚奇怪，却向道：金色光明云，参退吃茶去。"

上堂："老胡开一条路，甚生径直。只云：歇即菩提性净明心不从人得，后人不得其门，一向奔驰南北往复东西，极岁穷年无个歇处。诸人还歇得么？休休。"

上堂举——晦堂和尚一日问僧：甚处来？曰：南雄州。堂曰：出来作甚么？曰：寻访尊宿。堂曰：不如归乡好。曰：未审和尚令某归乡意旨如何？堂曰：乡里三钱买一片鱼鲊如手掌大——师曰："宁可碎身如微尘，终不瞎个师僧眼。晦堂较些子，有般汉便道：

熟处难忘有甚共语处。"

潭州大沩咦庵鉴禅师

会稽人也。上堂举——罽宾国王问师子尊者蕴空公案——师颂曰：尊者何曾得蕴空，罽宾徒自斩春风。桃花雨后已零落，染得一溪流水红。

附：《景德传灯录》之黄龙世系

【概述】《景德传灯录》简称《传灯录》。佛教禅宗史书，三十卷，北宋时期禅宗法眼宗人道原编撰，收于《大正藏》第五十一册。禅僧把"禅法"喻如灯光，传授禅法，犹如传灯，又系北宋真宗景德年间（1004—1007）成书，故称《景德传灯录》。书成后，道原上呈真宗皇帝。真宗乃命翰林学士杨亿，兵部员外郎、知制诰李维和太常丞王曙同加刊削、裁定，约经一年后定稿问世。

全书近三十七万字，所叙世系共五十二代，始于过去七佛，终于唐末五代法眼宗创始人文益（885—958）的法嗣。在所收一千七百零一人中，属印度者，除七佛外，有所谓"西天二十八祖"，其余基本上为中国禅僧。所谓"灯录"，其内容实是禅宗的"僧传"。所不同者，"僧传"属于"记行"，而"灯录"则属"记言"，近乎一种"语录"汇编；"僧传"为"传记"体，"灯录"则为"谱录"体；"僧传"所收者不限于一宗一派，"灯录"则只收禅僧。《景德传灯录》是中国佛教史上第一部禅宗"灯录"，为研究佛教哲学提供了史料。此书收入元、明、清藏，另有《四部丛刊》影印宋刻本。

卷第二十三

怀州玄泉彦禅师法嗣五人　鄂州黄龙[1]诲机大师　洛京柏谷和尚　池州和龙和尚　怀州玄泉第二世和尚　潞府妙胜玄密禅师（已上五人见录）

怀州玄泉彦禅师法嗣

鄂州黄龙山诲机禅师

清河人也，姓张氏。唐天祐中游化至此山，节帅施俸钱建法宇，奏赐紫衣、号"超慧大师"，大张法席。僧问："不问祖佛边事，如何是平常之事？"师曰："我住山得十五年。"问："如何是和尚家风？"师曰："琉璃钵盂无底。"问："如何是君王剑？"师曰："不伤万类。"曰："佩者如何？"师曰："血溅梵天。"曰："大好不伤万类。"师便打。问："佛在日为众生说法，佛灭后有人说法也无？"师曰："惭愧佛。"问："毛吞巨海、芥纳须弥，不是学人本分事，如何是学人本分事？"师曰："封了合盘市里揭。"问："切急相投请师通信？"师曰："火烧裙带香。"问："如何是大疑底人？"师曰："对坐盘中弓落盏。"曰："如何是不疑底人？"师曰："再坐盘中弓落盏。"问："风恬浪静时如何？"师曰："百丈竿头五两垂。"师将顺世，有僧问："百年后钵囊子什么人将去？"师曰："一任将去。"曰："里面事如何？"师曰："线绽方知。"曰："什么人得？"师曰："待海燕雷声，即向汝道。"言讫告寂。

---

[1] 修水三国时属吴国武昌郡，为鄂州所辖。

卷第二十四

鄂州黄龙晦机禅师法嗣九人[1]　洛京紫盖善沼禅师　眉州黄龙继达禅师　枣树第二世和尚　兴元府玄都山澄和尚　嘉州黑水和尚　鄂州黄龙智颙禅师　眉州福昌达和尚（已上七人见录）　常州慧山然和尚　洪州双岭悟海禅师（已上二人无机缘语句不录）

鄂州黄龙晦机禅师法嗣

洛京长水紫盖善沼禅师

僧问："死中得活时如何？"师曰："抱镰刮骨熏天地，炮烈棺中求托生。"问："才生便死时如何？"师曰："赖得觉疾。"

眉州黄龙继达禅师

僧问："如何是衲？"师曰："针去线不回。"曰："如何是帔？"师曰："横铺四世界，竖盖一乾坤。"曰："道满到来时如何？"师曰："要羹与羹，要饭与饭。"问："黄龙出世金翅鸟满空飞时如何？"师曰："问汝金翅鸟还得饱也无。"

枣树和尚（第二世住）

问僧："发足什么处？"曰："闽中。"师曰："俊哉。"曰："谢师指示。"师曰："屈哉。"僧锄地次见师乃不审，师曰："见阿谁了便不审？"曰："见师不问讯，礼式不全。"师曰："却是孤负老僧。"其僧归堂举似第一座，第一座曰："和尚近日可畏为人切。"师闻之，乃打第一座七棒。第一座曰："某甲怎么道未有过打怎么？"师曰：

---

[1]《五灯会元》中诲机禅师法嗣为八人，《指月录》中诲机禅师法嗣为十人，且均收有吕岩洞宾道人为其法嗣。

"枉吃如许多年盐醋。"又打七棒。

兴元府玄都山澄和尚

僧问:"喜得趋方丈家风事若何?"师曰:"熏风开晓露,明月正当天。"曰:"如何拯济?"师曰:"金鸡楼上一下鼓。"问:"如何是沙门行?"师曰:"一切不如。"

嘉州黑水和尚

初参黄龙问曰:"雪覆芦华时如何?"黄龙曰:"猛烈。"师曰:"不猛烈。"黄龙又曰:"猛烈。"师又曰:"不猛烈。"黄龙便打,师因而惺觉,自尔契缘化行黑水。

鄂州黄龙智颙禅师(第三世住)

僧问:"如何是黄龙家风?"师曰:"待宾钉仙果。"僧问:"如何是诸佛之本源?"师曰:"即此一问是何源?"曰:"恁么即诸佛无异路去也。"师曰:"延平剑已成龙去,犹有刻舟求剑人。"

眉州昌福达和尚

僧问:"学人来问师则对,不问时师意如何?"师曰:"谢师兄指示。"问:"本来则不问,如何是今日事?"师曰:"师兄遮问大好。"曰:"学人不会时如何?"师曰:"谩得即得。"问:"国有宝刀谁人得见?"师曰:"师兄远来不易。"曰:"此刀作何形状?"师曰:"要也道不要也道。"曰:"请师道。"师曰:"难逢难遇。"问:"石牛水上卧时如何?"师曰:"异中异妄计不浮沉。"曰:"便怎么去时如何?"师曰:"翅天日落把土成金。"

卷第二十六

眉州黄龙继达禅师法嗣
　　第二世黄龙和尚（一人见录）

眉州黄龙继达禅师法嗣
　　眉州黄龙第二世和尚

僧问："如何是密室？"师曰："斫不开。"曰："如何是密室中人？"师曰："非男女相。"问："国内按剑者是谁？"师曰："昌福。"曰："忽遇尊贵时如何？"师曰："不遗。"

第五章 《指月录》之黄龙世系

【概述】《指月录》,明代瞿汝稷集。三十二卷。又称《水月斋指月录》。万历二十三年(1595)完成,三十年序刊。收在《卍续藏》第一四三册、《卍新纂续藏经》第八十三册。所谓"指月",是以"指"喻言教,以"月"比佛法。禅宗以"本来无一物"之境界为上乘,以"万虑皆空"为至德。主张不立文字,不下注脚,亲证实相,方为究竟。认为一切言教无非为示机之方便而设,如以指指月,使人因指而见月。以言教而显示实相,然言教本身并非实相。此为书名之大旨。

全书系集录自过去七佛至宋代大慧宗杲之禅宗传承法系六百五十人的言行传略而成。卷一至卷三收录过去七佛、应化圣贤、西天祖师(西天二十八祖);卷四收录东土祖师,从菩提达磨到六祖慧能;卷五至卷三十收录慧能下第一世至第十六世;卷三十一、卷三十二为径山大慧宗杲禅师语录。

卷之二十五
六祖下第十二世（黄龙一世）

隆兴府黄龙慧南禅师

信州玉山章氏子，童龀不茹荤、不嬉戏，年十一弃家，十九受具足戒。至庐山归宗，老宿自宝集众坐，师却倚，宝时时眴之。师自是坐必跏趺，行必直视。及依泐潭澄禅师，令分座接物，名振诸方。云峰悦见之叹曰："南有道之器也，惜未授本色钳锤耳。"会同游西山，夜话云门法道，峰曰："澄公虽是云门之后，法道异矣。"师诘其所以异，峰曰："云门如九转丹砂、点铁成金，澄公如药汞银，徒可玩，入煆则流去。"师怒以枕投之。明日峰谢过，又曰："云门气宇如王，甘死语下乎？澄公有法授人，死语也。死语其能活人乎？"即背去，师挽之曰："若如是，则谁可汝意？"峰曰："石霜圆手段出诸方，子宜见之，不可后也。"师默计之曰："悦师翠岩，使我见石霜，于悦何有哉？"即造石霜，中涂闻慈明不事事，慢侮少丛林。遂登衡岳，谒福严贤，贤命掌书记。俄贤卒，郡守以慈明补之。师心喜，且欲观其人，以验云峰之言。明既至，贬剥诸方，件件数为邪解。而泐潭密付之旨，皆在所斥中，师为之气索。遂造其室，明曰："书记已领徒游方，借使有疑，可坐而商略。"师哀恳愈切，明曰："公学云门禅，必善其旨：如云放洞山三顿棒，是有吃棒分，无吃棒分？"师曰："有吃棒分。"明色庄曰："从朝至暮，鹊噪鸦鸣，皆应吃棒？"明即端坐受师炷香作礼，明复问："脱如汝会云门意旨，则赵州道：台山婆子我为汝勘破了也。且那里是他勘破婆子处？"师汗下不能答。次日又诣，明诟骂不已。师曰："骂岂慈悲法施耶？"明曰："你作骂会那？"师于言下大悟，作颂：杰出丛林是赵州，老婆勘破没来由。而今四海明如镜,行人莫与路为仇。呈明,明以手指"没"字,师为易"有"字。明颔之。

圆悟勤云:黄龙老南禅师,昔未见石霜,会一肚皮禅,翠岩悯之,劝谒慈明。只穷究玄沙语,灵云未彻处,应时瓦解冰消,遂受印可。三十年只以此印,拈诸方解路瘥病,不假驴驮药紧要处,岂有如许多佛法也!

《林间录》云:师辞明曰:"大事毕竟如何?"明呵曰:"著衣吃饭,不是毕竟;屙屎送尿,不是毕竟。"

后开法同安。初受请日,泐潭遣僧来,审提唱之语。有曰:"智海无性,因觉妄以成凡;觉妄元虚,即凡心而见佛。便尔休去,将谓同安无折合,随汝颠倒所欲,南斗七北斗八。"泐潭闻之不怪。俄闻嗣石霜化主归。

上堂:"世间有五种不易:一化者不易,二施者不易,三变生为熟者不易,四端坐吃者不易,更有一种不易,是甚么人?良久云:瞢。"便下座。

时翠岩真为首座,藏主问云:"适来和尚道,第五种不易。是甚么人?"真曰:"脑后见腮,莫与往来。"

师问翠岩:"承闻首座常将女子出定话为人,是否?"岩曰:"无。"师曰:"奢而不俭,俭而不奢,为甚道无?"岩曰:"若是本分衲僧,也少他盐酱不得。"师却回首唤侍者:"报典座,明日只煮白粥。"

洞山圆禅师,嗣雪窦,年甚少,开先暹道者,举之以应筠人之请。时师住黄檗,因出邑相见于净戒寺,师默无所言,但焚香相向危坐而已。自申时至三鼓,圆即起曰:"夜深,妨和尚偃息。"趋出。明日各还山,师问永首座:"汝在庐山,识今洞山老否?"永曰:"不识,止闻其名。"久之进曰:"和尚此回见之如何人?"师曰:"奇人。"

永退问侍者:"汝随和尚见洞山,夜语及何事?"侍者以实告。永曰:"疑杀天下人。" 有僧侍立,师顾视久之问曰:"百千三昧,无量妙门,作一句说与汝,汝还信否?"对曰:"和尚诚言,何敢不信?"师指其左曰:"过这边来。"僧将趋,忽咄之曰:"随声逐色,有甚了期,出去。"一僧知之,即趋入,师理前语问之,亦对曰:"安敢不信。"师又指其左曰:"过这边来。"僧坚住不往,师又咄曰:"汝来亲近我,反不听我语?出去。"

觉范曰:门风壁立,佛祖丧气,故能起临济已坠之道。而今人诬其家风,但是平实商量,可笑也。

舜老夫,暮年有所开示,但曰:"本自无事,从我何求?"师闻之谓侍者曰:"老夫耄矣。何不有事令无事,无事令有事。是谓净佛国土,成就众生。" 座主德普,讲席有声,两川称为义虎。因禅者激劝,乃造师问:"阿难问迦叶:'世尊付金襕外,传何法?迦叶呼阿难,阿难应:诺。迦叶曰:倒却门前刹竿著。'意旨如何?"师曰:"上人出蜀,曾到玉泉否?"曰:"曾到。"又问:"曾挂搭否?"曰:"一夕便发。"师曰:"智者道场,关将军打供,与结缘几时何妨?"普默然,良久理前问,师俯首。普趋出大惊曰:"两川义虎,不消此老一唾。"

普后住禾山,十有二年。元祐五年十二月二十五日,谓左右曰:"诸方尊宿死,丛林必祭。吾以为徒虚设,吾若死,汝曹当先祭。"乃令从今办祭,众以其老,又好戏语。复曰:"和尚几时迁化。"曰:"汝辈祭绝即行。"于是帏寝室坐普,其中置祭读文,跪揖上食。普饫餐自如,自门弟子下及庄力,日次为之,至明年元日祭绝。曰:"明日雪晴乃行。"至时晴忽雪,雪止,普安坐焚香而化。

示众,举永嘉禅师道:"游江海涉山川,寻师访道为参禅。自从认得曹溪路，了知生死不相关。诸上座，哪个是游底山川？哪个是寻底师？哪个是参底禅？哪个是访底道？向淮南两浙庐山南岳云门临济，而求师访道，洞山法眼而参禅，是向外驰求，名为外道；若以毗卢自性为海，般若寂灭智为禅，名为内求。若外求，走杀汝；若住于五蕴内求，则缚杀汝。是故禅者非内非外，非有非无，非实非虚。不见道，内见外见俱错，佛道魔道俱恶。瞥然与么去兮，月落西山。更寻声色兮，何处名邈。"

师室中常问僧曰："人人尽有生缘，上座生缘在何处？"正当问答交锋，却复伸手曰："我手何似佛手？"又问诸方参请宗师所得，却复垂脚曰："我脚何似驴脚？"三十余年，示此三问，学者莫能契旨。天下丛林目为"三关"。脱有酬者，师无可否，敛目危坐，人莫涯其意。南州潘兴嗣，尝问其故，师曰："已过关者，掉臂径去，安知有关吏？从关吏问可否，此未透关者也。"师自颂曰：生缘有语人皆识，水母何曾离得虾。但见日头东畔上，谁能更吃赵州茶。我手佛手兼举，禅人直下荐取。不动干戈道出，当处超佛越祖。我脚驴脚并行，步步蹋著无生。直待云开日现，方知此道纵横。总颂曰：生缘断处伸驴脚，驴脚伸时佛手开。为报正湖参学者，三关一一透将来。

清隐清源云：先师初侍栖贤湜、泐潭澄，历二十年，宗门奇奥，经论玄要，莫不贯穿。及因云峰指见慈明，则一字无用，遂设三关语，以验学者。而学者，如叶公画龙，龙现即怖。

湛堂准颂云：我手佛手，十八十九。云散月圆，痴人夜走。我脚驴脚，放过一著。庞老笊篱，清平木杓。人人生缘，北律南禅。道吾舞笏，华亭撑船。

张无尽颂云：我手何似佛手，天下衲僧无口。纵饶撩起便行，也是鬼窟里走。讳不得，我脚何似驴脚，又被黐胶粘著。翻身直上兜率天，已是遭他老鼠药。吐不得，人人有个生缘，铁围山下几千年。三灾烧到四禅天，这汉犹自在旁边。杀得工夫。

《林间录》云：云盖智禅师，尝谓予言曰：昔吾再入黄檗，至坊塘，见一僧自山中来。因问：三关语兄弟近日如何商量？僧曰：有语甚妙，可以见意。我手何似佛手：曰月下弄琵琶，或曰远道擎空钵；我脚何似驴脚：曰鹭鸶立雪非同色，或曰空山蹋落花；如何是汝生缘处：曰某甲某处人，或曰早晨吃白粥，如今又肚饥。时戏之曰：前涂有人问上座，如何是佛手驴脚生缘意旨，汝将远道擎空钵对之耶？汝将鹭鸶立雪非同色对之耶？若俱将对，则佛法混滥；若拣择对，则机事偏枯。其僧直视无所言，吾谓之曰：雪峰道底。

师住归宗时，一夕火起，大众哗动山谷，而师安坐如平时。僧洪准欲掖之走，师叱之。准曰："和尚纵厌世间，慈明法道何所赖耶？"因整衣起，而火已及榻。坐抵狱，为吏者拷掠百至，师怡然引咎，不以累人，惟不食而已。两月而后得释，须发不剪，皮骨仅在。真点胸迎于中途，见之不自知泣下，曰："师兄何至是也。"师叱之曰："这俗汉。"真不觉下拜。

《智证传》曰：下狱不食六十日，既释放，庵于石门之南塔。尝谓门弟子曰："我在狱，证法华经菩萨游戏三昧。经曰：菩萨游戏神通，净佛国土，心不好乐。呵小乘也，以其不能成就众生耳。"弟子请闻其说，黄龙曰："凡狱吏之治有罪者，察见其情伪，必痛加捶楚，欺诈之实尽则自释。虽有酷刑，不能申也，罪至于死，亦所甘心者，智迄情枯故也。今学者驰求之狂，欺诈之病，不以知见之慧锻之，何由而释。故其平生，止以三种语，验天下衲子。"予少年闻老宿夜语及之，今廿年也。其说有补丛林，故录焉。

师风度凝远，丛林中有终身未尝见其破颜者。居积翠时，一夕燕坐，间光烛室，戒侍者令勿言。熙宁二年三月十六日，四祖演长老，通法嗣书，上堂："山僧才轻德薄，岂堪人师。盖不昧本心，不欺诸圣，未免生死。今免生死，未出轮回。今出轮回，未得解脱。今得解脱，未得自在。今得自在，所以大觉世尊。于燃灯佛所，无一法可得。六祖夜半，于黄梅又传个甚么？"乃说偈曰：得不得传不传，归根得旨复何言。忆得首山曾漏泄，新妇骑驴阿家牵。翌日午时端坐示寂，阇维得五色舍利，塔于前山。

卷之二十六
六祖下第十三世（黄龙二世）

隆兴府黄龙祖心晦堂宝觉禅师

少为书生有声，年十九，而目盲，父母许以出家，遂复明。参云峰悦三年，难其孤硬，告悦将去。悦曰："必往依黄檗南公。"师至黄檗，四年不大发明，又辞再上云峰。会悦谢世，就止石霜，因阅传灯，至'僧问如何是多福一丛竹，福曰：一茎两茎斜。曰：不会。福曰：三茎四茎曲。'师于此顿悟，彻见二师用处。径回黄檗，方展坐具，南公曰："子已入吾室矣。"师踊跃曰："大事本来如是，和尚何得教人看话，百计搜寻。"南公曰："若不令汝如此寻究，到无用心处，自见自肯，即吾埋没汝也。"

《僧宝传》曰：师从容游泳陆沉众中，时时往决云门语句。南公曰："知是般事便休，汝用许多工夫作么？"师曰："不然，但有纤疑在，不到无学，安能七纵八横，天回地转哉。"复谒翠岩真，真大奇之，依止三年。而真殁，乃还黄檗，南公使分座接纳。南公迁黄龙，师复谒泐潭月公，月以经论入玄，闻或笑师："政不自歇去，乃下乔木入幽谷乎？"师曰："彼以有得之得，护前遮后；我以无学之学，朝宗百川。"

师与夏倚公立谈，至肇论会万物为自己者，及情与无情共一体，时有狗卧香桌下，师以压尺击狗，又击香桌曰："狗有情即去，香桌无情自住。情与无情，如何得成一体。"公立不能对，师曰："才涉思惟，便成剩法。何曾会万物为己哉。"

尝与僧论维摩曰："三万二千师子宝座，入毗耶小室，何故不碍。为是维摩所现神力耶？为别假异术耶？夫难信之法，故现此瑞。有能信者，始知本来自有之物，何故复令便信。"曰："若无信入，小必妨大。虽然既有信，法从何而起耶。"又作偈曰：楼阁门前才敛念，不须弹指早开扃。善财一去无消息，门外春来草自青。

居士吴敦夫，自谓多见知识，心地明净，偶阅邓隐峰传，见其倒卓化去，而衣亦顺身不褪。忽疑之曰："彼化之异故莫测，而衣亦顺之何也？"以问师，师曰："汝今衣顺垂于地，复疑之乎？"曰："无所疑也。"师笑曰："此既无疑，则彼倒化，衣亦顺体，何疑之有哉。"敦夫言下开解。

《萝湖野录》：辨是吴德夫。

九江守彭器资问曰："人临命终时，有旨诀乎？"师曰："有之。"曰："愿闻其说。"师曰："待器资死即说。"器资起增敬曰："此事须和尚始得。" 师过法昌遇禅师，遇问曰："承闻和尚造草堂，已毕工否？"师曰："已毕工。"曰："几工？"师曰："止用数百工。"遇恚曰："大好草堂。"师拊掌笑曰："且要天下人疑著。"

上堂："若也单明自己，不悟目前，此人有眼无足；若悟目前，不明自己，此人有足无眼。据此二人，十二时中，常有一物蕴在胸中。物既在胸，不安之相常在目前；既在目前，触涂成滞，作么生得平稳去？祖不言乎，执之失度，必入邪路，放之自然，体无去住。"

幻寄曰：好个赤梢鲤鱼，可惜向齑瓮里淹杀。

师于南公圆寂之日，作偈曰：昔人去时是今日，今日依前人不来。今既不来昔不往，白云流水空徘徊。谁云秤尺平，直中还有曲。谁云物理齐，种麻还得粟。可怜驰逐天下人，六六元来三十六。

洪觉范曰：法华穷子，追之即蹷地，常不轻直告之，即被捶骂。是二者，不知直中有曲，种麻得粟者也。

师室中常举拳问僧曰："唤作拳头则触，不唤作拳头则背，唤作甚么？"

《萝湖野录》云：无尽居士，见兜率悦禅师，既有契证。询晦堂家风于悦，欲往就见。悦曰："此老只一拳头耳。"乃潜奉书于晦堂曰：无尽居士，世智辩聪。非老和尚一拳垂示，则安能使其知有宗门向上事耶。未几无尽游黄龙，访晦堂于西园，先以偈默书庵壁曰：乱云堆里数峰高，绝学高人此遁逃。无奈俗官知住处，前驱一喝散猿猱。徐扣宗门事，果示以拳头话。无尽默计，不出悦之所料，由是易之。遂有偈曰：久响黄龙山里龙，到来只见住山翁。须知背触拳头外，别有灵犀一点通。灵源时为侍者，寻题晦堂肖像曰：三问逆摧，超玄机于鹫岭；一拳垂示，露赤体于龙峰。闻时富贵，见后贫穷。年老浩歌归去乐，从教人唤住山翁。黄太史鲁直，闻而笑曰：无尽所言灵犀一点通，此蘁直为虚空安耳穴。灵源作偈分雪之，是写一字不著画。嗟乎无尽于宗门，可谓具眼矣。然因人之言，昧宗师于晦堂，鉴裁安在哉。悦虽得无尽乐出其门，奈狭中媢忌，为丛林口实也。幻寄曰：兜率谓晦堂此老只一拳头，可谓妙得其髓。其移书晦堂，赤心片片。无尽称晦堂为住山翁，盖尊于十号。灵源作颂，顺水行船。鲁直一笑，因风纵火。而仲温云云，兜率无尽且笑破鼻孔，何能使晦堂点头也。

将入灭，命门人黄鲁直庭坚主后事。茶毗日，邻峰为秉炬，火不续。黄顾师之得法上首死心新禅师曰："此老师有待于吾兄也。"新以丧拒，黄强之。新秉炬召众曰："不是余殃累及我，弥天罪过不容诛。而今两脚捎空去，不作牛兮定作驴。"以火炬打一圆相曰："只向这里雪屈。"掷炬，应手而爇。窆灵骨于普觉塔之东。

答侍郎韩宗古悟后治习气书。见圭峰章。

隆兴府宝峰克文云庵真净禅师

陕府郑氏子。坐夏大沩,闻举——僧问云门:佛法如水中月是否?门曰:清波无透路——师乃领解。往见黄龙,不契。却曰:"我有好处,这老汉不识我。"遂往香城,见顺和尚。顺问:"甚处来?"师曰:"黄龙来。"曰:"黄龙近日有何言句?"师曰:"黄龙近日,州府委请黄檗长老,龙垂语云:'钟楼上念赞,床脚下种菜。'有人下得语契,便往住得。胜上座云:'猛虎当路坐。'龙遂令去住黄檗。"顺不觉云:"胜上座只下得一转语,便得黄檗住,佛法未梦见在。"师于言下大悟,方知黄龙用处。

初胜居讲聚时,偶以扇勒窗棂有声,忽忆教中道:十方俱击鼓,十处一时闻。因大悟,白本讲,讲令参问,遂造黄龙。

《僧宝传》载师悟缘,无往见黄龙不契已下语,称师初学经论,夺京洛讲席。经行龙门,殿庑间见塑比丘像,瞑目如在定,因幡然自失。南游遍参,所至辩论倾坐,人目为饱参。后于大沩,闻僧诵云门语而悟。谓师天纵之资,不由师训,自然得道,特定宗旨于黄龙而已。

按《大慧宗门武库》载:师恒对南禅师真,以手加额云:不是这老和尚,岂能如此。辄辇蹙良久,又宗门统要载。师侍龙,龙举白云端颂临济三顿棒云:一拳拳倒黄鹤楼,一脚踢翻鹦鹉洲。有意气时添意气,不风流处也风流。大称赏之,师曰:"某甲见处与端兄一般。"龙曰:"汝作么生会。"师拟开口,龙喝曰:"端会汝不会。"则龙于师悟后,尚相切劘,如石霜之于杨岐。武库似有所承,传语或失真也。

遂回见黄龙,问甚处来,师曰:"特来礼拜和尚。"龙曰:"恰值老僧不在。"师曰:"向甚么处去?"龙曰:"天台普请,南岳游山。"

师曰："怎么则学人得自在去也。"龙曰："脚下鞋甚处得来？"师曰："庐山七百五十文唱得。"龙曰："何曾得自在。"师指鞋曰："何尝不自在？"龙异之。

一日龙曰："适令侍者卷帘，问渠：'卷起帘时如何？'曰：'照见天下。''放下帘时如何。'曰：'水泄不通。''不卷不放时如何？'侍者无语，汝作么生？"师曰："和尚替侍者下涅槃堂始得。"龙喝曰："关西人果无头脑。"乃顾旁僧，师指之曰："只这僧也未梦见。"龙大笑。

师初游方，与二僧偕行，到谷隐薛大头。问云："三人同行，必有一智。如何是一智？"二僧无语，师立下肩，应声便喝。薛竖拳作相扑势，师曰："不劳再勘。"薛拽拄杖趁出，薛见石门慈照禅师。

师居洞山时，僧问："《华严论》云：以无明住地烦恼，便为一切诸佛不动智，一切众生皆自有之。只为智体无性无依，不能自了。会缘方了，且无明住地烦恼，如何便成诸佛不动智。理极渊深，绝难晓达。"师曰："'此最分明可了解'。时有童子方扫地，呼之回首，师指曰：'不是不动智。'却问：'如何是佛性？'童子左右视惘然而去，师曰：'不是住地烦恼'若能了之，即今成佛"。

问讲师曰："火灾起时，山河大地皆被焚尽，世间虚空，是否？"对曰："教有明文，安有不是之理。"师曰："如许多灰烬，将置何处？"讲师舌大而干笑曰："不知。"师亦笑曰："汝所讲者，纸上语耳。"

居归宗时，方送法眼大师茶毗。时雨新霁，道方滑，忽跶倒，大众争掖而起。师举火把曰："法眼茶毗，归宗遭颠。呈似大众，更无可说。"

刘宜翁，尝参佛印，颇自负。一日见师便问："长老写戏来得几年？"师曰："专候乐官来。"曰："我不入这保社。"师曰："争奈即今在这场子里。"刘拟护,师拍手曰:"虾蟆禅,只跳得一跳。"又坐次,刘指师衣曰:"唤作甚么?"师曰:"禅衣。"曰:"如何是禅?"师乃抖擞曰:"抖擞不下。"刘无语,师打一下曰:"你伎俩如此,敢勘老僧耶?"

钱弋郎中,访师,谈久。钱如厕,师令侍者引从西边去。钱遽曰:"既是东司,为甚么向西去?"师曰:"多少人向东边讨。"(后大慧述此云:恶!便是赵州问投子:不许夜行,投明须到。亦不如此语好)师报谒钱,有獒逸出,师避之。钱戏曰:"禅者教诲龙虎,乃畏狗乎?"师应声曰:"易伏隈岩虎,难降护宅龙。"钱叹赏之。

南康诸山相会,佛印后至。师问曰:"云居来何迟?"曰:"为着草鞋,从归宗肚里过,所以迟。"师曰:"却被归宗吞了?"曰:"争奈吐不出。"师曰:"吐不出即屙出。"

僧问:"如何是道?"师曰:"宝公云:若欲将心求佛道,问取虚空始出尘。汝今求佛道,虚空向汝道甚么?"其僧于是大悟于言下。

僧问:"如何是佛?"师呵呵大笑,曰:"何哂之有?"师曰:"笑你随语生解。"曰:"偶然失利。"师喝曰:"不得礼拜。"僧便归众。师复笑曰:"随语生解。" 僧问:"有一人欲出长安,有一人欲入长安,未审那个在先?"师曰:"多少人疑著。"曰:"不许夜行。"师曰:"蚊子锥铁牛。"曰:"山顶老猿啼古木,渡头新雁下平沙。"师曰:"长安人已入,你合作么生?"曰:"春日华山青。"师曰:"这僧虽然后生,却可与商量。"

僧问:"云门大师欲一棒打杀释迦老子,和尚又欲粪堆里踣杀云门。未审和尚罪过,还许学人点检也无?"师曰:"且莫造次。"曰:"和尚坐断庐山,为甚么不识某甲这话?"师曰:"三十棒。"曰:

"关。"师曰："点。"曰："札。"师曰："念汝做街坊。"

师室中问僧云："了也未？"僧云："未了。"师云："你吃粥了也未？"僧云："了。"师云："又道未了。"复云："门外甚么声？"僧云："雨声。"师云："又道未了？"复云："面前是甚么？"僧云："屏风。"师云："又道未了。"复云："还会么？"僧云："不会。"乃云："听取一颂：随缘事事了，日用何欠少。一切但寻常，自然不颠倒。"

舒王问："诸经皆首标时处，圆觉经独不然，何也？"师曰："头乘所演，直示众生日用现前，不属今古，只今老僧与相公，同入大光明藏，游戏三昧。互为宾主，非干时处。"又问："经曰：一切众生皆证圆觉，而圭峰以证为具。谓译者之讹，如何？"师曰："圆觉如可改，维摩亦可改也。维摩岂不曰：亦不灭受而取证，夫不灭受蕴。而取证者，与皆证圆觉之意同。盖众生现行无明，即是如来根本大智。圭峰之言非是。"舒王大悦，称赏者累日。

示众："天地与我同根，万物与我一体。脚头脚尾，横三竖四。北俱庐洲火发，烧著帝释眉毛。东海龙王忍痛不禁，轰一个霹雳。直得倾湫倒嶽，云暗长空。十字街头廖胡子，醉中惊觉起来。拊手呵呵大笑云：筠阳城中，近来少贼。乃拈拄杖云：贼贼。"

上堂："裈无裆，裤无口，头上青灰三五斗，赵州老子少卖弄。然则国清才子贵，家富小儿骄。其奈禾黍不阳艳，竞栽桃李春。翻令力耕者，半作卖花人。"

上堂："世尊三昧迦叶不知，迦叶三昧阿难不知，因甚不知，只为甚深有异。三德六味，施佛及僧，法界人天，普同供养。首座三昧大众不知，因甚不知？对面不相识。开单展钵，拈匙放箸。大众三昧各不相知，因甚不知？复拈拄杖横按云：我观法王法，法王法如是。"卓拄杖便下座。

上堂："举古人云：如珠在盘，不拨而自转。只如大众开单展钵，拈匙把箸。一切时中所作所为，又何假人拨而后转。乃至云门胡饼，赵州柏树，德山棒，临济喝，又何假人拨而后转。自是你诸人不悟，却错会，又干他胡饼柏树棒喝甚么事？岂不见六祖大师云：汝当一念自知非，自己灵光常显现。"

示众："佛法两字，直是难得人。有底不信自己佛事惟凭少许古人影响相似般若，所知境界，定相法门。动即背觉合尘粘将去，脱不得。或学者来，如印印泥，递相印授，不惟自误，亦乃误他。洞山门下，无佛法与人，只有一口剑，凡是来者，一一斩断。使伊性命不存，见闻俱泯。却向父母未生前，与伊相见。见伊拟近前，便与斩断。然则刚刀虽利，不斩无罪之人，莫有无罪底么？也好与三十拄杖。"

上堂："洞山门下，有时和泥合水，有时壁立千仞。你诸方，拟向和泥合水处见洞山，洞山又不在和泥合水处；拟向壁立千仞处见洞山，洞山且不在壁立千仞处；拟向一切处见洞山，洞山且不在一切处。你拟不要见洞山，鼻索又在洞山手里。拟瞌睡，也把鼻索一掣，只见眼孔定动，又不相识。也不要你识洞山，但识得自己也得。"

示众："新丰古洞，万叠争攒。悟本真宗，千林竞簇。古今胜地，佛事长兴。所以昔日悟本大师，有时提唱云：惟有佛菩提，是真归仗处。复喝一喝云：犹作这个去就在。诸禅德，只如大师道，犹作这个去就在。且道：意作么生？还知落处么？丛林中多有商量者，有底道：闻佛闻法，似生冤家。况更有归仗处，故遭悟本大师点检。有底道：悟本只要人休歇去；有底道：悟本只见锥头利，不见凿头方。似恁么匹配，又何曾梦见他古人。既不如是，又且如何？诸禅德，此个大事须子细，不可粗心。一等参禅，穷教到底。宗门中千差万别，隐显殊涂。惟大智方明，降兹已往，莫测涯际。而今多是抱不哭孩儿，打洁净毬子，把索缆放船，抱桥柱澡洗。彼此丈夫，阿谁无分，若便明去，驱耕夫之牛，夺饥人之食。入火不烧，入水不溺。"

上堂："昔有五百罗汉，以六神通降一毒龙，了不能得。忽异方有一尊者至，众谓曰：我等尽其神力，降不可得，尊者可能降之。尊者乃弹指一下，其龙便伏。诸禅德，据此还有优劣也无？若言无，五百众尽其神力，皆曰不能。此尊者一弹指，而毒龙便伏。既有优劣，如何可明，于此明得。作个出格道人，动静去来。五眼不能睹，十力不能知。堪受人天供养，日消万两黄金。于此未明，山门今日作斋，供养罗汉。且随队，长连床上。开单展钵。"下座。

幻寄曰：若作象罔获玄珠会，便被毒龙唼却。

小参示众云："更有问话者么？良久云：泪合放过。乃喝，复举拂子云：耶耶。尽十方世界，若凡若圣，若僧若俗，若草若木，尽向拂子下成佛作祖。无前无后，一时解脱，还有不解脱者么？设有。命若悬丝，又抚掌曰：知恩者少。所以此个事，论实不论虚。参须实参，悟须实悟。若纤毫不尽，总落魔界。岂不见古人道：平地上死人无数，过得荆棘林，是好手。如今人多是得个身心寂灭，前后际断。一念万年去，休去歇去。似古庙里香炉去，冷湫湫地去，便为究竟。殊不知，却被此胜妙境界障蔽自己，正知见不能现前，神通光明不得发露。或有执个一切平常心是道，以为极则。天是天，地是地。山是山，水是水。僧是僧，俗是俗。大尽三十日，小尽二十九。此依草附木，不知不觉，一向迷将去。忽然问他：我手何似佛手？便道：是和尚手。我脚何似驴脚？便道：是和尚脚。人人尽有生缘处，那个是上座生缘处？便道：某是某州人。是何言欤？且莫错会好。凡百施为，须要平常一路子，以为稳当。定将去，合将去，更不敢别移一步，怕堕坑落堑。长时一似双盲底人行路，一条拄杖子，寸步抛不得。紧把着凭将去，步步依倚。一日若道眼豁开，顿觉前非，抛却杖子，撒开两手。十方荡荡，七纵八横；东西南北，无可不可。岂可一向倚他门户，傍他行脚。有甚快活自己，毕竟如何，不见云门大师道：而今天下老和尚，多是师承学解，露布葛藤。印板上打来，模子里脱出。当人若是明去，何不一切临时。又不见临济大师云：我这里是活祖师西来意，把来便用，立处皆真。他不说古又如何，今又如何。这语得，那语不得。那里是虚，这里是实，你与我拈出丝毫许实底道理来看。此盖当人眼不开，自无见处。一向承虚接响，百般忌讳。自缠自缚，直饶与么说。当下忽然见得倜傥分明去，也是棺木里瞪眼，如今还有无师智自然智。不与万法为侣者，烜赫底丈夫汉。齞齱牙牙，千变万化。见我怎么胡言汉语，便好近前蓦口掴。拽下椅子，掷向三门外。喝散大众，岂不快哉。还有么？良久云：若无，且看老僧骑案山，跳入你诸人眼睛里。七颠八倒，诃佛骂祖去也。"喝一喝下座。

《宗门武库》云：照觉禅师，自泐潭移虎溪，乃赴王子淳观文所请。开堂后，百废并举，升堂小参入室无虚日。尝言：晦堂真净同门诸老，只参得先师禅，不得先师道。师曰：盖照觉以平常无事，不立知见解会为道，更不求妙悟。却将诸佛诸祖德山临济曹洞云门真实顿悟见性法门为建立，《楞严经》中所说：山河大地，皆是妙明真心中所现物，为膈上语，亦是建立。以古人谈玄说妙为禅，诬罔先圣，聋瞽后昆。眼里无筋，皮下无血之流，随例颠倒，恬然不觉，真可怜悯。圆觉经云：末世众生，希望成道。无令求悟，惟益多闻，增长我见。又云：末世众生，虽求善友，遇邪见者。未得正悟，是则名为外道种性。邪师过谬，非众生咎，岂虚语哉。所以真净和尚小参云：(举执个一切平常至凭将去)晦堂和尚谓学者曰：你去庐山无事甲里坐地去。而今子孙门如死灰，良可叹也。

朱显谟世英，问佛法大意，师以书答曰：辱书以佛法为问，佛法至妙无二。但未至于妙，则互有长短。苟至于妙，则悟心之人，如实知自心。究竟本来成佛，如实自在，如实安乐，如实解脱，如实清净。而日用惟用自心，自心变化，把得便用，莫问是非，拟心思量。已不是也，不拟心，一一天真，一一明妙，一一如莲花不著水。所以迷自心故作众生，悟自心故成佛。而众生即佛，佛即众生，由迷悟故，有彼此也。如今学者，多不信自心，不悟自心，不得自心明妙受用，不得自心安乐解脱。心外妄有禅道，妄立奇特，妄生取舍。纵修行，落外道二乘禅寂，断见境界。

洪觉范曰：云庵之言，盖救一时之弊。然其旨要，晓然可以发人之昧昧。

法界三观六颂：色空无碍，如意自在。万象森罗，影现中外。出没去来，此土他界。心印廓然，融通广大。 理事无碍，如意自在。倒把须弥，卓向纤芥。清净法身，圆满土块。一点镜灯，十方海会。

事事无碍，如意自在。不动道场，十方世界。东涌西没，千差万怪。火里蝍蟟，吞却螃蟹。

事事无碍，如意自在。手把猪头，口诵净戒。趁出淫坊，未还酒债。十字街头，解开布袋。

张无尽寓荆南，以道学自居，少见推许。佛果禅师谒之，剧谈《华严旨要》曰：华严现量境界，理事全真，初无假法。所以即一而万，了万为一，一复一，万复万，浩然莫穷。心佛众生三无差别，卷舒自在，无碍圆融。此虽极则，终是无风匝匝之波。张于是不觉促榻，师遂问曰："到此与祖师西来意，为同为别？"张曰："同矣。"师曰："且得没交涉。"张色为之怍，师曰："不见云门道：山河大地，无丝毫过患，犹是转句。直得不见一色，始是半提。更须知有向上全提时节，彼德山临济，岂非全提乎？"张乃首肯。翌日复举事法界理法界，至理事无碍法界。师又问："此可说禅乎？"张曰："正好说禅也。"师笑曰："不然，正是法界量里在。盖法界量未灭，若到事事无碍法界，法界量灭，始好说禅。如何是佛？干屎橛；如何是佛？麻三斤。"故真净偈云云（即举此偈）张曰："美哉之论，岂易闻乎。"

事事无碍，如意自在。拈起一毛，重重法界。一念遍入，无边刹海。只在目前，或显或晦。事事不知，色空谁会。理事既休，铁船下海。石火电光，咄哉不快。横按镆铘，魔军胆碎。崇宁元年十月十六日中夜，沐浴更衣，跏趺辞众。众请说法，师笑曰：今年七十八，四大将离别。火风既分散，临行休更说。遗诫诸徒众毕，泊然而寂。又七日阇维，五色成焰，白光上腾，烟所及皆成舍利，道俗千余人皆得之。分塔于泐潭洞山。

大慧云：老南下尊宿，五祖只肯晦堂真净二老而已，自余不肯他也。五祖为人，如绵里一柄刀相似。才按着，便将咽喉一刺，刺杀你去也。若是真净，脚上着，也即脚上杀你；手上着，也即手上杀你；咽喉上着，也即咽喉上杀你。

潭州云盖守智禅师

游方，至双岭寺，谒法昌遇禅师。遇方附火，师揭帘，遇诟曰："谁故出我烟！"师反走，遇呼曰："来，汝何所来？"曰："大宁。"遇曰："三门夜来倒，知否？"师愕然曰："不知。"遇曰："吴中石佛大，有人不曾得见。"师惘然，即展拜。遇使谒翠岩真，久之无省，及谒黄龙于积翠，始尽所疑。政和五年三月七日，升座说偈曰：未出世头如马构，出世后口如驴嘴。百年终须自坏，一任天下卜度。

归方丈安坐，良久乃化。

吉州隆庆院庆闲禅师

福州古田卓氏子。母梦胡僧授以明珠而孕，及生，白光满室。幼不近酒蔵，年十一出家，二十远游。貌丰硕，寡言语，惟道是究。所至自处，罕与人接，有即之者，一举手而去。父事黄龙，龙甚重之。时与翠岩顺公，同在黄檗，顺时时诘问师，师横机无所让。顺谓龙曰："闲轻易且语，未辨触净。"龙曰："法如是。以情求闲，乃成是非。"师尝问龙："文首座何如在黄檗时？"龙曰："渠在黄檗时，如人暴富，用钱如粪土。迩来如数世富人，一钱不虚用。"既龙过双岭，师谒龙，龙问："甚处来？"师曰："百丈。"曰："几时离彼？"师曰："正月十三。"龙曰："脚跟好痛与三十棒。"师曰："非但三十棒。"龙喝曰："许多时行脚，无点气息。"师曰："百千诸佛亦乃如是。"龙曰："汝与么来，何曾有纤毫到诸佛境界？"师曰："诸佛未必到庆闲境界。"龙随问："如何是汝生缘处？"师曰："早晨吃白粥，如今又觉饥。"问："我手何似佛手？"师曰："月下弄琵琶。"问："我脚何似驴脚？"师曰："鹭鸶立雪非同色。"龙咨嗟而视曰："汝剃除须发，当为何事？"师曰："只要无事。"龙曰："既无事，何须剃发？"师曰："若不剃发，争知无事？"曰："与么则数声清磬是非外，一个闲人天地间也？"师曰："是何言欤。"曰："灵利衲子。"师曰："也不消得。"龙便喝，师拍一拍；龙又喝，师便出。复侍次，龙曰："此间有辨上座者，汝著精彩。"师曰："他有甚么长处？"曰："他拊汝背一下又如何？"师曰："作甚么？"曰："他展两手。"师曰："甚处学这虚头来？"龙大笑，师却展两手。龙喝，师便出。斋后，又侍立，龙问："忪忪松松，两人共一碗。作么生会？"师曰："百杂碎。"曰："尽大地是个须弥山，撮来掌中，汝又作么生会？"师曰：

"两重公案。"曰:"这里从汝胡言汉语,若到同安,如何过得?"(英邵武在同安。师将往谒。故云)师曰:"渠也须到这个田地始得。"曰:"忽被渠指火罏,曰:这个是黑漆火罏,那个是黑漆香桌,甚处是不到处?"师曰:"庆闲面前,且从恁么说话,若是别人,笑和尚去。"龙拍一拍,师便喝。明日同看僧堂曰:"好僧堂!"师曰:"极好工夫。"曰:"好在甚处?"师曰:"一梁拄一柱。"曰:"此未是好处。"师曰:"和尚又作么生?"龙以手指曰:"这柱得与么圆,那枋得与么匾?"师曰:"人天大善知识,须是和尚始得。"便出,龙出堂外曰:"适来与么,是肯你,不肯你?"师曰:"若与么,何曾得安乐处?"师上方丈问讯,龙曰:"据汝知见,只得上梢,不得下梢?"师曰:"某甲上梢亦得,下梢亦得。"曰:"如何是上梢?"师曰:"风过树头摇。"曰:"如何是下梢?"师曰:"刀斫斧凿。"龙曰:"老僧即不然。"师曰:"如何是上梢?"曰:"头髯鬖耳卓朔。"曰:"如何是下梢?"曰:"紧峭草鞋。"师曰:"谢师答话。"龙便喝。明日侍立,龙问:"得坐披衣,向后如何施设?"师曰:"遇方即方,遇圆即圆。"曰:"汝与么说话,犹带唇齿在?"师曰:"庆闲即与么,和尚作么生?"曰:"近前来为汝说。"师拊掌曰:"三十年用底,今朝捉败。"龙大笑曰:"一等是精灵。"师拂袖而去,由是学者争归之。师室中每垂问:"鱼行水浊,鸟飞毛落。亮座主一入西山,为甚么杳无消息?"

元丰四年三月七日,告众将入灭,说偈曰:露质浮世,奄忽入灭。五十三岁,六七八月。南岳天台,松风涧雪。珍重知音,红罏优钵。说偈毕,乃入浴,浴出,方以巾搭膝而化。神色不变,为着衣,手足和柔。发剃复出,画工就写其真,首忽自举,次日仍平视。太守来观,愿留全身。而僧利俨曰:"遗言令化。"阇维日,薪尽火灭,跏趺不散,以油沃薪益之乃化。是日云起风作,飞瓦折木,烟气所至，东西南北四十里，凡草木沙砾之间，皆得舍利，如金色，计其所获几数斛。初苏子由，欲为作记，而疑其事，方卧疴，梦有诃者曰："闲师事何疑哉？疑即病矣。"子由梦中作铭，觉复疏之。中有云：稽首三界尊，闲师不止此。悯世狭劣故，聊示其小者。子由其知言哉。洪觉范为师传赞曰：潜庵为予言：闲为人，气刚而语急。尝同宿，见其坐而假寐，梦语滚滚。而领略识之，皆古衲机缘。初以为适然，已而每每连榻莫不尔。盖其款诚于道，精一如此。唐道氲讥明皇，曩于般若闻薰不一。而沉仁想：自起现行，闲之去留，践履之验，非闻薰不一者也。

　　张无垢问大慧曰："某每于梦中，必诵语孟何如？"慧举圆觉曰："由寂静故。十方世界诸如来心，于中显现，如镜中像。"无垢曰："非老师莫闻此论也。"又慧答向伯恭侍郎书曰："示论悟与未悟，梦与觉一。一段因缘，黄面老子云：汝以缘心听法，此法亦缘。谓至人无梦，非有无之无，谓梦与非梦一而已。以是观之，则佛梦金鼓，高宗梦传说，孔子梦奠两楹，亦不可作梦与非梦解。却来观世间，犹如梦中事。教中自有明文，惟梦乃全妄想也。而众生颠倒，以日用目前境界为实。殊不知，全体是梦，而于其中复生虚妄分别。以想心系念，神识纷飞为实梦。殊不知正是梦中说梦，颠倒中又颠倒。故佛大慈悲老婆心切，悉能遍入一切法界。诸安立海，所有微尘。于一一尘中，以梦自在法门，开悟世界海微尘数众生。住邪定者，入正定聚，此亦普示颠倒众生，以目前实有底境界。为安定海，令悟梦与非梦，悉皆是幻。则全梦有实，全实是梦，不可取不可舍。至人无梦之义，如是而已。来书见问，乃是某三十六岁之所疑，读之不觉抓着痒处。亦尝以此问圜悟先师，但以手指曰：住住，休妄想休妄想。某复曰：如某未睡着时，佛所赞者，依而行之；佛所诃者，不敢违犯。从前依师及自做工夫零碎所得者，惺惺时却得受用。及乎上床半醒半觉时，已做主宰不得。梦见得金宝，则梦中欢喜无量。梦见被人以刀杖相逼，及诸恶境界，则梦中怕怖惶恐。自念此身尚存，只是睡着已作主宰不得。况地水火风分散，众苦炽然，如何得不被回换，到这里，方始着忙。先师又曰：待汝说底许多妄想绝时，汝自到寤寐恒一处也。初闻亦未之信，每日我自顾。寤与寐分明作两段，如何敢开大口说禅。除非佛说寤寐恒一，是妄语。则我此病不须除，佛语果不欺人，乃是我自未了。后因闻先师举诸佛出身处，薰风自南来，忽然去却碍膺之物。方知黄面老子所说，是真语实语如语，不诳语不妄语不欺人。真大慈悲，粉身没命不可报。碍膺之物既除，方知寐时便是寤时底，寤时便是寐时底。佛言寤寐恒一，方始自知。这般道理，拈出呈似人不得，说与人不得。如梦中境界，取不得，舍不得。承问妙喜于未悟已前，已悟之后，有异无异，不觉依实供通。子细读来，教字字至诚。不是问禅，亦非见诘。故不免以昔时所疑处吐露，愿居士试将老庞语谩提撕。但愿空诸所有，切勿实诸所无。先以目前日用境界作梦会了，然后却将梦中底，移来目前。则佛金鼓，高宗得说，孔子奠两楹，决不是梦矣！

高峰妙禅师，初参断桥，无所省。既参雪岩钦，令看无字。初每诘其日用所做工夫如何，久之不问做处，一入门便问：阿谁与你拖这死尸来？声未绝，便痛拳打出。未几岩迁南明，峰过径山，忽于梦中，忆断桥和尚室中所举万法归一一归何处话，疑情顿发，寝食俱忘，东西不辨。至第六日，在堂下行，见众僧堂内出，不觉辊于队中，至三塔阁上讽经。抬头忽见演和尚真赞，有云：百年三万六千朝，反覆元来是这汉。顿悟岩所问拖死尸语，如放下百二十斤担子。乃过南明谒岩，岩屡加煅炼。峰于古人公案，虽不受瞒，及开口则又觉有碍。于日用中，尚不得自由，如欠人债相似。岩迁天宁，峰又随侍。岩问："日间浩浩时，还作得主么？"峰云："作得主。"岩云："睡梦中作得主么？"峰云："作得主。"又问："正睡着时无梦无想无见无闻，主在甚么处？"峰茫然不能答。岩云："从今日去，也不要你学佛学法，也不要你穷古穷今，你只饥来吃饭，困来打眠。才眠觉来，却抖擞精神。我这一觉，毕竟主人公在甚么处安身立命。"峰禀教，即自誓云：拚一生作个痴呆汉，定要这一著子明白。经及五年，一日寓庵睡觉，正疑此事，忽同宿道友推枕子堕地作声，蓦然打破疑团，如在网中跳出。追忆日前所疑佛祖誵讹公案，古今差别因缘，恰如泗州见大圣、远客还故乡，元来只是旧时人，不改旧时行履处。圆悟禅师和灵源瞌睡歌云：懵懵懂懂无巴鼻，兀兀陶陶绝忌讳。信任流光动地迁，不论冬夏惟瞌睡。个中滋味佛不知，空呲蛤蚌与螺师。放身不管卧水底，与发长捱布袋儿。鼻息如雷谁顾得，寻常少见有醒时。没醒时良有以，要明瞌睡中宗旨。从来一觉到天明，佛来不解抬身起。纵使舒光遍大千，终难换我无忧底。校疏亲浑打失，瞌睡根灵莫穷诘。有人契会便参同，睡着须知更绵密。

卷之二十七
六祖下第十三世（黄龙二世）

隆兴府泐潭洪英禅师

阅《华严十明论》，至为真智慧无体性，不能自知无性故，为无性之性，不能自知无性故，名曰无明。华严第六地曰：不了第一义故，号曰无明。将知真智慧，本无性故，不能自了。若遇了缘而了，则无明灭矣，是谓成佛要门。愿以此法，绍隆佛种，然今诸方谁可语此，良久喜曰：有积翠老在。即日造黄檗南禅师席，檗与语达旦，曰："荷担大法，尽在尔躬，厚自爱。"

又往见翠岩真点胸，方入室，真问曰："女子出定意旨如何？"师引手掐真膝而去。真笑曰："卖匙箸客未在。"真自是知其机辩脱略窠臼，大称赏之，于是一时学者宗向。僧礼拜起，便垂下袈裟角曰："脱衣卸甲时如何？"师曰："喜得狼烟息，弓鞘壁上悬。"僧却揽上袈裟曰："重整衣甲时如何？"师曰："不到乌江畔，知君未肯休。"僧便喝，师曰："惊杀我。"僧拍一拍同，师曰："也是死中得活。"僧礼拜，师曰："将谓是收燕破赵之才，元来是贩私盐汉。"

上堂："释迦老子，当时一手指天一手指地云：天上天下惟我独尊。释迦老子旁若无人，当时若遇个明眼衲僧，直教他上天无路，入地无门。然虽如是，也须是铜沙锣里满盛油始得。"

妙喜曰：可贵可贱。

南昌潘居士，同宿双岭，居士曰："龙潭见天皇时节，冥合孔子。"师惊问："何以验之？"曰："孔子曰：二三子以我为隐乎？吾无隐乎尔。吾无行而不与二三子者是丘也。师以为何如？"师笑曰："楚人以山鸡为凤，世传以为笑，不意居士此语相类。汝擎茶来，我为汝接。汝行碗来，我为汝受。汝问讯，我起手。若言是说，说个甚么；若言不说，龙潭何以便悟。此所谓无法可说，是名说法。以世尊之辩，亦不能加此两句耳。学者但求解会，譬如以五色图画虚空。鸟窠无佛法可传授，不可默坐。闲拈布毛吹之，侍者便悟。学者乃曰：拈起布毛，全体发露。似此见解，未出教乘。其可称祖师门下客哉？九峰被人问，深山里有佛法也无？不得已曰有。及被穷诘，无可有。乃曰：石头大者大、小者小。学者卜度曰：刹说众生说，三世炽然说。审如是，教乘自足，何必更问祖师意旨耶？要得脱体明去，譬如眼病人求医治之，医者但能去翳膜，不曾以光明与之。"居士推床惊曰："吾忧积翠法道未有继者，今知尽在子躬，厚自爱。"双岭顺禅师问："庵中老师好问学者，并却咽喉唇吻，道取一句。首座曾道得么？"师干笑已，而有偈曰："阿家尝醋三尺喙，新妇洗面摸着鼻。道吾答话得腰裈，玄沙开书是白纸。"顺公屈服。

熙宁二年六月，知事纷争。止之不可，初九日谓众曰："领众不肃，正坐无德，吾有愧黄龙。"呼维那鸣钟集众，叙行脚始末曰：吾灭后火化，以骨石藏普通塔，明生死不离清众也。言卒而逝。

袁州仰山行伟禅师

受贤首宗于太三藏成名，见同学法亮者参南宗。问曰："汝今称禅者，禅宗奥义语我来？"亮曰："待我死后，为汝敷说。"师曰："狂耶？"亮曰："我狂已息，汝今方炽。"即趋去。师因弃讲，谒南禅师，每造室，南公必敛目良久乃语，师曰："和尚见行伟，必合眼何耶？"曰："麻谷见良遂来，荷锄锄草，良遂有悟处。我见汝来，但闲闭目，汝虽无悟，然且有疑，尚亦可在。"师滋不晓，时泐潭月禅师，与南公同坐夏积翠。月以经论有声，师常侍坐，听其谈论。因读"小释迦"传曰："韦尚书问仰山寂公，禅师寻常如何接人？"寂曰："僧来必问:'来为何事?'曰:'来亲近。'又问:'还见老僧否?'曰:'见。'又问:'老僧何似驴?'僧未有酬者。"韦曰:"若言见,争奈驴;若言不见,今礼觐谁。以此故难答。"寂曰:"无人如尚书辨析者耳。"月公称善,师亦以为然。南公独曰:"沩仰宗枝,不到今者,病在此耳。"师日夜究思,不悟其意。将治行,而西卜庵嵩少之下,为粥饭僧。夜与一僧同侍坐,僧问:《法华经》言:得解一切众生语言陀罗尼。何等语是陀罗尼?"南公顾香鑪,僧即引手候火有无,无火;又就添以炷香,仍依位而立。南公笑曰:"此是陀罗尼。"师惊喜进曰:"如何解?"南公令僧且去,僧揭帘趋出,南公曰:"若不解,争能与么?"师方有省。师律身甚严,燕坐忘夜旦,占一室,谢绝交游。有过师者,虚己座以延之,躬起炷香叉手而立。南公闻之,以为太绝物,非和光同尘义,面诫之。师曰:"道业未办,岁月如流。大根器如云门赵州,犹曰我惟粥饭二时是杂用心。又曰:'我岂有工夫闲处用。'矧行伟根器,日劫相倍者,宁暇围世情。事清谈,谀悦人,增我相乎?"南公贤之。夏夜坐深林,袒以饲蚊蚋。肠毒作,十日不愈,以刀绝之尺许,血流不止。门人泣曰:"师奈何不少忍。"师曰:"为其障我行道。蒲伏床上,无所利于物,得死不愈于生乎。"元丰三年十一月二十六日,说偈而化。后三日阇维,得五色舍利,骨石拴索勾连,塔于寺之东。

黄龙恭首座

出世住禅林,访法昌遇和尚。遇问曰:"见说你要为黄龙烧香,是否?"曰:"不敢。"遇曰:"龙生龙子,须是解兴云吐雾始得。"师曰:"随家丰俭。"遇曰:"你未拈香,早钝置黄龙了也。"师曰:"且莫多口。"遇曰:"你且道黄龙实头处作么生?"师提起坐具,遇唤行者:"讨坐具来。"行者提在手中,遇便打云:"你三十年后,也道见老僧来。"

师后住衡之华光。乃有坦率之风,罹有司民其衣,华光既遭回禄,而师语录,于灰烬中字画无损,余纸悉尽,信般若之明验矣。

安吉州报本慧元禅师

参黄龙,师每坐下板,辄自引手反覆视之曰:"宁有道理而云似佛手?知吾家揭阳,而乃复问生缘何处乎?"久而顿释其疑。一日为达上座咨问入室,龙曰:"既是达了,为甚么更来。"师曰:"事不厌细。"龙曰:"你便打赶出去,不是做得老僧侍者。"师曰:"不得一句。"龙遂行入方丈,师曰:"大小黄檗,龙头蛇尾。"龙笑而已。师胁不至席三十年,平生规法,南禅师作止。元祐六年十一月十六日,升座说偈曰:五十五年梦幻身,东西南北孰为亲。白云散尽千山外,万里秋空片月新。言讫而化。

景福顺禅师

得心印于老黄龙。尝有偈曰:夏日人人把扇摇,冬来以炭满罏烧。若能于此全知晓,旷劫无明当下消。寿八十余,坐脱于香城山,颜貌如生。素与潘延之善,临终使人要延之叙别,延之至,而师去矣。

黄檗积翠永庵主

问僧审奇:"汝久不见,何所为?"奇曰:"见伟藏主,有个安乐处。"师曰:"举似我。"奇叙所得,师曰:"汝是伟未是。"奇莫测,以语伟。伟曰:"汝非永不非。"奇走积翠质之南公,南亦大笑。师闻作偈曰:明暗相参杀活机,大人境界普贤知。同条生不同条死,笑倒庵中老古锥。

延庆洪准禅师

得法黄龙。天资纯至,闻人之善,喜见眉宇;闻人之恶,合掌扣空。暮年不领院事,寓迹于寒溪寺,年已逾八十矣。平生日夕无所营为,眠食之余,惟吟梵音赞观世音而已。临寂,弟子皆赴供,惟一仆夫在，安坐读孔雀经一周，瞑目而逝。三日不倾，乡人观者如堵，师忽开目而笑，使坐于地。弟子还，师呼立其右，握手如炊熟状。良久视之，寂然去矣，颜色如生，道俗塑而龛之。

卷之二十八
六祖下第十四世（黄龙三世）

隆兴府黄龙死心悟新禅师

韶州黄氏子。(传作王)生有紫肉幕左肩,右袒如僧伽黎。比壮,魁岸黑面如梵僧,以气节盖众,好面折人。初谒栖贤秀铁面,秀问："上座甚处人？"师曰："广南韶州。"又问："曾到云门否？"师曰："曾到。"又问："曾到灵树否？"师曰："曾到。"秀曰："如何是灵树枝条？"师曰："长底自长,短底自短。"秀曰："广南蛮莫乱统。"师曰："向北驴只恁么。"拂袖而出。秀器之,而师无留意。至黄龙,谒晦堂,堂竖拳问曰："唤作拳头则触,不唤作拳头则背,汝唤作甚么？"师罔措,经二年方领解。然尚谈辩无所抵悟,堂患之。偶与语,至其锐,堂遽曰："住住,说食岂能饱人？"师窘乃曰："某到此弓折箭尽,望和尚慈悲,指个安乐处。"堂曰："一尘飞而翳天,一芥堕而覆地。安乐处政忌上座许多骨董,直须死却无量劫来全(传作偷)心乃可耳。"师趋出。一日闻知事捶行者,而迅雷忽震,即大悟。趋见晦堂,忘纳其屦,即自誉曰："天下人总是参得底禅,某是悟得底。"堂笑曰："选佛得甲科,何可当也。"因号"死心叟"。

谒喆禅师于岳麓,喆问："是凡是圣？"师曰："非凡非圣。"喆曰："是甚么？"师曰："高着眼。"喆曰："恁么则南山起云,北山下雨。"师曰："且道是凡是圣？"喆曰："争奈头上漫漫,脚下漫漫。"师仰屋作嘘声,喆曰："气急杀人。"师曰："恰是。"拂袖便出。谒法昌遇禅师,遇问："近离甚处？"师曰："某甲自黄龙来。"遇曰："还见心禅师么？"师曰："见。"遇曰："甚么处见？"师曰："吃粥吃饭处见。"遇插火箸于鑪中曰："这个又作么生？"师拽脱火箸便行。

师室中问僧："月晦之阴。以五色彩著于暝中,令百人千万人,夜视其色。宁有辨其青黄赤白者么?"僧无语,师代曰:"个个是盲人。" 王正言问:"尝闻三缘和合而生,又闻即死即生,何故有夺胎而生者?"师曰:"如正言作漕使,随所住处即居其位,还疑否?"王曰:"不疑。"师曰:"复何疑也?"王于言下领解。师住翠岩时,翠岩有淫祠,乡人祷祃酒裓无虚日。师诫知事令毁之,知事辞以不敢掇祸。师曰:"使能作祸,吾自当之。"乃躬自毁拆,俄有巨蟒,盘卧内,引首作吞噬之状。师叱之,蟒遁,安寝无他。

雪堂行和尚《拾遗录》载此事云:是齐安王祠,乃李主景远也。复云:师一夜梦神人,峨冠而前告曰:弟子为师所斥,不遑安处,欲之广南。假庄夫六十人,师梦中诺之。未几庄夫疫死者,满其数。师后问学者曰:"且道果有鬼神否?若道有,又不打杀死心;若道无,庄夫为什么却死?"答者皆不契,适真净会中元首座至,师如前问,元云:"甜瓜连蒂甜,苦瓠连根苦。"师大喜之。元乃辨才高弟也。

领云岩,建经藏。太史黄庭坚为作记。有以其亲墓志镌于碑阴者,师骂曰:"凌侮不避祸若是。"语未卒,电光翻屋,雷击自户入,析其碑阴中分之。视之志已灰烬,而藏记安然无损。晚属疾,退居晦堂。夜参,竖起拂子云:"看看,拂子病死心病,拂子安死心安,拂子穿却死心,死心穿却拂子。正当恁么时,唤作拂子,又是死心;唤作死心,又是拂子。毕竟唤作甚么?良久云:莫把是非来辨我,浮生穿凿不相关。"有乞末后句者,师示偈曰:末后一句子,直须心路绝。六根门既空,万法无生灭。于此彻其源,不须求解脱。平生爱骂人,只为长快活。政和五年十二月十三日,晚小参,说偈曰:说时七颠八倒,默时落二落三。为报五湖禅客,心王自在休参。十五日泊然坐逝,荼毗,舍利五色。后有过其区者,获之尤甚。阅世七十二，坐四十五夏。塔于晦堂丈室之北。

隆兴府黄龙灵源惟清禅师

生南州武宁陈氏。方垂髫，日诵数千言，有异比丘见之，引手熟视。惊曰:"菰蒲中有此儿耶？"告其父母令出家，年十七为大僧，见延安耆宿法安。安曰："汝苦海法航也，我寻常沟渎耳。黄龙心禅师，是汝之师，亟行无后。"师至黄龙，泯泯与众作息。问答茫然，不知端倪。夜誓诸佛前曰："傥有省发，愿尽形寿，以法为檀，世世力弘大法。"初阅玄沙语，倦而倚壁，起经行，步促遗履，俯取之，乃大悟。以所悟告宝觉，觉曰:"从缘入者，永无退失。然新得法空者，多喜悦，或致乱。"令就侍者房熟寐。洪觉范，与师为法门昆仲，尝闻师论曰："今之学者，未脱生死。病在什么处，在偷心未死耳。然非其罪，为师者之罪也。如汉高帝给韩信而杀之，信虽曰死，其心果死乎？古之学者，言下脱生死，效在什么处。在偷心已死。然非学者自能尔，实为师者钳锤妙密也。如梁武帝御大殿见侯景，不动声气，而景之心已枯竭无余矣。诸方所说，非不美丽，要之如赵昌画花逼真，非真花也。"政和七年九月十八日食罢，掩房遣呼以栖首座至，叙说决别，乃起浴更衣，以手指顶。侍者为净发讫，安坐而寂。前十日，自作《无生常住真归告铭》曰：贤劫第四尊释迦文佛直下第四十八世孙惟清，虽从本觉应缘而生，而了缘即空。初无自性，氏族亲里，莫得而详。但以正因一念为所宗，承是厕释迦之远孙，其号"灵源叟"。据自了因所了妙性，无名字中示称谓耳。亦临济无位真人，傅大士之心王类矣。亦正法眼藏涅槃妙心，惟证乃知，余莫能测者欤。所以六祖问让和尚，什么处来？曰嵩山来。祖曰:什么物恁么来？曰:说似一物即不中。祖曰:还假修证否？曰：修证即不无，污染即不得。祖曰：即此不污染，是诸佛之护念。汝既如是，吾亦如是。兹盖独标清净法身，以遵教外别传之宗。而拣云：报化非真佛，亦非说法者，然非无报化大功大用。谓若解通报化，而不顿见法身，则滞污染缘。乖护念旨，理必警省耳。夫少室道行，光腾后裔。则有云门偃，奋雄音绝唱于国中；临济玄，振大机大用于天下，皆得正传，世咸宗奉。惟清望临济，九世祖也，今宗教衰丧，其未尽绝灭者，唯二家微派斑斑有焉，然名多愧实，顾适当危寄，而朝露身缘，势迫晞坠，因力病释俗从真。叙如上事，以授二三子，吾委息后，当用依禀观究即不违先圣法门。而自见深益，慎勿随末法所向，乞空文于有位。求为志铭，张饰说以浼吾，至嘱至嘱。因自（应作目）所叙曰：《无生常住真归告》。且系之以铭，铭曰：无涯湛海，瞥起一沤。亘乎百年，曷浮曷休。广漠清汉，欻生片云。有无起灭，隐显何分。了兹二者，即见实相。十世古今，始终现量。吾铭此旨，昭示汝曹。泥多佛大，水涨船高。门弟子，遵师遗诫。藏骨石于海会，示生死不与众隔也。

龙兴府泐潭草堂善清禅师

谒黄龙。龙示以风幡话，久而不契，一日龙问："风幡话子作么生会？"师曰："迥无入处，乞师方便。"龙曰："子见猫儿捕鼠乎？目睛不瞬、四足踞地、诸根顺向、首尾一直、拟无不中，子诚能如是，心无异缘，六根自静，默然而究，万无失一也。"师从是屏去闲缘岁余，忽然契悟，以偈告龙曰：随随随、昔昔昔，随随随后无人识。夜来明月上高峰，元来只是这个贼。龙颔之，复告之曰："得道非难，弘道为难；弘道犹在己，说法为人难。既明之后，在力行之。大凡宗师说法，一句中具三玄，一玄中具三要。子入处真实，得坐披衣向后自看，自然七通八达去。"师复依止七年，乃辞。

韩子苍问大慧曰："清公如何？"慧曰："向闻其拈庞居士问马大

师：不与万法为侣因缘云：鱼龙虾蟹，向甚处着？若如此，亦浪得其名。"子苍持此语达师，师曰："公向他道，譬如一人船行，一人陆行，二人俱至。"慧闻此语，乃曰："草堂得也。"

吉州青原惟信禅师

上堂："老僧三十年前，未参禅时：见山是山，见水是水；及至后来亲见知识，有个入处：见山不是山，见水不是水；而今得个休歇处：依前见山只是山，见水只是水。大众，这三般见解，是同是别？有人缁素得出，许汝亲见老僧。"（更参三十年迥无入处在）。

漳州保福本权禅师

黄山谷初有所入，问晦堂："此中谁可与语？"堂曰："漳州权？"师方督役开田，山谷同晦堂往。致问曰："直岁还知露柱生儿么？"师曰："是男是女？"黄拟议，师挥之，堂谓曰："不得无礼。"师曰："这木头，不打更待何时。"黄大笑。

上堂："举寒山偈曰：'吾心似秋月，碧潭清皎洁。无物堪比伦，教我如何说。'老僧即不然：吾心似灯笼，点火内外红。有物堪比伦，来朝日出东。"传者以为笑，死心和尚见之叹曰："权兄提唱若此，诚不负先师所付嘱也。"

太史山谷居士黄庭坚

初谒秀圆通（语具《圆通章》）。自是遂著发愿文，痛戒酒色，日惟朝粥午饭，锐志参求。既依晦堂，乞指径捷处，堂曰："只如仲尼道：二三子以我为隐乎？吾无隐乎尔者。太史居常如何理论？"公拟对，堂曰："不是不是。"公迷闷不已。一日侍堂山行次，时岩桂盛开，堂曰："闻木樨花香么？"公曰："闻。"堂曰："吾无隐乎尔。"公释然，即拜之曰："和尚得恁么老婆心切。"堂笑曰："只要公到家耳。"久之谒死心新禅师，随众入室，心见张目问曰："新长老死、学士死,烧作两堆灰,向甚么处相见?"公无语,心约出曰:"晦堂处参得底,使未着在。"后左官黔南,道力愈胜,于无思念中,顿明死心所问,报以书曰:"往年尝蒙苦苦提撕,长如醉梦、依稀在光影中,盖疑情不尽,命根不断,故望崖而退耳。谪官在黔南,道中昼卧觉来,忽尔寻思,被天下老和尚瞒了多少。惟有死心道人不肯,乃是第一相为也。"

秘书吴恂居士

字德夫,参晦堂。堂谓曰:"平生学解记忆多闻即不问,你父母未生已前,道将一句来。"公拟议,堂以拂子击之,即领深旨,连呈三偈,其后曰:咄,这多知俗汉,咬尽古今公案。忽于狼藉堆头,拾得蜣螂粪弹。明明不直分文,万两黄金不换。等闲拈出示人,只为走盘难看。"

隆兴府兜率从悦禅师

初首众于道吾,领数衲,谒云盖智和尚。智与语,未数句,尽知所蕴。乃笑曰:"观首座气质不凡,奈何出言吐气,如醉人耶?"师面热汗下,曰:"愿和尚不吝慈悲。"智复与语锥劄之,师茫然,遂求入室。智曰:"曾见法昌遇和尚否?"师曰:"曾看他语录,自了可也,不愿见之。"智曰:"曾见洞山文和尚否?"师曰:"关西子,没头脑。拖一条布裙,作尿臭气,有甚长处?"智曰:"你但向尿臭气处参取。"师依教即谒洞山,深领奥旨,复谒智,智曰:"见关西子后,大事如何?"师曰:"若不得和尚指示,泪乎蹉过一生。"遂礼谢,师复谒真净。后出世鹿苑,有清素者,久参慈明,寓居一室,未始与人交。师因食蜜渍荔枝,偶素过门,师呼曰:"此老人乡果也,可同食之。"素曰:"自先师亡后,不得此食久矣。"师曰:"先师为谁?"素曰:"慈明也。某忝执事十三年耳。"师乃疑骇曰:

"十三年堪忍执事之役,非得其道而何?"遂馈以余果,稍稍亲之。素问:"师所见者何人?"曰:"洞山文。"素曰:"文见何人?"师曰:"黄龙南。"素曰:"南匾头。见先师不久法道大振如此。"师益疑骇。遂袖香诣素作礼,素起避之曰:"吾以福薄,先师受记,不许为人。"师益恭,素乃曰:"怜子之诚,违先师之记。子平生所得,试语我。"师具通所见,素:"可以入佛,而不能入魔。"师曰:"何谓也?"素曰:"岂不见古人道,末后一句始到牢关。"如是累月,素乃印可,仍戒之曰:"文示子者,皆正知正见。然子离师太早,不能尽其妙。吾今为子点破,使子受用得大自在。他日切勿嗣吾也。"师后嗣真净,如素所戒。

师室中设三语,以验学者,一曰:拨草瞻风只图见性。即今上人性,在甚么处?二曰:识得自性,方脱生死。眼光落地时作么生脱?三曰:脱得生死,便知去处。四大分离,向甚么处去?

张无尽以颂答三问,其一曰:阴森夏木杜鹃鸣,日破浮云宇宙清。莫对曾参问曾晰,从来孝子讳爷名。其二曰:人间鬼使符来取,天上花冠色正萎。好个转身时节子,莫教阎老等闲知。其三曰:鼓合东村李大妻,西风旷野泪沾衣。碧芦红蓼江南岸,却作张三坐钓矶。

元祐六年冬,浴讫集众说偈曰:四十有八,圣凡尽杀。不是英雄,龙安路滑。奄然而化。

东京法云佛照杲禅师

谒圆通玑禅师。入室次,玑举僧问投子:大死底人却活时如何?子曰:不许夜行,投明须到。意作么生?师曰:"恩大难酬。"圆通大称赏之。后数日举立僧秉拂,机思迟钝,哄堂大笑,师有惭色。次日特为大众茶,安茶具在案上,惭无以自处,偶打翻茶具,瓢子落地,跳数跳。悟得答话,机锋迅捷,无敢当者。复至真净处,因看祖师偈云：心同虚空界，示等虚空法。证得虚空时，无是无非法。豁然大悟，后出世时，上堂小参："常谓人曰：'和尚绍圣三年十一月二十一日，悟得方寸禅。'又言：'和尚熙宁三年，文帐在凤翔府供申，当年陷了华山一十八州。'你辈茄子瓠子，哪里得知？"或曰："宝华王座上，为甚么一向世谛？"师曰："痴人佛性岂有二种耶？"

大慧《宗门武库》云：法云佛照杲禅师，尝退居景德铁罗汉院，殿中有木罗汉数尊。京师苦寒，杲取而烧之，拥鑪达旦，次日淘灰中得舍利无数。诸座主辈，皆目之为外道。盖佛照乃丹霞辈流，非俗眼所能验也。又云：佛照杲和尚，初住归宗。专精行道，未尝少懈。深夜修敬罢，坐于僧堂地鑪中，忽见二僧入堂，一人庞眉雪顶，一人少年，皆丰姿颀然。杲心喜，自谓曰："我座中有如此僧。"须臾二人出堂，杲袭其后，见入佛殿中，杲亦随入。灯影荧煌，鑪中尚有火，杲炷香礼佛。二僧复出，亦袭其后，至佛殿前，偶失所在。自念忘却香匣在殿内，回身取时，见殿门扃钥。遂唤直殿，行者守舜开门，舜取钥匙开门，见鑪中香烟未散，香匣在宝阶上。自不谕其故，妙喜亲见佛照说，时守舜在旁，犹指以为证。

隆兴府泐潭湛堂文准禅师

初谒梁山乘禅师，乘曰："驱乌未受戒，敢学佛乘乎？"师捧手曰："坛场是戒耶？三羯磨梵行阿阇黎是戒耶？"乘大惊，师笑曰："虽然敢不受教。"遂受具足戒，于唐安律师。既谒真净，净问："近离甚处？"师曰："大仰。"曰："夏在甚处？"师曰："大沩。"曰："甚处人？"师曰："兴元府。"净展手曰："我手何似佛手？"师罔措，净曰："适来只对，一一灵明、一一天真，及乎道个我手何似佛手，便成窒碍，且道病在甚处？"师曰："某甲不会。"曰："一切现成，更教谁会。"师服膺，就弟子之列。余十年，所至必随，绍圣三年，真净移居石门，衲子益盛。凡入室扣问，必瞑目危坐，无所示。见来学则往治蔬圃，率以为常。师谓同行恭上座曰："老汉无意于法道乎？"一日举杖决渠，水溅衣，忽大悟。走叙其事，净诟曰："此乃敢尔藞苴耶。"自此迹愈晦，名愈着。初云岩虚席，郡牧命死心禅师举所知，心曰："准山主住得。某未尝识渠，见有洗钵颂甚好。"牧请举，心举云："之乎者也，衲僧鼻孔，大头向下。若也不会，问取东村王大姐。"牧奇之，出请主云岩。死心举师住云岩，心谓寺丞张邦昌曰："这个长老，极有鼻孔。"一日会诸山于南昌，师后至，心指曰："这川僧唱喏也破句，便敢出来做长老。"师喝一喝曰："何尝破句来。"心顾昌曰："向道有鼻孔。"昌大悦。一日新到相看，展坐具，师曰："未得人事，上座近离甚处？"曰："庐山归宗。"师曰："宗归何处？"曰："嗄。"师曰："虾蟆窟里作活计。"曰："和尚何不领话。"师曰："是你岂不从归宗来。"曰："是。"师曰："驴前马后汉。"问第二上座："近离甚处？"曰："袁州。"师曰："夏在甚处？"曰："仰山。"师曰："还见小释迦么？"曰："见。"师曰："鼻孔长多少？"僧拟议，师曰："话堕阿师。"问僧："你来作甚么？"曰："特来问讯和尚。"师曰："云在岭头闲不彻,水流涧下太忙生。"曰："和尚莫瞒人。"师曰："马大师为甚么从阇黎脚跟下走过？"僧无语，师曰："却是阇黎瞒老僧。"一日法堂上逢首座，便问："向甚么处去？"座曰："拟与和尚商量一事。"师曰："便请。"曰："东家杓柄长,西家杓柄短。"师曰："为甚拈起巩县茶瓶，却是饶州磁碗。"曰："临崖看浒眼，特地一场愁。"师叫屈，座吐舌而退。僧问："教中道：若有一人发真归源，十方虚空悉皆销陨。未审此理如何？"师遂展掌点指曰："子丑寅卯辰巳午未，一罗二土三水四金五太阳六太阴七计都。今日计都星入巨蟹宫，宝峰不打这鼓笛。"便下座。上堂：

"五九四十五,圣人作而万物睹。秦时镀铄钻头尖,汉祖殿前樊哙怒。曾闻黄鹤楼崔颢题诗在上头,晴川历历汉阳树,芳草萋萋鹦鹉洲。可知礼也,君子务本;本立而道生,道生一、一生二、二生三、三生万物。"蓦拈拄杖起身云:"大众,宝峰何似孔夫子。良久曰:酒逢知己饮,诗向会人吟。"卓拄杖下座。上堂:"剳,久雨不晴。直得五老峰头黑云叆叇,洞庭湖里白浪滔天。云门大师忍俊不禁,向佛殿里烧香,三门头合掌,祷祝咒愿,愿黄梅石女生儿,子母团圆。少室无角铁牛,常甘水草。喝一喝云:有甚么交涉?复顾众曰:不因杨得意,争见马相如。"师自浙回溳潭,谒深禅师(亦真净嗣),寻命分座。闻有悟侍者,见所掷㮹余有省,诣方丈通所悟。深喝出,因丧志,自经于延寿堂厕。后出没无时,众惮之。师故于半夜登溷,方脱衣,悟即提净水至,师曰:"待我脱衣。"脱罢,悟复到,未几供筹子。师涤净已,召接净桶去。悟才接,师执其手问曰:"汝是悟侍者那?"悟曰:"诺。"师曰:"是当时在知客寮,见掉火柴头,有个悟处底么?参禅学道,只要知个本命元辰下落处,汝划地作此去就,汝在藏殿移首座鞋,岂不是汝当时悟得底?又在知客寮移枕子,岂不是汝当时悟得底?汝每夜在此移水度筹,岂不是汝当时悟得底?因甚么不知下落,却在这里恼乱大众。"师猛推之,索然有声,由是绝迹。师平生律身以约,虽领徒弘法,不异在众时。晨兴后架只取小杓汤洗面,复用濯足,其他受用,大率类此。放参罢,方丈侍者人力,便如路人,扫地煎茶,皆躬亲为之。政和五年夏,师卧病,进药者令忌毒物。师不从,有问其故,师曰:"病有自性乎?"曰:"无。"师曰:"既无自性,以空纳空,吾未尝颠倒。"首座问:"和尚近日尊候如何?"师曰:"跛驴上壁。"曰:"和尚也好吃一服药。"师曰:"朽木搭桥。"曰:"也知和尚不解忌口。"师曰:"你作么生?"

座拟进语,师曰:"你也好吃一服药。"七月二十日,更衣说偈而化。阇维,得舍利,晶圆光洁。睛齿数珠不坏,塔于南山之阳。

瑞州清凉慧洪觉范禅师

郡之彭氏子。少孤,依三峰靓禅师为童子。日记数千言,十九试经得度,从宣秘度讲成实唯识论。逾四年,弃谒真净于归宗,净迁石门,师随至。净患其深闻之弊,每举玄沙未彻之语发其疑。凡有所对,净曰:"你又说道理耶?"一日顿脱所疑,述偈曰:"灵云一见不再见,红白枝枝不着花。叵耐钓鱼船上客,却来平地捉鱼虾。"净见为助喜。

《智证传》曰:余昔庵于高安九峰之下,有僧问予曰:"临济会中两僧,一日相见,同时下喝。临济闻之,升座曰:大众,要会临济宾主句,问取堂中二禅客。僧便问:那个是宾,那个是主?临济曰:宾主历然。余方欲酬之,顿见三玄三要之旨。"于是再拜曰:大哉无为寂灭之幢也。虽百千世。有闻之者,偷心死尽,况余去大师余二百年哉。作偈曰:一句中具三玄门,一玄中具三要路。细看即是陷虎机,忽轰一声涂毒鼓。偷心死尽眼麻迷,石女梦中毛卓竖。又萝湖野录云:寂音尊者洪公,初于归宗,参侍真净和尚。而至宝峰,一日有客,问真净曰:"洪上人参禅如何?"真净曰:"也有到处,也有不到处。"客既退,洪不自安,即诣真净求决所疑。真净举风穴颂曰:"五白猫儿爪距狞,养来堂上绝虫行。分明上树安身法,切忌遗言许外甥。且作么生是安身法?"洪便喝,真净曰:"这一喝也有到处,也有不到处。"洪忽于言下有省,翌日因违禅规遭删去。时年二十有九,及游东吴,寓杭之净慈。以颂发明风穴意,寄呈真净曰:"五白猫儿无缝罅,等闲抛出令人怕。翻身跳踯百千般,冷地看他成话霸。如今也解弄些些,从渠欢喜从渠骂。却笑树头老舅翁，只能上树不能下。"自后复阅汾阳语录，至三玄颂，洣有所证。妙喜老师盖尝语此，而丛林鲜有知者，反以文华才辩而掩其道。微妙喜，亦何由取信于后耶。又按《林间录》，觉范自述云：古之人有大机智，故能遇缘即宗。一章，是觉范与僧谈灵云偈。至玄沙未彻语，僧请益。觉范因示偈曰：灵云一见不再见云云。

至临川，与朱世英游。相好，俄上蓝长老者至，上蓝谓世英曰："觉范闻工诗耳，禅则其师犹错，矧弟子耶？"世英笑曰："师能勘验之乎？"上蓝曰："诺。"居一日，同游疏山，饭于逆旅，上蓝以手画案，谓师曰："经轴之上，必题字，是何义？"师即画圆相，横一画曰："是此义也。"上蓝愕然，师为作偈曰："以字不成八不是，法身睡着无遮蔽。衲僧对面不知名，百众人前呼不起。"上蓝归举似世英，世英拊手曰："孰谓诗僧亦能识字义乎。"因同看汾阳，作牸牛偈曰："有头无角实堪嗟，百劫难逃这作家。凡圣不能明得尽，现前相貌有些些。"师谓世英曰："此偈又予字义之训诂也。"

崇宁二年，会无尽居士张公于峡之善溪，张尝自谓："得龙安悦禅师末后句。"丛林畏与语，因夜话及之曰："可惜云庵不知此事。"师问所以，张曰："商英顷自金陵酒官，移知豫章，过归宗见之。欲为点破，方叙悦末后句，未卒。此老大怒骂曰：'此吐血秃丁，脱空妄语，不得信。'既见其盛怒，更不欲叙之。"师笑曰："相公但识龙安口传末后句，而真药现前，不能辨也。"张大惊，起执师手曰："老师真有此意耶？"师曰："疑则别参。"乃取家藏云庵顶相，展拜赞之，书以授师，其词曰：云庵纲宗，能用能照。天鼓希声，不落凡调。冷面严眸，神光独耀。孰传其真，观面为肖。前悦后洪，如融如肇。枣柏曰："华严第三会，于须弥山顶上说十住。表入理弃智，非生灭心所得至故。如须弥山在大海中，高八万四千由旬，非手足攀揽所及。明八万四千尘劳山，住烦恼大海。于一切法无思无为，即烦恼海枯竭，尘劳山便成一切智山，烦恼海便成性海。若起心思虑，有所攀缘。则尘劳山愈高，烦恼海愈深，不可至其智顶。"师曰："首楞严曰：汝但弃其生灭，守于真常。常光现前，根尘识心应时销落，故维摩大士现神力。即时须弥灯王佛，遣三万二千师子座。高广严净，来入维摩诘室。诸菩萨大弟子，释梵四天王等，昔所未见。其室广博，悉包容三万二千师子座，无所妨碍。宝觉禅师曰：以师子座之高广，毗耶室之狭小，伫思其间，即成妨碍。尝问转运判官夏倚汝言：情与无情共一体。时有狗卧香桌下，乃以压尺击香桌又击狗曰：狗有情即去，香桌无情即住。如何得成一体，倚不能对。宝觉曰：才入思惟，便成剩法。前圣所知，转相传授，皆此旨也。而学者莫能明，如言弹指而五百毒龙屈伏；女子之定亦出，尤昭著明白者也。沩山尝语仰山曰：寂子速道，莫入阴界。而仰山曰：慧寂信位亦不立。予恨仰山极力道不尽"

《法华经》曰：世尊于一切众前，现大神力，出广长舌，上至梵世。师曰：沩山尝曰：凡圣情尽，体露真常。理事不二，即如如佛。而学者不能深味此语，苟认意度而已。譬如众盲扪象，随所得之为是，故象遍为尾为蹄为腰为牙，而全象隐矣。《般若经》曰：无二无二分，无别无断故者，真常也，非凝然一物卓不变坏之常也。而解法华者曰：佛音深妙，触处皆闻，超越凡圣。则其舌广长，高出梵世。此殆所谓随语生解，谬矣乎。《楞伽经》曰：不应摄受随说计着，真实者离名字故。大慧：如为愚夫以指指物，愚夫观指，不得实义。如是愚夫，随言说指。摄受计着，至竟不舍。终不能得离言说指，第一实义。师曰：僧问九峰禅师曰：深山中还有佛法也无？答曰：有。僧曰：如何是深山中佛法？答曰：石头大者大小者小。今学者闻举，便欣然以为解了。有诘之者则曰：触目全真，头头显现。嗟乎此所谓观指不得实义者也。予尝与僧自逍遥山，经乱石涧，入五峰，休于树阴，举此因缘。作偈曰："石头若是佛法，法身应不灵圣。佛法若有大小，法身应分少剩。枯骨头上没汁，衲僧眼见不信。八万四千法门，一句为汝说尽。"唐僧复礼有法辩，当时流辈推尊之。作真妄偈，问天下学者曰：真法性本净，妄念何由起。从真有妄生，此妄何所止。无初即无末，有终应有始。无始而无终，长怀懵兹理。愿为开玄妙，析之出生死。清凉国师答曰：迷真妄念生，悟真妄即止。能迷非所迷，安得长相似。从来未曾悟，故说妄无始。知妄本自真，方是恒妙理。分别心未忘，何由出生死。圭峰禅师答曰：本净本不觉，由斯妄念起。知真妄即空，知空妄即止。止处名有终，迷时号无始。因缘如梦幻，何终复何始。此是众生源，穷之出生死。又曰：人多谓真能生妄，故妄不穷尽，为决此理，重答前偈曰：不是真生妄，妄迷真而起。悟妄本自真，知真妄即止。妄止似终末，悟来似初始。迷悟性皆空，皆空无终始。生死由此迷，达此出生死。师谓：二老所答之辞，皆未副复礼问意，彼问真法本净，妄念何由而起。但曰：迷真不觉，则孰不能答耶。因为明其意作偈曰：真法本无性，随缘染净起。不了号无明，了之全佛智。无明全妄情，知觉全真理。当念绝古今，底处寻终始。本自离言诠，分别即生死。

徐六喻担板。

《宗镜录》曰：虽然心即是业，业即是心。既从心生，还从心受。如何现今消其妄业？报答曰：但了无作，自然业空。所以云：若了无作恶业，一生成佛。又曰：虽有作业，而无作者，即是如来秘密之教。又凡作业，悉是自心横计外法，还自对治，妄取成业。若了心不取境，境不自生，无法牵情，云何成业。师为作偈释其旨曰：

"举手炷香,而供养佛。其心自知,应念获福。举手操刃,恣行杀戮。其心自知,死入地狱。或杀或供,一手之功。"云何业报罪福不同,皆自横计。有如是事,是故从来。柱沉生死,雷长芭蕉。铁转磁石,俱无作者。而有是力,心不取境,境亦自寂。故如来藏,不许有识。师曰:"晋鸠摩罗什,儿时,随母至沙勒。顶戴佛钵,私念钵形甚大,何其轻耶?即重,失声下之,母问其故?对曰:我心有分别故,钵有轻重耳。予以是知,一切诸法,随念而至。念未生时,量同太虚。然则即今现行分别者,万类纷然。何故灵验不等,曰是皆乱想虚妄。如因梦中事,心力昧略微劣故也。嗟乎人莫不有忠孝之心也,而王祥卧冰则鱼跃,耿恭拜井则泉冽。何也?盖其养之专,故灵验之应,速如影响。涅槃经,迦叶菩萨白佛言:世尊,如佛所说,诸佛世尊有秘密藏,是义不然,何以故?诸佛世尊,惟有密语,无秘密藏。譬如幻主机关木人,人虽睹见屈伸俯仰,莫知其内而使之然。佛法不尔,咸令众生悉得知见,云何当言佛世尊有秘密藏。佛赞迦叶,善哉善哉,善男子,如汝所言,如来实无秘密之藏。何以故?如秋满月,处空显露,清净无翳,人皆观见,如来之言亦复如是。开发显露,清净无翳,愚人不解,谓之秘藏。智者了达,则不名藏。又曰:又无语者,犹如婴孩,言语未了,虽复有语,实亦无语。如来亦尔,语未了者,即秘密之言。虽有所说,众生不解,故名无语。故石头曰:乘言须会宗,勿自立规矩。药山曰:更须自看,不得绝却言语。我今为汝说者个语,显无语底。长庆曰:二十八代祖师,皆说传心,且不说传语。且道心作么生传?若也无言启蒙,何名达者。云门曰:此事若在言语上,三乘十二分教,岂是无说。因甚么道教外别传,若从学解机智得,只如十地圣人。说法如云如雨,犹被佛诃见性如隔罗縠。以此故知,一切有心,天地悬殊。虽然如是,若是得底人,道火何曾烧着口耶。师每曰：衲子于此彻去，方知诸佛无法可说，而证言说法身。如何是言说法身？自答曰：断头船子下扬州。《大般若经》曰：诸天子窃作是念，诸药叉等言辞咒句，虽复隐密，而当可知，尊者善现。于此般若波罗密多，虽以种种言辞显示，而我等辈，竟不能解。善现知彼心之所念，便告之言。汝等天子，于我所说不能解耶。诸天子言，如是如是。具寿善现复告言，我曾于此不说一字，汝亦不闻，当何所解。何以故，甚深般若波罗密多，文字言说皆远离故。由于此中说者听者及能解者皆不可得，一切如来应正等觉，所证无上正等菩提，其相甚深，亦复如是。曹溪大师将入灭，方敢全提此令者，知大乘种性纯熟故。僧问归新州意旨，乃曰：叶落归根，来时无口。至江西马祖，南岳石头，则大振耀之。故号石头为真吼，马祖为全提。其机锋如大火聚，拟之则死。学者乃欲以意思解，不亦误哉！有僧谓师曰：如古人问，大修行人还落因果也无？答曰：不落，或答曰不昧。问：如何是大悲千手眼？答曰：通身是。有闻之者，则曰：我则不然。曰：遍身是。或有问如何是佛？或答曰：臭肉等来蝇。有闻之者曰：我则不然。破驴脊上足苍蝇。或问：拟借一问以为影草时如何？或答曰：何必。有闻之者曰：何不道个不必。如诸老宿所示，何以分其优劣，得达其旨，于法无碍。谓一切语言，无用拣择，信手拈来也耶。则彼皆轻重问答锱铢而较之，谓临机直须辨别也耶。则彼之理致具在，若无可同异者，此吾所尝疑不能释也。师曰：我不解子之疑，然闻世尊在日，有比丘，根钝，无多闻性。佛令诵苕帚二字，日夕诵之，言苕则已忘帚，言帚则又忘苕。每自克责，系念不休，忽能言曰苕帚，于此大悟。得无碍辩才，子能如诵苕帚者，当见先德大慈悲故为物之心。僧誊应而去。

庄子言：藏舟于壑，藏山于泽。释者遣语如流，至曰藏天下于天下，未有不嗒然危坐置笔而思者。晦堂老人，尝问学者：此义如何？对之甚众。晦堂笑曰：汝善说道理。师作偈记其意曰：天下心知不可藏，纷纷嗅迹但寻香。端能百尺竿头步，始见林梢挂角羊。又问：《列子》载，两小儿论日远近不决，而质于孔子。孔子不答，其意何在。学者皆曰：圣如夫子，亦莫能辨此理，是无以说也。晦堂亦笑之。师作偈释之曰：凉温远近转增疑，不答当渠痛处锥。尚逐小儿争未已，仲尼何独古难知。

师曰：灵源禅师谓予曰：道人保养，如人病须服药。药之灵验易见，要须忌口乃可，不然服药何益。生死是大病，佛祖言教是良药，污染心是杂毒。不能忌之，生死之病无时而损也。予爱其言，追念《圆觉经》曰：末世诸众生，心不生虚妄。佛说如是人，现世即菩萨。《法句经》曰：若起精进心，是妄非精进。但能心不妄，精进无有涯。南岳思大禅师，悟入法华三昧，即诵曰是真精进是名真法供养。汾阳无业大达国师，一生答学者之问，但曰莫妄想。是谓称性之语，见道径门。而禅者易其言，反求玄妙，良可笑也。

师之著述，最佳者，是临济宗旨一篇，自首至无尽颔之，皆论三玄三要，录于临济章；次述十智同真，录于汾阳章；次述四宾主，录于临济章；龙山论宾主语，录龙山章；洞山论宾主语，录洞山章；次与朱世英上蓝，论经轴首火字语，录之本章；论法华经世尊广长舌语，录于本章。独论华严经语，教乘常谈不录耳。

建炎二年五月，示寂于同安。

南岳石头怀志庵主

预讲席十二年，宿学争下之。尝欲会通诸宗异义，以正一代时教。有禅者问曰："杜顺贤首宗祖师也，而谈法身则曰：'怀州牛吃禾，益州马腹胀。'此偈合归天台何义耶？"师不能对。即游方至洞山，谒真净，问："古人一喝不作一喝用，意旨如何？"净叱之，师趋出。净笑呼曰："浙子斋后游山好。"师忽领悟，久之辞去，净曰："子所造虽逸格，惜缘不胜耳。"师识其意，拜赐而行。诸方力挽出世，师不应，庵居于衡岳石头二十年，不与世接。有偈曰：万机休罢付痴憨，踪迹时容野鹿参。不脱麻衣拳作枕，几生梦在绿萝庵。或问："住山多年有何旨趣？"师对曰："山中住，独掩柴门无别趣。三个柴头品字煨，不用援毫文彩露。"

崇宁元年冬，遍辞山中之人，曳杖竟去，留之不可。曰："龙安照禅师吾友也，偶念见之耳。"龙安闻其肯来，使人自长沙迎之，居于"最乐堂"。明年六月晦，问侍者："日蚤暮？"曰："已夕矣。"笑曰："梦境相逢，我睡已觉。汝但莫负丛林，即是报佛恩德。"言讫而寂。

卷之二十九
六祖下第十五世（黄龙四世）

吉州禾山超宗慧方禅师

上堂，举拂子曰："看看，只这个在临济则照用齐行，在云门则理事俱备，在曹洞则偏正叶通，在沩山则暗机圆合，在法眼则何止惟心。然五家宗派，门庭施设则不无，直饶辨得倜傥分明去，犹是光影边事。若要抵敌生死，则霄坏有隔，且超越生死一句作么生道？"良久曰："洎合错下注脚。"

嘉兴府华亭性空妙普庵主

汉州人，久依死心获证。结茅青龙野，吹铁笛自娱，多赋咏。有警众偈曰：学道犹如守禁城，昼防六贼夜惺惺。中军主将能行令，不动干戈致太平。又曰：十二时中莫住工，穷来穷去到无穷。直须洞彻无穷底，踏倒须弥第一峰。又山居偈曰：心法双忘犹隔妄，色空不二尚余尘。百鸟不来春又过，不知谁是住庵人。建炎初，徐明叛，道经乌镇，肆屠戮。师为贼所得，贼怒欲斩之，师曰："大丈夫要头便斫取，奚以怒为？我死必矣，能一祭我乎？"贼奉肉食，师如常出生毕，乃曰："孰为文？"贼笑，师索笔大书一文，其词旨超达，遂举箸饫餐。餐罢笑曰："劫数既遭离乱，我是快活烈汉。如今正好乘时，便请一刀两段。乃大呼斩、斩！"贼大骇罗拜，卫师而出，乌镇悉免焚掠。有僧见师见佛不拜歌，逆问曰："既见佛，为甚么不拜？"师掌之曰："会么？"云："不会。"师又掌曰："家无二主。" 绍兴庚申冬，造大盆，穴而塞之，修书寄雪窦持禅师曰："吾将水葬矣。"壬戌岁持至，见其尚存，作偈嘲之曰："咄哉老性空，刚要喂鱼鳖。去不索性去，只管向人说。"师阅偈笑曰："待兄来证明耳。"令遍告四众,众集,师为说法要。仍说偈曰:"坐脱立亡,不若水葬。一省柴烧,二省开圹。撒手便行,不妨快畅。谁是知音,船子和尚。高风难继百千年,一曲渔歌少人唱。"遂盘坐盆中顺流而下,众皆随至海滨,望欲断目,师取塞屏水而回,众拥观水无所入。复乘流而往,唱曰:"船子当年返故乡,没踪迹处妙难量。真风遍寄知音者,铁笛横吹作散场。"其笛声呜咽,顷于苍茫间,见以笛掷空而没,众号慕图像事之。后三日于沙上趺坐,颜色如生。道俗争往迎归,留五日。阇维,舍利大如菽者莫计。二鹤徘徊空中,火尽始去。塔于青龙。

空室道人智通

龙图范珣女也,幼聪慧,长归丞相苏颂之孙悌。未几厌世相,还家求祝发,父难之,遂清修。因看法界观有省,乃连作二偈见意,一曰:浩浩尘中体一如,纵横交互印毗卢。全波是水波非水,全水成波水自殊。二曰:物我元无异,森罗镜像同。明明超主伴,了了彻真空。一体含多法,交参帝网中。重重无尽处,动静悉圆通。后父母俱亡,兄涓领分宁尉,通偕行。闻死心名重往谒之,心见知其所得,便问:"常啼菩萨卖却心肝,教谁学般若?"通曰:"你若无心我也休。"又问:"一雨所滋根苗有异。无阴阳地上生个甚么?"通曰:"一华五叶。"复问:"十二时中向甚么处安身立命?"通曰:"和尚惜取眉毛好。"心打曰:"这妇女乱作次第。"通礼拜,心然之。

政和间,居金陵,尝设浴于保宁,揭榜于门曰:一物也无,洗个甚么。纤尘若有,起自何来。道取一句子玄,乃可大家入浴。古灵只解揩背,开士何曾明心。欲证离垢地时,须是通身汗出。尽道水能洗垢,焉知水亦是尘。直饶水垢顿除,到此亦须洗却。后为尼名"惟久",挂锡姑苏之西竺。示寂时,书偈趺坐而化。有《明心录》

行世。

潭州上封佛心才禅师

依海印隆禅师，见老宿达道者看经，至"一毛头师子百亿毛头一时现"，师指问曰："一毛头师子，作么生得百亿毛头一时现？"达曰："汝乍入丛林，岂可便理会许事。"师因疑之，遂发心领净头职。一夕汛扫次，印适夜参，至则遇结座掷拄杖曰："了即毛端吞巨海，始知大地一微尘。"师豁然有省。及出闽造豫章黄龙山，与死心机不契，乃参灵源。凡入室，出必挥泪自讼曰："此事我见得甚分明，只是临机吐不出，若为奈何？"灵源知师诚笃，告以须是大彻方得自在也。未几因观邻案僧读曹洞广录，至"药山采薪归，有僧问：'甚么处来？'山曰：'讨柴来。'僧指腰下刀曰：'鸣剥剥是个甚么？'山拔刀作斫势"，师忽欣然捆邻案僧一掌，揭帘趋出，冲口说偈曰：彻、彻，大海干枯，虚空迸裂。四方八面绝遮拦，万象森罗齐漏泄。

上堂："一法有形该动植，百川湍激竞朝宗。昭琴不鼓云天淡，想像毗耶老病翁。维摩病则上封病，上封病则拄杖子病，拄杖子病则森罗万象病，森罗万象病则凡之与圣病。诸人还觉病本起处么？若也觉去，情与无情同一体，处处皆同真法界。其或未然，甜瓜彻蒂甜，苦瓠连根苦。"

潭州法轮应端禅师

扣灵源，以妙入诸经自负，源尝痛剳之。师乃援马祖百丈机语，及华严宗旨为表，源笑曰："马祖百丈固错矣，而华严宗旨与个事喜没交涉。"师愤然欲他往，因请辞，及揭帘忽大悟，汗流浃背。源见乃曰："是子识好恶矣，马祖百丈文殊普贤，几被汝带累。"

东京天宁长灵守卓禅师

上堂："三千剑客独许庄周，为甚么跳不出。良医之门多病人，因甚么不消一剳。已透关者更请辨看。"宣和五年十二月二十七日，奄然示寂。阇维日，上遣中使赐香，持金盘求设利。爇香罢，盘中铿然，视之五色者数颗，大如豆。使者持还，上见大悦。

隆兴府黄龙山堂道震禅师

初谒丹霞淳禅师，一日与论洞上宗旨，师呈偈曰：白云深覆古寒岩，异草灵花彩凤衔。夜半天明日当午，骑牛背面着靴衫。霞器之。师自以为碍，弃依草堂，一见契合。日取藏经读之，一夕闻晚参鼓，步出经堂，举头见月遂大悟，亟趋方丈，堂望见即为印可。

庆元府天童普交禅师

因为檀越修忏摩，有问曰："公之所忏罪，为自忏耶？为他忏耶？若自忏罪，罪性何来？若忏他罪，他罪非汝，乌能忏之？"师不能对，遂改服游方。造泐潭，足才踵门，潭即呵之，师拟问，潭即曳杖逐之。一日忽呼师至丈室曰："我有古人公案，要与你商量。"师拟进语，潭遂喝，师豁然领悟，乃大笑。潭下禅床执师手曰："汝会佛法耶？"师便喝，复拓开。潭大笑。

江州圆通道旻禅师

世称"古佛"，兴化蔡氏子。母梦吞摩尼宝珠有娠，生五岁，足不履口不言。母抱游西明寺，见佛像遽履地合爪称南无佛，人大异之，既出家遍参。后至泐潭，一见器之，师陈列参所得，不蒙印可。潭举世尊拈花迦叶微笑语以问，复不契。后侍潭行次，潭以拄杖架肩长嘘曰："会么？"师拟对，潭便打。有顷复拈草示之曰："是甚么？"师亦拟对，潭遂喝，于是顿明大法，作拈花势，乃曰："这回瞒旻上座不得也。"潭挽曰："更道、更道。"师曰："南山起云，北山下雨。"即礼拜，潭首肯。

庆元府二灵知和庵主

苏台玉峰张氏子，儿时尝习坐垂堂，堂倾，父母意其必死，师瞑目自若，因使出家，年满得度。趋谒泐潭，潭见乃问："作甚么？"师拟对，潭便打。复喝曰："你唤甚么作禅？"师蓦领旨，即曰："禅无后无先，波澄大海，月印青天。"又问："如何是道？"师曰道："红尘浩浩不用安排，本无欠少。"潭然之。

幻寄曰：可怜万劫系驴橛。

栖雪窦之中峰、栖云两庵，逾二十年，僧至礼拜。师曰："近离甚处？"曰："天童。"师曰："太白峰高多少？"僧以手斫额作望势，师曰："犹有这个在？"曰："却请庵主道？"师却作斫额势，僧拟议，师便打。

住二灵三十年，间居无长物，惟二虎侍其右，一日威于人，以偈遣之。宣和七年四月十二日，趺坐而逝。正言陈公状师行实，及示疾异迹甚详。仍塑其像，二虎侍之，至今存焉。

绍兴府慈氏瑞仙禅师

习毗尼，因睹戒性如虚空,持者为迷倒,师谓："戒者束身之法也，何自缚乎。"遂探台教，又阅"诸法不自生，亦不从他生，不共不无因，是故说无生"，疑曰："又不自他不共不无因生，毕竟从何而生？"即省曰："因缘所生，空假三观，抑扬性海，心佛众生名异体同；十境十乘，转识成智，不思议境，智照方明，非言诠所及。"弃谒诸方，后至投子，广鉴问："乡里甚处？"师曰："两浙东越。"鉴曰："东越事作么生？"师曰："秦望峰高，鉴湖水阔。"鉴曰："秦望峰与你自己是同是别？"师曰："西天梵语，此土唐言。"鉴曰："此犹是丛林只对，毕竟是同是别？"师便喝，鉴便打，师曰："恩大难酬。"便礼拜。

丞相张商英居士

字天觉，号无尽。年十九应举入京，道过向氏，向先一夕梦神告云："接相公。"公至，向遂约以女妻，公既第，遂娶向氏。公一日见藏经装潢华丽，怫然曰："人之崇事，圣人书乃不及此。"欲著《无佛论》，向氏曰："既是无佛，何论之有？须著《有佛论》始得。"公疑其言，遂已。后访同列，见《维摩经》适读，至"此病非地大，亦不离地大"，叹曰："胡人之言亦能尔耶？"乃借归阅次，向氏问读何书，公曰："《维摩经》。"向氏曰："可熟读此，然后着《无佛论》。"公悚然，因深信佛乘。元祐六年为江西漕，首谒东林总。总诘所见，与己符合，因印可，且令往见其弟子玉溪慈古镜。公按部分宁，诸禅迓之，首致敬于慈。闻龚德庄尝言兜率悦聪明，因问悦曰："闻公善文章。"悦笑曰："从悦临济九世孙，对运使论文章，政如运使对从悦论禅也。"公不然其语，公强屈指曰："是九世也。问玉溪去此多少？"曰："三十里。"问："兜率？"曰："五里。"乃过兜率。先是悦梦手抟日轮，觉语首座曰："日轮运转之象。张运使且过此，吾当深锥痛劄之。"首座曰："士大夫恶拂己者，或起别衅。"悦曰："正使烦恼，只退得我院也。"公与悦语次，称赏东林，悦未肯其说。公乃题诗拟瀑轩，有云：不向庐山寻落处，象王鼻孔漫撩天。意讥悦不肯东林也。公与悦语至更深，论及宗门事，悦曰："东林既印可运使，运使于佛祖言教有少疑否？"公曰："有。"悦曰："疑何等语？"公曰："疑香严独脚颂、德山托钵话。"悦曰："既于此有疑，其余安得无耶。只如岩头言末后句，是有耶是无耶？"公曰："有。"悦大笑便归方丈闭却门，公一夜睡不稳，至五更下床，触翻溺器，乃大彻猛省前话。遂有颂曰：鼓寂钟沉托钵回，岩头一掇语如雷。果然只得三年活，莫是遭他授记来。遂扣方丈门曰："某已捉得贼了。"悦曰："赃在甚处？"公无语，悦曰："都运且去，来日相见。"翌日公遂举前颂，悦乃谓曰："参禅只为命根不断，依语生解。如是之说，公已深悟，然至极微细处，使人不觉不知，堕在区宇。"乃作颂证之曰：等闲行处，步步皆如。虽居声色，宁滞有无。一心靡异，万法非殊。休分体用，莫择精粗。临机不碍，应物无拘。是非情尽，凡圣皆除。谁得谁失，何亲何疏。拈头作尾，指实为虚。翻身魔界，转脚邪涂。了无逆顺，不犯工夫。公邀悦至建昌，途中一一伺察，有十颂叙其事，悦亦有十颂酬之。

《灯录》《武库》皆不载其颂。

公尝云："先佛所说，于一毛端现宝王刹，坐微尘里转大法轮，是真实义。法华会上，多宝如来在宝塔中分半座，与释迦文佛，过去佛现在佛同坐一处。实有如是事，非谓表法。公于宣和四年十一月黎明，口占遗表，命子弟书之。俄取枕掷门膒上，声如雷震。众视之，已蘷矣。

西蜀銮法师

通大小乘，佛照谢事居景德，师问照曰："禅家言多不根何也？"照曰："汝习何经论？"曰："诸经粗知，颇通百法。"照曰："只如昨日雨今日晴，是甚么法中收？"师憳然，照举痒和子击曰："莫道禅家所言不根好。"师愤曰："昨日雨今日晴，毕竟是甚么法中收？"照曰："第二十四时分不相应法中收。"师恍悟即礼谢，后归蜀居讲会，以直道示徒，不泥名相。

隆兴府云岩天游典牛禅师

依湛堂于泐潭，一日潭普说曰："诸人苦苦就准上座觅佛法，遂抚膝曰：'会么？雪上加霜。'又抚膝曰：'若也不会，岂不见乾峰示众曰："举一不得举二，放过一着，落在第二"'。"师闻脱然颖悟，尝和忠道者牧牛颂曰：两角指天，四脚踏地。拽断鼻绳，放甚屎屁。张无尽见之甚击节（"颖"应作"顿"）。

隆兴府九仙法清祖鉴禅师

尝于池之天宁，以伽黎覆顶而坐，侍郎曾公开问曰："上座仙乡甚处？"曰："严州。"曰："与此间是同是别？"师拽伽黎下地揖曰："官人曾到严州否？"曾罔措，师曰："待官人到严州时，却向官人道。"

眉州中岩慧目蕴能禅师

遍谒诸方，后到大沩，沩问："上座桑梓何处？"师曰："西川。"曰："我闻西川有普贤菩萨示现是否？"师曰："今日得瞻慈相。"曰："白象何在？"师曰："爪牙已具。"曰："还会转身么？"师提坐具绕禅床一匝，沩曰："不是这个道理。"师趋出。一日沩为众入室，问僧："黄巢过后，还有人收得剑么？"僧竖起拳，沩曰："菜刀子。"僧曰："争奈受用不尽。"沩喝出，次问师："黄巢过后还有人收得剑么？"师亦竖起拳，沩曰："也只是菜刀子。"师曰："杀得人即休。"遂近前拦胸筑之，沩曰："三十年弄马骑，今日被驴子扑。"

怀安军云顶宝觉宗印禅师

一日普说罢，召众曰："诸子未要散去，更听一颂，乃曰：'四十九年一场热哄，八十七春老汉独弄。谁少谁多一般作梦，归去来兮梅梢雪重。'"言讫下座，倚杖而逝。

成都府信相宗显正觉禅师

少为进士有声，尝昼掬溪水为戏，至夜思之，遂见水泠然盈室，欲汲之不可，而尘境自空。曰："吾世网裂矣。"往依昭觉得度，具满分戒。后随众咨参，觉一日问师："高高峰顶立，深深海底行。汝作么生会？"师于言下顿悟，曰："钉杀脚跟也。"觉拈起拂子曰：

"这个又作么生?"师一笑而出。服勤七祀,南游至京师,历淮浙,晚见五祖演和尚于海会。出问:"未知关棙子,难过赵州桥。赵州桥即不问,如何是关棙子?"祖曰:"汝且在门外立。"师进步一踏而退,祖曰:"许多时茶饭,元来也有人知滋味。"明日入室,祖云:"你便是昨日问话底僧否?我固知你见处,只是未过得白云关在。"师珍重便出。时圆悟为侍者,师以白云关意扣之,悟曰:"你但直下会取。"师笑曰:"我不是不会,只是未谙。待见这老汉,共伊理会一上。"明日祖往舒城,师与悟继往,适会于兴化,祖问师:"记得曾在郡里相见来。"师曰:"全火祇候。"祖顾悟曰:"这汉饶舌。"自是机缘相契。游庐阜回,师以高高峰顶立深深海底行所得之语告五祖,祖曰:"吾尝以此事诘先师,先师云:我曾问远和尚,远曰:'猫有歃血之功,虎有起尸之德。非素达本源,不能到也。'"师给侍之久,祖钟爱之,后辞西归,为小参。复以颂送曰:离乡四十余年,一时忘却蜀语。禅人回到成都,切须记取鲁语。时觉尚无恙,师再侍之,名声蔼著。

卷之三十
六祖下第十六世（黄龙五世）

嘉兴府报恩法常首座

于首《楞严经》，深入义海。谒雪巢机契，命掌笺翰。首众报恩，室中惟有矮榻，余无长物。宣和庚子九月中，语寺僧曰："一月后不复留此。"十月二十一，往方丈谒饭。将晓，书渔父词于室门，就榻收足而逝。词曰：此事楞严曾露布，梅花雪月交光处，一笑寥寥空万古。风瓯语，迥然银汉横天宇。蝶梦南华方栩栩，斑斑谁跨丰干虎，而今忘却来时路。江山暮，天涯目送鸿飞去。

左丞范冲居士

字致虚。由翰苑守豫章，过圆通，谒旻禅师。茶罢曰："某行将老矣，堕在金紫行中，去此事稍远。"通呼："内翰。"公应："诺。"通曰："何远之有？"公跃然曰："乞师再垂指示。"通曰："此去洪都有四程。"公伫思，通曰："见即便见，拟思即差。"公豁然有省。

又枢密吴居厚居士，拥节归钟陵。谒圆通曰："某往赴省试过此，过赵州关因问前住讷老：'透关底事如何？'讷曰：'且去做官。'今不觉五十余年。"通曰："曾明得透关底事么。"公曰："八次经过，常存此念，然未甚脱洒在。"通度扇与之曰："请使扇。"公即挥扇，通曰："有甚不脱洒处？"公忽有省，曰："便请末后句。"通乃挥扇两下，公曰："亲切亲切。"通曰："吉獠舌头三千里。"

又谏议彭汝霖居士。手写《观音经》施圆通，通拈起曰："这个是《观音经》，哪个是谏议经？"公曰："此是某亲写。"通曰："写底是字，那个是经？"公笑曰："却了不得也。"通曰："即现宰官身而为说法。"公曰："人人有分。"通曰："莫谤经好。"公曰："如何即是？"通举经示之，公拊掌大笑曰："嘎。"通曰："又道了不得。"公礼拜。　　又中丞卢航居士。与圆通拥罏次，公问："诸家因缘不劳拈出，直截一句请师指示？"通厉声揖曰："看火。"公急拨衣忽大悟，谢曰："灼然佛法无多子。"通喝曰："放下着。"公应："喏喏！"

又左司都觇居士。问圆通曰："是法非思量，分别之所能解，如何凑泊？"通曰："全身入火聚。"公曰："毕竟如何会？"通曰："蓦直去。"公沉吟，通曰："可更吃茶么？"公曰："不必。"通曰："何不怎么会？"公契旨曰："元来太近。"通曰："十万八千。"公占偈曰：不可思议,是大火聚。便怎么去,不离当处。通曰："咦,犹有这个在？"公曰："乞师再垂指示？"通曰："便怎么去,铠是铁铸。"公顿首谢之。

临安府径山涂毒智策禅师

初谒寂室光，洒然有省；次谒大圆于明之万寿，圆问曰："甚处来？"师曰："天台来。"曰："见智者大师么？"师曰："即今亦不少。"曰："因甚在汝脚跟下？"师曰："当面蹉过。"圆曰："上人不耘而秀，不扶而直。"一日辞去，圆送之门，拊师背曰："宝所在近，此城非实。"师领之，往豫章谒典牛。道由云居，风雪塞路，坐阅四十二日,午时板声铿然,豁尔大悟。及造门，典牛独指师曰："甚处见神见鬼来？"师曰："云居闻板声来。"牛曰："是甚么？"师曰："打破虚空，全无柄靶。"牛曰："向上事未在？"师曰："东家暗坐，西家厮骂。"牛曰："崭然超出佛祖，他日起家一麟足矣。"　将示寂，升座别众，嘱门人以文祭之。师危坐倾听，至尚飨，为之一笑。越两日，沐浴更衣，集众说偈曰：四大既分飞，烟云任意归。秋天霜夜月，万里转光辉。俄顷泊然而逝。

第六章 《续指月录》之黄龙世系

【概述】《续指月录》,全书二十卷,清代聂先(乐读居士)撰,康熙十九年(1680)刊行。系继《指月录》之后所编集的禅门高僧列传,也收在《卍续藏》第一四三册。《指月录》所载仅至六祖下十六世,本书承接其后,所收内容自南宋隆兴二年(1164)六祖下十七世起,迄清康熙十八年(1679)三十五世为止。此外,在二十卷之前附《卷首》一篇,集录《指月录》所遗漏的十六世诸师传略,以及江湘、余怀的序文,灵岩学人、如是居士的弁语、海印学人的缘起、孙孝则的书问、凡例、伦叙考等文。在二十卷之后,又附有《尊宿集》,集录法嗣不详的六十一位禅师传略。

卷首
六祖下十六世（黄龙五世）

饶州荐福常庵择崇禅师

宁国人。上堂，举——僧问古德：生死到来，如何免得？德曰：柴鸣竹爆惊人耳。僧曰：不会？德曰：家犬声狺夜不休——师曰："诸人要会么？柴鸣竹爆惊人耳，大洋海底红尘起。家犬声狺夜不休，陆地行船三万里。坚牢地神笑呵呵，须弥山王眼觑鼻。把手东行却向西，南山声应北山里。千手大悲开眼看，无量慈悲是谁底。"良久曰："头长脚短，少喜多瞋。"

上堂，问侍者曰："还记得昨日因缘么？"曰："记不得。"复顾大众曰："还记得么？"众无对，竖起拂子曰："还记得么？"良久曰："也忘却了也。三豪不成，一亦非有。诸人不会，方言露柱，且莫开口。以拂子击禅床，下座。（黄龙逢嗣）

胡文定公草庵居士

名安国，字康侯。久依上封秀和尚，得言外之旨。崇宁中，过药山，有禅人举南泉斩猫话问公，公以偈答曰：手握乾坤杀活机，纵横施设在临时。玉堂兔马非龙象，大用堂堂总不知。又寄上封秀偈曰：祝融峰似杜成天，万古江山在目前。须信死心元不死，夜来秋月又同圆。（上封秀嗣）

福州普贤元素禅师

建宁人。上堂："兵随印转，三千里外绝烟尘；将逐符行，二六时中净裸裸。不用铁旗铁鼓，自然草偃风行。何须七纵七擒，直得无思不服。所谓大丈夫秉慧剑，般若锋兮金刚焰。非但能摧外道心，早曾落却天魔胆。正恁么时，且道主将是恁么人？"喝一喝，上堂:"南泉道:我十八上,便解作活计,囊无系蚁之丝,厨乏聚蝇之糁;赵州道:我十八上,便解破家散宅,南头买贱,北头卖贵。点检将来,好与三十棒。且放过一着,何故?曾为荡子偏怜客,自若贪杯惜醉人。"

上堂:"未开口时先分付,拟思量处隔千山。莫言佛法无多子,未透玄关也大难。只如玄关作么生透?"喝一喝。下座。(上封才嗣)

福州鼓山山堂僧洵禅师

本郡阮氏子。上堂:"黄檗手中六十棒,不会佛法的的大意,却较些子;大愚肋下筑三拳,便道黄檗佛法无多子,钝置杀人。须知有一人,大棒蓦头打他不回头,老拳劈面锤他亦不顾,且道是谁?"

上堂:"朔风卷地卷黄叶,门外千峰凛寒色。夜半乌龟带雪飞,石女溪边皱两眉。"卓拄杖云:"大家在这里,且道天寒人寒?"喝一喝曰:"归堂去"。(上封才嗣)

福州鼓山别峰祖珍禅师

兴化林氏子。僧问:"赵州绕禅床一匝,转藏已竟,此理如何?"师曰:"画龙看头,画蛇看尾。"曰:"婆子道:'比来请转全藏,为甚么只转得半藏。'此意又且如何?"师曰:"人无远虑,必有近忧。"曰:"未审甚么处,是转半藏处?"师曰:"不是知音者,徒劳话岁寒。"

上堂:"寻牛须访迹,学道贵无心。迹在牛还在,无心道易寻。"竖起拂子曰:"这个是迹,牛在甚么处?直饶见得头角分明,鼻孔也在法石手里。"

上堂:"向上一路,千圣不传。"卓拄杖曰:"怎么会得,十万八千。毕竟如何?桃红李白蔷薇紫,问着东风总不知。"

示众云:"大道只在目前,要且目前难睹。欲识大道真体,不离声色言语。"卓拄杖云:"这个是声。"竖起拄杖云:"这个是色,唤甚么作大道真体。直饶向这里见得，也是郑州出曹门。"

示众："若论此事，如人吃饭，饱则便休；若也不饱，必有思食之心；若也过饱，又有伤心之患。到这里作么生？得恰好去。"良久云："且归岩下宿，同看月明时"。（上封才嗣已上共三人）

庆元育王无示介谌禅师

温州张氏子。谢知事上堂："尺头有寸，鉴者犹稀。秤尾无星，且莫错认。是欲定古今轻重，较佛祖短长。但请于中着一只眼，果能一尺还他十寸，八两元是半斤。自然内外和平，家国无事。山僧今日已是两手分付。汝等诸人，还肯信受奉行也无？尺量刀剸遍世间，志公不是闲和尚。"

上堂："文殊智，普贤行，多年历日；德山棒，临济喝，乱世英雄。汝等诸人，穿僧堂，入佛殿，还知险过铁围关么？忽然踏着释迦顶，磕着圣僧额头，不免一场祸事。"师性刚毅，莅众有古法，时以"谌铁面"称之。（天宁卓嗣）

安吉道场普明慧琳禅师

福州人。上堂："有漏笊篱，无漏木杓。庭白牡丹，槛红芍药。因思九年面壁人，到头不识这一着。且道作么生？是这一着。"以拄杖击禅床。下座。

上堂："一即多，多即一，毗卢顶上明如日。也无一，也无多，现成公案没誵讹。拈起旧来毡拍板，明时共唱太平歌。"（天宁卓嗣）

安吉道场无传居慧禅师

本郡吴氏子。上堂："钟馗醉里唱凉州，小妹门前只点头。巡海夜叉相见后，大家拍手上高楼。大众若会得去，锁却天下人舌头；若会不得。将谓老僧别有奇特。"

上堂："百尺竿头弄影戏，不唯瞒你又瞒天。自笑平生歧路上，投老归来没一钱。"

上堂，举——临济示众曰：一人在高高山顶，无出身之路；一人在十字街头，亦无向背。且道那个在前，那个在后——师曰："更有一人，不在高高峰顶，亦不在十字街头，临济老汉因甚不知？"便下座。（天宁卓嗣）

临安显宁松堂圆智禅师

上堂："芦花白，蓼花红，溪边修竹碧烟笼。闲云抱幽石，玉露滴岩丛。昨夜乌龟变作鳖，今朝水牯悟圆通。咄。"（天宁卓嗣）

安吉乌回唯庵良范禅师

上堂："尘劫已前事，堂堂无背面。动静莫能该，舒卷快如电。莫道凡不知，佛也觑不见。决定在何处，合取这两片。荐不荐，更为诸人通一线。"良久曰："天下大平，皇风永扇。"

上堂，举——僧问赵州：至道无难，唯嫌拣择，是时人窠窟否？州曰：曾有人问老僧，直得五年分疏不下——师召众曰："赵州具顶门眼，向击石火里分缁素，闪电光中明纵夺，为甚么却五年分疏不下？还委悉么？易分雪里粉，难辨墨中煤。"（天宁卓嗣）

温州本寂灵光文观禅师

郡之永嘉叶氏子。上堂："过去诸如来，斯门已成就，好事不如无；现在诸菩萨，今各入圆明，好事不如无；未来修学人，当依如是住，好事不如无。还知么？除却华山陈处士，何人不带是非行。参。"（天宁卓嗣已上共六人）

常德德山无诤慧初禅师

静江人。上堂，顾视大众曰："见么？在天成象，在地成形；在日月为晦为朔，在四时为寒为暑。鼓之以雷霆，润之以风雨。且道在衲僧分上，又作么生？一趯趯翻四大海，一拳拳倒须弥山。佛祖位中留不住，又吹渔笛汨罗湾。"

上堂："九月二十五，聚头相共举。瞎却正法眼，拈却云门普。德山不会说禅，赢得村歌社舞。阿呵呵、逻啰哩。"遂作舞，下座。（黄龙震嗣）

庐山延庆叔禅师

僧问多子塔前共谈何事，师曰："一回相见一回老，能得几时为弟兄。"僧礼拜，师曰："唐兴今日失利。"（祖庵主嗣）

涟水万寿梦庵普信禅师

上堂："残雪既消尽，春风日渐多。若将时节会，佛法又如何。且道时节因缘，与佛法道理，是同是别？"良久曰："无影树栽人不见，开花结果自馨香。"（胜因静嗣）

平江慧日默庵兴道禅师

上堂："同云欲雪未雪，爱日似晖不晖。寒雀啾啾闹篱落，朔风冽冽舞帘帷。要会韶阳亲切句，今朝觌面为提撕。"卓拄杖下座。（胜因静嗣）

广德光孝果憨禅师

桃源人。上堂，举南泉斩猫儿话，乃曰："南泉提起下刀诛，六臂修罗救得无。设使两堂俱道得，也应流血满街衢。"（胜因静嗣已上三人）

福州雪峰毯堂慧忠禅师

上堂："终日忙忙，那事无妨。怎么生是那事？"良久曰："心不负人，面无惭色。"（雪峰需嗣）

庆元蓬莱圆禅师

住山三十年，足不越阃，道俗尊仰之。师有偈曰：新缝纸被烘来暖，一觉安眠到五更。闻得上方钟鼓动，又添一日在浮生。（天

童交嗣）

江州圆通密印守慧禅师

上堂："但知今日复明日，不觉前秋与后秋。平步坦然归故里，却乘好月过沧洲。咦，不是苦心人不知。"（圆通旻嗣）

洪州黄龙道观禅师

上堂："古人道：眼色耳声，万法成辨。你诸人为甚么从朝至暮，诸法不相到？遂喝一喝曰：牵牛入你鼻孔，祸不入慎家之门。"（圆通旻嗣已上二人）

扬州石塔宣秘礼禅师

僧问："山河大地，与自己是同是别？"师曰："长亭凉夜月，多为客铺舒。"曰："谢师答话。"师曰："网大难为鸟，纶稠始得鱼。"僧作舞归众，师曰："长江为砚墨，频写断交书。"上堂，举百丈野狐话，乃曰："不是翻涛手，徒夸跨海鲸。由基方捻镞，枝上众猿惊。"上堂，至座前，师搦一僧上法座，僧惶惶欲走。师遂指座曰："这棚子，若牵一头驴上去，他亦须就土屙在，汝诸人因甚么却不肯？"以拄杖一时赶散，顾侍者曰："险。"（明招慧嗣）

峨嵋灵岩徽禅师

僧问："文殊是七佛之师，未审谁是文殊之师？"师曰："金沙滩头马郎妇。"（浮山真嗣）

湖南报慈淳禅师

上堂："青眸一瞬，金色知归。授手而来，如王宝剑。而今开张门户，各说异端，可谓古路坦而荆棘生，法眼正而还自翳。孤负先圣，埋没己灵。且道不埋没，不孤负，正法眼藏，如何吐露。还有吐露得底么？出来吐露看，如无，担取诗书归旧隐，野花啼鸟一般春。"（祥符立嗣）

成都金绳文禅师

僧问:"如何是大道之源?"师曰:"黄河九曲。"曰:"如何是不犯之令。"师曰:"铁蛇钻不入。"僧拟议,师便打。(信相显嗣)

卷一
六祖下十七世（黄龙六世）

台州万年心闻昙贲禅师

永嘉人。住江心，病起上堂："维摩病，说尽道理；龙翔病，咳不已。咳不已，说尽道理。说尽道理，咳不已。汝等诸人，还识得其中意旨也未？本是长江凑风冷，却教露柱患头风。"

四明太守，以雪窦延师主之，师辞以偈曰：闹篮方喜得抽头，退鼓而今打未休。莫把乳峰千丈雪，重来换我一双眸。（育王谌嗣）

南剑西岩宗回禅师

婺州人，久依无示，深得法忍，因寺僧以茶禁闻有司，吏捕知事。师谓众曰："此事不直之，则罪坐于我；若自直，彼复得罪，不忍为也。"令击鼓升座说偈曰：县吏追呼不暂停，争如长往事分明。从前有个无生曲，且喜今朝调已成。言讫坐逝。（育王谌嗣）

庆元天童慈航了朴禅师

福州人。上堂："酷暑如焚不易禁，炎炎赫赫欲流金。夜明帘外无人到，灵木迢然转绿阴。"上堂："德山入门便棒，临济入门便喝。临济喝处，德山棒头耳聋；德山棒时，临济喝下眼瞎。虽然一搦一抬，就中全生全杀。"遂喝一喝，卓拄杖一下云："敢问诸人，是生是杀？"良久曰："君子可八。"（育王谌嗣）

临安龙华无住本禅师

广德人。上堂，举——云门大师拈起胡饼曰：我只供养两浙人，不供养向北人。众无语，门自代曰：天寒日短，两人共一碗——师曰："韶阳老汉，言中有响，痛处着锥，检点将来，翻成毒药。诸人要会么？半在河南半河北，一片虚凝似墨黑。冷地思量愁杀人，叵耐云门者

老贼。贼、贼！"下座,更不巡堂。(育王谌嗣)

高丽坦然国师

少嗣王位,钦向宗乘。因海商方景仁抵四明,录无示谌语归,师阅之契悟,即弃位圆颅。作书以语要及四威仪偈,令景仁寄呈谌。谌答曰:"佛祖出兴于世,无一法与人,实使其自信、自悟、自证、自到、具大知见。如所见而说,如所说而行,山河大地,草木丛林,相与证明,其来久矣。"(育王谌嗣)

临江东山吉禅师

因李朝请问:"家贼恼人时如何?"师曰:"谁是家贼?"李竖起拳,师曰:"贼身已露。"李曰:"莫涂糊人好。"师曰:"赃证见在。"李无语,师示以偈曰:"家贼恼人孰奈何,千圣回机只为他,遍界遍空无影迹。无依无住绝笼罗。贼贼,猛将雄兵收不得,疑杀天下老禅和,笑倒寺中古弥勒;休休,不用将心向外求,回头瞥耳贼身露,和赃捉获世无俦。真可仰,从兹不复夸伎俩,帖帖安家乐业时,万象森罗齐抚掌。"(育王谌嗣已上六人/《续灯》载道场琳嗣)

杭州灵隐懒庵道枢禅师

吴兴四安徐氏子。初住何山,次移华藏。隆兴初,诏居灵隐,孝宗召至内殿,问禅道之要。师答曰:"此事在陛下堂堂日用应机处,本无知见起灭之分,圣凡迷悟之别。第护正念,则与道相应。"上为之首肯。后退居明教水安兰若,逍遥自适。尝有偈题于壁上:雪里梅花春信息,池中月色夜精神。年来可是无佳趣,莫把家风举似人。淳熙丙申八月示微疾,书偈而逝,塔于永安。(道场慧嗣)

广德光孝悟初首座

分座日示众,举风幡话至仁者心动处,乃曰:"祖师怎么道,赚杀一船人。今时衲僧也不可怎么会,既不怎么会,毕竟作么生?"良久曰:"六月好合酱,切忌着盐多。"(光孝憨嗣)

卷二
六祖下十八世（黄龙七世）

温州龙鸣在庵贤禅师

上堂，举——崇寿示众曰：识得凳子，周匝有余。云门道：识得凳子，天地悬殊——师曰："崇寿老汉，坐杀天下人；云门大师，走杀天下人；龙鸣则不然，识得凳子，四脚着地，要坐便坐，要起便起。"（万年贲嗣）

潭州大沩咦庵鉴禅师

会稽人。上堂："木落霜空，天寒水冷。释迦老子，无处藏身。拆东篱，补西壁，撞着不空见菩萨，请示念佛三昧。也甚奇怪，却向道：金色光明云，参退吃茶去。"

上堂，举罽宾国王问师子尊者蕴空公案，颂曰："尊者何曾得蕴空，罽宾徒自斩春风。桃华雨后已零落，染得一溪流水红。"（万年贲嗣）

庆元瑞岩景蒙禅师

温之平阳邵氏子。年十三祝发，习台教。知名相之学，不足了大事。裕问师乡里，师曰："永嘉。"曰："还识永嘉大师否？"师未及答，批颊而出，寝食不安者累月。忽闻钟声而悟，即造室中，裕复理前问，师曰："即日恭惟和尚尊体，起居万福。"裕曰："如何是向上事？"师拟对被逐，次日再造室次，裕方发问，师抗声曰："老汉今日败关也。"一拍而出，裕叹曰："俊哉。"去参育王裕，因省母归里，龙翔贲一见深器之。遂令执侍，尽揭底蕴问曰："言无展事话不投机承言者丧滞句者迷只如言诠不及处，如何通个消息？"师以左手画一圆相，贲以拂子击左；师又画以右手，贲以拂子击右；

师又画于手中，以两手拓呈，贲以拂子当中画一画。师礼拜而立，贲大笑曰："三十年拣苗，今日得此乌喙。"（万年贲嗣）。

庆元天童雪庵从瑾禅师

永嘉楠溪人。俗姓郑，礼普安院子回落发。谒心闻贲于瑞岩，一日入室，贲举红炉片雪问，师拟答，忽领旨，留侍三年。入闽，见佛智于西禅，问甚处来，师曰："四明。"智曰："曾见憨布袋么？"师便喝，智便打。师接住拳曰："和尚不得草草。"智曰："瞎汉过者边立。"时贲主江心，师归省，命充维那。一日问师："一喝分宾主，照用一时行。如何是一喝分宾主？"师便喝，贲曰："者一喝是宾是主？"师曰："宾则始终宾，主则始终主。"贲笑曰："汝又眼花了。"师即呈偈曰：一喝分宾主，依然又眼花。倒翻筋斗去，踏杀死虾蟆。庆元六年七月二十三日，索浴更衣，书偈投笔而寂。寿八十四，腊七十。全身葬心闻贲禅师塔右（万年贲嗣，已上四人此据《箬庵存稿》补入；又查觉浪所著《禅灯正宗》所载，直翁净嗣亦同名同号，机缘一则附刊备考：雪庵从瑾禅师。僧请益倩女离魂话，师示以颂曰：南枝向暖北枝寒，何事春风有两般。凭杖高楼莫吹笛，大家留取倚阑干）。

参考书目

1.（清）晦山戒显编:《禅门锻炼说》，又称《禅林锻炼说》《锻炼说十三篇》，成于清顺治十八年（1661），收于《卍续藏》第一一一册。

2.（晋）葛洪著:《幕阜山记》。

3.（北宋）张商英著:《黄龙崇恩禅院记》。

4.（宋）陆游著:《崇恩禅院三门记》。

5.吴立民主编:《禅宗宗派源流》，中国社会科学出版社1998出版。

6.（台）印顺编:《中国禅宗史》，江西人民出版社，1999年出版。

7.（清）赵弘恩等监修:《江西通志》，收于《钦定四库全书》史部第五一三册，上海古籍出版1987年出版。

8.（清）隐华、道林编:《黄龙崇恩禅寺传灯宗谱》，乾隆二十七年（1762）刊行。

9.南怀谨著:《南怀谨选集》，复旦大学出版社，2006年6月出版。

10.（五代）僧静、筠编:《祖堂集》，五代南唐刻本。

11.（宋）僧赜藏编:《古尊宿语录》，南宋刻本。上海古籍出版社，1991年2月出版。

12.（宋）僧道原编:《景德传灯录》，北宋刻本。

13.（宋）僧李遵勖编:《天圣广灯录》，南宋刻本。

14.（北宋）僧惟白编：《建中靖国续灯录》，北宋刻本。

15.（宋）僧悟明编：《联灯会要》，南宋刻本。

16.（宋）僧正受编：《嘉泰普灯录》，南宋刻本。

17.（宋）僧普济编：《五灯会元》，南宋刻本。

18.（宋）僧绍昙撰：《五家正宗赞》，宋理宗宝佑二年（1254）刻印。

19.（宋）僧师明编：《续古尊宿语录》，南宋印本。

20.（宋）僧宗果编：《正法眼藏》，北宋集。

21.（北宋）僧重显、克勤编：《碧岩录》。

22.（北宋）僧慧洪编：《禅林僧宝传》，《卍续藏》第一三七册。

23.（北宋）僧慧洪著：《林间录》，《卍续藏》第一四八册。

24.（北宋）僧慧洪著：《石门文字禅》，内府藏本。

25.（宋）僧净善编：《禅林宝训》。

26.（元）僧念常撰：《佛祖历代通载》，又称《佛祖通载》。收于《大正藏》第四十九册，（台）世桦出版社1994年出版。

27.（清）彭际清编：《居士传》，收于《卍续藏》第一四九册；

28.（明）朱时恩编：《居士分灯录》，明代崇祯五年（1632）刊行，收于《万续藏》第一四七册。

29.（清）道霈重编：《永觉元贤禅师广录》，《卍续藏经》第七十二册，白马精舍影印本。

30.（梁）慧皎编：《高僧传》，《大正藏》第五十册，白马精舍影印本。

31.（清）陈梦雷、蒋廷锡编：《古今图书集成·神异典·居士部》，中华书局影印本1934—1940年。

32.（宋）僧晓莹编：《罗湖野录》，南宋刊行。

33.（明）如卺编:《禅宗正脉》,明弘治二年（1489）,收在《卍续藏》第一四六册、《禅宗全书》第九册。

34.（明）瞿汝稷撰:《指月录》,又作《水月斋指月录》,万历二十三年（1595）完成,三十年序刊。收于《卍续藏》第一四三册。

35.（日）忽滑谷快天著、朱谦之译:《中国禅学思想史》,上海古籍出版社1994年5月第1版。

36.（南宋）智昭撰:《人天眼目》,南宋淳熙式申（1188）成书。

37.（元）法应、普会编:《禅宗颂古联珠通集》,元代,收在《卍新纂续藏经》第六十五册。

38.（清）迦陵性音编:《宗鉴法林》清康熙五十三年镌版,收于《卍续藏》第一一六册。

39.陈聿东编:《佛教文化百科》,天津人民出版社,2005年出版。

40.（宋）赞宁编:《宋高僧传》,中华书局1987出版。

41.（明）如惺编:《大明高僧传》,明万历四十五年（1617）刊印,收在《大正藏》第五十册。

42.赵超编:《新编续补历代高僧传》,社会科学文献出版社2011年5月出版。

43.（清）释自融撰:《南宋元明僧宝传》,清初印本,收于《卍续藏》第一三七册。

44.（明）居顶编:《续传灯录》,明洪武年间（1368—1398）刊印,收于《大正藏》第五十一册。

45.（元）释觉岸编:《释氏稽古略》,收于《大正新修大藏经》第四十九册,（台）世桦出版社1994年出版。

46.（明）释通容、行元撰:《五灯严统》,收于《卍续藏》第一三九册。（台）新文丰出版社1994年出版。

47. 释净柱编:《五灯会元续略》,明代刊印,收于《卍续藏》第一三八册。

48.（明）道忞编:《禅灯世谱》,《卍续藏经》第八十六册,白马精舍影印本。

49.（清）迈柱等监修:《湖广通志》,收于《钦定四库全书》史部第五一三册,上海古籍出版社1987年出版。

50.（朝鲜）总督府编:《朝鲜金石总览》(上下),（韩）亚细亚文化社（影印本,1976年）。

51.（清）聂先撰:《续指月录》,清康熙十八年编成刊行,收于《卍续藏》第一四三册。四川巴蜀书社2005年3月出版。

52.（明）文琇编:《五灯会元补遗》,明永乐十五年（1417）编成,收于《卍续藏》第一四二册。

53.（明）文琇编:《增集续传灯录》,收于《卍续藏》第一四二册。

54.（明）元贤编:《继灯录》,收于《卍续藏》第一四七册。

55.（明）黎眉居士编:《教外别传》,明毅宗六年刊行,收于《卍续藏》第一四四册、《禅宗全书》第九册。

56.（清）超永编:《五灯全书》,康熙三十六年（1697）刊行,收于《卍续藏》第一四〇册至一四二册、《禅宗全书》第二十五～二十七册。

57.（清）性统编:《续灯正统》,康熙三十年（1691）刊行,收于《卍续藏》第一四四册。

58.吴言生著:《禅宗思想渊源》,中华书局2001年6月出版。

59.（唐）道世编:《法苑珠林》卷四《大正藏》第五十三册,白马精舍影印本。

后 记

编写黄龙禅宗三书是我的夙愿，20世纪80年代初我就游览过黄龙山、黄龙寺，还涂鸦过几篇文章，但其时尚未有编辑"黄龙三书"的想法。随着对黄龙山、黄龙寺、黄龙宗的逐步了解，特别是从1988年起，日本黄龙宗的弟子多次返祖探源、礼谒黄龙的事实，使我对黄龙的兴趣日益浓厚。也是从那时起，才开始有意识地收集、保存有关黄龙山、寺、宗的资料，从一首诗、一副联、一故事做起，且忧于黄龙宗的博大精深、源远流长，而囿于其书籍资料之短少奇缺，隐约之间有了编写书籍，以将黄龙展示全国推向世界的意向。但直到2002年首编《黄龙山风景与黄龙寺历史》一书时，这种意愿才逐渐清晰；而在2004年搜集、整理资料编写《黄龙山》的过程中，成书的冲动就愈益强烈。但当时的想法，只是编写《黄龙宗故事》与《黄龙宗禅诗》这两书，原因是我当时掌握的资料中，以黄龙故事传说和黄龙禅诗数量为多。

围绕这个目标、也可说梦想罢，从2004年起，我开始大量的查找、搜集、购买、复印、打印、借阅甚至抄写历史典籍、地方方志、寺庙灯谱、禅师语录、学术专著等中有关黄龙山、寺、宗的资料，真正到了"断碑残碣"无不细拓、"蠹简陈编"尽心穷研、"乡野谈唱"反复精琢的程度。其中最有趣也最辛酸的，是2009年在上海襄阳路的书店偷抄《南怀瑾选集》一事：原因是《南怀瑾选集》一套共10本，但不单本出售，而我仅需其中一卷约500文字，鉴于经济压力，我只好将需要的文字进行抄录，可能是交涉中给店员留下了印象，他们盯我特别紧，抄不了几十个字就被他们将书收走，几次反复后，我怕他们赶我出门，只好先强记一段话，合上书本到外面默写后又来强记，中间还要东翻翻西看看装装样子，如此写写记记、记记写写、对比复核，几百个字抄了近两个小时，但总算如愿以偿将要的内容抄到手了。

从2009年起，我开始编著《黄龙宗禅诗》与《黄龙宗故事》（更名另出）两书，说实话当时也只准备编这两本书的，只因为后来在编辑中找到的不少公案，虽然也属故事的范畴，也精彩绝伦、脍炙人口，但它突出的是禅性哲理、参悟机锋，其作用主要是对机开示、印证有无，收录故事里有点不熨帖、也有点不合体例，最主要的是不能充分反映黄龙禅宗的博大精深、机锋智慧，充分显示其险绝凌厉、机警风趣的禅风，因此就有了后来的《黄龙宗公案》。

而《黄龙宗简史》的产生说来有些复杂，主要原因有六：一是在漫长的编辑过程中，为了找寻资料、确定宗属、缕析师承、辨别真误等，我经常陷入纷繁复杂的汪洋文字大海中而不能自拔，禅宗经典著作每部动辄五六十万字，而且全是古文还夹杂着方言口语，原著又不断句，公案典故还多，读起来都十分困难，更不要说理解、翻译、查找和挑错了；二是禅宗著作数量多、体例不一、质量良莠不齐、收录时间跨度不一、分类标准随意；其三宗门典籍中大多数是按大鉴慧能几世收录，或按南岳与青原几世收录，很少是按宗派世系收录，这为后世查找分别宗派传承造成了巨大的困难；四是临济宗从八世一分为二，派衍出黄龙宗和杨岐宗，可是到临济十四世即大鉴慧能下十八世，又合二为一复称临济，所有传灯古籍，将黄龙杨岐的弟子统一混记在临济宗名下，这使得要将大江南北、近千年时光里、黄龙杨岐数以十万计的宗门弟子区分开来，成了几无可能之事；五是禅师称呼名号复杂，多的达六七个如洞山宝峰真净克文禅师，号云庵，又称归宗、石头。且简称全称法号赐号别号乱用，不是长期浸淫或专门研究者是很难搞清其师承派属的。如龙牙居遁、龙牙言、龙牙智才、龙牙宗密，简称都是龙牙，如果不是对典籍相当熟悉，是很容易出错的；六是所有我找见的宗门典籍中的禅师名号，除极个别外均与《黄龙崇恩禅寺传灯宗谱》和《临济正宗三敕黄龙始祖超慧演派堂上历代和尚位》上的禅师名号不同……以上之种种情由，客观上为后世研究、查找与了解黄龙宗史设置了巨大的障碍和难以逾越的关卡，造成后学进不去也难出来，鉴于此，为了方便人们查阅、了解、比照，尤其是为后人研讨黄龙宗从南宋末到如今的宗派源流、繁衍迁徙提供线索，以期能编辑出一部完全的黄龙宗宗派衍庆谱系，甚至于能将黄龙宗日本、朝鲜、韩国弟子的宗嗣源流、师承衍庆进行收录，编制一部《黄龙禅宗世界大同传灯宗谱》，也是可以期待的——这就是我斗胆编辑《黄龙宗简史》的初心。

在编辑三书的过程中得到了江西省委统战部、省民宗局、省社科院、省佛协、江西文化研究会、江西师范大学历史系、中国文化管理协会传统文化产业促进会、政协修水委员会、修水县委统战部、县文广局以及笔者工作的修水县财政局、国资局等单位的大力支持，得到了张勇、吴言生、朱法元、梅仕灿、欧阳镇、陈金凤、谌建荣、卢大友、林剑卫、胡卓、王彬、戴嵩青等专家的悉心指导，得到了养空法师、仁玉法师、心廉法师、惟白法师等的鼎力相助，又承张勇、陈金凤、戴嵩青、杨大枪赐予序言，还蒙王坤赞、胡小敏、胡红仁三位老师共撰写了二十首禅诗赏析，在此一并表示衷心的感谢！这里特别要提到的是陕西师范大学的吴言生教授，他在百忙之中不仅抽时间阅读拙作，点出其中不足之处、指明修改方向、提出整改意见，还就部分章节亲自操刀逐字逐句详加修改、批注、评说以为示例，更难能可贵的是还为后学写下总评，极尽褒奖、肯定，这对我是个非常大的鼓励。而江西师大的陈金凤教授则主动请缨，逐字为我订正全书并提出审读意见，在此对他们这种淡泊名利、铁肩道义、助人为乐的情操和精神再次表示感谢与敬意！

由于此书编写时间长、涉及范围广、费用开支大，二十余年来，采访、考证、搜集、购买资料等一切费用，一毫一厘全由家庭经济承担；撰写、编排、修改、校对等一切工作，一分一秒全赖业余时间完成，在此特别对支持、理解我的家人尤其是夫人钟玲雨、女儿戴中乙表示感谢；同时成书之年恰逢本人四十八周岁、女儿十二周岁，所以该书既是自己天命之岁的纪念，也是给予女儿一纪之年的礼物！

当然，由于年代久远、资料残缺，加上本人才疏学浅、涉猎不广、钻研不深、搜罗不全，本书必定存在诸多的不足与错讹，期盼广大读者批评指正！

戴逢红
丙申岁仲春于黄龙别院